국어교육과 단락

단락 중심의 국어교육 실천사례 연구

본 저서는 2013 대구가톨릭대학교 교내연구비 지원에 의한 것임

지은이 **서종훈**(徐從熏 / Suh, Jong-Hoon)

1973년 경남 진주에서 태어나 경상대학교 사범대학 국어교육과를 졸업하고 경남과학고
등학교 등에서 10여 년간 교사 생활을 했으며, 현재는 대구가톨릭대학교 사범대학 국어교
육과에 재직하고 있다. 언어 수행 교육 전반에 관심을 가지고 있으며, 특히 단락과 '쉼
(pause)'에 대해 집중적으로 연구해 왔다. 논문으로는 「자기소개서 쓰기에 대한 연구」,
「말하기 수행평가 사례 연구」, 「말하기에 드러난 '쉼(pause)' 인식 양상 연구」 등 다수가
있다.

국어교육과 단락
: 단락 중심의 국어교육 실천사례 연구

© 서종훈, 2014

1판 1쇄 인쇄__2014년 05월 20일
1판 1쇄 발행__2014년 05월 30일

지은이__서종훈
펴낸이__양정섭
펴낸곳__도서출판 경진
　　　등록__제2010-000004호
　　　블로그__http://kyungjinmunhwa.tistory.com
　　　이메일__mykorea01@naver.com

공급처__(주)글로벌콘텐츠출판그룹
　　　대표__홍정표
　　　편집__김현열 노경민 김다솜　**디자인**__김미미　**기획·마케팅**__이용기　**경영지원**__안선영
　　　주소__서울특별시 강동구 천중로 196 정일빌딩 401호
　　　전화__02-488-3280　**팩스**__02-488-3281
　　　홈페이지__http://www.gcbook.co.kr

값 22,000원
ISBN 978-89-5996-257-0 93370

※ 이 책은 본사와 저자의 허락 없이는 내용의 일부 또는 전체의 무단 전재나 복제, 광전자 매체 수록 등을 금합니다.
※ 잘못된 책은 구입처에서 바꾸어 드립니다.
※ 이 도서의 국립중앙도서관 출판시도서목록(CIP)은 e-CIP홈페이지(http://www.nl.go.kr/ecip)와 국가자료공동목록시스
　템(http://www.nl.go.kr/kolisnet)에서 이용하실 수 있습니다.
　(CIP제어번호: CIP2014015656)

학술
08

국어교육과 단락

단락 중심의 국어교육 실천사례 연구

서종훈 지음

도서출판 경진

단락은 문장과 텍스트를 잇는 주요한 사고단위입니다. 하지만 기존의 단락에 대한 연구는 작문술 위주의 좁은 수사학 영역에서 주로 이루어져왔고, 실제 교육현장에서는 쓰기 중심의 표현 영역에 국한되어 왔습니다. 그만큼 단락에 대한 교육적 응용 가능성의 폭을 좁혀 왔다고 해도 과언이 아닙니다.

이 책에서는 이런 기존 연구의 틀을 극복하고자 언어 심리학, 텍스트 언어학, 전산 언어학 등에서 다양한 이론들을 응용하여 단락에 대한 인식의 범위를 확장하는 데 초점을 두었습니다. 아울러 학교현장의 다양한 학습자들을 대상으로 하여 단락의 심리적 실재를 파악하는 데 역점을 두었습니다.

이 책은 4부 12장으로 구성되어 있습니다. 1부는 낱말과 단락의 관계로, 주로 담화표지와 단락의 연관성을, 2부는 문장과 단락의 관계로, 주로 전산 언어학의 중심화 이론(centering theory)을 응용하여 단락의 인식 양상을, 3부는 의미와 단락의 관계로, '나무-그림'의 활용과 요약 등을 중심으로 단락의 인식 모습을 다루고 있습니다. 마지막으로 4부는 담화와 단락 양상을 논의하는데, 주로 읽기와 쓰기를 통해 드러난 단락의 교육적 가능성을 고찰하고 있습니다.

전체적으로 이 책은 단락 중심의 국어교육 현장연구 논의들입니다. 현장 교수자의 입장에서 다양한 수준과 연령대의 학습자들을 대상으로 읽기와 쓰기 중심의 실천사례 결과이기도 합니다. 혹 내용 중간에 필자도 모르게 선배 학자들의 생각과 의견들을 가감 없이 사용하지 않았는지 두렵기도 합니다.

이 책이 나오기까지 감사해야 할 분들이 너무 많습니다. 필자의 지도교수로 지금까지 여러 면들을 챙겨주시는 김지홍 선생님께 머리 숙여 감사드립니다. 또한 국어교육이 무엇인지에 대해 깨닫도록 독려해 주신 경상대학교 국어교육과 여러 선생님들께도 감사의 말씀을 전합니다.

자식을 위해서라면 오롯이 당신의 삶을 희생해 주셨던 부모님의 사랑에 가슴이 저립니다. 오래도록 제 곁에서 건강하셨으면 합니다. 학문의 길에서 항상 듬직한 지원군이 되어 준 하나밖에 없는 아우 현에게도 고맙다는 말을 전합니다. 그리고 남편의 공부를 위해 자신의 직장 생활이 힘듦에도 불구하고 여러 면에서 많은 부분을 양보하고 희생해 주었던 아내에게도 고마움을 전합니다. 항상 듬직한 큰 아이 윤민이와 영원한 재롱둥이로 남았으면 하는 막내 현우에게도 이 책이 조그마한 선물이 되었으면 합니다.

2014. 5월
서종훈

차례

제1부

낱말과 단락

담화표지와 단락
단락 연결에 대한 인식

담화표지와 단락

1. 들머리

1.1. 연구목적

학습자들의 읽기와 쓰기에 있어, 단락은 하나의 독립적인 의미 단위로서 전체글을 요약하거나 혹은 글을 전개하는 데 핵심적인 역할을 한다. 기존의 단어나 문장 중심에 치우진 형식주의적 언어교육에서 탈피하여, 전체글의 맥락을 중요시한다는 입장에서 보면, 단락은 매우 중요한 위상을 가진 사고 단위라 할 수 있다.

하지만 단락은 언어로 부호화 해 주는 데에 있어 애매하고 불명확한 속성을 가지기 때문에 언어학에서 본격적으로 다루기 어렵다.[1] 그러나 형태·통사 위주의 순수 언어학이나 문법 지향의 관점에서

---

[1] 볼프강 드레슬러(Wolfgang Dressler), 이재원 옮김(2004: 134)에서 "텍스트 단락의 구성은 언어, 문화, 문체, 그리고 텍스트 종류에 따라서 아주 상이하다. 그래서 일반화시켜 말하기가 매우 어렵다"고 제시한 것은 본고의 문제의식과 같은 맥락선상에 있다고 볼 수 있다.

벗어나, 맥락이나 상황을 중시하는 담화나 텍스트 언어학의 관점에서 본다면, 단락은 전체글의 맥락에서 중요한 하나의 거시명제, 즉 전체글을 하나의 통일성 있는 단위로 이어주는 데 핵심적인 역할을 한다고 볼 수 있다.

담화표지2)('그-'계열 접속부사 중심으로 함, 이하 생략)는 학교문법에서 여전히 정립되지 못한 모습으로 남아 있다. 형태론에서는 부사라는 품사로, 통사론에서는 독립어로 다루어지고 있다. 품사와 문장성분 사이에 관련성에 대한 명시적인 언급이 없이 조화되지 못한 상태로 학교문법에서 다루어지고 있다.

본고는 담화표지와 단락 간의 관련성을 학습자들의 읽기와 쓰기에서 살피고자 한다. 첫째, 담화표지가 단순히 문장 층위의 연결보다는 담화 층위, 즉 단락들 간의 연결에 있어 그 쓰임이 때로는 적절하고 효율적일 수 있다는 점을 학습자들의 읽기와 쓰기 자료를 통해 실증적으로 보인다. 둘째, 앞으로 읽기와 쓰기 교육에서 언어표지의 사용과 단락 구성의 관계를 어떤 방향으로 접근해야 할지 다루고자 한다. 셋째, 학습자들의 읽기와 쓰기에서 담화표지 사용을 통한 단락구성과 연결 관계를, 일정 수준에 있는 학습자들의 읽기와 쓰기의 결과물에서 확인하고, 그 결과를 토대로 담화표지의 거시명제, 즉 단락의 구성과 연결에 미치는 영향을 살펴보고자 한다.

이는 모국어 교육에 대한 현장조사 연구로 실시되며, 아울러 현행

---

2) 본고에서는 기존의 학교 문법에서 접속부사라 불리는 것을 담화표지의 한 형태라고 보고 연구를 진행했다. 즉 학습자들의 읽기와 쓰기에서 드러나는 접속부사의 모습이 단순히 학교문법 차원에서 다루어지는 형태·통사론적인 단위라기보다 보다 역동적으로 전체글에서 문장 이상의 단위, 특히 단락의 단위를 이어주는 보다 큰 단위로서 드러내고자 하는 것이다. 따라서 접속부사라고 명칭하기보다 텍스트 언어학이나 담화분석에서 일반적으로 담화의 결속을 위한 장치로서의 의미를 가지는 담화표지라 하는 것이 적절하다고 판단해서 명명했다. 그리고 '그-'계열 접속부사를 선택한 이유는 문장 이상의 거시명제 연결 수단으로 사용되는 대표적인 언어표지이고, 또한 중·고 학습자들이 거시명제 연결에 사용할 수 있는 가장 보편화된 표지라는 판단 때문이다.

중·고등학교 국어과 수준별 교수·학습의 교육과정과 교과서를 만드는 데 기초 자료가 될 것이다.

1.2. 선행연구

본고는 기존의 형태·통사 중심의 관점보다는 단어나 문장을 넘어서는 단위의 연결에 초점을 두는 담화표지의 연구들에 바탕을 두고 살폈다.

신지연(2004) 등에서는 접속부사의 문제를 문장 이상의 단위에서 드러나는 거시구조의 입장에 입각해서 다루고 있고, 황미향(1998)은 '그-'계 접속부사가 텍스트 생산자의 주관적 판단을 표현하는 화용적 용법이 강하게 드러난다는 점을 지적한다. 안주호(1992)는 글의 각 단계의 첫 부분에 담화표지가 쓰이고, 여기에 '그-'계열 접속부사의 정연한 의미, 기능의 연구로 변별이 되어야 한다고 지적하고 있다.

텍스트 언어학적인 관점에서의 접속부사에 대한 포괄적인 연구로 차윤정(2000)과 김미선(2001)을 들 수 있다. 이 두 연구는 대다수의 전문적인 작가의 글이나 입말을 대상으로 다루었다는 점에서 본고의 연구 방향과 다소 차이가 있지만, 접속부사를 다양한 언어적 층위에서 다루었다는 점에서 의의를 찾을 수 있다.

텍스트 언어학과 읽기·쓰기연구로는 이은희(1999), 이성영(2002)을 들 수 있다. 이들은 기존의 문장 중심의 읽기·쓰기의 관점에서 벗어나 텍스트 구조에 관심을 두면서, 응집성(cohesion)과 통일성(coherence) 등의 문제에 역점을 두고 있다. 특히 이은희(1993)에서는 접속구성과 관련된 텍스트 언어학의 관점에 큰 비중을 두고 있다. 이들 연구는 단락이라는 언어 단위가 의미연결, 곧 통일성의 관점에서 다루어야 한다는 점을 시사해 주고 있다는 점에서 의의가 있다.

그리고 Rob Batstone(2002, 김지홍 뒤침)과 Guy Gook(2003, 김지홍 뒤침)을 들 수 있다. 이 역서들은 언어교육의 관점에서 담화를 보는 관점과 실제 맥락과 상황을 고려하는 학습자들의 다양한 읽기와 쓰기의 활동상을 예문을 중심으로 풍부하게 제시해 주고 있다. 실제 교실수업을 바탕으로 하기 때문에 현장조사 연구의 기본적인 얼개가된다.

2. 현장조사방법 및 연구가설

2.1. 연구방법

2.1.1. 조사개관

연구의 표집대상은 주로 농·어촌 고등학교의 학생들이다. 조사는 읽기와 쓰기로 나누어 실시되었고, 구체적인 조사 대상자는 경남 합천의 S고와 하동의 J고 1학년 학생들이다. 일반성을 추출하기 위해서 표집대상은 광범위하게 층위를 나뉘어 구성되어야 바람직하겠지만, 본고는 수준별로 드러나는 학습자들의 언어수행 양상을 파악해가기 위한 질적 연구로서, 다소 제한된 학습자들을 대상으로 했다. 학습자들의 수준은 전국의 동학년에서 중·하위 수준(전국 모의고사 언어영역 5~9등급 사이)에 분포하는 학습자들이다.

읽기와 쓰기 예시문은 신문 사설을 택했다. 자료로 신문사설을 택한 이유는 학습자들이 자신의 생각을 잘 갈무리해서 요약하고 전개하는 데 접근하기 쉬울 뿐만 아니라, 쉽게 접할 수 있는 유형의 글

양식이기 때문이다. 그리고 내용상 학습자들이 최근에 접할 수 있었거나 익히 들어서 알 만한 것들을 선택했다. 아무래도 선행지식이 있는 글이라야 학습자들이 쉽게 글을 다룰 수 있기 때문이다.

먼저 읽기에서는 학습자들에게 기존의 신문 사설을 단락 구분 없이 제시했고, 단락을 재구성하면서 적절한 담화표지를 필요한 경우에 한해서 제한해서 사용토록 했다. 신문 사설을 고를 때, 되도록 담화표지가 단락 경계에 사용된 것을 선택했다. 뿐만 아니라 단어나 문장 간에 담화표지가 사용된 것도 고려했다. 신문사설과 같은 짧은 글에서 담화표지는 전체글 내용의 핵심 방향을 좌우할 수 있는 표지로 사용될 수 있다. 따라서 학습자들이 실제로 한 편의 재구성된 신문사설을 읽고 담화표지를 어떻게 사용하는지를 살펴봄으로써, 학습자들이 지닌 담화표지와 단락 관계를 추정해 볼 수 있다.

쓰기에서는, 먼저 한 편의 신문사설을 읽도록 하고 나서 학습자들에게 일정한 단락을 구성하는 글을 쓰도록 했다. 물론 단순히 단락을 구성하라고 제시한 것이 아니라, 가령 세 단락의 글을 쓰도록 한다면 둘째와 셋째 단락의 첫머리에 담화표지를 의도적으로 넣도록 했다. 다섯 단락을 구성하라고 할 때에는 전체글을 보편적으로 세 부분, 즉 서론·본론·결론으로 보았다. 단락의 수는 본론에 세 단락을 제시해 줌으로써 말하고자 하는 요지를 본론에 넣도록 했다. 여기에서 담화표지는 둘째 단락과 다섯째 단락의 첫머리에만 넣도록 했다. 즉 서론에서 본론으로 이어지는 부분과 본론에서 결론으로 이어지는 부분에 대한 내용과 형식상의 인식도를 높이기 위해 의도적인 장치였다.[3]

---

3) 본 조사를 하기 전에 담화표지 사용에 대한 아무런 언급이나 조건 없이 몇 개의 단락을 구성하는 쓰기 조사를 여러 차례 실시해 보았다. 조사결과 학습자들의 단락구성과 연결 양상에 대한 의식이나 지식이 매우 부족하다는 점이 드러났다. 특히 각 단락의 구성, 그리

2.1.2. 조사자료

읽기 자료는 단락과 담화표지의 관련 양상이 잘 드러날 수 있는 자료를 선택했다. 하지만 보편적으로 전문가의 글에서는 담화표지가 빈번하게 드러나는 경우가 거의 드물기 때문에 선택에 애로사항이 따랐다. 하지만 사설 중에서도 담화표지나 단락이 전반적으로 관련성을 가지고 있는 글을 선택하려고 했고, 담화표지가 빈번하게 드러나는 글을 선택했다. 학습자들에게는 담화표지를 생략하고, 단락을 합쳐서 제시했다. 읽기와 쓰기에 사용된 제시문(1, 2), 읽기 조사자료(3, 4)는 다음과 같다.

(1) 다음 글을 읽고, 두 가지 물음에 답해 주십시오.

- 단락으로 구성해 주십시오.(단락 경계는 "//"로 표시해 주십시오.)
- "그리고, 그러나, 그러므로, 그러면, 그런데, 그렇지만, 그래서, 그리하여" 등을 필요한 경우에 넣어 보십시오. (단 들어갈 위치에 "✓" 표시하고, 그 위에 적절한 말을 넣어 주세요.)

(2) 제시된 사설을 읽고, 다음 조건에 맞게 주장하는 글을 쓰시오.

고 단락들의 연결에서 전체글의 맥락이나 의미를 전혀 고려하지 않은 상당수의 단락들이 드러나는 점을 발견할 수 있었다.

이는 언어수행 능력이 떨어지는 학습자들에게는 일정한 의미덩이를 구성하고, 그 의미덩이를 전체글에 비추어 적절하게 연결하는 작업이 얼마나 어려운 일임을 단적으로 보여주는 부분이라 할 수 있을 것이다. 따라서 본 조사에서는 다분히 상식 선상에서 추론할 수 있는 담화표지 사용을 몇몇 단락의 첫머리에 사용해 보도록 하고, 그 양상을 통해 학습자들의 단락구성과 연결에 대한 자각력을 높이려고 했다. 또한 적절한 담화표지의 사용이 단락 구성과 연결의 쓰기에 긍정적인 향상을 가져올 수 있음을 고려했다.

- 세/다섯 단락으로 구성해 보십시오. (각 단락의 문장 수는 상관없음)
- 둘째, 셋째/다섯째 단락의 시작에 다음 말을 넣어 보십시오. (그리고, 그러나, 그러므로, 그러면, 그런데, 그렇지만, 그래서, 그리하여 등)
- 주장하는 형식으로 전개해 보십시오.

(3) 영화 〈웰컴 투 동막골〉은 영국의 〈더 타임스〉에 의해 한국민의 남북 화해와 평화에 대한 염원을 보여주는 대표작으로 소개됐다. 세계적인 뉴스 채널 〈시엔엔 (CNN)〉도 박광현 감독과 주연배우 신하균씨의 인터뷰를 이번 주 방영한다. 이들의 관심은 영화의 완성도보다는 평화에 대한 한국민의 시각일 게다.

물론 〈웰컴 투 동막골〉이 세운 기록만으로도 일반의 관심을 끌기에 충분하다. 지난 4일 개봉해 불과 23일 만에 관객 500만 명을 돌파했다. 이 속도는 〈태극기 휘날리며〉에 이어 역대 2위(〈실미도〉와 동률)이다. 올해 상반기 최고 흥행작인 〈말아톤〉이 8주 만에 세운 기록이다. 신인 감독에 톱스타는 1명도 출연하지 않았다. 블록버스터에 비하면 제작비도 쥐꼬리만하다.

그러나 우리는 이런 기록보다 〈웰컴 투 동막골〉의 몽상 같은 판타지와, 이에 대한 수백만 관객의 호응에 더 주목한다. 둘이 만나는 지점에 우리 시대의 간절한, 그러나 드러내기 힘들었던 꿈이 존재한다고 믿기 때문이다. 어떻게 총부리를 겨누고 있던 미군, 국방군, 인민군이 한 마을의 평화를 지키기 위해 손을 잡고 목숨을 걸 수 있을까. 어떻게 계급장 떼고 피부색, 이념, 빈부의 차이를 벗어나 행복하게 어울릴 수 있을까.

이념과 지역, 나이, 계층 갈등으로 골병이 들어가는 우리의 현실에선 그야말로 잠꼬대 같은 일이다. 그런 꿈을 말했다가는 '맛이 갔다'는 소리나 들을 터이다. 그럼에도 그 잠꼬대 같은 '동막골'행 표를 사기 위해 사람들이 줄지어 섰다. 거기에 희망은 있다.

한 사람이 꾸면 꿈이다. 그러나 많은 사람이 꾸면 현실이 된다. 압도하는

갈등구조에 의해 유폐됐던 '동막골의 꿈'을 해방시켜 우리 시대의 꿈임을
확인시켜준 영화인들에게 찬사를 보낸다.

— 「동막골 사람들에게 보내는 찬사」, ≪한겨레신문≫,

2005. 8. 28(사설)[4]

(4) 종합주가지수가 거의 11년 만에 1100선을 뚫었다. 정부도 2분기 경제
성장, 즉 국내총생산(GDP) 증가율이 예상치를 웃돈 3.3%를 기록했다고 발
표했다. 경제부총리는 "하반기에는 4%대 중반, 내년에는 5%대 경제성장도
가능하다"며 경제주체들이 비관적 전망에서 벗어나주기를 주문했다.

그러나 서민들의 살림살이는 좀처럼 펴지지 않고 있다. GDP는 3% 이상
늘었지만 국내총소득(GDI) 증가율은 계속 0%대에서 헤매고 있다. 수출품은
싸게 팔고 국제원자재는 비싸게 들여오는 바람에 손에 쥐는 소득은 여전히
제자리걸음이라는 뜻이다. 이러니 피부로 경기 호전을 느끼기는 어렵다.

2분기 민간소비가 2.7% 늘어난 것도 해외소비지출(30% 증가)을 빼고 나
면 1.5%의 증가에 그친다. 해외에 나가서는 돈을 펑펑 쓰지만 국내에선 여
전히 지갑을 열지 않는다는 의미다. 이런 구조에선 제대로 내수가 회복될
리 없다.

무엇보다 가장 큰 문제는 설비투자 부진이다. 경제부총리마저 "기업들이
보유한 현금이 70조원이나 되는데 너무 투자를 안 한다"고 언급할 정도다.
2분기 설비투자 증가율은 2.8%에 불과했다.

따라서 증시가 탄탄한 체력(펀드멘털)에 기초한 상승인지, 풍부한 유동
성과 저금리에 따른 미니 버블인지는 주시해야 할 대목이다. 길게 보면 설
비투자가 뒷받침되지 않는 주가상승은 한계에 봉착하게 마련이다. 올 들어
수출증가율은 계속 한 자릿수에 맴돌고 있다. 민간소비와 설비투자가 풀리

---

4) 이하 '자료 A'로 표시함.

지 않으면 탈출구가 없다. 경제주체들의 자신감 회복이 무엇보다 시급하다. 그러려면 잠재성장률을 한참 밑도는 3%대 성장으로는 어림없다.

— 「기업투자 부진한데 주가는 최고치라니…」, ≪중앙일보≫, 2005. 7. 29(사설)⁵⁾

쓰기에 이용한 자료는 학습자들이 가지고 있는 배경지식의 빈곤함을 채워주기 위해 선택했기 때문에 따로 제시하지 않는다. 다만 '황우석 사태'와 '최연희 한나라당 국회의원의 성추행 파문 사건'을 다룬 두 편의 사설을 이용했음을 적어둔다.

2.2. 연구가설

텍스트 언어학적인 관점에서 보자면 담화표지는 단어나 문장을 연결할 뿐만 아니라, 그 이상의 층위에서 다양한 의미를 연결하거나 혹은 대용, 지시, 그리고 접속하는 복합 양상의 기능을 가진 역동적인 언어표지라 할 수 있다. 즉 담화표지는 문장 층위의 연결뿐만 아니라, 문장 층위의 미시명제들이 모여 이루어진 거시명제, 즉 전체글의 일정 의미단위들을 연결하는 데 일정 부분 중요한 역할을 한다. 이는 담화표지가 일정한 의미단위인 단락과의 상관성을 따져보는 중요한 핵심 기제가 될 수 있음을 말하는 것이다. 물론 담화표지만이 거시명제라고 부를 수 있는 단락을 형성하는 것은 분명 아니다.⁶⁾

하지만 언어수행 수준이 낮은 학습자들에게 아무런 언어적인 조건이나 표지 없이 단락을 구성하라고 하면, 이는 곧 교육적 조치를

---

5) 이하 '자료 B'로 표시함.
6) 신지연(2004)에서는 거시구조 접속과 관련되는 문법적 요소에는 '보조사', '자매항목을 함의하는 부사 등의 어휘', '대용표현과 직시소', '양태나 상적 표현' 등을 제시하고 있다.

포기하는 일이다. 더욱이 문장의 범위를 넘어 하나의 소규모 글을 만들어 가는 어느 정도의 형식적인 과정이 필요한 이들에게, 분명한 의미단위를 인식시켜 주기 위해서는 부득이하게 언어표지의 도움을 받아야 한다.7)

Wolfgang Heineman·Dieter Vieheweger(2001, 백설자 뒤침)에서는 "화제의 교체, 원인에서 결과로 이행, 그리고 거꾸로, 전체에서 부분으로 또는 한 부분에서 다른 부분으로 교체, 위계상 하위 단계에서 상위 단계로(그리고 거꾸로도) 교체, 어떤 과정에서 새로운 단계로 이행, 문제제기에서 해결로의 이행, 그리고 주장에서 뒷받침 단위로의 교체" 등에 주목하였다. 이는 거시명제가 내용상의 전환을 통해 구성될 수 있음을 제시하는 부분이다. 여기에 본고는 언어형식 단위를 더하여 보다 거시명제의 구분을 명확하게 할 수 있음을 보이고자 하는 것이다.

이상의 문제의식을 바탕으로 본고는 두 가지 연구가설8)을 세운다.

[가설 1] 공통된 몇 가지 담화표지가 단락 연결에 사용될 것이다.
[가설 2] 담화표지가 단락의 구성과 연결에 기여할 것이다.

---

7) 원진숙(1995: 186)에서는 단락의식의 부재 현상을 논술 교육의 한 가지 중요한 문제점으로 꼽고 있다. 특히 일류 대학에 진학한 학생들을 대상으로 한 조사에서도 이런 현상은 두드러지게 드러남을 지적하고 있다. 즉 언어수행 능력이 일반적으로 상당히 우수한 학생들조차 단락 의식에 대한 분명한 인식이 모자란다는 점을 감안할 때, 언어수행 능력이 떨어지는 학습자들에게는 이상과 같은 단락을 구성하는 데 필요한 여러 가지 언어기제를 감안하고, 그리고 이와 같은 언어기제를 통해 단락을 구성해 나가는 과정이 필요함을 알 수 있다.

8) Daivd Nunan(1992)에서는 영어권 비토박이 대학생들의 강의 이해에서 거시표지의 활용이 이해에 도움이 된다는 사실을 제시하고 있다. 반면에 미시표지의 사용은 이해를 촉진하지 않았다는 결과를 내놓는다. 물론 본고가 모국어 교육의 학습자를 대상으로, 그리고 글말(문어)을 대상으로 하고 있다는 점에서 차이가 나지만, 본고의 연구가설을 설정하는 데 참고가 되었음을 밝혀 둔다.

[가설 1]은 학습자들의 읽기 결과물을 통해, [가설 2]는 쓰기 결과물들을 통해 검증할 것이다.

[가설 1]에서는 학습자들에게 공통적으로 사용되는 담화표지의 사용이 있는지의 여부를 밝히고자 한다. 즉 학습자들의 담화표지의 사용이 주로 어떤 언어 단위에서 주로 사용되는지의 파악 여부가 연구의 시발점이다. 실제 학습자들의 읽기 자료를 통해 드러난 담화표지의 인식 양상을 살펴봄으로써, 대략적인 담화표지의 인지 양태를 파악할 수 있을 것이다.

이런 과정을 통해 필자가 드러내려는 바는, 학습자들에게 공통적으로 인지되는 담화표지의 사용이 있을 것이라는 점이다. 곧 공통적으로 인지되는 담화표지는 전체글에서 학습자들에게 중요하게 인식되는 의미연결이나 구획의 표지로서의 기능을 분명하게 드러내는 것이라고 가정하는 것이다. 또한 이런 담화표지의 사용이 개인마다 다양한 차이를 보이는 것이 아니라, 일정한 제약의 범위에서 공통되게 사용될 것이라는 점이다.

나아가 본 가설은 담화표지의 사용을 문장 이상의 단위, 특히 단락 구성 및 연결과 밀접하게 관련시키는 데 있다. 이는 학습자들이 전체글을 읽어 가면서 일정한 의미단위로 엮어가는 데 있어, 담화표지의 사용이 단락 구성 및 연결과 어떻게 관련되는지의 여부를 밝히고자 한 것이다.

실제 담화표지는 전체글에서 일정한 의미단위, 즉 단락을 구분하고 연결하는 데 중요한 역할을 한다. 인간의 사고가 낱개의 단위를 합성하여 이뤄지매, 중간 단위들의 통합 과정도 또한 보편적인 질서를 따를 것이기 때문이다. 이는 기존의 문장 연결 중심의 담화표지의 사용보다는, 문장 이상의 단위에서 담화표지의 쓰임이 더 적절할 수 있고, 또한 담화표지가 전체글에서 단락들 간의 연결 관계를 고려하는 데 중추역할을 함으로써, 이들이 전체글을 의미상으로 보다 밀도 있게 구성할 것이라는 점과 관련된다.

[가설 2]는 학습자들의 쓰기 결과물에 드러난 담화표지의 사용과 단락 구성 및 연결의 관계를 드러내고, 나아가 담화표지가 단락을 구성하고 연결하는 데 밀접한 관련을 가지고 사용될 수 있는 언어표지라는 점을 부각시킨다. 물론 단락들 간에 담화표지를 무조건 학습자들에게 사용하게 하는 것은 실제 글쓰기 교육에서 적절하지 못하다. 하지만 언어수행 능력의 발달과정에 있는, 특히 언어수행 능력이 다소 떨어지는 학습자들에게 일정한 의미구획단위를 설정할 수 있는 언어표지를 제시함으로써, 아무런 조건이 없을 때보다 단락 구성과 연결 과정에 좀 더 의미상의 타당성을 높일 수 있을 것이다.

3. 조사결과 및 교육적 의의

3.1. 조사결과 및 논의

3.1.1. 읽기 결과 양상 및 논의

실제로 현장조사의 신뢰도와 타당도를 높이기 위해서 보다 많은 조사대상 즉 표집을 확보해야 하고, 조사도 예비조사, 본 조사, 확인조사 등으로 나누어 실시해야 할 것이다. 하지만 본고는 수준별 교육과정과 교과서를 구현하기 위한 바탕 마련에 목적을 둔 과정상의 연구로, 주로 중·하위권 고1 학생들을 대상으로 했다는 점에서, 본 조사의 결과를 수준이 고려되지 않은 모든 학생들에게 일반화하기에는 한계가 따른다. 즉 본고는 학습자들의 일정한 연령과 이해 수준을 감안한 작업으로서 의의를 지닌다.

본 조사는 경남 합천의 S고 66명, 확인조사는 경남 하동의 J고 68명 학생을 대상으로 했다. 다만 본 조사와 확인조사의 결과, 수치가 비슷한 양상으로 나왔기 때문에 두 조사의 수치를 합쳐서 제시한다. 예비조사는 학생들의 단락과 담화표지의 대략적인 양상을 파악하는 데 있었기 때문에 생략한다. 우선 자료 A의 결과는 〈표 1-1〉과 같다.

문장(연번)열은 마침표가 사용되어 끝난 문장을 기준으로 삼은 것이다. 표의 실선은 원문에서 제시된 단락의 구성양상이다. 단락 재구성 학생수(비율)는 재구성된 글에서 실제로 학습자들이 읽고 재구

〈표 1-1〉 자료 A(S, J고 68명) 결과양상

문장 (연번)	단락 재구성 학생수(비율)	담화표지와 사용 횟수	담화표지 사용비율
1	12(17.6)	그리고(21), 그래서(6), 또한(1), 그러므로(3)	45.6
2	15(22.1)	그러나(14), 그리고(5), 그런데(7), 즉(2), 그러므로(3)	45.6
3	25(36.8)	그러나(4), 그래서(1), 또(1)	8.8
4	24(35.3)	그리고(6), 그래서(2), 그러므로(1), 게다가(1)	14.7
5	3(4.4)	그러나(3), 그리고(2), 그래서(3), 즉(4)	17.6
6	3(4.4)	그리고(20), 그러나(3), 그러므로(1), 또(8)	47.1
7	15(22.1)	그런데(12), 그러나(14), 그리고(3)	42.6
8	5(7.4)	그리고(22), 그러므로(2), 그런데(1), 또(8), 그래서(3)	52.9
9	41(60.3)	그러나(22), 그렇지만(5), 그래서(13), 그러니까(4), 하지만(3)	69.1
10	11(16.2)	그리고(8), 그래서(3), 즉(4), 왜냐하면(2)	25
11	27(39.7)	그리고(2), 그러나(3), 그런데(8), 즉(5), 그러므로(1)	27.9
12	0(0)	그리고(16), 또(5), 그러나(2), 그러므로(1)	35.3
13	8(11.8)	그러나(6), 그런데(2), 그래서(4), 그러므로(3), 즉(1)	23.5
14	10(14.7)	그러나(3), 그러므로(3), 그렇지만(2), 그래서(6), 즉(2), 그리고(3)	27.9
15	17(25)	그러나(25), 그런데(10), 그렇지만(4)	57.4
16	7(10.3)	그러나(4), 그리고(6), 그래서(2)	17.6
17	6(8.8)	그리고(2), 즉(2), 그래서(1)	7.4
18	2(2.9)	그러나(19), 그리고(3), 그러므로(4)	38.2
19	6(8.8)	그러므로(10), 그래서(6), 그러나(1), 즉(1)	26.5

성한 단락의 구획 양상이다. 담화표지와 사용 횟수는 학습자들이 사용한 담화표지의 종류와 그 횟수를 기록한 것이다. 그리고 맨 마지막 열의 담화표지와 사용 횟수(비율)는 각 문장의 끝에서 사용된 담화표지의 횟수와 전체 학생수 대비 담화표지 사용 횟수의 비율이다.

자료 A는 다섯 단락으로 구성되어 있다. 세 번째 단락의 처음에 사용된 담화표지 '그러나'가 전체글의 핵심적인 역할을 하고 있음에 주목할 필요가 있다. 학습자들이 이 부분을 잘못 해석하면 앞·뒤 단락들 간의 내용을 제대로 연결해 가기 힘들고, 또한 단락들 간의 분명한 의미 연결을 보여주는 특정 담화표지를 드러내기 어려운 글이다. 내용상 역접 혹은 대조의 의미를 드러내고 있다.

단락 재구성상에서 세 번째 단락과 그 시작에 담화표지의 사용이 두드러지고 있다. 원문에서 세 번째 단락은 앞선 단락들에 내용상으로 역접 혹은 대조의 의미를 드러내는 단락이다. 이후의 단락은 모두 세 번째 단락을 보충하는 의미를 담고 있다. 따라서 세 번째 단락은 글 전체에서 핵심이 됨은 물론, 담화표지의 사용으로 인해 더욱더 앞선 단락들과 내용상의 차별성을 드러내고, 이후 단락들에 이어질 내용들에 대해 중심 역할을 하게 된다.

학습자들에게서 드러난 조사결과도 원자료와 비슷한 양상을 드러내고 있다. 단락의 재구성 양상과 담화표지의 사용이 둘째 단락 이후, 즉 아홉 번째 문장 이후에 집중됨을 알 수 있다.[9] [가설 1]에 관련시킬 때 유의미한 결과를 보여주는 것이라 하겠다. 하지만 문제로

---

9) 본격적인 본 논의에 앞서 이번 조사결과가 유의한 통계치를 이용해서 결론을 도출하기에는 선택의 범위가 너무 넓고 다양하기 때문에, 애초부터 양적 모집단에 기초한 유의한 통계치의 계산법을 이용한다는 것은 불가능하다는 점이 있었다. 선택의 범위가 전체글에서 의미덩이 연결에 관련된 담화표지와 단락 재구성에 대한 것이었기에 학습자들의 선택 범위가 거의 무한정 상태에 놓여 있는 것이다. 따라서 본고에서는 담화표지와 단락 재구성에 있어 50%이상이 되는 부분들을 중심으로 그 유의함을 따져 보고자 한다.

지적될 수 있는 바는 학습자들의 단락 간 의미연결에 사용된 담화표지의 속성이다. 분명 원자료에서 드러나는 바와 같이, 둘째 단락과 셋째 단락 사이의 담화표지는 내용상 대조나 역접의 의미를 드러냄으로써, 셋째 단락의 주제 양상을 두드러지게 만드는 역할을 하고 있다. 하지만 단락 간에 의미상으로 이질적인 담화표지가 사용되는 것을 살펴볼 수 있다. 대조나 역접 계열의 담화표지가 사용되어야 하지만, '그래서, 그러니까'와 같은 내용상의 전환이나 혹은 요약 구실을 하는 연결표지도 다수 사용된다는 점이다. 이는 분명 학습자 중심의 읽기를 인정한다고 하더라도, 잘못된 의미연결로 인해 글 전체의 의미파악에 어려움을 초래해 학습자들의 이해에 문제가 될 수 있다.

그 외 담화표지가 많이 사용된 곳으로는 문장 8과 15 뒷부분이다. 둘 다 앞선 문장군과 문장을 연결하는 표지로 문장 8뒤의 표지는 순접 혹은 나열로, 문장 15뒤의 표지는 역접으로 볼 수 있다. 이들 부분에서는 담화표지가 학습자들에게서 의미연결상의 대략적인 일치를 보이는 것으로 드러난다. 다음으로 자료 B의 결과는 〈표 1-2〉와 같다.

<표 1-2> 자료 B(S, J고 66명) 결과양상

문장 (연번)	단락 재구성 학생수(비율)	담화표지와 사용 횟수	담화표지 사용비율
1	1(1.5)	그리고(8), 그래서(4), 또(1)	19.7
2	7(10.6)	그리고(17), 그러나(1), 그래서(8), 그런데(2), 그러므로(3)	46.7
3	49(74.2)	그러나(49), 그런데(12), 그러므로(2)	· 95.5
4	10(15.2)	그래서(3), 그리고(3), 또한(1)	10.6
5	5(7.6)	그러므로(2), 그런데(2), 그래도(1), 그래서(2), 즉(3)	15.2
6	27(41)	그리고(5), 그래서(13), 그러므로(4), 그러나(10), 그런데(5), 그렇지만(3)	60.6

7	11(16.7)	그리고(5), 그러므로(2), 그래서(2)	13.6
8	6(9.1)	그리고(1), 그러므로(6), 그렇지만(1), 그래서(2), 그렇기 때문에(3), 즉(7)	30.3
9	8(12.1)	그래서(8), 그러므로(4), 그러니까(2)	21.2
10	36(54.5)	그런데(10), 그래서(7), 그러나(14), 그리고(8), 그러므로(3), 그렇지만(3)	68.2
11	3(4.5)	그리고(3), 그래서(4), 왜냐하면(1)	12.1
12	7(10.6)	그리고(7), 그래서(7), 또(2), 그러나(5)	31.8
13	17(25.6)	그리고(3), 그러나(1), 그렇지만(1), 그래서(3), 즉(1)	13.6
14	14(21.2)	그러나(8), 그리고(6), 그러므로(3), 그런데(1), 또(3), 그래서(3)	36.4
15	30(45.5)	그리고(7), 그러나(1), 그런데(2), 그래서(8), 그러므로(1), 왜냐하면(1)	30.3
16	6(9.1)	그러므로(9), 그래서(6), 또한(1), 즉(1)	25.6
17	6(9.1)	그리고(6), 그러므로(18), 그래서(13), 그러나(2)	59.1
18	2(3)	그러나(5), 그러므로(5), 그렇지 않으면(1)	16.7

자료 B도 역시 다섯 단락으로 구성된 글이다. 자료 A와는 달리 마지막 단락에 그 핵심이 있다. 하지만 학습자들이 이 부분에 강조를 두지 않고, 가령 둘째 단락의 '서민들의 삶' 등에 초점을 두고 읽어 간다면, 이 글이 담고 있는 주제를 파악하기 어렵고, 특히 네 번째 단락과 다섯 번째 단락의 첫 시작의 담화표지를 제대로 드러내기 힘들 것이다. 두 번째, 네 번째, 그리고 다섯 번째 단락의 처음에 드러나는 학습자들의 담화표지에 주목할 만한 자료이다.

하지만 〈표 1-2〉에서 드러난 바와 같이, 학습자들의 단락 재구성과 담화표지 사용의 결과는 두 번째와 네 번째 단락의 시작에서만 유의미하고, 다섯 번째 단락의 시작에서는 그렇지 못하다. 두 번째 단락의 시작에서는 단락의 재구성이나 담화표지의 사용이 상당히 유의미하게 드러남을 알 수 있다. 내용상 대조와 역접의 의미를 단락 간의 연결로 학습자들에게서 상당히 정확하게 인지되고 있다. 네 번째 단락의 시작도 그 수에서는 두 번째 단락의 것에 미치지 못하지만, 상당히 유의미한 정도의 수치로 학습자들에게 인지되고 있다. 하지만 다섯 번째 단락은 단락 재구성이나 담화표지의 사용에서 상당히 저조한 수치로 드러나고 있다. 글 전체에서 이 단락이 가지는 의미상의 중요성에도 불구하고, 학습자들에게 제대로 이해하지 못한 결과라 하겠다.

두 번째 단락 시작의 담화표지는 학습자들에게서 대체적으로 정확하게 인식되고 있다. 원문에서도 대조와 역접의 의미로 사용되고 있으며, 학습자들의 사용양상에서도 비슷한 결과를 보여주고 있다. 하지만 네 번째 단락 시작의 담화표지의 사용양상은 약간 이질적인 결과를 보여주고 있다. 원문에서는 담화표지가 사용되고 있지 않지만, 글 전체의 흐름을 보면 담화표지가 충분히 사용될 수 있는 부분이라 하겠다. 의미연결상으로는 순접 혹은 나열의 의미를 가지는 담화표지가 사용될 법하다. 학습자들에게서 드러난 담화표지의 양상은 역접이나 전환의 속성에 더 중점을 두는 것으로 드러나고 있다.

다섯 번째 단락은 제목에서 드러나는 바와 같이 글 전체의 주제를 요약, 제시하는 부분이다. 학습자들 대부분이 이것을 제대로 파악하지 못한 것으로 판단된다. 즉 전체글의 요약과 마무리형 담화표지인 '따라서'와 유사한 속성을 가지는 '그러므로(3), 그래서(3)'가 상당한 적은 수로 인지됨을 볼 수 있다.

그 외 담화표지가 많이 사용된 곳으로는 문장 6과 17 뒷부분이다. 역시 앞선 글과 마찬가지로 앞선 문장군과 문장을 연결하는 표지로 볼 수 있다. 원문에서는 없지만, 학습자들에게서는 상당한 수로 인지되는 부분이다.

이상의 결과를 토대로 두 조사에서 드러난 유사점을 정리하면 다음과 같다.

첫째, 단락의 재구성에 사용된 담화표지의 양상을 살펴보면, 우선 대조나 역접의 속성을 가지는 담화표지의 사용이 두드러진다는 점이다. 자료 A에서는 세 번째 단락의 시작, 그리고 자료 B에서는 두 번째 단락의 시작에서 그렇다. 수치로 보면 전자는 대략 70%, 후자는 90%가 넘는 빈도로 대조나 역접의 속성을 지니는 담화표지가 단락의 구성에 사용되고 있다. 물론 "기업투자 부진한데 주가는 최고라니…"의 네 번째 단락의 시작에서도 상당수의 대조와 역접 계열의 담화표지가 사용되고 있다. 맥락상 나열이나 순접 계열의 담화표지가 사용되어야 함에도 불구하고, 많은 학습자들이 대조와 역접 계열의 담화표지로 단락의 재구성에 사용하고 있다.

둘째, 실제로 모국어를 부려 쓰는 데 어려움이 없는 학습자들의 쓰기에서는 담화표지의 사용 횟수가 많지 않은 것이 일반적이다. 원래 지문에서는 2~3개 정도의 담화표지가 사용되고 있다. 실제 학습자들의 읽기 조사결과에서는 '필요한 경우에 한해서 사용하라'는 제시문에도 불구하고, 평균적으로 7~8개 이상의 담화표지가 사용되고 있다. 물론 학습자들에 따라서 2~3개 정도로 국한해서 사용하는 이들도 있었다. 본 조사가 읽기 자료에 대한 검사였기 때문에 차이가 날 수 있지만, 의미연결 관계를 전혀 고려하지 않은 혹은 의미연결 관계가 잘못된 다수의 담화표지가 발견되었다는 점은, 학습자들의 담화표지에 대한 인지사용 능력이 안정되어 있지 않다고 볼 수 있는 것이다.

그 외 제시문에서 '그-'계열 접속부사를 제시했음에도 불구하고 '또, 또한, 즉, 왜냐하면, 하지만'등이 극소수로 사용되고 있다. 아마도 '그-'계열과 비슷한 의미로 사용되는 표지 중에서 의미상 학습자 개개인에게 더 익숙한 표지를 사용한 것 같다. 혹은 제시문을 제대로 읽지 않은 가능성도 있다. 현재로서는 그 이상의 추측은 어렵다.

3.1.2. 쓰기 결과 양상 및 논의

쓰기 결과의 양상은 유의수준 5%의 x^2검정을 통해 제시된다. 단락 구성에 사용된 표지가 다양할 뿐만 아니라, 표지가 가지는 의미상의 속성도 간단히 판정 지을 수 없기 때문에 통계처리상의 어려움이 따른다. 하지만 단락 쓰기에 드러난 담화표지의 종류와 그 드러난 수치를 한정해서 현장조사의 기본적인 틀에 따라 검증할 필요가 있다. 따라서 본고에서는 구성된 단락과 담화표지와 관련을 통해 드러난 몇몇 특징들을 부각시키고, 이를 통해 단락과 담화표지와 관련성에 대한 논의를 마련하고자 한다.

본 조사는 S고, 확인조사는 J고 66명 학생들을 각각 조사하였다. 본 조사와 확인조사로 나누어서 조사했는데, 실제로 결과가 비슷한 양상으로 나왔기에 두 조사를 합쳐서 제시한다. 세 단락으로 구성된 단락의 담화표지는 사용 결과는 〈표 1-3〉과 같다.

〈표 1-3〉 세 단락 쓰기의 담화표지 결과 양상

단락위치		담화표지의 종류와 횟수	비율
둘째 단락 첫머리	'그러나'류	그러나(22), 그런데(10), 그렇지만(4)	54.5%
	'그러므로'류	그래서(8), 그리하여(4)	18.2%
	'그리고'류	그리고(18)	27.3%
셋째 단락 첫머리	'그러나'류	그러나(14), 그렇지만(4)	27.3%
	'그러므로'류	그러므로(26), 그리하여(8), 그래서(6)	60.6%
	'그리고'류	그리고(4)	6.1%
	기 타	그래도(4)	6.1%

본고는 둘째 단락은 본론으로, 셋째 단락은 결론으로 상정하고 학습자들에게 조사했다. 본 조사의 결과만 가지고 보자면 겉으로 드러나는 담화표지는 다양하지만, 실제 내용상으로 따져 본다면 매우 단

순화시킬 수 있음을 알 수 있다.10) 상반되는 내용과 비슷한 내용의 연결, 그리고 앞선 내용의 정리 및 요약으로 나누어질 수 있다. 즉 '그러나'류, '그리고'류, 그리고 '그러므로'류로 대별될 수 있다. 가령 다음의 두 학생의 글은 단적인 예가 될 수 있을 듯하다.

(5) 최근 우리나라와 세계는 황우석 교수와 관련해 연이어 터진 일들에 크게 당황하고 있다. 처음에는 줄기세포 배양을 11개나 성공시켜 놀라게 하더니, 곧 이어 난자 매매 문제로 우리를 황당하게 했다. 그리고 터진 것은 우리들을 경악하게 했다. 그것은 연구성과(줄기 세포 배양)들이 모두 거짓이라는 것이었다. 그리고 그것을 은폐하기 위해 연구비를 썼다는 의혹도 제기되고 있다. 이러한 그를 겨냥한 많은 사람들의 목소리는 그를 '매장하자'는 것이다. 전 세계를 대상으로 펼친 '희대의 사기극'의 본보기를 삼자는 것이다. 이들의 의견을 따른다면 황교수는 많은 처벌을 받게 될 것이다.

그러나 그 반대의 의견도 만만치 않다. 지금 선진국으로 가고 있다고는 하지만 아직 '약자'의 입장인 우리나라가 세계적으로 경쟁력을 가질 수 있는 유일한 방법은 이런 생명공학 등을 포함한 '과학기술'의 발전에 있는 것이다. (…중략…)

(6) 올해 12월 우리나라에서 중대한 사건이 하나 발생했다. 그것은 바로 황우석 교수의 줄기세포 연구 논문에 조작이 있었느냐 없었느냐 하는 것이다. 이 사건은 우리나라뿐만 아니라 전 세계적으로 논란을 일으켰고, 한국

---

10) M. A. K. Halliday(1985: 302)에서는 통사 결속의 한 종류인 접속을 정교화(elaboration), 확장(extension), 상승(enhancement)으로 유형화하면서 이들은 접속 부가어(conjunctive Adjunctive)나 접속부사들(conjunctions)의 선택에 의해 표현된다고 한다. 물론 본고의 현장 조사가 통사결속이 아닌 의미연결의 차원에서 학습자들의 단락의 연결을 다룬 점에서 차이는 있지만, 접속의 양상을 보다 간략하게 단순화해서 드러내려고 한 바는 본고의 현장 조사결과와도 상응하는 면이라 하겠다.

의 과학 이미지도 실추시켰다. 그리고 잔뜩 기대하고 있던 환자들에게도 실망을 안겨 줬을 것이다. 논문에 조작이 있든 없든 세계속의 한국의 이미지는 이미 크게 나빠졌다.

그리고 연구원을 회유하기 위해 국가에서 지급한 연구비까지 썼다면 황우석 교수는 마땅히 그에 대한 처벌을 받아야 할 것이다. (…중략…)

대부분의 조사 자료의 글에서 드러난 특징 중의 하나는 단락 전환에 있어 내용상 이원화된 양상으로 단락 경계가 이루어지면서 단락이 구성된다는 것이다. 본고에서 서론과 본론으로 상정한, 즉 첫째 단락에서 둘째 단락으로 이어질 때, 주로 내용상 상반성과 유사성을 드러내는 '그리고'류와 '그러나'류의 표지가 많이 사용되고 있다. 물론 학습자들의 단락에 드러나는 내용상의 차별성을 모두 제거할 수는 없지만, 담화표지를 통해 드러난 두드러진 양상 중의 하나라고 판단된다. 이는 학습자들이 단락을 구성함에 있어 중요한 하나의 단서가 될 수 있는 것이다.

셋째 단락 첫머리에 사용된 담화표지의 양상도 크게 둘째 단락 첫머리에 사용된 양상과 차이가 없는 것으로 보인다. 다만 '그러므로'가 상당수 드러난 것으로 보아, 대체적으로 결론에서는 본론의 내용을 다시 한 번 요약하고 정리해서 마무리하려는 의도를 엿볼 수 있다.

유의수준 5%로 x^2검정을 실시해 본 결과, 둘째 단락으로 이어질 경우에는 상반성 및 유사성을 나타내는 담화표지가, 셋째 단락으로 이어질 경우에는 '그러므로'류와 같은 요약성의 담화표지가 더 빈번하게 나타남을 확인할 수 있다.[11]

---

11) 3가지 종류의 담화표지가 동일하게 사용된다면 각 담화표지의 사용비율은 1/3일 것이다. 이런 가설이 참이라면 각 담화표지의 기대도수는 66×1/3=22(명)이다. 그러나 아래 검정의 결과에서 알 수 있듯이 기대도수와 실제 관측값 사이에는 큰 차이가 있어 유의수준

다섯 단락으로 구성된 단락 간 담화표지의 사용 결과는 〈표 1-4〉
와 같다.

<표 1-4> 다섯 단락 쓰기의 담화표지 결과 양상

단락위치	담화표지의 종류와 횟수		비율
둘째 단락 첫머리	'그러나'류	그러나(14), 그런데(10), 그렇지만(2)	39.4%
	'그러므로'류	그래서(6)	9.1%
	'그리고'류	그리고(24)	36.4%
	기 타	그러면(6), 그렇다면(4)	15.2%
다섯째 단락 첫머리	'그러나'류	그러나(8), 그렇지만(4)	18.2%
	'그러므로'류	그러므로(26), 그래서(4), 그리하여(6)	54.5%
	'그리고'류	그리고(16)	24.2%
	기 타	그러면(2)	3%

다섯 단락으로 구성하라는 조사에서는 둘째 단락과 다섯째 단락
의 첫머리에 담화표지를 사용하도록 했다. 이는 서론을 하나의 단락

5%로 가설을 기각하게 된다(여기서 n은 전체 관측수, n_i는 각 담화표지를 선택한 관측수,
p_i는 가설에서 가정한 각 담화표지 선택확률로 여기서는 모두 1/3임). 즉 검정통계량의 값
이 14.18로 기각치 5.99(즉, $x^2(0.05, 2K)T$는 유의수준 5%로 3그룹의 사용비율이 동일하다
는 가설을 기각하게 되는 기각치를 나타냄)보다 크므로 각 담화표지의 사용비율이 같지
않다고 결론내릴 수 있다. 셋째 단락은 4가지 종류의 담화표지에 대한 가설검정으로 마찬
가지 검정통계량의 값이 52.55로 기각치 7.81(즉, $x^2(0.05, 3)$은 유의수준 5%로 4그룹의 사
용비율이 동일하다는 가설을 기각하게 되는 기각치를 나타냄)보다 크므로 가설을 기각하
게 된다. 즉 둘째 단락의 경우 상반성 및 유사성을, 셋째 단락은 경우에는 요약성 담화표
지를 대부분 사용한다는 결론을 도출할 수 있다.

i) 둘째 단락 검정통계량

$$x^2 = \sum_{i=1}^{3} \frac{(n_i - np_i)^2}{np_i} = \frac{(36-22)^3}{22} + \frac{(12-22)^2}{22} + \frac{(18-22)^2}{22}$$
$$= 14.18 > x^2(0.05, 2) = 5.99$$

ii) 셋째 단락 검정통계량

$$x^2 = \sum_{i=1}^{4} \frac{(n_i - np_i)^2}{np_i} = \frac{(18-16.5)^2}{16.5} + \frac{(40-16.5)^2}{16.5} + \frac{(4-16.5)^2}{16.5} + \frac{(4-16.5)^2}{16.5}$$
$$= 52.55 > 7.81 = x^2(0.05, 3)$$

으로, 본론을 세 개의 단락으로, 그리고 결론을 하나의 단락으로 상정하고 지시했다. 세 단락으로 구성하라고 할 때와 특별하게 달라진 점은 보이지 않는다. 본론의 첫머리 담화표지는 세 단락 구성 시와 비슷한 양상으로 드러났다. 결론도 비슷한 양상으로 드러났다. 이는 세 단락이었을 경우와 마찬가지로 통계적인 가설검정을 통해 확인할 수 있다.12) 담화표지를 활용함으로써 무작위의 단락 구성보다 단락의 구성과 연결이 논리적으로나 수사적으로 더 매끄러웠음을 확인할 수 있었다.

본고는 학습자들에게 주장하는 글로 크게 세 부분, 즉 서론, 본론, 결론으로 단락을 구성하라고 하였다. 여기에서 본론과 결론의 시작이라고 상정한 부분에 담화표지를 사용하도록 지시했다. 본고의 조사결과가 주장하는 글의 양식과 세 단락과 다섯 단락으로 제한했다는 한계가 따른다. 하지만 이전의 연구에서 담화표지의 사용과 단락 구성의 관련성, 특히 학습자들을 대상으로 하는 쓰기교육에서 이와 같은 연구가 전무했다는 점을 감안한다면, 본고의 조사결과는 앞으로 담화표지와 단락 구성을 매개할 수 있는 연구의 단초가 될 수 있을 것으로 판단된다.

---

12) i) 둘째 단락 검정통계량

$$x^2 = \sum_{i=1}^{4} \frac{(n_i - np_i)^2}{np_i} = \frac{(26-16.5)^2}{16.5} + \frac{(6-16.5)^2}{16.5} + \frac{(24-16.5)^2}{16.5} + \frac{(10-16.5)^2}{16.5}$$
$$= 18.12 > x^2(0.05, 3) = 7.81$$

ii) 다섯째 단락 검정통계량

$$x^2 = \sum_{i=1}^{4} \frac{(n_i - np_i)^2}{np_i} = \frac{(12-16.5)^2}{16.5} + \frac{(36-16.5)^2}{16.5} + \frac{(16-16.5)^2}{16.5} + \frac{(2-16.5)^2}{16.5}$$
$$= 37.03 > 7.81 = x^2(0.05, 3)$$

3.2. 읽기·쓰기 교육에의 의의

담화표지와 단락은 기존의 구조주의적, 형식주의적 언어학이 가지는 언어 사용의 정형화된 한계를 극복할 수 있는 중요한 사고 단위이다. 특히 읽기, 쓰기의 언어교육적인 관점에서 학습자들의 이전의 단어나 문장 중심의 문법교육에서 벗어나 보다 실제적인 언어사용이 반영될 수 있다.

본고에서는 이상과 같은 점을 감안하여, 학습자들이 단락과 담화표지의 구성 관계를 어떤 식으로 인지하고 있는지를 읽기와 쓰기 자료를 토대로 조사하고 결과를 도출하였다. 현장 조사 연구의 결과를 토대로 한 교육상 의의는 다음과 같다.

첫째, 학습자들의 읽기 조사 자료를 통해 학습자들이 암묵리에 문장 간 혹은 그 이상의 단위에 지나치게 많은 수의 담화표지를 사용하고 있다는 점이 드러났다. 실제 원문은 2~3개 정도의 담화표지를 가지고 있었지만, 학습자들에게 드러난 수는 7~8개, 혹은 그 이상이었다. 읽기 자료 조사 제시문에서 필요한 경우에만 담화표지를 사용하라고 했음에도 불구하고, 이렇게 불필요하고 잉여적인 담화표지를 부지불식간에 언어단위 간에 사용하고 있다는 것은 이해에 큰 문제가 될 수 있다. 특히 그런 불필요하고 잉여적인 담화표지가 언어단위들 간의 의미연결에 적절하다면 문제가 되지 않는다. 그렇지만 실제 다수의 학생들이 문장 이상의 단위에서 맥락상 적절하지 못한 상당수의 담화표지를 사용하고 있다는 점이 드러났기 때문에, 조사 대상 학생들의 덩잇글 이해 과정에 심각한 문제가 될 수 있다. 물론 본고의 조사대상 학생들의 언어수행 수준이 다소 떨어진다는 점을 감안한다손 치더라도, 언어능력이 거의 다 발달한 고등학생의 언어수행 양상에 문제가 아닐 수 없다.

[가설 1]에서 공통된 몇 가지 담화표지의 사용이 단락의 구분과 연결에 밀접하게 연관될 것으로 가정했다. 역접과 대조 계열의 담화표지만이 상당한 비율로 학습자들에게 유의미하게 인식되고 있다. 물론 글의 갈래나 학습자들의 수준에 따라 담화표지가 어떻게 드러나는지에 대한 포괄적인 연구 조사가 뒤따라야 하겠지만, 일단은 본고의 현장조사에서 드러난 것만 본다면, 학습자들의 단락 간 의미연결에 있어 드러나는 담화표지는 의미연결상으로 역접과 대조 계열이 두드러진다는 것이다. 이는 역접과 대조 계열의 담화표지가 학습자들의 읽기에서 단락 구성과 연결에 밀접한 영향을 끼치는 것으로 볼 수 있는 점이다.13)

둘째, 단락은 특히 쓰기교육에서 학습자들에게 매우 중요하게 인식될 수 있는 사고 단위이다. 내용상, 형식상으로 일정하게 구성될 수 있는 단위이기 때문에 단어나 문장 이상의 중요성을 가진다. 하지만 단순히 단락을 구성하라는 식의 교육적인 조치는, 그야말로 단락 구성의 핵심 기제가 무엇인지를 고민할 기회를 학습자들에게 주지 않는다.

본고에서는 위와 같은 문제의식하에 담화표지를 사용해 학습자들이 단락을 구성하는 데 좀 더 많은 의식적인 노력을 하도록 했다. 일정 부분 단락을 구성하는 데 담화표지가 하나의 단서로 작용할 수 있게 설정해 보았다.

아무런 조건 없이 실시한 쓰기 양상에서 드러난 단락 구성양상에 비해서, 결과적으로 일정한 글의 부분에서 담화표지의 사용은 전체 글의 흐름을 더욱 매끄럽게 했고, 나아가 학습자들이 전체글을 구성해 가는 데 핵심 역할을 할 수 있는 단락들의 의미연결 관계를 보다

---

13) 이런 현상은 심리학에서 '지각의 현저성' 때문일 수 있다.

명확하게 인지할 수 있는 계기가 되었다. 이는 기존의 쓰기교육에서 단락에 대한 지도가 다소 담화표지와는 무관하게 이루어졌다는 점을 상기한다면, 중요한 반성의 계기를 마련할 수 있을 것이다.

뿐만 아니라 쓰기교육에서 단락을 구분하고, 단락들의 연결관계를 고려할 때 특정한 담화표지 혹은 거시명제 연결표지의 사용이 단락들 간의 의미관계의 고려에 보다 인식력을 높여 주기 때문에, 전체글의 내용구조를 고려하면 매우 중요한 단서가 될 수 있음을 알 수 있다. 물론 다소 언어수행 수준이 낮은 학습자들이기 때문에 드러나는 현상이라고 단언할 수는 없지만, 단락의 구성과 연결에 어려움을 겪는 많은 학습자들에게 다양한 담화표지의 활용은 분명 쓰기 능력 향상에 도움을 줄 수 있다는 점을 파악할 수 있었다.

셋째 본고의 조사는 매우 한정된 범위의 학습자들을 대상으로 이루어졌다. 현장 조사의 성격상 대단위 연구로 이루어지기 위해서는 상당한 시간과 노력이 요구되어 쉽사리 그 연구 범위를 넓힐 수 없었다. 하지만 제약된 수로나마 이루어진 조사결과에서도 담화표지의 사용양상과 단락구성에 있어 담화표지의 기능과 양상에 대한 결과를 얻어낼 수 있었다.

본고는 단기간의 연구를 지향하는 것이 아니라, 나아가 대단위 범위의 학습자들을 토대로 하여 단락 구성하는 일반적인 언어표지를 발견하고, 학습자들의 읽기와 쓰기에 활용할 수 있는 방법을 마련하는 데 있다. 이와 같은 계획 아래 부분적으로 일정 수준 학습자들의 언어수행 양상을 조사하고 그 결과를 해석했다. 이상의 조사결과는 수준별에 따른 학습자들의 언어수행 양상 파악의 필요성을 부각시켰다고 할 수 있다.

4. 마무리

본고는 담화표지 사용과 단락 구성의 관련 양상에 대한 의문을 제기하고, 두 가지 기본 가설을 제시했다. 조사결과와 관련시켜 보면 다음과 같다.

첫째, 암묵리에 학습자들은 문장 간의 연결에 담화표지를 주로 사용했다. 특히 의미관계가 분명하게 드러난 단락 간에 담화표지를 이용했다. 하지만 지나치게 문장 간에 담화표지를 자주 사용함으로써 소수의 공통된 담화표지의 사용이 있으리라는 가설에 위배되는 결과를 드러내었다. 이는 또래에 비해 언어수행 능력이 다소 떨어지는 학습자들에게 드러나는 일반적인 현상이라고 단정 지을 수 없지만, 다수의 담화표지가 의미연결을 제대로 파악하지 못한 채로 사용되어 글을 이해하는 데 장애가 되고 있음을 알 수 있었다. 가설에서 제시한 공통의 몇몇 담화표지와 단락구성의 관계는 대조와 역접 계열의 담화표지에 있어 상관관계가 높게 드러났다. 이는 학습자들의 읽기에서 대조와 역접 계열의 담화표지 사용양상이 거시명제, 즉 단락의 구분과 상당한 상관관계를 가지는 것으로 볼 수 있다.

둘째, 쓰기에서 학습자들에게 공통적으로 인식되는 담화표지의 사용이 있었다. 크게 '그리고'류, '그러나'류, '그러므로'류로 대별될 수 있었다. 본고에서 서론에서 본론으로 상정한 단락들 간의 연결에는 '그리고'류와 '그러나'류의 표지가, 본론에서 결론으로 상정한 단락들 간의 연결에는 '그러므로'류가 많이 사용되었다. 이는 단락구성과 연결에 있어 학습자들이 어느 정도 담화표지의 사용이 영향을 줄 수 있었음을 드러내는 부분이다. 이는 학습자들의 읽기와는 달리 쓰기에서 담화표지와 단락구성의 양상이 매우 밀접한 양상을 가진다고 볼 수 있는 점이다. 곧 쓰기교육에서 단락구성과 연결에 특정한 담화표지를 통한 교육이 이루어질 수 있음을 시사하는 바라 하겠다.

이상과 같은 결과를 얻었지만, 본 연구 조사는 조사 학생들의 범위가 일정 수준의 학생들에 제한되었고, 읽기 자료나 쓰기 제시 자료가 주장하는 글에 제한되었다는 한계점을 가진다.

단락 연결에 대한 인식

1. 들머리

1.1. 연구목적

본고는 텍스트에서 드러나는 학습자들의 단락 연결에 대한 인식 양상을 고찰하는 데 목적이 있다. 여기에서 단락 인식 양상이라 함은 텍스트에서 반드시 고려되는 각 단락의 의미 기능이나 속성에 대한 학습자들의 이해와 표현의 인식 결과를 아우르는 것이다.

단락은 불확정적인 언어 단위라 할 수 있다. 낱말과 문장과 같이 문법적인 측면에서 접근하기 어려운 점이 있고, 또한 다양한 의미론적인 접근이 가능하기 때문에 의미론적 측면에서도 접근하기 어려운 면도 있다. 이처럼 형식과 내용면에서 그 명확성을 도출하기가 어렵기 때문에 단락은 그 이론상의 토대가 탄탄하지 못한 것이 사실이다.

대다수 단락에 대한 연구가 수사학의 규범적 지식과 이론에 그 토대를 두고 있으며, 실제로 이를 바탕으로 한 현장연구 논문들은 정형화된 한 단락 쓰기에 초점을 두고 있는 경우가 많다. 이는 단락이 기본적으로 글말에서의 언어 단위라는 점과 텍스트에서 가지는 기능과 의미상의 역동성이 제대로 고려되지 못한 결과라 하겠다.

단락은 하나의 자족 단위로서 그 의미를 드러내지만, 이는 텍스트를 전제하고 있을 때라야 진정한 의미가 있다고 할 수 있다. 즉 단락은 소주제문과 뒷받침 문장들로 구성된 자족적인 의미단위이지만, 그것은 실상 하나의 완벽한 전체보다는 전체를 전제한 부분으로서의 속성에 바탕을 둔 것이라 하겠다.

그렇다면 단락은 내·외적으로 문장의 연결과 단락의 연결 두 양상이 동시에 고려된다는 점에서 응집성(cohesion)과 통일성(coherence)의 문제를 모두 다룰 수 있는 언어 단위라 할 수 있다.[1] 이는 단락이 그만큼 언어단위의 의미 연결이라는 관점에서 접근상의 융통성과 어려움을 동시에 드러낸다고 할 수 있다.

본고의 핵심은 이와 같은 응집성과 통일성의 문제가 동시에 학습자들의 읽기와 쓰기에서 어떻게 고려될 수 있느냐에 있다. 아울러 기존의 연구와 차별적인 점은 단락의 문제를 규범적이거나 문법적으로 접근하기보다는 학습자들의 능동적인 참여를 통해 드러나는 단락의 양상을 탐구해 나가는 데 있다고 하겠다.

---

[1] 이 용어들은 교육과정상에는 응집성(cohesion)과 통일성(coherence)으로 제시되고 있다. 김지홍(2008: 19)에서는 이들 용어가 드러내는 기본적인 뜻이 적절하지 못함을 지적하고, 그것에 좀 더 부합될 수 있는 용어를 제시하고 있다. 본고는 김지홍(2008)에 따라 응집성은 통사결속으로 통일성은 의미연결로 사용한다.

1.2. 선행연구

본고는 학습자들의 단락이라는 단위의 자각 및 그 사용에 대한 자각의 문제를 다룬다. 단락에 대한 심리적 실재를 파악하는 데 있어 가장 중요한 것은 학습자들이 단락에 대하여 어떻게 이해하고 표현하는 지에 대한 자각의 문제이기 때문이다.

서혁(1991)은 문장론에 기반한 단락 연구의 한계를 극복하고 있다는 점에서 의의가 있으나, 다만 제한된 학습자들과 요약과정에서 드러나는 단락만을 중심으로 살피고 있다는 한계를 보이고 있다. 졸고(2005, 2007a, 2007b, 2008a) 등은 단락의 문제를 집중적으로 다루고 있지만, 이론적 부분의 취약성이 드러나고, 제대로 학습자들의 단락에 대한 능동적이고 창의적인 이해와 표현 양상이 부각되었는가에 대해서는 많은 의문이 남는다.

M. A. Gernsbacher & T. Givon 편(1995)에서는 의미연결(coherence)에 대한 뜻매김에서부터 언어단위에서 의미연결의 문제를 어떻게 다루어할 지에 대한 문제를 폭넓게 제시해 주고 있다. 단락과 직접적으로 연계된 내용은 적지만, 단락이 의미연결의 관점에서 중점적으로 다루어져야 한다는 점을 시사 받을 수 있어 의의가 있다.

김지홍(2007, 2008)은 단락의 문제를 통사결속(cohesion)을 넘어서 의미연결(coherence)의 관점에서 다루어야 한다는 점을 명시하고 있으며, 아울러 언어와 언어사용에 대한 자각의 문제를 깊이 있게 다루고 있다는 점에서 의의가 있다.

2. 연구방법 및 연구가설

2.1. 연구방법

2.1.1. 조사 대상 및 수행 영역

본고는 고등학교 1·2학년 학습자들을 대상으로 하여 단락 중심 읽기와 쓰기의 결과를 도출하고, 그 결과를 바탕으로 학습자들의 단락 인식 양상을 추론하는 데 그 초점이 있다. 아울러 조사결과의 객관성과 타당성을 높이기 위해 학습자들의 표집 층위를 동일 학년의 과학고와 인문계 고등학교 학습자들로 폭 넓게 확대하여 실시하였다.

읽기에서는 단락 순서 재구성과 관련하여 원문에 제시된 단락 순서 해체, 다양한 담화표지 삭제 및 전환, 주제와 관련된 제목의 제시 및 삭제 등이 고려되었다. 이는 읽기시의 단락과 관련된 텍스트 난이도와 밀접하게 관련을 맺는다.[2]

읽기·쓰기 통합 양상의 경우는 단락의 전체적인 관계를 모두 고려할 수 없기 때문에 특정 단락을 비워두고 이를 학습자들이 지적하고, 채워 넣게 하였다. 여기에서는 지엽적인 의미관계를 드러내는 단락과 총체적인 의미관계를 드러내는 단락으로 구별하여 학습자들에게 제시하였다. 지엽적인 의미관계를 드러내는 단락은 전체글의 맥락을 좌우할 수 있는 내용을 담기보다 인접한 단락 간의 연결 관계에 주요 초점이 주어진 것을 말하고, 총체적인 의미관계를 드러내

---

2) ① 단락 순서 바꿈 + 담화표지 추가(거시표지 제시).
　② 단락 순서 바꿈.
　③ 단락 순서 바꿈 + 제목 삭제함.
　④ 단락 순서 바꿈 + 제목 삭제함 + 담화표지 삭제 및 전환(명시적 → 명시성이 떨어짐).

는 단락은 전체글에서 내용상의 전환이나 마무리 성격을 지닌 단락에 초점이 주어진 단락을 말한다.

읽기와 쓰기 영역 모두 본 조사와 확인조사로 나누어 실시하였다. 본 조사는 과학고 1·2학년 학습자들을 중심으로, 확인조사 일반 인문계고 1·2학년 학습자들을 대상으로 하였다. 난이도는 주석 2)의 '①→④'로 갈수록 높아진다. 실시시기는 대략 2008학년도 1학기 5~7월에 중점적으로 이루어졌다. 조사인원은 대략 과학고 1·2학년 190여 명과 일반계고 150여 명 정도였다.

2.1.2. 조사자료

조사 자료는 신문 칼럼 두 편을 선택하였다. 주장 일변도의 사설과 달리 설명 요소와 주장 요소가 적절하게 섞여 있어 학습자들이 읽기에 부담이 적고, 이념 편향의 측면에서도 자유로울 수 있기 때문이다. 아울러 본고가 단락 인식에 대한 학습자들의 이해와 표현 양상을 조사하는 것이기 때문에 단락의 수를 적절하게 고려된 것을 선택하였다.

2.2. 연구가설

본고에서는 읽기와 읽기·쓰기 통합 양상에 관련된 단락 인식 양상으로 두 가지 연구가설을 제시한다. [가설 1]은 읽기에, [가설 2]는 읽기·쓰기 통합 양상에 관련된다.

[가설 1] 글의 제목 및 담화표지의 삭제와 전환이 단락 간 통합에 영향을 줄 것이다.

[가설 1]은 학습자들의 읽기에 관련이 있다. 글의 제목이 주어진다는 것은 텍스트의 화제를 제시하는 것과 같다. 이는 텍스트에서 드러난 단락을 적절하게 연결해 주는 하나의 단서가 될 것이라고 추측해 볼 수 있다. 텍스트에서 제시될 내용의 핵심적인 부분이 제목에서 응축되어 있기 때문에 학습자들은 제목이 시사하는 바를 고려함으로써 단락 간의 통합에 인식력을 더 높일 수 있으리라고 가정해 볼 수 있다.

또한 담화표지를 사용함으로써 학습자들의 단락 간 연결에 영향을 미칠 수 있으리라고 가정해 볼 수 있다. 특히 텍스트의 의미짜임을 결정짓는 거시표지들, 가령 마무리 단락이나 내용상의 완전한 전환을 이루는 단락에서 사용되는 표지들은 분명 그 단락의 인식 정도가 여타의 단락보다 높을 것이라 가정할 수 있다.

이 연구가설은 총체적 의미연결(global coherence)과 지엽적 의미연결(local coherence)이 고려되고 있다. 지엽적 의미연결은 인접 단락 간의 연결 관계에 초점을 둘 수 있다. 담화표지나 혹은 인접단락 간의 특정 의미관계가 주요한 속성으로 제시될 수 있을 것이다.

총체적 의미연결은 글의 제목과 밀접한 관련을 맺기 때문에 제목의 제시 여부가 글 전체의 내용에 상당한 영향을 미칠 것이라고 고려한다. 지엽적 의미연결은 단락 간의 연결에 대한 것인데, 가령 첫째, 둘째, 셋째와 같은 명확한 담화표지 대신에, 영형표지, 그리고, 또한 등과 같이 바꾸거나 삭제하여 제시한다. 그렇게 함으로써 명시적 담화표지와 다소 그 명시성이 떨어지는 담화표지 간의 의미연결에 대한 차이를 확인해 볼 수 있을 것이다.

이상 전체 단락들의 순서 해체, 담화표지, 제목 등으로 간단하게 텍스트의 난이도를 조정하고 이를 학습자들에게 난이도별로 제시할 수 있을 것이다. 주석 2)의 ①, ②, ③, ④로 갈수록 전체 단락을 파악하는 양상이 어려울 것이라고 가정하였다.

  [가설 2] 총체적 의미연결 관점에서 고려되는 단락이 더 인식력이 높을
       것이다.

  본 가설은 단락 읽기와 쓰기가 함께 고려하고 있으며, 아울러 텍
스트에서 각 단락이 가지는 의미 속성이나 위계를 학습자들에게 어
떻게 하면 보다 유의미하게 인식시킬 수 있을까에 초점을 둔다. 이
를 위해 텍스트에서 일정한 위치의 단락을 비워놓고 학습자들에게
그 단락을 문맥에 맞게 구성할 수 있는가의 여부를 묻고 그 유의미
성을 따진다.

  단락은 텍스트에서 일정한 의미를 띠게 되며, 이는 단락은 반드시
글의 전체 문맥에 영향을 받을 수 받지 않을 수 없다는 점을 말하는
것이다. 물론 단락의 의미 속성이나 기능에 따라서 단순히 글 전개
상 인접한 단락들의 의미관계에 초점을 두는 속성이 강한 것과 텍스
트에서 시작을 알리거나 급격한 의미전환을 이루거나, 또는 요약이
나 마무리의 기능에 가치를 두는 단락도 있을 수 있다. 전자는 지엽
적 의미연결 관계, 후자는 총체적 의미연결 관계의 관점에서 접근할
수 있다.

  본 가설에서는 이런 단락의 기능이나 의미 속성을 염두해 두고서,
지엽적 의미연결 관계에 있는 단락보다 총체적 의미연결 관계에 있
는 단락이 학습자들에게 보다 더 쉽게 처리, 산출될 수 있으리라고
가정하였다.

3. 연구결과 및 교육상 의의

3.1. 연구결과 논의

3.1.1. 읽기 양상 결과 및 논의

우선 아래와 같이 원문의 단락 순서를 해체하여 제시하였다. 해체된 단락 순서를 원문에 맞추어 바로 잡으면 "④ → ① → ⑦ → ③ → ⑤ → ⑧ → ② → ⑥"이 된다. 번호는 해체된 단락들로 구성된 글의 각 단락에 필자가 임의로 붙인 것이다. 해체된 전체글의 단락 순서는 공히 다음과 같이 난이도 구별 없이 동일하게 제시되었다.[3]

① 사실 최근처럼 한국사회가 20, 30대 젊은 여성들의 삶과 가치관에 주목한 적이 있었나 싶다. "도대체 왜 아이를 안 낳겠다는 거야?" 그러고서는 곧바로 "요즘 여자들이 이기적이라서 그렇다"고 결론까지 내버린다. 과연 요즘 여자들은 과거의 어머니들에 비해 이기적이라서 아이 낳기를 접은 것일까?

② 많은 한국 남성들은 아내의 일에 대한 욕구와 인간적인 성장에 적극적으로 동참해 주지 않는다. 아직도 많은 남성들은 가정의 1차적인 책임은 아내에게 있다고 생각하며, 설거지, 청소를 자신의 일이라고 여기며 분담하지 않는다. 직장은 아내가 스스로 자처한 고생길이니 집안일과 아이들 교육에 소홀하다면 그것은 아내의 책임이라고 떠넘긴다.

③ 첫째, 임신기간 동안 여성은 아무런 보호대책 없이 혼자의 힘으로 견뎌야 하기 때문이라고 말한다. 직장여성들이 임신을 하면 우선 상사들의 눈

---

3) 《조선일보》 시론(김미경, 미래여성연구원장, 2006.6.8)임.

치를 봐야 한다. 대놓고 입덧 한번 제대로 할 수 없다. 호르몬이 뒤집어져 졸음이 쏟아져도 혹시 다른 사람들에게 피해가 될까봐 내색하지 말아야 한다. 겨우 할 수 있는 정도가 화장실 변기뚜껑을 덮어놓고 몰래 새우잠을 자는 정도로 그 힘든 임신기간을 버텨야 한다.

④ 정부가 '제1차 저 출산 고령화 기본계획 시안'이라는 거창한 계획을 발표했다. 마치 개발독재시대에 '제 몇 차 경제개발5개년 계획' 운운했던 돌진적인 구호를 보는 듯하다. 그러나 정부의 눈물겨운(?) 대책발표를 접한 주변 젊은 여성들의 반응은 한마디로 '냉담'이다.

⑤ 둘째, 왜 아이는 낳은 사람이 길러야 하는지 반문한다. 매일 아이를 둘러업고 새벽 6시부터 분유통 들고 놀이방에 아이 맡기고, 저녁 8시 되기 전에 허둥지둥 아이를 찾기 위해 뛰다 보면 '낳기만 하십시오, 국가가 길러드리겠습니다'란 말을 들을 때마다 분노가 치민다고 한다. 이런 식으로 직장생활을 하다 보니 당연히 육아에 대한 부담이 상대적으로 적은 남성들에 비해 직장에 몰두할 수 있는 절대 시간이 부족한 것이 현실이다.

⑥ 재앙에 가까운 출산율 '1.08명'. 그러나 시작에 불과하다. 출산율 추락은 가속을 더해 달려갈지도 모른다. '안 낳는 것이 그나마 상책'이라는 나름의 자구책에 몸을 숨기고 있는 우리의 딸들이 공동체의 미래를 만들기 위해서는 이제 우리 공동체가 대답을 내놓아야 할 때다. 특히 우리 기성세대는 정책적인 지원뿐만이 아니라 그들에 대한 정서적, 문화적인 지원을 고민해야 한다. 어쩌면 여성의 사회생활 전반을 통제하고 있는 정서와 불문율로 인해 여성들은 아주 오래 전부터 '출산율 1명 이하'를 예고해 왔는지 모른다. 이 땅의 남성들만이 귀 기울이지 않았을 뿐이다.

⑦ 필자는 13년간 각 기업에서 일하는 신입사원부터 과장, 차장 등의 여성들과 세미나, 워크숍 등을 통해 거의 매일 만남을 가져왔다. 그들의 눈물겨운 '한국에서 여성으로 살기'를 지켜보면서 갖게 된 확신 하나는 추락하는 출산율을 우리 사회는 결코 잡을 수 없을 것이라는 것이다. 그들의 목소

리를 들어보자.

⑧ 셋째, 집의 남자, 밖의 남자 양쪽 공격으로 여성들은 녹다운 일보직전이다. 남편들은 여성에게 가정에 영향을 미치지 않을 만큼만 일을 하라고 요구한다. 직장상사들은 결혼이 직장에 영향을 미치지 않도록 하라고 요구한다. 이러한 상반된 두 남성들의 요구 사이에서 여성들은 초인적인 힘을 발휘하면서 노력해도 결국은 둘 중 누군가로부터 비판을 받는다.

난이도 수준 ①에서는 제목은 그대로 두었고, 일정한 담화표지를 추가적으로 덧붙였다. 원문의 일곱 번째 단락 첫머리에(위의 해체 단락 ②) '이처럼'이라는 표지를 삽입하였다. 이는 여섯 번째 단락과의 의미관계를 보다 밀접하게 관련시키기 위해서이다. 또한 원문의 마지막 단락인 여덟 번째 단락(위의 해체 단락 ⑥)의 "그러나 시작에 불과하다. 출산율 추락은 (…중략…)"의 문장들 가운데 '이상의 상황을 고려한다면'이라는 요약성 표지를 삽입하였다.

난이도 수준 ②에서는 단락 순서만 해체하여 그대로 제시하였다. 난이도 수준 ③에서는 단락 순서의 해체에 제목만 삭제하여 제시하였다. 난이도 ④에서는 제목을 삭제하였고, 원문의 담화표지들을 삭제하였다. 원문의 네 번째부터 여섯 번째 단락의(위의 해체 단락 ③, ⑤, ⑧) 머리에 붙은 '첫째, 둘째, 셋째'라는 명시적 담화표지를 삭제하고, 대신에 '영형표지, 그리고, 또한'이라는 다소 애매한 표지들을 삽입하였다. 결과는 〈표 2-1〉과 같이 드러났다.[4]

---

[4] 두 모집단의 비율에 차이가 있는지 유무를 판단하는 가설검정을 실시했는데, 간단하게 통계적 절차를 제시하면 다음과 같다.
난이도 ①과 난이도 ④의 정답자 비율에 차이가 있는지는 두 모집단의 모비율이 동일한지 여부에 대한 가설검정을 결과를 통해 알아볼 수 있다. 즉 난이도 ①에 해당하는 문제를 풀고 그 중 정답을 맞힌 학생의 비율을 p_1이라 하고 난이도 ④에 해당하는 문제를 풀고 그 중 정답을 맞힌 학생의 비율을 p_4라고 하면 본 가설검정은 $p_1 = p_4$인지 여부를 확인하는 것이다. 가설검정을 하기 위한 검정통계량 다음과 같다.

<표 2-1> 읽기 영역 본 조사결과

조사내용 \ 조사대상(과학고)	1-○	2-○	1-○	2-○	1-○	2-○	1-○	2-○
난이도 수준	①		②		③		④	
조사 인원(명)	23	23	24	23	23	23	23	23
정답자 수(명)	18	17	10	11	10	13	3	4
정답자 비율(%)	78.3	73.9	41.7	47.8	43.5	56.5	13	17.4
수준별 비율(%)	76.1		44.7		50		15.2	

우선 표면적으로 드러나는 수치상의 결과를 살펴보면, 학년별로 큰 차이가 발견되지 않는다는 점이다. 학년별로 난이도 수준에 따라 거의 비슷한 양상으로 드러나고 있다. 또한 난이도 ③수준이 오히려 난이도 ②수준보다 정답률이 다소 높은 것으로 드러나고 있다.

본 조사 이전에 필자는 단락 순서만 다양하게 해체하여 학습자들에게 단락 순서를 재구성해 보라는 과제를 제시한 적이 있었다. 해체된 단락의 순서가 어떠하든 단락의 재구성 양상이 크게 영향을 받지 않은 것으로 드러났었다. 이는 단락이 가지고 있는 의미 속성은 텍스트의 맥락, 곧 독자 사고 흐름에 따르는 것이기 때문에 단락들이 어떤 순서로 해체되든 크게 상관이 없다고 볼 수 있다.

본고에서는 이런 점을 감안하여, 연구가설에서 담화표지의 사용

$$z = \frac{\widehat{p_1} - \widehat{p_4}}{\sqrt{\widehat{p}(1-\widehat{p})}\sqrt{\frac{1}{n_1}+\frac{1}{n_4}}} = \frac{0.76 - 0.15}{\sqrt{0.46 \times 0.54}\sqrt{\frac{1}{46}+\frac{1}{46}}}$$

$$= 5.86 > 1.96 = z_{0.025}$$

여기서

$$\widehat{p} = \frac{m_1 + m_4}{n_1 + n_4}$$

이며, m_1, m_4는 난이도 ①과 ④의 정답자 수를, n_1, n_4는 난이도 ①과 ④ 문제를 푼 학생들의 수를 나타낸다. 본 가설검정의 검정통계량은 5.87로 유의수준 5%에서의 기각치 1.96보다 크므로 가설은 기각된다. 즉 난이도 ①과 난이도 ④의 정답률에는 상당한 차이가 있음을 알 수 있다.

과 단락 연결을 결부시켜 본 것이다. 담화표지는 그것이 미치는 범위에 따라 미시표지나 거시표지로 구분해 볼 수 있다. 미시표지는 구나 절의 연결에 사용되는 접속사로, 거시표지는 단락 간 혹은 단락들 간에 사용되는 기능어로 볼 수 있다.[5]

담화표지의 삭제, 전환, 추가 양상에 따라 정답자수의 비율이 큰 차이로 드러남을 표를 통해 확인할 수 있다. 난이도 ①의 경우는 대다수의 학습자들이 단락 순서를 올바르게 재구성하였음을 볼 수 있다. 하지만 난이도 ④의 경우 정답자수가 매우 적게 드러남을 볼 수 있다.

④의 경우 명시적인 표지인 '첫째, 둘째, 셋째'를 '영형표지, 그리고, 또한'이라는 다소 애매한 표지로 바꾸어 제시했는데, 학습자들 대다수가 전체적인 단락 재구성 양상에서 실패하고 있다. 이는 학습자들이 텍스트에서 단락의 의미상의 흐름, 곧 맥락에 의지하는 측면도 있지만 표면적으로 드러나는 담화표지에 많은 영향을 받고 있다고 볼 수 있다.[6]

한편 제목의 삭제 여부에 따라 단락 연결은 거의 영향을 받지 않는 것으로 드러난다. 이는 글의 제목이 가지는 의미가 주제와 매우 밀접한 관련을 갖고 있음에도 불구하고 단락 연결에 단초를 제공하

---

5) David Nunan(1992)에서는 미시표지와 거시표지의 사용문제를 다루면서, 미시표지는 이해를 촉진하지 못하며, 거시표지들만이 이해에 도움이 된다고 서술하고 있다. 본고에서 지향하는 담화표지의 쓰임과 유사한 맥락에 있다고 볼 수 있다.

6) 실제로 난이도 ④에서 학습자들에게 실험을 하기 전에 필자는 '둘째, 셋째'를 '그리고, 또한'으로 바꾼 것이 자칫 학습자들에게 많은 혼란을 줄 수 있을 것이라고 생각했다. '그리고'와 '또한'의 순서가 확연히 정해진 것이 아니기 때문이다. 다만 원문의 일곱 번째 단락이 여섯 번째 단락에 대한 부가 설명, 혹은 부연 설명의 단락으로 볼 수 있기 때문에 '그리고'와 '또한'이라는 표지의 영향을 극복할 수 있으리라 보았다. 하지만 결과는 전체적인 단락 구성뿐만 아니라, '⑧→②'의 순서가 '②→⑧'의 순서로 드러나는 경우가 상당수 있었다. 대다수의 학습자들이 원문의 여섯 번째와 일곱 번째 단락을 인접한 연속선상의 단락으로 파악하고 '또한'이 사용된 원문의 여섯 번째 단락을 일곱 번째 단락 뒤로 위치시켰음을 알 수 있었다.

는 요소로는 작용하지 않는 것으로 확인된다.

 확인조사의 경우 본 조사의 표집 대상 학습자들과 비슷한 분포 양상으로 드러났다. 다만 각 난이도에 따른 정답자 비율은 대체적으로 본 조사의 학습자들보다 낮은 것으로 드러났다.[7] 결과는 〈표 2-2〉와 같다.

<표 2-2> 읽기 영역 확인 조사결과

조사대상(일반계고) 〈조사내용	1-○	1-○	2-○	2-○
난이도 수준	③	②	①	④
조사 인원(명)	36	35	35	37
정답자 수(명)	12	11	16	1
정답자 비율(%)	33.3	31.4	45.7	2.7

3.1.2. 읽기·쓰기 통합 양상 결과 및 논의

 생략된 단락 지적하기와 단락 형성하기 조사도 본 조사와 확인조사로 나누어 실시하였다. 이 조사는 읽기와 쓰기가 혼재된 양상으로 생략된 단락 지적은 읽기로 그 단락을 형성하는 것은 쓰기 양상으로 보았다. 다음은 제시된 원문이다.[8]

---

7) 앞선 방식으로(각주 4) 통계적 절차를 제시하면 다음과 같다.

$$z = \frac{\hat{p_1} - \hat{p_4}}{\sqrt{\hat{p}(1-\hat{p})} \sqrt{\frac{1}{n_1} + \frac{1}{n_4}}} = \frac{0.46 - 0.03}{\sqrt{0.24 \times 0.76} \sqrt{\frac{1}{35} + \frac{1}{37}}}$$

$$= 4.30 > 1.96 = z_{0.025}$$

본 가설검정의 검정통계량은 4.30으로 유의수준 5%에서의 기각치 1.96보다 크므로 가설은 기각된다. 즉 난이도 ①과 난이도 ④의 정답률에는 상당한 차이가 있음을 알 수 있다.

8) ≪중앙일보≫ 칼럼(이수영, 2007.12.8)임.

외우는 뇌, 생각하는 뇌

　암기 능력에서 인간을 능가하는 침팬지가 화제다. 그러나 이는 놀랄 일이 아니다. 인간의 두뇌 구조는 단순 암기에 적합하지 않으며, 단순 기억에서는 이미 인간이 만든 컴퓨터에 추월당한 지 오래다. 두뇌의 진짜 중요한 기능은 여러 기억을 종합하고 분석하며 추론하는 기능, 즉 생각하는 능력이다. 그런데 경제협력개발기구의 조사에서 나왔듯이 우리 청소년들의 실력이 급격히 저하되고 있다. "유아 교육부터 바꿔야 한다"는 소리도 들린다.

　① 인간의 두뇌는 컴퓨터와 다르다. 현대 컴퓨터는 계산을 담당하는 중앙연산장치(펜티엄 등)와 기억을 담당하는 저장장치(하드디스크·메모리 등)가 분리돼 있다. 저장장치는 위치 주소를 이용해 특정한 정보를 저장하고 읽어 들이는 매우 단순한 구조로 돼 있어 개개의 기억이 별도로 작동한다.

　② 반면 인간의 두뇌에서는 계산장치와 기억장치가 혼재해 약 180억 개의 신경세포가 100조 개 정도의 연결고리(시냅스)로 상호 연결됨으로써 계산과 기억을 수행한다. 특정한 정보 저장을 위한 신경세포나 연결고리가 있기보다는 다수의 정보와 다수의 연결고리가 공동으로 관여한다. 하나의 정보를 기억하기 위해 많은 연결고리가 바뀌어야 하고, 이미 기억된 다른 정보를 조금씩 잃어버리는 특성으로 인해 인간의 두뇌는 단순 암기에는 적합하지 않다. 반면 매일 수백 개씩 신경세포가 죽어도 두뇌 능력에는 크게 문제되지 않는다. 이는 조물주나 진화가 사용한 생물 소재와 인간이 사용하는 무기물 소재의 차이로부터 서로 다르게 발전해 온 결과다.

　③ 인간의 두뇌는 위치에 따라 대체로 다른 기능을 담당한다. 즉 시각·청각·언어·기억·계산·감정·추론·행동 등 기능별로 각기 다른 위치에 있는 신경세포들이 다른 기능을 담당하는 것이다. 그러나 서로 다른 위치와 기능들도 상호 긴밀히 연결돼 있다. 예컨대 다양한 색깔로 표시된 단어의 색을 말하게 하면 '빨강'이란 단어를 초록색으로 쓴 경우가 빨간색으로 쓴 경우보다 더 시간이 걸린다(스트룹 효과). 이는 두뇌에서 다양한 형태의 정보가 상호

작용을 하는 증거다. 따라서 이미 기억된 정보와 연계하고, 글씨로 쓰고, 그림을 그리고, 크게 읽는 등 감각 및 운동기관과 연계시키는 기억 방법이 효과적이다.

④ 사회는 인간에게 단순히 기억만을 요구하지 않는다. 후진국에선 단순 기억에 바탕 한 노동력이, 개발도상국에서는 남을 본뜨는 이해력이 필요했다. 그러나 선진국에 진입하기 위해서는 다양한 정보를 융합해 스스로 새로운 것을 만드는 과학적 사고력이 필요하다.

⑤ 그렇지만 우리의 현실은 청소년 과학 실력의 평균 저하는 물론 상위권 학생들의 실력 저하가 더욱 두드러지는 상황이다. 반면 어려서부터 답하나 고르기에 익숙한 한국인의 탁월한 족집게 실력과 암기 능력은 토플 등 국제공인시험을 통해 전 세계적으로 널리 알려져 있다. 논리적 사고가 요구되는 논술조차 암기식으로 배우는 실정이다.

⑥ 그러나 세상에 공짜는 없다. 한 가지 능력이 발달하면 다른 능력이 퇴화되기 쉽다. 우리 청소년들의 두뇌가 점점 오래된 컴퓨터 하드디스크를 닮아 간다. 선진국 교수들은 한국 학생들을 '문제를 주면 (외운 실력으로) 잘 풀지만, 스스로 생각해 문제를 찾지는 못하는' 개발도상국형 학생으로 알고 있다.

⑦ 사회는 생각하는 두뇌를 가진 사람을 필요로 한다. 그러나 시험에서 좋은 성적을 받아 원하는 대학에 입학하려는 학생들을 탓할 수는 없다. "로마가 융성할 때는 로마인이 원하는 것과 로마가 원하는 것이 같았으나, 쇠퇴기에는 그렇지 못했다."(시오노 나나미) 외우는 사람보다 생각하는 사람이 더 인정받는 사회를 만들자.

〈표 2-3〉에서 정답 단락 위치는 필자가 원문에서 지엽적 혹은 총체적 속성의 단락이라고 판단한 것을 비워두게 하고 학습자들이 선택하게 한 것이다.[9] 그리고 학습자들이 지적한 단락을 직접 형

성하게 하였다. 학년별로 큰 차이가 없어 지엽과 총체 수준의 단락
으로 구분하여 묶어서 그 수치를 제시하였다.[10] 결과는 〈표 2-3〉
과 같다.

<표 2-3> 읽기·쓰기 영역 본 조사결과

조사내용 ＼ 대상(과학고)	1-○	1-○	2-○	2-○	1-○	1-○	2-○	2-○
단락 의미 수준	지엽		지엽		총체		총체	
정답 단락 위치	⑥	③	③	⑥	④	⑦	⑦	④
조사 인원(명)	23	24	23	23	23	23	23	23
정답자 수(명)	1	4	7	2	22	14	13	23
정답자 비율(%)	4.3	16.7	30.4	8.7	95.7	60.9	56.5	100
수준별 정답 비율(%)	10.6		19.6		78.3		78.3	
〃	15.1				78.3			
평균점수(쓰기)	3.8				4.6			

우선 지엽과 총체적 단락 수준에서 결과가 뚜렷하게 대조됨을 알수 있다. '지엽'이라고 상정한 단락은 학습자들에게 제대로 인식되지 않았음을 볼 수 있다. 그에 비하여 '총체'라고 상정한 단락은 대다수 학습자들에게 인식되고 있음을 알 수 있다. 특히 모든 학습자들이 생략된 단락이라고 지적한 단락도 있는 반면에 23명 중에 한 명만이 생략된 단락이라고 지적한 경우도 있다.

가장 높은 수치를 보인 단락은 내용상의 급전환을 이루는 다섯 번째 단락이 생략된 위치인 ④번으로 드러났다. 아울러 매우 낮은 수치를 보인 것은 일곱 번째 단락이 생략된 ⑥번 위치이다. 실제 ④와 ⑥의 위치는 수치상으로 극과 극의 위치에 놓여 있는 것으로 드러났다.

굳이 구성주의나 수용미학 등을 거론하지 하지 않더라도, 본 조사에서는 학습자들의 능동성이나 창의성을 배제하기 어려운 부분이 있다. 특히 생략된 단락 쓰기 시에는 원문에 드러난 내용과는 상당히 이질적인 것이 제시될 수도 있기 때문이다. 물론 그것이 텍스트의 맥락에 부합될 경우에 문제가 될 수 있다.

실제 지엽적 단락이라고 상정한 부분에서는 정답이라고 설정한 위치와 학습자들의 반응이 상당히 엇갈리고 있다. 특히 ⑥의 위치는 제대로 지적한 학습자가 거의 없다. 이는 원문이 가지고 있는 짜임의 문제로 볼 수도 있고, 한편으론 학습자들의 잘못된 이해의 결과일 수도 있을 것이다.

조사자가 가설을 세울 때에는 지엽과 총체적 관점에서의 단락 간의 격차가 이렇게 심하게 날 것이라고는 예상하지 못하였다. 실제 ⑥의 위치는 학습자들이 거의 인식하지 못했다고 보는 것이 맞을 것 같다. 그렇다면 원문의 일곱 번째 단락인 "그러나 세상에 (…중략…)"는 실제 원문에서 학습자들에게 읽힐 때 거의 인식되지 않거나 의미상 무시되는 단락으로 볼 수 있을 것이다.

하지만 원문을 자세히 들여다보면 분명 여섯 번째 단락 다음에 여덟 번째 단락이 바로 온다면 의미상으로 분명하지 않거나 혹은 완벽하지 않은 짜임의 양상으로 드러날 수 있다. 여섯 번째 단락에서 우리 교육의 문제를 제시하는데, 이를 보다 명확하게 뒷받침해 줄 만한 근거나 부연설명이 필요함을 알 수 있다.

극소수 학습자들만이 생략된 단락 위치로 인식하고 그 내용을 산출하고 있는데, 아래의 예는 ⑥의 위치에서 산출된 단락이다.

이런 단순 암기식의 두뇌발달로는 결코 선진국에 진입할 수 없다. 앞에서 말했듯이 인간의 두뇌는 단순암기에 적합하지 않고, 단순 암기야 컴퓨터가 월등하기 굳이 할 필요도 없다. 중요한 건 인간의 두뇌가 컴퓨터와 다르게 창의적으로 생각하는 능력이다. 머리밖에 믿을 것이 없는 한국이 세계와 경쟁하려면 단순 암기가 아닌 종합적이고 창의적으로 생각할 수 있어야 한다.

원문에서 네 번째 단락을 생략한 ③의 위치도 지엽적 관점에서의 단락이라고 상정하였다. 역시 소수의 학습자들만이 제대로 생략된 위치를 지적하였다. 하지만 그 위치를 적절하게 지적한 대다수의 학습자들은 원문에서 세 번째 단락에 대한 부가 설명의 단락으로 네 번째 단락을 상술한 것이 아니라, 오히려 내용상 완전히 전환을 이루는 다섯 번째 단락과 결부된 내용으로 서술된 경우가 많았다. 원문의 네 번째 단락 역시 학습자들에게 텍스트에서 명확하게 인식되지 않는 양상으로 드러났다.

즉, 연구가설에서 지엽적 단락으로서 학습자들의 인식 정도가 총체적 단락보다 낮게 나타날 것이라는 점을 수용할 수 있다. 다만 몇몇 소수의 학습자들은 세 번째 단락과 관련시켜 내용을 전개시켜 주고 있는데, 아래의 예는 그 유형의 일부이다.

그 차이를 살펴보자면 생물 소재인 인간의 뇌는 기억된 정보를 잃어버리는 특성을 가지고 있고, 컴퓨터의 기억장치는 기억된 정보를 잃지 않는다. 하지만 그로 인해 인간의 뇌는 새로운 생각을 계속할 수 있지만, 컴퓨터는 정해진 기억으로 정해진 생각만 한다. 새로운 생각과 정해진 생각, 이러한 차이를 우리 사회에선 어떻게 받아들일까.

위의 학습자는 앞선 내용들을 비교하면서 정리하고 있고, 나아가 다음 단락의 연결고리를 만듦으로써 단락을 마무리하고 있다. 이는 정작 원문의 네 번째 단락보다도 내용상으로는 부족하지만 앞·뒤 단락의 내용을 제대로 고려한 더 나은 짜임의 단락으로 판단된다.

그리고 대체적으로 총체적 속성의 단락이라고 상정한 단락들은 학습자들로부터 높은 인식의 정도로 드러나고 있다. 특히 내용상 급전환을 이루는 원문의 다섯 번째 단락이 생략된 위치인 ④는 거의 모든 학습자들에게 제대로 인식되고 있다. 그에 비하여 다소 인식의 정도는 떨어지지만 마무리 단락도 절반 이상의 학습자들이 제대로 인식하고 있음을 통계치는 보여주고 있다.

학습자들로부터 산출된 단락은 모든 학습자들을 대상으로 단락의 완결성과 맥락의 적절성의 관점에서 평가되었다. 단락의 완결성이라 함은 몇몇 문장들이 모여 앞·뒤 단락과 구분되는 의미상의 차별성과 줄 바꿔쓰기나 한 칸 들여쓰기 등의 형식적인 부분과 관련된다. 맥락의 적절성은 텍스트의 내용과 앞·뒤 단락 간의 내용 흐름에 비추어 평가되었다.

학습자들이 산출한 단락 내용을 살펴보아도 총체적이라고 상정한 곳에서의 내용은 전체적으로 맥락과 완결성의 측면에서 양호한 결과로 드러났지만, 지엽적이라고 상정한 곳에서의 내용은 앞·뒤 단락 간의 내용이 중첩되거나 혹은 맥락상으로 적절하지 못한 부분들이 다수 발견되었다.[11]

확인 조사결과는 〈표 2-4〉와 같다. 본 조사의 표집 대상인 학습자들과의 차이점은 전체적으로 총체적 수준의 단락이라고 상정한 곳에서의 정답 비율은 낮지만, 오히려 지엽적 수준의 단락이라고 상정한 곳에서는 정답 비율이 높은 것으로 드러났다는 데 있다. 특히 본 조사에서는 ④ 위치에서의 정답 비율이 거의 100%에 가까웠는데, 확인조사에서는 상당히 떨어지는 것(65.7%)으로 드러났다.[12]

---

11) 학습자들에게 평가 점수로 5점을 제시하였고, 맥락의 적절성과 단락의 완결성에 각각 3점과 2점을 부여하였다. 제출하지 않으면 0점으로 처리하였다. 지엽적 단락이라고 상정한 위치와 총체적 단락이라고 상정한 위치에서 산출된 단락을 국어교육 석사 이상의 국어 교사 두 명이 함께 점수를 부여하였다. 전자의 경우 대략 평균점수가 3.8이고, 후자의 경우는 4.6 정도였다. 물론 이 계산은 본 조사의 학습자들만을 대상으로 하였다. 확인조사의 학습자들을 대상으로는 하지 못하였다.

12) 앞서 사용된 것과 동일한 방식(각주 10)으로 통계치를 제시하면 다음과 같다.

$$z = \frac{\hat{p_1} - \hat{p_2}}{\sqrt{\hat{p}(1-\hat{p})} \sqrt{\frac{1}{n_1} + \frac{1}{n_2}}} = \frac{0.25 - 0.53}{\sqrt{0.38 \times 0.62} \sqrt{\frac{1}{73} + \frac{1}{70}}}$$

$$= -3.46 \leftarrow 1.96 = -z_{0.025}$$

<표 2-4> 읽기·쓰기 영역 확인 조사결과

대상(일반계고) 조사내용	1-○	2-○	1-○	2-○
단락 의미 수준	지엽		총체	
정답 단락 위치	③	⑥	⑦	④
조사 인원(명)	36	37	35	35
정답자 수(명)	11	7	14	23
정답자 비율(%)	30.6	18.9	40	65.7
수준별 정답 비율(%)	24.7		52.9	

3.2. 교육상 의의

이상 읽기와 쓰기에서 드러난 학습자들의 다양한 단락 인식 양상의 결과를 통해, 단락을 어떻게 지도할 것인가의 문제와 관련된 교육상 의의를 도출하면 다음과 같다.

첫째, 본고는 제목과 담화표지를 단락 간 연결과 관련시켜 보았다. 드러난 결과에서, 제목은 단락의 연결에 큰 영향을 미치지 못하지만, 담화표지의 삭제, 수정, 전환은 단락의 연결에 큰 영향을 미치는 것으로 드러났다. 즉 단락의 연결 양상에 기능어로 작용하는 다양한 담화표지가 단락 연결에 주요한 변수로 작용하는 것으로 드러났다.

담화 연결과 관련된 미시표지나 거시표지 등의 담화표지가 단락의 연결에 매우 직접적인 관련을 맺고 있으며, 기능적으로 혹은 형식적으로 사용되는 기능어가 매우 밀접하게 단락의 의미 형성 기제로 작용하는 것이다. 특히 이는 한 단락의 전체 속성으로서보다는 텍스트의 부분이라는 관점에서 더욱 그러하다.

본 가설검정의 검정통계량은 -3.46으로 유의수준 5%에서의 기각치 -1.96보다 작으므로 가설은 기각된다. 즉 지역적 의미연결과 총체적 의미연결 정답률에는 상당한 차이가 있음을 알 수 있다.

단락이 주요한 의미단위라면 이는 의미단위의 정확한 연결에 담화표지가 주된 역할을 할 수 있다는 점과 관련된다. 이는 각 단락에 위치한 담화표지가 단락의 심리적 실재, 혹은 단락의 언어 단위로서의 속성성에 기여를 하고 있음을 부각시켜 주는 부분이라 할 수 있다.

기존의 읽기나 쓰기 교육에서 단락은 주로 수사학적 규범론의 관점에서 하나의 정형화된 단위로 주로 언급되며, 통일성, 일관성, 강조성에 속성에 맞춘 한 단락 형성에 초점이 주어져 있다. 본고는 이와 같은 특정 영역의 한정된 이론을 바탕으로 한 단락의 접근 방식을 극복할 수 있는 계기가 되며, 아울러 읽기나 쓰기 교육에서 학습자들이 단락을 어떤 식으로 접근해야 할지에 대한 단초를 담화표지를 중심으로 다루어 보았다는 점에서 의의가 있다.

둘째, 본고는 단락쓰기에 대한 다양한 접근 방식을 부각시켰다는 점에서 그 의의를 찾을 수 있다. 종전의 연구들이 대부분 텍스트를 도외시 한 채, 어떻게 하면 하나의 완벽한 단락을 쓸 수 있는지에 그 초점이 있어 왔다. 이는 입말의 의미덩이를 연구하는 수사학의 연구 경향이라고 할 수 있다.

본고에서는 텍스트에서 그 의미 속성이 다르다고 가정한 단락을 생략한 채 학습자들로부터 생략된 단락을 생성해 보게 하였다. 결과는 총체적 단락이라고 가정한 단락이 지엽적이라고 가정한 단락보다 학습자들에게 보다 정확하고 풍부하게 처리, 산출되는 것으로 드러났다.

특히 쓰기의 결과로 도출된 단락의 양상에서 모든 단락이 정형화된 내용과 형식 기제로 형성되기보다는 다양한 언어표지와 내용 맥락이 고려된 단락이 도출되었음을 파악할 수 있었다. 즉 각 단락이 내용의 완결성이나 맥락의 적절성에서 많은 차이를 드러냄을 발견할 수 있다.

쓰기교육에서 단락 쓰기는 중요한 과제로 여겨져 왔었다. 하지만 정작 기존의 단락 관련 쓰기연구에서는 단락이 가지고 있는 내용과 형식상의 다양성을 포괄하지 못한 채, 매우 제한된 이론적 부분만으로 접근해 왔다. 본고에서는 이런 점을 감안하여 단락 쓰기에서 텍스트를 감안하고, 아울러 각 단락이 드러낼 수 있는 기능이나 의미상의 차별성까지 고려하여 학습자들에게 실시하고 그 결과를 끌어내 보았다는 의의를 드러낸다.

Ⅱ. 마무리

본고는 학습자들의 단락에 대한 의미연결 양상 문제를 다루었다. 학습자들의 단락에 대한 보다 능동적이고 적극적인 반응 양상을 고려하기 위해 텍스트의 관점에서 각 단락의 의미양상을 고려할 수 있는 연구방법을 세우고 이를 바탕으로 연구 조사를 실시하였다.

연구 조사는 예비조사, 본 조사, 확인조사로 실시되었고, 고등학교 1·2학년 학습자들의 표집 층위를 언어 수행 수준에 따라 최대한 확보하려 하였다. 연구 조사의 결론은 다음과 같다.

첫째, 단락 순서의 해체, 제목 및 담화표지의 삭제, 수정, 전환의 문제가 단락 순서 재구성 양상에 미치는 양상은 각각 차이가 있었다. 우선 단락 순서의 해체만으로는 단락 순서 재구성 양상에 유의미한 결과로 드러나지 않았다. 이는 원문의 단락 순서가 어떤 양상으로 그 순서가 해체되던 학습자들에게는 비슷한 양상으로 처리된다는 점을 말해 주는 것이다.

제목의 삭제는 단락 순서 재구성 양상에 거의 아무런 영향을 끼치지 못하는 것으로 드러났다. 물론 본고에서 사용한 원문이 비문학적이고 주장하는 글에 한정되어 있는 점이 한계일 수 있지만, 본고에 사용된 글에서 제목은 거의 단락 순서의 재구성 양상에 유의미한 변수로 작용하지는 않았다.

하지만 담화표지의 삭제, 수정, 전환은 단락 순서의 재구성에 매우 유의미한 변수로 작용하였다. 특히 텍스트에서 핵심적인 기능어로 볼 수 있는 담화표지는 단락 순서의 재구성에 결정적인 영향을 끼치는 것으로 판단되었다. 학습자들이 담화표지의 사용과 단락의 연결에 매우 민감하게 반응하는 것으로 해석될 수 있는 부분이다.

둘째, 읽기 및 쓰기 통합 양상에서는 지엽적, 총체적 단락이라고 상정한 단락을 생략하고 이를 학습자들에게 지적하고 구성하게 했다. 결과는 총체적이라고 상정한 단락이 학습자들의 높은 인식 양상으로 드러났는데, 특히 내용상 전환의 역할을 하는 단락의 인식 양상이 매우 높게 나타났다.

또한 쓰기에 드러난 단락의 내용과 형식면에서도 지엽적인 것보다는 총체적인 단락에서 질적으로나 양적으로 양호한 것으로 드러났다. 이는 단락 쓰기시에 정형화되거나 규범화된 방식으로 접근해서는 단락이 가지는 다양한 의미나 기능상의 속성을 제대로 드러내지 못하며 반드시 텍스트를 상정해서 단락 쓰기가 이루어져야 함을 시사한다고 하겠다.

하지만 본 조사는 단락의 기능이나 의미의 정형성에 대한 모든 부분을 포괄했다고 하기보다는 다분히 부분적인 접근만을 시도한 결과에 불과하다. 또한 제한된 학습자와 수로 연구 조사가 진행되었기 때문에 연구의 신뢰도와 타당도에서 동 학년의 모든 학습자들의 단락 인식 양상이라고 하기에는 한계가 있다. 향후 좀 더 많은 표집대상을 확보되고, 단락이라는 단위의 본질에 접근할 수 있는 다양한 연구방법들이 계발되어야 할 것이다.

문장과 단락

단락과 소주제문

1. 들머리

1.1. 연구목적

단락은 읽기와 쓰기에서 의미를 구성하는 본격적인 사고 단위라 볼 수 있다. 문장이 완결된 형식 단위라면 단락은 그런 문장들로 구성된 의미 혹은 사고 단위라 할 수 있다. 아울러 표면적인 문장 집합으로 구성된 형식 단위라고도 할 수 있다.

문장은 단락을 이루는 원소로, 한 단락에 포함된 문장들은 긴밀한 관련성이 있다. 그런 문장의 결합은 의미든 형식이든 일정한 기준을 바탕으로 구성된다. 그 기준에 맞추어 일정한 문장들이 결합되고, 구분되어 단락을 이루게 되고, 나아가 한 편의 온전한 글이 된다.

문장 간의 결합과 단락 간의 결합은 곧 한 편의 글을 이루기 위한 주요한 맥락의 구심점이 될 수 있다. 이런 맥락은 표면적으로 그 속성이 드러나지 않는다. 전체글의 주제를 잠정적으로 상정하고, 맥락의 속성을 간접적으로나마 짚어가며 이를 부각시킬 수밖에 없다.

이런 어려움이 내재하기 때문에 특히 문장 이상의 단위에서는 구체적이고 확정적인 이론을 정립하기가 어렵다. 물론 문장 간에도 이런 한계는 여전히 따른다. 이런 점 등을 감안하여, 본고에서는 단락 간의 의미연결 관계에 대한 연구 조사를 통해, 전체글 맥락의 흐름을 짚어보고 이를 표면적으로 부각시켜 보고자 한다.

이를 위해 본고는 중심화 이론(centering theory)의 기본적인 틀을 이용하여 단락 간 중심의미 이동 양상을 고찰한다. 이는 담화문법의 측면에서 단락 간의 정형화된 의미연결(coherence)을 수립하기 위한 과정상의 연구로, 글의 맥락과 관련된 인지 처리의 문제를 다루는 주요한 작업의 하나가 될 수 있다.

1.2. 선행연구

중심화 이론[1]에서는 문장 간의 연결을 일정한 등급화를 통해 나누어 접근한다. 특히 대명사의 언급과 생략 등을 통해 문장 간의 연결 관계를 연속(continue), 유보(retain), 완만한 이동(smooth-shift), 급격한 이동(rough-shift)으로 나눈다. 이는 전산 언어학에서 문장의 결합 관계를 여러 언어에 적용하여 그 이론적 적절성을 확인해 나가고 있다.

Walker, Marilyn A.(1998) 외의 연구는 중심화 이론의 가장 대표적인 것으로 손꼽힌다. 이는 중심화 이론에 대한 기본적인 이론적 토

---

[1] 대명사의 연결 문제를 표면적으로 다룬다는 측면에서 '중심화(centering)' 이론이라기보다는 '중심소' 이론이라는 표현이 더 적절한 번역 표현이다. 통사 결속에서 대명사라는 한 속성의 문제를 다루기 때문에 특정 요소를 지시한다고 해서 '중심소'라는 표현이 더 적절하다고 할 수 있다. 다만 본고는 통사 중심의 접근이라기보다는 담화 측면에서 다루어지는 중심화이기 때문에 '중심화'라는 표현을 그대로 따르기로 한다. 아울러 특정 표면 요소를 간주하기보다는 단락에서 직·간접적으로 파생되는 '중심의미'를 다루기 때문에 '중심화'라는 표현이 더 적절한 것으로 여겨진다.

대를 구성하고, 아울러 몇몇 언어에 그 이론적 적용 가능성을 타진하고 있어 중심화 이론에 대한 주요한 참고가 된다. 하지만 여기에 포함된 대다수 연구가 기본적으로 전산 언어학의 관점에서 지엽적 의미연결의 문제를 다루고 있어 한계가 있다.

김지영(2003)은 한국어와 영어의 입말 자료를 통해 대명사가 담화의 의미연결을 높이는 데 어떻게 기여하는지를 분석하고 있다. 하지만 지엽적 발화 중심의 연결에만 치중하고 있기 때문에, 담화 의미의 총체적 측면을 살피기에는 여러 면에서 부족하다.

김미경(2003)은 논항 생략의 차원에서 민담 자료를 치밀하게 분석하고 있다. 중심화 이론에 대한 한국어 분석에서, 그 이론적 토대와 아울러 실제를 충실하게 반영한 논의라 여겨진다. 다만 김지영(2003)과 마찬가지로 총체적 의미연결 측면에서 중심화 이론의 적용 가능성은 여전히 논의 가능성의 대상으로만 남겨두고 있다.

Barbara J. Grosz 외(1986)에서는 담화 구조를 언어구조, 의도구조, 주의상태로 나누고, 이를 담화의 계층관계를 이루는 담화분절(discourse segment)과 그것의 의도(discourse segment purpose), 그리고 화자들의 관심에 대한 초점으로 연관 지운다. 다양한 차원, 특히 문장 이상의 연결관계 차원에서 담화의 구조를 분석했다는 점에서 참고가 된다. 하지만 이 연구도 전산 언어학의 관점에서 짧은 대화나 주장글에 국한된 분석이라 그 이론적 적용 가능성에 한계가 있다.

ㄹ. 연구방법 및 연구가설

2.1. 연구방법

2.1.1. 조사 개관

본고는 고1·2 학습자들을 대상으로 단락 인식을 다룬다. 단락은 단위 자체의 속성이 가지는 불확정성의 문제 때문에 그것의 정형성을 다루기 쉽지 않다. 아울러 여러 측면에서 접근가능하기 때문에 그만큼 접근의 융통성이 있다고 볼 수 있다.

이런 점을 감안하여 본고에서는 단락 간에 적용할 수 있는 이론적 토대의 하나로 중심화 이론을 선택하였다. 다만 중심화 이론의 구체적인 측면을 부각시키기보다는 응용 가능한 부분만을 단락 간 중심의미 이동에 적용시켰다. 따라서 중심화 이론에서 논의되는 대명사의 생략과 그에 따른 문장 간 연결 관계의 정형화와는 거리가 있음을 밝혀둔다. 구체적인 조사 기준은 〈표 3-1〉과 같이 요약된다.

〈표 3-1〉 조사 기준

학습자들의 인지 기준	단락 간 중심의미 인지 양상	중심의미 이동값
중심의미[2] 이동	연속(continue)	1
	유보(retain)	2
	완만한 이동(smooth shift)	3
	급격한 이동(rough shift)	4

---

2) 일반적으로 대다수 단락 관련 이론들에서는 하나의 단락에는 '소주제'와 이를 뒷받침하는 문장들로 구성된다고 상정한다. 본고에서는 '소주제' 대신 '중심의미'라는 표현을 선택하였다. 이는 조사 대상 학습자들이 '소주제'라고 인지한다면, 어떤 명시적이고 분명한 주제 문장을 찾으려고 고집하여, 단락 간에 보다 역동적인 의미관계에 초점을 모으기 힘들 것이라는 판단 때문이다. 이하에서는 맥락에 따라 간혹 두 가지 표현을 혼용해서 사용하

조사 대상은 조사자가 직접 가르치고 있는 학습자들을 대상으로 하여 본 조사를 실시하였고, 그 조사의 검증 여부를 일부 다른 학교 학습자들을 대상으로 확인조사 하였다.3) 이는 학습자들의 언어수행 능력 수준을 감안한 것이다. 본고의 조사 자료를 구조적으로 인지하고, 일정한 중심의미의 이동 양상을 파악하기 위해서는 적절한 수준 이상의 '읽고 쓰는 힘(literacy)'이 있어야 할 것으로 판단되었다. 따라서 일반 인문계 학습자들과 그 이상 수준의 학습자들을 대상으로 하였다.4)

또한 본고의 조사는 학습자의 상당한 수준의 인지적 노력을 요구하기 때문에, 조사 시간을 수업이나 자율학습을 이용하여 1시간 정도로 충분히 주었다. 조사 대상자는 1학년과 2학년 학생들로 구분되었는데, 본 조사의 대상 학습자들이 언어수행 능력 수준이 우수한 점을 고려한 것이다. 조사 영역 및 그 외 조사 관련 대상과 시기는 〈표 3-2〉와 같다.

〈표 3-2〉 조사 대상 및 시기

조사 영역 \ 대상 및 시기	조사 대상자	조사 대상 자료	대상 인원(명)	조사 시기
본 조사	경남 K고 1학년	자료 A·B	89	2009.8.24 ~2009.9.4
확인조사	진주 B고 2학년	자료 A·B	78	2009.9.7 ~2009.9.14

는 경우도 있다.
3) 엄밀한 의미에서 본고는 사례연구이다. 사례연구는 개별 '사례'에 대한 체계적인 탐구를 의미하는데, 대표본 집단의 결과를 토대로 하여 일반 결론으로 나아가기보다는, 질적이며 시사적인 결과를 이끌어 내는 데 그 우선 목적이 있다. 아울러 본고의 조사 내용을 대집단을 선정하여 조사하기에는 그 조사 시간이나 조사지 내용의 난이도 등에서 한계가 있다.
4) 학습자들의 언어수행 능력 수준을 판가름할 수 가능한 객관적 도구로 수능 관련 모의시험이나 수능을 들 수 있다. 본고의 조사 대상 학습자들 중에서 일반 인문계 고등학교의 학습자들인 진주 B고의 경우는 대략 1등급에서 8등급의 급 간에서 정규분포 양상을 보였으며, 최하위등급인 9등급은 거의 없는 것으로 나왔다. 또한 특목고인 경남 K고 학습자들의 경우는 대략 1등급에서 3등급 내에 분포하는 양상을 보였다.

2.1.2. 조사 자료의 선택 및 유의점

본고의 조사에는 두 편의 자료가 이용되었다. 한 편은 문학글인[5] 수필이고, 다른 한 편은 비문학글인[6] 주장글이다. 조사의 신뢰도와 타당도를 높이기 위해 보다 많은 갈래의 글들을 고려해야 한다. 다만 본고가 단락의 담화 문법적 측면을 다루어가는 과정상의 연구이고, 조사 내용의 측면이 어느 정도 언어수행 수준이 있는 학습자들을 고려해야 하기 때문에 자료 선택상에 제한이 있었다.

또한 본고는 담화 문법의 측면에서 단락의 정형성에 대한 문제를 다루기 때문에 일정 정도 단락의 정형성이 부각될 수 있는 자료가 고려되어야 했다. 특히 형식단락과 의미단락으로 일정하게 구분될 수 있고, 전체글의 전개상 일정한 도식으로 드러날 수 있어야 했다.

한편 문학 갈래의 글 중에서 수필을 단락 중심의미 조사 대상 자료로 선택하였다. 이는 시나 소설과 달리 수필에서는 어느 정도 단락의 정형성이 드러나기 때문에 조사의 의의가 있다는 판단에서였다. 특히 원본글의 필자가 제시한 단락의 중심의미 이동 양상이 주장글과 다르기 때문에 조사 대상자인 학습자들에게 어떻게 받아들여질 수 있을지 관심의 대상이 된다.

〈표 3-3〉은 9개의 형식단락으로 제시된 수필 관련 조사 문항지이다. 이 글은 다시 소재들에 따라 네 단락으로 재구성될 수 있다. 1~5단락까지는 더벅머리 학생에 관한 것, 6~7단락은 나무, 8단락은 앙굴리마알라, 9단락은 조약돌에 관한 것이다. 물론 주제도 이들 비유적 소재에 따라 통합될 수 있다.

---

5) 이하에서는 편의상 '자료 A'라 한다.
6) 이하에서는 편의상 '자료 B'라 한다.

<표 3-3> 자료 A 조사지

※ 아래의 글을 읽고, 단락 간 중심의미가 "연속(continue): 1, 유보(retain): 2, 완만한 이동 (smooth-shift): 3, 급격한 이동(rough-shift): 4"와 같이 이동한다고 가정하고, 거기에 부합하는 번호를 □에 써 주세요.

해가 저문 어느 날, 오막살이 토굴에 사는 노승 앞에 더벅머리 학생이 하나 찾아왔다. 아버지가 써 준 편지를 꺼내면서 그는 사뭇 불안한 표정이었다.
□

사연인즉, 이 망나니를 학교에서고 집에서고 더 이상 손댈 수 없으니, 스님이 알아서 사람을 만들어 달라는 것이었다. 물론 노승과 그의 아버지는 친분이 있는 사이였다.
□

편지를 보고 난 노승은 아무런 말도 없이 몸소 후원에 나가 늦은 저녁을 지어왔다. 저녁을 먹인 뒤 발을 씻으라고 대야에 가득 물을 떠다 주는 것이었다. 이때 더벅머리의 눈에서는 주르륵 눈물이 흘러내렸다.
□

그는 아까부터 훈계가 있으리라 은근히 기다려지기 했지만 스님은 한마디 말도 없이 시중만 들어 주는 데에 크게 감동한 것이었다. 훈계라면 진저리가 났을 것이다. 그에게는 백천 마디 좋은 말보다는 다사로운 손길이 그리웠던 것이다.
□

이제는 가 버리고 안 계신 한 노사(老師)로부터 들은 이야기다. 내게는 생생하게 살아 있는 노사의 모습이다.
□

산에서 살아 보면 누구나 다 아는 일이지만, 겨울철이면 나무들이 많이 꺾이고 만다. 모진 비바람에도 끄떡 않던 아름드리나무들이, 꿋꿋하게 고집스럽기만 하던 그 소나무들이 눈이 내려 덮이면 꺾이게 된다. 가지 끝에 사뿐사뿐 내려 쌓이는 그 하얀 눈에 꺾이고 마는 것이다.
□

깊은 밤, 이 골짝 저 골짝에서 나무들이 꺾이는 메아리가 울려 올 때, 우리들은 잠을 이룰 수가 없다. 정정한 나무들이 부드러운 것에 넘어지는 그 의미 때문일까. 산은 한겨울이 지나면 앓고 난 얼굴처럼 수척하다.
□

사아밧티이의 온 시민들을 공포에 떨게 하던 살인귀 앙굴리마알라를 귀의시킨 것은 부처님의 불가사의한 신통력이 아니었다. 위엄도 권위도 아니었다. 그것은 오로지 자비였다. 아무리 흉악한 살인귀라 할지라도 차별 없는 훈훈한 사랑 앞에서는 돌아오지 않을 수 없었던 것이다.
□

바닷가의 조약돌을 그토록 둥글고 예쁘게 만든 것은 무쇠로 된 정이 아니라, 부드럽게 쓰다듬는 물결인 것을.

〈표 3-4〉의 비문학글은 5개의 단락으로 구성된 주장글이다. 이 글은 주장글의 전형적인 서론, 본론, 결론, 혹은 도입, 전개와 상술, 마무리의 3단계 구조를 드러낸다. 즉 1단락은 도입으로 2~4단락은 전개와 상술로 전개되는 본론, 5단락은 마무리 형식으로 간주할 수 있는 글이다.

<표 3-4> 자료 B 조사지

※ 아래의 글을 읽고, 단락 간 중심의미가 "연속(continue): 1, 유보(retain): 2, 완만한 이동 (smooth-shift): 3, 급격한 이동(rough-shift) : 4"와 같이 이동한다고 가정하고, 거기에 부합하는 번호를 □에 써 주세요.

수소는 타고 나면 물만 남는 가장 깨끗한 에너지원으로 오염과 온난화로 인한 지구의 환경 문제를 해결해 줄 수 있는 최적의 후보로 여겨지고 있다. 수소를 만드는 방법은 간단하다. 물을 전기 분해하면 된다. 하지만 이 과정에서 화석 연료로 생산한 전기를 사용한다면 대체 에너지로서는 실격이다. 화석 연료를 쓰지 않고 수소를 생산하는 방법은 없을까?

□

지금으로부터 100여 년 전 미국의 한 생물학자가 냇가에서 자라는 미세 조류(이끼류)가 수소 가스를 발생시킨다는 사실을 발견한 이후 에너지 연구자들은 미생물에 의한 수소 생산에 관심을 갖게 되었다. 미생물에 의한 수소 생산은 미생물이 태양 에너지를 받아 물이나 유기물을 분해하고 공기 중의 이산화탄소를 고정하는 과정에서 산소의 발생과 함께 이루어지는데, 이는 녹색 식물의 광합성 작용과 유사하다. 이러한 방법은 에너지원으로 태양광을, 원료로 물이나 유기물과 같은 자연계에 존재하면서 무한정 합성이 가능한 자원을 사용한다는 점에서 큰 의미가 있다.

□

수소를 생산하는 대표적인 미생물로는 조류(藻類)와 세균을 들 수 있다. 먼저 수중 미생물인 조류는 물을 분해하는 방식으로 수소를 생산한다. 태양광을 받아 물을 분해하여 양성자와 전자를 얻어 이를 수소 생성 효소의 도움으로 결합시켜 수소를 얻는 것이다. 조류의 종류에 따라 녹조류는 모든 과정이 엽록체의 한 부분에서 이루어지는 직접 광분해이고, 남조류는 한 장소에서 이루어지지 않고 다른 세포로 이동하는 간접 광분해라는 단계상의 차이가 있기는 하지만 태양광을 이용한 물 분해라는 측면에서는 동일하다.

□

수소를 생산하는 데 이용되는 세균은 광합성 세균과 혐기성 세균으로 나눌 수 있는데, 광합성 세균은 유기성 폐자원을 이용하여 태양광을 받아 유기물을 분해하여 수소를 생산하고, 혐기성 세균은 빛이 존재하지 않는 조건에서 유기물 자체가 에너지원으로 사용되는 발효에 의해 수소를 생산한다. 따라서 유기 물질이 다량으로 함유되어 있는 공장 폐수나 하천 찌꺼기, 농수산 폐기물 등은 세균이 수소를 생산하기 위한 아주 좋은 재료가 된다. 이렇게 볼 때 세균을 이용한 수소 생산은 폐수 정화라는 부수적 효과도 얻을 수 있다. 또한 일부 광합성 세균들의 경우 이 과정에서 식품과 의약품의 원료가 되는 베타 - 카로틴과 아스타잔틴, DHA와 같은 고부가가치 물질을 체내에 축적하기도 한다.

□

21세기 고효율 청정 연료로서 수소에 대한 관심이 날로 높아져 가면서 생물학적 수소 생산 방법은 신연료 생산 기술로 높이 평가되고 있다. 하지만 아직까지는 이상적인 방법일 뿐 현재 기술로는 해결해야 할 것들이 많이 남아 있다. 이 때문에 세계 각국에서는 이와 관련된 연구에 많은 노력을 쏟고 있다. 부존자원이 빈약한 우리나라의 경우 수소는 기술 개발을 통해 에너지 생산국으로 도약하는 기반이 될 수 있다. 생물학적 수소 생산에 대한 지속적인 관심과 연구가 필요할 것으로 생각된다.

2.2. 연구가설

중심화 이론의 틀을 적용한 본 연구가설은 각 단락의 중심의미 이동에 초점을 둔 것이다. 중심화 이론에서는 전산 언어학의 틀에서 기본적으로 네 가지 의미 이동을 중심으로 문장 간 대명사의 이동에 따른 값을 매겨 문장 간의 미세한 의미 이동 양상을 고찰한다.

본고에서는 이런 이론적 틀을 적용하되, 단락 간에 중심의미로 상정한 것을 바탕으로 각 단락의 의미연결 관계를 파악하였다. 나아가 이는 글 전체의 맥락이 어떤 양상으로 흘러가고 있는지를 표면적으로 드러내어 각 글이 지니고 있는 단락 수준의 의미 이동 양상을 포착하는 데 중점을 둔다.

[가설 1] 중심의미 이동값이 대체로 높게 나올 것이다.
[가설 2] 학습자들 사이에 합의된 중심 이동 양상이 있을 것이다.
[가설 3] 중심의미 이동값은 글의 구조적 측면과 관련이 있을 것이다.

[가설 1]은 이동값이 대체로 높게 나올 것이라 점과 관련된다. 이는 기본적으로 각 단락은 '소주제'라 부르는 것이 있는 것으로 상정되고, 이는 표면적이든 함축적이든 간에 하나의 단락이 하나의 목적이나 의도를 지니고 있는 것이라 볼 수 있다. 각 단락의 중심의미가 달라진다는 점을 고려해 본다면, 각 단락의 이동은 대체로 급격한 이동값을 드러낼 것이라고 예상할 수 있다.

이는 기존의 단락의 기존 이론에서 언급되는 소주제와 뒷받침문장의 구성 방식을 그대로 적용한 것이다. 소주제에 해당되는 중심의미는 각 단락에 하나씩 놓이게 되고, 그것이 학습자들에게 인지된다면 단락의 이동 양상은 분명 내용의 연속이나 유보보다는 완만한 이동이나 급격한 이동 쪽으로 귀결될 것이기 때문이다.

아울러 본 가설은 과연 각 단락에 과연 하나의 소주제가 반드시 존재하는가에 대한 의문과도 관련된다. 한 편의 글에 존재하는 각각의 단락은 그것 자체로 의미적 완결성을 지니는 것이라 할 수 있지만, 그 의미적 완결성에 반드시 소주제라고 하는 것이 결부되어야만 하는지는 의심스럽다. 만약 의미 이동값이 연속이나 유보 쪽에 몰린다면, 일명 소주제라고 불리는 것이 분명하게 글의 흐름에서 도드라지지 않거나 혹은 아예 존재하지 않는 것으로도 볼 수 있다.

[가설 2]는 학습자들 간에 합의되는 중심의미 이동값이 존재할 것이라는 점과 관련된다. 이는 학습자들 간의 중심의미 이동값에 대한 인지 양상을 토대로, 단락 간 의미연결 관계에 대한 이론적 토대를 구축하기 위한 것이다. 단락 간 내용상의 흐름은 일반적으로 맥락이라는 것으로 표현되기도 하지만, 이는 상당히 애매모호하며 그 정체를 제대로 파악하기 어려운 부분이 있다.

따라서 이 가설에서는 이런 맥락의 흐름, 즉 단락 간 중심의미 이동 양상에 일치되는 합일점이 있으며, 이를 도식화시키면 맥락의 구체적인 면과 부합할 것이라고 기대할 수 있다. 아울러 이는 담화 문법의 측면에서 접근할 때 의미연결의 도식성과 관련된다.

물론 의미연결의 측면에서 학습자들의 일치점을 구하고, 그 문법성의 측면을 논하는 것은 매우 어려운 일이다. 하지만 형태나 통사 중심의 측면보다는 자연어의 결을 보다 충실히 살릴 수 있는 실제적 측면을 탐구한다는 면에서 중요한 의의를 지닐 수 있다.

[가설 3]은 중심의미 이동값이 전체글의 주요한 맥락 지점이라 할 수 있는 곳에서 그 값이 높게 나올 것이라고 추정한 가설이다. 글의 구조적 측면이라 함은 가령, 서론, 본론, 결론의 3단계 구조나, 기승전결의 4단계 구조 등을 말하는 것으로, 이는 각 단계별로 전환될

때 단락 간에는 뚜렷하게 구별되는 내용상의 흐름이 있다고 볼 수 있다.

뿐만 아니라, 전체글에서 모든 단락이 동일한 의미가치로 독자들에게 받아들여지지는 않는다. 단락도 문장과 마찬가지로 계층관계 속에서 어떤 단락은 하위 계층에, 어떤 단락은 상위 계층에 포함될 수 있다. 곧 하위 계층의 의미가치를 포함하는 단락은 상위 계층의 단락에 귀속되거나 포함될 가능성이 있다.

이는 전체글에 드러난 형식단락들이 합쳐 의미단락으로 재구성될 것이라는 점과 관련된다. 의미단락으로 재구성된 단락은 형식단락 간에서의 의미 이동값보다 더 차별적인 의미덩이로 구분될 것이기 때문에 그 값이 높게 매겨질 것으로 예상된다.

3. 연구결과 및 교육상 의의

3.1. 연구결과 및 논의

본고는 학습자들의 단락 간 중심의미 이동 양상의 결과를 질적인 해석적 방법과 양적인 통계적 방법을 통해 접근한다.[7] 이는 의미의 문제를 다루기 때문에 양적인 통계수치만으로는 해석상의 한계가 따르기 때문이다. 아울러 질적인 방법만으로는 조사자의 직관이 우선하여 반영될 수 있기 때문에, 적절한 양적 통계 절차를 통해 결과

---

7) Michael J. Wallace(김지홍 뒤침, 2009: 57~60)에서는 언어교육에서 사용할 수 있는 다양한 조사연구 기법 등을 상세하게 서술하고 있어 참고가 된다. 여기에서 질적 연구는 '소집단 관찰 해석 연구'로 그 뜻을 풀이하고 있는데, 일반적으로 질적 연구를 '정성 연구'라고 일컫는데, 이 명칭보다는 더 분명한 뜻매김으로 여겨진다.

의 신뢰도와 타당도를 높이고자 한다.

　이하에서는 자료 A와 자료 B로 구분하여, 각각 본 조사와 확인조사의 결과를 가설에 따라 논의한다. 본 조사와 확인조사결과에 대해 따로 논의하지 않고 [가설 1~3]에 따라 두 조사를 뭉뚱그려 전개한다.

3.1.1. 자료 A의 경우

　자료 A는 중심화 이론에 따라 1~4단락까지는 '더벅머리' 총각을 중심으로 연속이나 유보의 양상으로, 4~5단락 사이는 시점의 이동에 따른 급격한 중심의 이동으로 볼 수 있다. 이하 단락은 각각 6~7 사이는 단락의 연속이나 유보로, 그 외는 각각 급격한 중심의미의 이동으로 접근할 수 있다.

　이 글은 형식단락을 묶어 일정한 의미단락으로 재구성할 수 있다. 특히 문학글임에도 불구하고 단락의 구분 양상이 비교적 분명하게 표면적으로 부각될 수 있어, 단락 간 중심의미, 특히 의미단락 간의 중심의미 추정값을 일정하게 고려할 수 있다.

　이는 형식단락 간과 의미단락 간의 중심의미 이동값이 차이가 있음과 관련된다. 의미단락이라고 상정한 단락 간에는 급격한 중심 이동값을, 형식단락 간에는 이보다 낮은 수치의 단락 중심 이동값을 상정할 수 있다. 단락 간 중심의미 이동 양상을 〈표 3-5〉와 같이 간략하게 추정할 수 있다.8)

---

8) 〈표 3-5〉의 이동 양상 및 이동값은 조사자를 포함한 국어교육 관련 전문가인 국어교사 2인이 협의하에 만든 것이다. 이 협의 과정에서 이동값 1과 4의 경우는 비교적 분명하게 값을 매길 수 있지만, 2와 3의 경우는 상당히 애매모호하다는 의견이 제시되었다. 단지 2와 3의 값을 매겨야 하는 경우라면, 전체글에 드러난 단락 간의 의미 간격을 상대적으로밖에 따질 수 없다는 점이 논의되었다. 하지만 이런 점들은 학습자들이 전체글을 읽어가면서 단락 간에 의미 간격의 조정을 통해 보다 적절한 의미처리에 이를 수 있는 주요한 방법 혹은 전략이 될 수 있기 때문에, 교육적인 의의가 있다는 점도 아울러 제기되었다.

<표 3-5> 자료 A의 중심의미 이동 추정 양상

단락 간	중심의미 이동 양상 및 이동값
1~2	연속 혹은 유보: 1, 2
2~3	연속: 1
3~4	연속: 1
4~5	완만한 이동 혹은 급격한 이동: 3, 4
5~6	급격한 이동: 4
6~7	연속: 1
7~8	급격한 이동: 4
8~9	급격한 이동: 4

자료 A의 본 조사는 경남 K고 89명의 학습자들을 대상으로 실시되었는데, 네 가지 중심 이동값에 대한 학습자들의 중심의미 이동에 인지 결과는 〈표 3-6〉과 같다.

<표 3-6> 자료 A 본 조사

단락 간	중심의미 이동값							
	1(연속)		2(유보)		3(완만한 이동)		4(급격한 이동)	
	빈도	%	빈도	%	빈도	%	빈도	%
1~2	60	67.4	23	25.8	6	6.7	0	0
2~3	43	48.3	29	32.6	16	18.0	1	1.1
3~4	51	57.3	19	21.3	18	20.2	1	1.1
4~5	4	4.5	6	6.7	35	39.3	44	49.4
5~6	3	3.4	7	7.9	17	19.1	62	69.7
6~7	31	34.8	40	44.9	17	19.1	1	1.1
7~8	3	3.4	13	14.6	40	44.9	33	37.1
8~9	13	14.6	27	30.3	40	44.9	9	10.1
계	208	29.2	164	23.1	189	26.5	151	22

각 단락 간 중심의미 이동값은 대체적으로 특정값 쪽으로 정형화되어 드러나는 경향을 본 조사결과는 보이고 있다. 특히 1~2단락 간은 연속(67.4%)에 집중되는 경향이 높으며, 5~6단락의 경우 급격한

이동(69.7%)에 집중되고 있다. 특정 이동값이 50% 이상을 넘는 경우는 이 두 단락 간과 3~4단락 간(57.3%) 정도이다.

아울러 전체 결과는 대체적으로 연속과 유보에 대한 값과 완만한 이동과 급격한 이동에 대한 값으로 크게 양분되는 양상을 보이고 있다. 빈도에 다른 차가 있기는 하지만, 연속과 유보의 이동값을 합친 1~2, 2~3, 3~4, 6~7단락 간 이동값은 각각 93.8%, 80.9%, 78.6%, 79.7%로, 그리고 4~5, 5~6, 7~8단락 간 이동값은 완만한 이동과 급격한 이동쪽으로 88.7%, 88.8%, 82%로 쏠리는 경향을 보인다.

다만 예외적인 현상으로 8~9단락 간 이동값은 다른 값에 비하여 44.9%와 55%로 큰 차이를 보이지 않는다. 연속과 유보, 그리고 완만한 이동과 급격한 이동으로 양분한 값에 큰 차이를 나타내지 않는다. 이는 해석상에 어려움을 제기한다.

자료 A에 대한 확인조사는 진주 B고 78명의 학습자들을 대상으로 하였다. 네 가지 중심 이동값에 대한 학습자들의 중심의미 이동에 대한 인지 결과는 〈표 3-7〉과 같다.

<표 3-7> 자료 A 확인조사

단락 간	중심의미 이동값							
	1(연속)		2(유보)		3(완만한 이동)		4(급격한 이동)	
	빈도	%	빈도	%	빈도	%	빈도	%
1~2	48	61.5	22	28.2	5	6.4	3	3.8
2~3	30	38.5	30	38.5	16	20.5	5	6.4
3~4	32	41.0	23	29.5	15	19.2	8	10.3
4~5	5	6.4	8	10.3	29	37.2	36	46.2
5~6	6	7.7	14	17.9	13	16.7	45	57.7
6~7	26	33.3	26	33.3	16	20.5	10	12.8
7~8	5	6.4	3	3.8	18	23.1	52	66.7
8~9	13	16.6	25	32.1	23	29.5	17	21.8
계	165	26.3	151	24.1	135	21.5	176	28.1

확인 조사결과도 앞선 본 조사와 마찬가지로, 중심의미 이동값을 크게 양분할 수 있다. 다만 본 조사와는 달리 그 수치에서 약간의 차이가 있다. 가령 연속과 유보의 이동값을 합친 1~2, 2~3, 3~4, 6~7 단락 간 이동값은 89.7%, 77%, 70.5%, 66.6%로, 그리고 4~5, 5~6, 7~8단락 간 이동값은 완만한 이동과 급격한 이동값을 합하여 85.4%, 74.7%, 89.8%로, 7~8단락 간 이동값 89.8%의 한 경우를 제외하고는 대부분이 본 조사의 값보다 낮은 것으로 드러난다.

8~9단락 이동값은 연속과 유보를 합한 48.7%와 완만한 이동과 급격한 이동값을 합한 52.3%로 앞선 본 조사의 결과와 마찬가지로 단락 간 중심의미 인지에서 어느 정도 합일된 학습자들의 인지 양상을 보여주지 못하고 있다. 이는 앞선 본 조사와 공통적인 현상으로 텍스트와 독자 측면 모두에서 해석상의 단서를 찾아야 할 것으로 판단된다.

이상 자료 A에 대한 드러난 본 조사와 확인조사의 결과를 바탕으로 연구가설 세 가지와 관련시켜 논의하면 다음과 같다.

첫 번째 연구가설인 "중심의미 이동값이 대체로 높게 나올 것이다"는 두 결과에서 드러난 바와 같이 유의미한 통계 수치로 드러나지 않았다.[9] 이 가설에서 상정한 것은 일명 소주제 혹은 중심의미라고 불리는 것이 각 단락에 내재하며, 이것이 명확한 의미로 학습자들에게 인지되고, 이는 대체적으로 단락 간 중심의미로 구분되어 드러날 것이라는 점이었다. 따라서 중심의미 이동값은 대체로 급격한 이동 쪽으로 많이 나올 것이라고 상정하였다.

---

9) 중심의미 이동값에서 연속과 유보를 하나의 그룹으로, 완만한 이동과 급격한 이동을 다른 그룹으로 하여 그룹 간 비율에 차이가 있는지를 검정하였다. 자료 A의 본 조사, 확인조사의 경우 검정통계량 z값이 각각 -1.20, -0.20으로 유의수준 5%로 기각치 -1.96보다 크므로 그룹 간 차이가 없다는 결론을 내릴 수 있다.

하지만 두 조사의 결과는 가설과는 다르게 드러났다. 연속이나 유보보다는 완만한 이동이나 급격한 이동쪽의 값이 많이 나올 것이라고 가정하였지만, 실제 결과는 두 조사결과의 계를 합쳐보면 약간의 차이가 있기는 하지만, 네 가지 이동값이 거의 비슷한 결과로 나왔다. 오히려 연속 쪽의 값이 약간 많이 나오는 것으로 판단되었다.

중심의미 이동값에 대한 학습자들의 인지 양상은 단락 간의 의미상의 차별성에 바탕을 둔 것이다. 기존 단락에 관한 이론적 틀 내에서는 단락을 일정한 단위로 정형화할 때, 각 단락 내에 내재하는 중심의미를 전제한다. 이는 곧 각 단락이 하나의 사고 단위, 혹은 의미 덩이로 접근될 수 있음을 말하는 것이다.

그렇다면 분명 각각의 단락은 의미상의 차별성을 전제로 하기 때문에 단락 간에는 필연 뚜렷한 의미 격차가 생길 것이라고 상정할 수 있다. 하지만 위의 두 조사에서 드러난 바와 같이, 학습자들은 단락 간의 뚜렷한 의미 차이에 바탕을 두기보다는, 맥락상에서 일정한 의미 등급화를 기준으로 단락 간의 의미 간격을 조정하는 것으로 추정된다.

차후 조사 대상자와 조사 자료를 확대해서 조사해 볼 필요는 있겠지만, 단락 간 중심의미가 변별적으로 명확하게 드러난다는 점, 즉 각 단락에는 소주제가 반드시 존재한다는 점은 재고의 필요성이 부각되는 부분이라 할 수 있다.

두 번째 연구가설인 "학습자들 사이에 합의된 중심 이동 양상이 있을 것이다"는 학습자들의 단락 간 중심의미 인지 양상이 일정한 통계수치 이상으로 합의될 수 있을 것이라는 점과 관련된다. 이는 일정한 수 이상의 학습자들의 공통된 반응을 토대로 이루어진다.

본고에서는 단순한 양적 통계 접근만으로는 결과를 다루기 어려운 부분이 있다. 특히 단락 간에는 다양한 언어적 기제 이외에도 비언어적 요소나 맥락과 관련된 요소들이 관련되기 때문에, 학습자들의 공통된 반응을 기대하는 것이 어려울 수도 있다.

하지만 조사대상 학습자들의 반응이 네 가지의 중심이동 중에서 어느 특정값 쪽에 집중적으로 몰릴 가능성을 배제할 수 없기 때문에, 대략 '50% 이상' 정도로 학습자들의 반응이 집중될 경우에는 유의한 통계치로 간주하고자 한다. 아울러 특정 이동값에 몰린다는 것은 반대쪽 이동값에는 반응이 줄어든다는 것을 말하기 때문에 극단의 이동값을 동시에 고려함으로써 통계치의 신뢰도를 더 확보할 수 있다.

대략 본 조사와 확인조사에 드러난 결과를 고려할 때, 본 조사의 경우에는 1~2, 3~4, 5~6단락 간, 확인조사의 경우에는 1~2, 5~6, 7~8단락 간에서는 50% 이상의 합의된 반응 결과가 드러난다. 아울러 이들 값의 반대편 값은 0~6%의 미미한 결과를 보여준다.

뿐만 아니라 중심의미 이동값을 특정값에 국한시키지 않고, 앞서 언급한 바와 같이 연속과 유보, 그리고 완만한 이동과 급격한 이동으로 양분하여 그 수치를 고려하면, 8~9단락 간을 제외하고는 대체적으로 결과는 양분되는 양상을 드러난다. 따라서 [가설 2]는 수용할 수 있을 듯하다.

세 번째 연구가설은 "중심의미 이동값은 글의 구조적 측면과 관련이 있을 것이다"는 전체글의 구조와 결부된 것이다. 특히 이는 급격한 중심의미의 이동 측면과 밀접한 관련이 있다. 자료 A의 경우는 총 9개의 단락으로 제시되고 있지만, 4개 정도의 의미단락으로 재구성할 수 있다. 1~5, 6~7, 8, 9단락으로 구분될 수 있다.

그렇다면 이렇게 구분된 의미단락 간에는 의미가 더 명확하게 나누어질 것이고, 따라서 중심의미 인지 양상에서 급격한 이동값에 학습자들의 반응이 몰릴 것이라고 예측할 수 있다.

본 조사와 확인조사의 결과, 5~6단락 간에는 각각 69.7%, 57.7%로 반응이 나와 가설에 부합하는 것으로 드러나지만, 본 조사의 경우는 7~8과 8~9단락 간에 37.1%, 10.1%로 낮은 합의 반응 결과를 보여주고 있다. 특히 8~9단락 간은 확인조사의 경우도 21.8% 정도의 결과를 보여준다.

따라서 자료 A인 문학글에 대한 글의 구조적 측면, 즉 재구성된 의미단락 간의 중심의미가 보다 급격한 중심의미 이동을 보일 것이라는 가설은 기각된다. 이는 의미단락으로 재구성된 단락 간의 인지적 측면이 보다 부각될 수 있으리라는 가정과 다른 결과이다.

3.1.2. 자료 B의 경우

자료 B의 경우는 중심화 이론에 따라 단락 간 중심의미 이동 양상을 구체화해 보면 〈표 3-8〉과 같이 추정할 수 있다. 우선 1 단락과 2 단락 간은 서론과 본론의 간격으로 접근해 볼 수 있으며 그 중심의미도 '수소 생산 방법'과 '미생물에 의한 수소 생산 방법'으로 달리 파악된다. 따라서 급격한 중심이동 측면으로 볼 수 있다.

<표 3-8> 자료 B의 중심의미 이동 양상

단락 간	중심의미 이동 양상 및 이동값
1~2	급격한 중심이동: 4
2~3	유보 혹은 완만한 이동: 2, 3
3~4	연속 혹은 유보: 1, 2
4~5	급격한 중심이동: 4

2~3 단락 사이는 전개와 상술의 속성으로 이어지는 단락이기 때문에 유보나 완만한 이동 정도로 볼 수 있다. 아울러 3단락과 4단락

은 '조류'와 '세균'이라는 중심어에 대하여 각각 나누어진 단락이기 때문에 연속이나 유보로 볼 수 있다. 4~5 단락은 앞서 서론과 본론 간의 단락을 그대로 적용하여 본론과 결론의 단락 간 의미이동으로 추정해 볼 수 있다.

경남 K고 89명의 학습자들을 대상으로 한 자료 B의 본 조사결과 는 〈표 3-9〉와 같다. 앞선 자료 A에 비해 자료 B는 비문학글로 전체 글의 구조가 비교적 서론, 본론, 결론으로 도식화되는 특징이 있다. 이런 점 등이 단락 간 중심의미 이동에 어떤 식으로든 영향을 끼칠 것으로 고려된다.

<표 3-9> 자료 B 본 조사

단락 간	중심의미 이동값							
	1(연속)		2(유보)		3(완만한 이동)		4(급격한 이동)	
	빈도	%	빈도	%	빈도	%	빈도	%
1~2	3	3.4	18	20.2	40	44.9	28	31.5
2~3	9	10.1	52	58.4	24	27.0	4	4.5
3~4	41	46.1	32	36.0	16	18.0	0	0
4~5	0	0	0	0	34	38.2	55	61.8
계	53	14.9	102	28.7	114	32.0	87	24.4

경남 K고 학습자들을 대상으로 한, 자료 B의 본 조사결과에서 특 정 중심의미 이동값이 50%를 넘는 경우는 두 곳이다. 2~3단락 간의 유보값(58.4%)과, 4~5단락 간의 급격한 이동값(61.8%) 정도이다. 특이 한 현상은 빈도 '0'인 곳이 세 군데 정도 드러난다는 점이다.

몇몇 단락 간에는 특정 이동값에 쏠리는 경향이 있지만, 전체적인 경향으로 볼 때는 유보나 완만한 이동값이 연속이나 급격한 이동쪽 의 값보다 많다. 대략 전자를 합한 것이 60.7%이고 후자를 합친 값 이 39.3%로, 단락 간의 중심의미 이동의 양상이 매우 유사하거나 혹은 완전히 다른 의미로 학습자들에게 인지되는 것 같지는 않다.

앞선 자료 A와는 달리 "계"에서 연속값(14.9%)이 다소 낮게 드러난다는 점이다. 앞선 자료 A가 문학글로 몇몇 단락 간에 동일한 인물의 등장과 그에 대한 지속적인 이야기로 전개되었다면, 비문학글인 B는 뚜렷하게 단락 간에 동일 요소라고 지적할 수 있는 부분이 적었던 것으로 판단된다. 이어서 자료 B에 대한 확인 조사결과는 〈표 3-10〉과 같다.

진주 B고 학습자들을 대상으로 한 자료 B의 확인 조사결과, 단락 간 중심의미 이동값이 50%이상을 넘는 경우는 없는 것으로 드러났다. 이는 학습자들 간의 중심의미 이동값에 대한 의미상의 합일을 그만큼 이루기 힘들었다는 반증이기도 하다. 또한 자료 B의 경우는 50%를 넘는 경우와 더불어 0%로 드러나는 경우도 없다.

이는 앞선 본 조사 대상 학습자들의 단락 간 인지 결과와는 차이가 있는 부분이다. 본 조사의 경우는 50% 이상을 넘는 경우는 2~3, 4~5단락 간, 0%인 경우는 3~4, 4~5단락 간이었다. 이에 비해 확인 조사의 경우는 한 곳도 그런 곳이 발견되지 않았다.

물론 의미상의 합일을 전제하는 것은 학습자들의 다양한 반응에 대한 부분, 즉 창의성과 대립되는 측면도 있다. 하지만 글을 전체 흐

〈표 3-10〉 자료 B 확인조사

단락 간	중심의미 이동값							
	1(연속)		2(유보)		3(완만한 이동)		4(급격한 이동)	
	빈도	%	빈도	%	빈도	%	빈도	%
1~2	11	14.1	25	32.1	25	32.1	17	21.8
2~3	24	30.8	38	48.7	13	16.7	3	3.8
3~4	19	24.4	29	37.2	24	30.8	6	7.7
4~5	6	7.7	15	19.2	22	28.2	35	44.9
계	60	19.2	107	34.3	84	26.9	61	19.6

름에 더 부합하게 읽는 것도 중요하기 때문에, 그것과 관련된 단락 간 중심의미 이동에 대한 학습자들의 인지 반응 결과를 어느 정도 통계 수치로 정형화해서 살펴보는 것은 의의가 있다. 세 가지 연구 가설과 관련된 자료 B에 대한 논의 결과는 다음과 같다.

첫 번째 연구가설은 앞선 자료 A와는 약간 다른 결과로 나타났다. 중심의미 이동값이 보다 큰 쪽으로 몰릴 것이라는 점은 확인조사의 경우에는 네 가지 양상이 비슷한 수치로 드러나 유의미한 결과를 드러내지 못했다.[10] 즉 각 단락에 중심의미가 전제되었다고 하지만, 이것이 단락 간 의미의 뚜렷한 격차로 학습자들에게 인지되는 않는 것으로 판단된다.

이에 비하여, 본 조사의 경우는 중심값이 대체로 높게 나올 것이라는, 즉 연속이나 유보의 양상보다는 완만한 이동이나 급격한 이동 쪽의 값이 유의미하게 나오는 것으로 판정되었다.[11] 이는 앞선 조사들과는 달리 조사대상 학습자들인 경남 K고 학습자들에게 자료 B는 단락 간 중심의미가 비교적 분명하게 인지되는 것으로 볼 수 있다.

두 번째 연구가설은 앞선 자료 A와는 약간 차이를 보이고 있다. 자료 A의 결과에서는 학습자들의 합의된 인지 양상의 측면이 본 조사와 확인조사 모두에서 발견되는 것으로 간주되었다. 하지만 자료 B의 경우에는 본 조사의 경우에만 2~3, 4~5단락 간에 각각 유보값이 58.4%, 급속한 이동값이 61.8%로 드러나 합의된 양상을 보여준다. 하지만 확인조사의 경우에는 50% 이상의 합의를 보이는 곳이 한 곳도 없다. 오히려 중심의미 인지에 대한 이동값이 전체적으로

---

10) 자료 B의 확인조사 경우, 검정통계량의 값이 -1.25로 자료 A와 마찬가지로 집단 간 차이가 없다고 판단할 수 있기 때문에 가설은 기각된다.

11) 자료B의 본 조사 경우, 검정통계량의 값이 2.44로 완만한 이동, 급격한 이동으로의 변화가 확연히 확인되었다. 따라서 본 조사의 경우에는 [가설 1]이 수용된다고 할 수 있다.

흩어져 있는 양상을 보인다.

특히 자료 B에 대한 확인조사의 경우에서는 본 조사에 비해 중심 의미 이동값이 특정값에 집중되기보다는 그 흩어짐이 심화되는 것으로 드러난다. 자료 B 자체가 지니는 단락 간 의미상의 구분 정도가 학습자들에게 제대로 인지되지 않은 결과일 것이다. 이는 학습자들의 언어 수행 수준에 따른 차이일 수도 있다.

세 번째 연구가설은 자료 A의 결과와 비슷한 양상을 보인다. 이는 글이 내재하고 있는 구조적 속성 혹은 조사대상 학습자들의 이해 과정에서 발생하는 문제일 수 있다. 글의 구조적 측면에서 자료 B는 자료 A에 비해 서론, 본론, 결론의 삼단 구성으로 명확하게 구분된다. 따라서 이런 삼단 구성을 이루는 단락 간에는 급격한 중심이동이 있을 것이라 상정할 수 있다.

하지만 자료 B에 대한 본 조사나 확인조사의 경우 그런 점들이 거의 고려되지 않은 것으로 판단된다. 대다수 학습자들이 인접 단락 간의 의미이동에만 초점을 두고, 전체글의 관점에서 단락 간의 의미이동을 고려하지 못한 결과라고 할 수 있다.

3.2. 교육상 의의

조사결과 및 논의를 바탕으로 두 가지 정도의 교육상 의의를 이끌어 낼 수 있다. 우선 각 단락에 내재하는 일명 '소주제' 혹은 '중심의미'라는 것이 학습자들에게 제대로 인식되느냐의 여부이다. 본고의 조사결과는 학습자들이 단락 간의 의미상의 차별적인 준거로 작용할 수 있는 중심의미를 단락 간의 차별적 의미로 인식하지 않는 것으로 드러났다. 즉 각 단락에 중심의미가 내재한다는 점은 분명, 각 단락의 차별적인 인지와 밀접하게 관련될 것인데, 본고의 조사결과에서는 그런 점이 유의미하게 드러나지 않았다.

그렇다면 결국 단락 간 중심의미 이동의 인지 측면에서 이를 수용한 학습자들의 문제라 할 수 있다. 즉 조사 대상 학습자들이 각 단락에 내재하는 중심의미를 제대로 파악하지 못했거나, 파악했지만 단락 간 중심의미를 제대로 구획하고 합치면서 전체글을 이해했다고 볼 수 없다.

단락이 읽기나 쓰기의 영역에서 중요한 단위임에도 불구하고, 이런 조사결과와 더불어 그 해석상의 문제가 나오는 것은 결국 단락에 대한 학습자들의 적절한 접근이 이루어지지 못하고 있다는 증거일 것이다. 아울러 이해에서 단락을 어떤 식으로 받아들여 처리해야 할지에 대한 방법적 혹은 전략적 수단이 부족하다는 점으로 해석할 수 있다.

이런 점을 감안한다면 읽기나 쓰기에서 중요한 의미단위인 단락을 어떤 식으로 처리하고 산출해야 하는지에 대한 인식의 전환이 필요하다. 아울러 단락의 이론에 대한 재고와 더불어 피험자와 자료를 확대하여 단락의 이론적 미비점을 밝혀가는 작업이 요구된다.

다음으로 맥락이라는 전체글의 흐름에서, 주요한 기점이 되는 이른바 글의 구조적 관계에 대한 학습자들의 인식이 부족하다는 점이 지적된다. 가령 주장하는 글의 서론, 본론, 결론 구조에서 이들 구조에 대한 의미적 구분이 분명하게 드러나지 않는다는 점은 전체글의 구조에 대한 명확한 인식이 부족하다는 것과 같은 맥락이라 할 수 있다.

이는 문학글의 경우에도 마찬가지이다. 글의 맥락에도 강·약, 이른바 의미가 강조되는 곳이 있는 반면에 그렇지 못한 곳도 있다. 이를 제대로 수용하지 못하면 글의 흐름을 파악하지 못하거나 이해하는 데 어려움을 겪게 된다.

조사에서 드러났듯이, 조사 대상인 두 편의 글은 비교적 글의 구조적 관계가 명확하게 드러나는 자료였다. 하지만 대다수의 학습자들은 그런 글의 구조적 측면을 전체글의 맥락에서 수용하지 못하고 인접 단락 간에만 초점을 두고 인지하는 경우가 많았다.

이는 학습자들이 글을 수용하고 처리하는 데 있어, 앞선 첫 번째 문제와 마찬가지로 기본적인 구조적 지식이 부족하거나 혹은 그런 구조적 지식을 지니고 있다손 치더라도 제대로 이용하지 못하고 있다고 볼 수 있다. 수많은 이해 전략이나 방법이 이론적으로 제시되고 있지만, 정작 대다수의 학습자들은 여전히 그런 전략이나 방법을 실제 글을 처리하는 데 있어서는 유효하게 사용하지 못하고 있다는 문제점 등을 조사결과에서 발견할 수 있으며, 아울러 그에 부합하는 다양한 교육적 조치가 필요함을 교육상 의의로 이끌어 낼 수 있다.

4. 마무리

본고는 단락 간 중심의미 처리 과정에 대한 학습자들의 인지 양상을 중심화 이론(centering theory)의 의미 이동 양상을 응용하여 살폈다. 세 가지 연구가설을 세우고, 본 조사와 확인조사로 나누어 조사를 실시하였다.

첫째, 중심의미 이동값이 대체로 높게 나올 것이라는 가설은 자료 A의 본 조사와 확인조사, 자료 B의 확인조사의 경우에는 기각되었고, 자료 B의 본 조사의 경우는 수용되었다. 조사 자료나 대상자를 더 확대해 보아야 하겠지만, 대체로 조사대상 학습자들이 단락 간 중심의미 이동의 추이를 분명하게 구분하지 않고 이동값을 부여하는 것으로 드러났다.

둘째, 중심의미 이동값에 학습자들의 일치가 있을 것이라는 가설은 자료의 종류에 따라 달리 평가되었다. 문학글인 자료 A의 경우 학습자들의 유의미한 합일점이 발견된 반면, 비문학글인 자료 B의 경우는 그렇지 못하였다. 이는 더 많은 갈래의 자료를 조사해 보아야 하겠지만, 사건 전개의 구분 양상이 보다 분명한 문학글이 학습자들에게 단락 간 중심의미 이동에서 보다 많은 합의를 보이는 것으로 드러났다.

셋째, 전체글의 구조화에 관련된 단락이나 의미단락으로 재구성된 단락 간에 급격한 중심이동이 있을 것이라는 연구가설은 전체 조사결과가 공히 기각되었다. 이 문제는 글의 맥락이나 전체 흐름과 밀접한 관계있는 것인데, 대다수 학습자들은 이런 점을 명확하게 고려하지 않고 인접한 단락 간에만 초점을 두는 것으로 파악되었다.

이상 세 가지 연구가설은 보다 많은 자료와 더 많은 수의 조사대상 학습자들을 바탕으로 그 타당성을 검증할 필요가 있다. 다만 본고는 국어교육 현장에서 단락에 대한 현장 조사의 일환으로 이상의 문제를 제기하였으며, 아울러 앞으로 단락에 대한 교육적 방향이 어떤 식으로 이루어져야 할지에 대한 단초를 제공하였다는 점에서 의의를 지닌다.

독자와 필자 간 의미연결 인식

1. 들머리

1.1. 연구목적

글을 매개로 독자와 필자는 의사소통한다. 여기에는 필히 의사소통 격차가 생긴다. 이는 당연하고도 바람직한 현상이다. 하지만 다른 한편으로는 소통상의 어려움과 혼란을 초래하기도 한다. 이로 인해 생기는 의사소통의 격차는 반드시 교육적 관점에서 해결해야 하는 문제이기도 하다.

이런 격차의 근본 원인은 독자와 필자가 지니는 배경지식의 깊이와 폭에서부터 다양한 언어적·비언어적 요소들에서 찾을 수 있다. 특히 하나의 언어를 공통으로 사용하는 모국어 사용자들 사이일수록 낱말이나 문장보다는 그 이상의 단위에서 형성되는 맥락 차원에서 그 격차는 심하게 발생할 수 있다.

다만 이런 의미연결의 차원은 글에서 매우 복잡다기한 양상을 띠고 있어 그 정체에 제대로 접근하기가 매우 어렵다. 뿐만 아니라, 맥락이라는 관점에서 이와 같은 의미연결의 속성을 제대로 표면적으로 드러낼 수 있는지도 의문이다.

이와 같은 의문점들이 밝혀지지 않는다면, 글의 맥락1) 혹은 의미연결이라는 것은 한낱 파악되기 어려운 모호한 것으로 취급될 수밖에 없다. 그렇다면 읽기, 쓰기 교육에서 주제 파악과 밀접하게 관련되는 맥락 혹은 의미연결의 문제는 학교 현장에서 실제적으로 다루기 어려운 문제로 취급되거나 혹은 다루어지더라도 피상적으로밖에 접근될 수 없다.

본고에서는 이런 문제의식을 바탕으로, 학습자들의 의미연결에 대한 하나의 실험조사를 구성하였다. 의미연결의 접근 방식으로는 단락 간 중심의미의 이동에 대한 학습자들의 인식 양상을 독자와 필자의 입장에서 각각 다루었다. 이는 중심화 이론(centering theory)의 일부분을 응용하여 그 이론적 토대로 삼았다.

즉 본고는 전체글에서 맥락 혹은 의미연결(coherence)을 학습자들의 단락 간 중심의미 이동에 대한 인식 측면을 통해 그 흐름을 구체적으로 고찰하고, 아울러 통사 중심의 기존 단락 이론을 담화 혹은 텍스트 중심에서 접근하여 살피는 데 목적이 있다.2) 이는 독자와 필자

---

1) 맥락(context)에 대한 정의 및 분류는 여러 연구자들에 의해 밝혀져 있다. 그 중에서도 Halliday, M. A. K. & Hasan, R.(1989)의 연구가 참고할 만하다. 여기에서는 맥락을 크게 네 가지로 범주화시켰다. 상황 맥락, 문화 맥락, 텍스트 간 맥락, 텍스트 내 맥락으로 구분하고 있다. 본고에서는 이 네 가지 범주의 맥락 범위 중에서 텍스트 내 맥락에 초점을 두었다. 텍스트 내 맥락은 글의 통사결속에 대한 응집성(cohesion), 의미연결에 대한 통일성 (coherence)의 문제를 주로 다루는 영역이다. 즉 본고에서는 텍스트 내 맥락에서 주로 의미연결, 통일성(coherence)의 문제를 단락 간 의미 관계의 문제와 관련시켜 다룬다.

2) 최명환(2008)에서는 문장론의 관점이지만 그간 단락 연구에 대한 철저한 반성을 요구하고 있다는 점에서 참고가 된다.

"문장 기술의 핵심은 사고 조직과 담문 구성이다. 우리 문장론이 단락 조직을 소홀히 다루었고, 담문 구성에는 아직 눈을 뜨지 못하였다. (…중략…) 우리 글쓰기가 진화하지 못하는 가장 큰 원인이 단락 조직과 담문 구성에 대한 심층적 탐구가 이루어지지 못해서임

의 의미연결에 대한 인식의 차이와 시간 격차에 따른 필자의 의미연결 인식 변화와 밀접하게 관련되어 드러난다.

1.2. 선행연구

본고는 중심화 이론을 바탕으로 독자와 필자로 구분된 피험자들의 단락 중심의미 이동 양상을 고찰하려는 것으로, 이는 전체적으로 담화 혹은 텍스트의 맥락을 표면적으로 구체화하기 위한 것과 관련된다. 이는 응용언어학의 관점에서 이루어지는 연구로, 기존의 다양한 연구물들과 연계될 수 있다.

중심화 이론과 관련해서는, Walker, Marilyn, A.(1998) 외의 연구가 가장 기본이 된다. 이 저서는 다양한 언어에 중심화 이론의 응용 가능성을 타진하고 그 이론적 가능성의 토대를 구성하고 있다. 다만 전산 언어학이라는 토대 위에서 이루어지기 때문에 자연어가 가지는 다양한 맥락을 고려하고 있지 못한 점은 한계로 여겨진다.

아울러 국내 연구로는 박철우(2002)와 김미경(2003)을 들 수 있다.[3] 두 연구 모두 민담 자료를 통해 중심화 이론의 적용 가능성을 파악

이 더욱 분명해졌다. 앞으로 사고 조직과 담문 구성이 치밀한 문장론을 기대하는 까닭이 여기에 있다."

본고는 위에서 언급한 단락의 조직 문제를 전체글의 차원에서 다룬다. 즉 단락을 글의 맥락, 즉 의미연결의 관점에서 다루고자 하였다. 아울러 철저한 현장조사에 기대어 이론적 토대를 다지고자 한다.

3) 중심화 이론(centering theory)은 담화 발화상으로 전개되는 개체에 대한 화자와 청자의 인지와 관련된 단기 기억 처리의 결과를 언어 표현과 관련시켜 모형화한 것이다. 명사구 선택이 발화 문장들 간의 응집성(cohesion)과 깊은 관계가 있다는 점에 주목하기 시작하여, 대명사와 관련된 문제를 담화구조 내에서 설명하기 위하여 구성된 이론이다. 기본적으로 세 가지 제약과 두 가지 규칙을 상정하고 있다. 자세한 이론적 개관은 김미경(2003: 34~37)을 참고하기 바란다. 본고에서는 두 가지 규칙 중에서 대명사의 발화 문장 간 전이 혹은 이동인 "연속(continue), 유보(retain), 완만한 이동(smooth-shift), 급격한 이동(rough-shift)"의 양상을 피험자들의 단락 간 중심이동 인식에 적용하였다.

하고 있는데, 전자는 중심 전이 과정을 통한 응집성(cohesion)의 파악에 초점을 두고 있고, 후자는 논항 생략을 중심화 이론을 통해 설명할 수 있는지의 문제를 심층적으로 다루고 있다. Walker, Marilyn, A.(1998)와 마찬가지로, 두 연구 역시 문장 이상으로 확대된 단위에서는 중심화 이론의 가능성만 언급하지 더 이상 구체적으로 나아가고 있지 못하고 있다.

단락과 관련한 학습자들의 인식 양상을 다룬 연구로는 손중동(1993)과 서종훈(2008a)을 들 수 있다. 두 연구 모두 학습자들의 단락 인식의 심리적 실재를 부각시킨 것으로, 전자는 국어와 영어의 비교 언어학적 관점에서 단락의 전개 양상을 후자는 단락 간에 드러나는 위계적 측면을 다루고 있어 기존 단락 관련 연구와 차별적인 의의를 지닌다. 하지만 한정된 피험자들을 대상으로 한 일종의 실험연구이기 때문에 이론적 재구성의 유의미성에는 한계가 따른다.

아울러 맥락의 이론적 고찰에 대한 연구로는 김태자(1993), 이재기(2006), 황미향(2009) 등을, 국어교육과 관련된 담화·텍스트 언어학적 산출과 처리에 대한 연구로는 김지홍(2007, 2008)을 들 수 있다. 전자의 연구들은 맥락에 대한 문제를 표면적으로 부각시켰다는 점에서 의의는 있지만, 개략적인 언급으로만 그친 감이 있다. 후자의 연구들은 심리학의 이론적 토대에 바탕을 두고 언어 자각과 언어 산출·처리과 관련하여 의미연결의 문제를 다루고 있어 참고가 된다.

ᄅ. 연구방법 및 연구가설

2.1. 연구방법

본고는 특목고 1학년 네 개 반 90여 명의 학습자들을 대상으로 실시된 모국어 관련 현장연구이다. 특목고 1학년 학습자들을 피험자로 선택한 것은 여러 단계의 과정을 수행해야 하는 어려움과 더불어, 단락 간 중심의미4) 이동에 대한 인식상의 판단이 초·중학생들을 대상으로 하기에는 언어수행 과정상의 어려움이 따를 것이라는 판단 때문이었다.5) 단락 간 중심의미 이동에 대한 인식의 틀로 중심화 이론을 관련시킨 것은, 중심화 이론이 지니는 이론상의 단순성과 명확성 때문이다. 물론 중심화 이론의 토대는 통사 중심이며, 전산 언어학에서 발화의 개체와 관련된 화자의 단기기억 인지 양상을 다루는 분야이다.

단락 간 중심의미에 대한 인식은 전체글의 재구조화를 통해 이루어지기 때문에 분명 학습자들의 단기기억에 의존하기보다는 장기기억이나 그 이상의 배경지식에 의존할 가능성이 높다. 다만 문장 간 중심 개체의 이동과 단락 간 중심의미의 이동에 대한 인식의 양상은 기억 용량에 따른 인식상의 차이는 있겠지만, 기본적인 의미의

---

4) 일반적으로 대다수 단락 관련 이론들에서는 하나의 단락에는 '소주제'와 이를 뒷받침하는 문장들로 구성된다고 상정한다. 본고에서는 '소주제' 대신 '중심의미'라는 표현을 선택하였다. 이는 조사 대상 학습자들이 '소주제'라고 인지한다면, 어떤 명시적이고 분명한 주제 문장을 찾으려고 고집하여, 단락 간에 보다 역동적인 의미관계에 초점을 모으기 힘들 것이라는 판단 때문이다.

5) 본 조사의 학습자들은 언어 영역과 관련된 수능 관련 시험에서 전국 편차를 기준으로 하면, 대략 1~3등급 내에 들어간다. 본 지역의 인문계고 학습자들의 편차가 대략 1~8등급 사이에 분포를 이루는 것에 비추어 본다면, 언어수행 수준이 우수하다고 볼 수 있다. 물론 수능 관련 시험만으로 학습자들의 수준을 단정 짓기는 어렵지만, 현재 나와 있는 학습자들의 언어수행 수준 파악 도구로 어느 정도 객관성을 확보한 것이 수능 관련 시험자료이기 때문이다.

이동 양상은 통사 혹은 담화 측면 모두에 적용할 수 있을 듯하다. 중심화 이론과 관련된 구체적인 조사 내용은 〈표 4-1〉와 같이 정리될 수 있다.

<표 4-1> 조사 내용

학습자들의 인지 기준	단락 간 중심의미 이동 인지 양상	중심의미 이동값
중심의미 이동	연속(continue)	1
	유보(retain)	2
	완만한 이동(smooth-shift)	3
	급격한 이동(rough-shift)	4

학습자들은 자신이 쓴 글이나 다른 학습자들의 글을 읽으면서 단락 간 중심의미 이동에 대한 나름의 기준을 세울 것이다. 그 기준을 바탕으로 학습자들은 전체글을 구조적으로 재점검하고, 단락 간 중심의미의 이동에 대한 값을 매길 것으로 추측할 수 있다.

구체적인 연구 조사의 모든 과정은 철저하게 현장조사 연구를 바탕으로 하였다. 우선 학습자들은 입시 면접 대비 주장글 두 편을 작성하게 된다.6) 주제는 기존의 면접에서 자주 언급되는 문제들을 중심으로 자유롭게 작성하게 하였다. 형식은 A용지 한 면에 5~8개 단락 정도로 구성하게 하였고, 기타 조건은 없었다.

일정 시간이 흐른 후에, 학습자들은 자신의 글에 대해 단락 간 중심의미 이동에 대한 인식 양상을 구성하였다. 이는 필자 관점 1의 입장에서 자신의 글에 대한 전체적인 흐름을 단락 중심으로 접근하는 것이다. 이어서 학습자들은 다른 학습자들의 글을 독자의 입장에

---

6) 본교의 학습자들은 2학년 때 조기진학을 하게 되는데, 주로 진학하게 되는 대학에서 면접을 주요한 입학 평가의 잣대로 사용한다. 이를 위해 미리 1학년 학생들에게 예상 문제를 선정하고, 거기에 부합하는 주장글을 써 보게 하였다.

서 접근하며, 최종적으로 재차 자신의 글을 필자 관점 2의 입장에서 다룬다. 구체적인 연구 조사 과정은 〈표 4-2〉와 같다.

<표 4-2> 연구 조사 과정

단계	조사 영역	조사 기간
1	두 편의 글쓰기	2009.8.21~2009.8.26
2	필자 관점 1의 단락 인식	2009.9.2~2009.9.4
3	독자 관점의 단락 인식	2009.9.14~2009.9.19
4	필자 관점 2의 단락 인식	2009.9.23~2009.9.25

필자 관점 1과 2는 자신의 글에 대하여 시간 격차를 두고 접근한 측면을 구분한 것이다. 한 학습자가 필자의 입장에서 두 편, 독자의 입장에서는 자신의 반을 제외한 나머지 세 반 학습자들의 여섯 편 글을 읽게 된다. 이런 과정을 통해 독자와 필자 입장 모두에서, 학습 자들의 단락 간 중심의미 이동에 대한 인식 측면이 전체글의 맥락 혹은 의미연결과 심층적으로 연계될 수 있다.

이상의 과정에서 몇몇 단계는 학생들의 언어수행에 대한 집중력 을 높이기 위해 수행평가로 그 결과를 검증하였다. 하지만 실제 평 가에 포함되는 영역은 1단계를 제외한 2~4단계이다. 평가의 초점은 실제 글에 드러난 단락 간 중심의미 이동의 결과를 학습자들이 자신 의 기준을 세워 얼마나 적절하고 설득력 있게 그 이유를 제시할 수 있느냐의 여부에 있다.

평가는 국어교육 전문가인 박사급 교사 2인이 학생들의 글과 단 락 간 중심의미 이동에 대한 결과를 견주어 가면서 내렸다. 평가의 초점은 필자 관점 1과 2에서의 중심의미 이동에 근거나 이유의 적절 성 제시 여부 및 내용상의 향상 여부, 필자 관점과 독자 관점의 일치 여부, 단락 간 중심의미 이동에 대한 명확한 기준 제시 여부 등을 고려하였다.

2.2. 연구가설

본고의 연구 조사에는 두 가지 연구가설이 설정되었다. 두 가지 가설은 의미연결과 관련된 학습자들 간의 인식의 차이 및 변화와 관련된다. 의미연결이란 매우 추상적이고 복잡한 양상으로 진행되기 때문에, 좀처럼 그 속성이 표면적으로 부각되지 않는다.

이런 점을 감안하여 본고에서는 학습자들을 독자와 필자로 나누어, 독자와 필자 간의 의미연결에 대한 인식의 양상에 대한 차이를 조사하였다. 아울러 시간차에 따른 필자의 의미연결 인식의 변화도 고려하였다. 이 두 가지 조사는 의미연결에 대한 구체화 작업과 관련된다.

[가설 1] 독자와 필자 간에는 공통된 의미연결 인식 양상이 있을 것이다.

이 가설은 의미연결에 대한 학습자들의 이해와 표현의 결과를 표면적으로 드러내기 위한 것과 관련된다. 피험자인 학습자들은 독자와 필자로 구분되는데, 독자와 필자의 의미연결 인식 결과를 비교함으로써 의미연결 인식에 대한 공통된 인식 양상을 추정할 수 있다.

필자로 상정된 학습자들은 5~8개 단락으로 구성된 전체글에서, 일정한 기준하에 단락 간에 중심의미 이동값을 매길 것이다. 이는 1~4까지의 단락 간 중심의미 이동값이 아무런 기준이 없이 제시되기보다는 전체글의 흐름, 즉 글의 내부 맥락인 의미연결이 충분하게 고려되어야 한다는 점과 관련된다.

아울러 필자가 제시한 의미연결 이동값은 독자가 파악한 것과 유사하게 드러날 것이라고 추정할 수 있다. 이는 유사한 주제하에 A4 한 바닥이라는 제한된 분량으로 제시된 전체글의 단락 간 중심의미 이동의 측면이 필자와 독자의 인식상에 크게 차별적으로 작용하지 않을 것이라는 판단 때문이다.

[가설 2] 시간차에 따른 필자의 의미연결 인식에는 변화가 없을 것이다.

이 가설은 시간 격차에 따른 필자 관점의 변화와 관련된다. 필자의 관점은 시간과 입장의 바뀜에 따라 필자 관점 1과 2로 구분된다. 이 가설에서는 이런 시간의 격차와 필자에서 독자로의 입장 바뀜의 경험이 크게 필자 관점에 영향을 주지 못할 것이라 보았다.

독자의 입장에서 다른 학습자들의 글을 읽으면서, 단락 간 중심의미 이동에 대한 다양한 관점을 구성하게 되지만, 자신의 글에 대한 기존의 구성 방식에 대한 틀을 수정하기는 힘들 것이다. 왜냐하면 독자의 입장에서 다른 학습자들의 글을 읽으면서 자신의 글에 대한 인식의 틀도 확대시켜 나갈 수 있지만 처음에 고정된 인식의 틀을 쉽사리 바꾸기는 힘들 것이기 때문이다.

아울러 대다수의 학습자들이 처음에 자신의 자료를 공들여 쓰고 읽어서 단락 간 중심의미 이동에 대한 추정값을 부여했을 것이다. 따라서 쉽사리 시간차에 의한 망각이나 독자 입장에서의 몇몇 읽기 경험이 단락 이동 인식과 관련된 애초의 직관력을 흩트리지 못할 것으로 예상할 수 있다.

3. 연구결과 및 교육상 의의

3.1. 연구결과 및 논의

형태나 통사 중심에서 벗어나 담화 중심의 언어교육에서 학습자들의 일관된, 혹은 합의된 언어 이해나 표현의 결과를 기대하기는 어렵다. 물론 이는 학습자들의 창의적인 언어 이해나 표현의 과정과도 부합하지 않는다. 하지만 의미연결의 구체성에 접근하기 위해서는 학습자들의 언어 이해와 표현을 통해 드러나는 반응의 정형성을 다루어야 한다.

본고는 단락 간 중심의미 이동의 문제를 중심화 이론의 전이 양상을 적용하여 그 결과값을 이끌어내었다. 아울러 독자와 필자로 구분된 학습자들이 단락 간 중심의미 이동에 대한 적절한 이유나 기준을 스스로 세워보게 하였다. 이는 중심의미 이동값에 대한 근거를 확보함과 동시에 전체글에 대한 재구조화의 관점에서 그 맥락을 파악하도록 하기 위함이었다.

두 가지 연구가설에 따라 결과가 논의되는데, 양적 통계 접근에 기초하기보다는 질적 통계 접근에 기초한 논의가 이루어진다. 이는 본고가 담화 문법의 관점에서 학습자들의 반응을 유도하였다고는 하지만, 그 반응의 범위가 너무 넓고 예측하기 어려운 부분이 따르기 때문이다.

본 절에서는 두 가지 연구가설을 바탕으로 학습자들의 반응 결과를 논의한다. 이를 위해 독자와 필자로 구분된 학습자들의 반응 결과의 차이와 시간 격차에 따른 필자의 반응 변화를 일정한 도식적 양상에 기초하여 드러낸다. 이를 통해 독자와 필자 관점에서 드러나는 의미연결의 양상을 표면적으로 확인할 수 있다.

네 반 90명으로 구성된 학습자들이 독자와 필자로 나뉘어 실시한 단락 간 중심의미 이동에 대한 결과값은 "-1, 0, 1"의 세 가지 지표로 구분된다. 가령 필자 1 중심에서 접근한 결과 기준값을 "1"로 상정한다면, 독자 측면에서 나온 결과가 필자 1과 거의 유사하거나 같은 경우는 "1"로, 글의 맥락상 주요한 지점에서 한두 군데 차이가 있거나 혹은 전체적으로 중심 이동값에서 약간의 차별성이 발견되는 경우는 "0", 전체적으로 중심 이동값이 다른 경우는 "-1"로 설정하였다. 이는 필자 2의 관점도 마찬가지이다. 아울러 이 지표는 합계 점수로도 이용된다. 합계 점수가 높을수록 글에 대한 의미연결의 합의도가 높다고 할 수 있다.

이상의 단순화된 지표가 물론 학습자들의 반응 결과를 정확하게 드러낸다고 볼 수는 없다. 하지만 다양한 관점에서 나온 이동 값을 논의하기 위해서는 일정한 잣대가 필요하고, 나아가 이를 통해 의미연결과 관련된 담화 문법의 정형성에 대한 논의를 일정 부분 전개시킬 수 있기 때문이다.

네 개 반은 편의상 1-가, 1-나, 1-다, 1-라(반)로 부른다. 본고의 반 명칭과는 상관이 없으며, 이는 학습자들의 신상 명세와 관련된 정보 유출을 막기 위해서 조사자가 임의로 붙였다. 글 1과 글 2로 구분한 것은, 학습자들이 제출한 두 편을 글을 편의상 구분해 놓은 것이다.[7]

〈표 4-3〉에서 A는 1-가의 특정 학습자를, 그리고 B, C, D는 1-나,

---

[7] 대다수 학습자들이 많이 선택한 글감으로는 '한국이 일본에 비하여 노벨상을 많이 받지 못하는 현상', '한국의 사교육과 공교육의 문제', '저출산의 문제' 등이 있다. 이외에도 '북한 정세에 어떻게 대비해야 할 것인가', '금융위기에 대처하는 방법'등이 다수 글감으로 선택되었다. 본고에서 논의의 중심은 단락 간 중심의미 이동에 대한 확인과 글 결과 논의에 있기 때문에, 주요한 변수로 작용하지 않을 것이라 판단된 글감의 선택이나 내용은 고려하지 않았다.

1-다, 1-라의 특정 학습자를 가리키는 것이다. 곧 1-가의 한 학습자가 자신의 글 두 편을 필자의 관점에서, 나머지 세 반(1-나, 1-다, 1-라) 세 명의 학습자가 각각 독자의 입장에서 여섯 편의 글을 읽고 단

<표 4-3> 1-가(반) 인식 결과

	1-가(반)												
	글 1						글 2						
A	필자 관점		독자 관점			합계	A	필자 관점		독자 관점			합계
	1차	2차	B	C	D			1차	2차	B	C	D	
1	1	-1	-1	-1	1	-1	1	1	1	0	1	0	3
2	1	0	0	0	1	2	2	1	0	0	-1	0	0
3	1	0	-1	-1	-1	-2	3	1	0	0	-1	-1	-1
4	1	-1	-1	-1	-1	-3	4	1	1	-1	1	-1	1
5	1	0	-1	1	0	1	5	1	0	0	1	-1	1
6	1	1	1	1	1	5	6	1	0	0	1	-1	0
7	1	0	-1	0	0	0	7	1	0	1	0	0	2
8	1	1	-1	1	0	2	8	1	1	1	1	0	4
9	1	0	1	-1	-1	0	9	1	1	-1	0	0	1
10							10						
11	1	0	1	0	0	2	11	1	1	0	-1	0	1
12	1	0	-1	0	-1	-1	12	1	0	0	0	1	2
13	1	1	1	1	0	4	13	1	0	0	0	-1	0
14	1	1	-1	-1	1	1	14	1	0	1	-1	0	1
15	1	0	0	0	1	2	15	1	-1	-1	-1	-1	-3
16	1	0	-1	0	0	1	16	1	1	-1	0	0	1
17	1	0	0	0	0	1	17	1	0	-1	-1	0	-1
18	1	0	-1	0	1	1	18	1	0	0	0	0	1
19	1	1	0	0	-1	1	19	1	1	-1	0	-1	0
20							20						
21	1	1	-1	-1	-1	-1	21	1	0	-1	-1	0	-1
22	1	1	-1	0	1	2	22	1	1	-1	0	1	2
23	1	0	-1	-1	0	-1	23	1	0	0	-1	0	2
						0.81							0.81

락 간 중심의미 이동에 대한 인식의 결과를 산출하게 된다.

합계는 독자와 필자의 관점에서 의미연결, 즉 단락 간 중심의미 이동에 대한 학습자들의 인식 결과의 수치를 합산해 놓은 것이다. 합계는 '-3~5'로 분포하는데, '-3'의 경우는 필자와 독자의 관점에서 그 불일치의 정도가 심한 경우를 말하며, '5'의 경우는 모두 일치를 드러낸 경우이다. 아울러 글 1과 2의 '0.81'은 합계에 대한 평균값이다.

1-가의 경우 10번과 20번 학습자가 학기 중에 전학을 갔기 때문에 〈표 4-3〉의 10번과 20번 칸이 모두 빈 칸으로 제시되었다. 글 1의 경우 전체적으로 필자와 독자의 관점에서 의미연결의 일치를 보이는 경우는 6번 학습자의 경우이고, 정반대의 경우는 보이는 경우는 4번 학습자의 글이다. 글 2의 경우는 전체 일치를 보이는 경우는 없고, 15번 학습자의 경우가 독자의 필자의 관점 모두에서 불일치를 보이는 것으로 드러났다. 이어서 1-나의 결과는 〈표 4-4〉와 같다.

1-나의 경우 독자 관점 A의 10번과 20번 학습자가 빠져 있는데, 이는 이 두 학생이 모두 학기 중에 전학을 갔기 때문이다. 이하 1-다, 1-라도 마찬가지이다. 글 1의 경우 독자와 필자의 관점에서 현격한 차이를 모두 보이는 경우는 1, 17, 18번 학습자들의 글이다. 그에 비해 글 2의 경우는 독자와 필자 모두가 현격한 차이를 보이는 경우는 없으며, 모두 합치를 보이는 경우는 11번 학습자의 글이다. 1-다의 결과는 〈표 4-5〉와 같다.

<표 4-4> 1-나(반) 인식 결과

1-나(반)													
	글 1					합계		글 2					합계
B	필자 관점		독자 관점				B	필자 관점		독자 관점			
	1차	2차	A	C	D			1차	2차	A	C	D	
1	1	-1	-1	-1	-1	-3	1	1	0	0	-1	-1	-1
2	1	1	-1	0	0	1	2	1	-1	0	-1	0	-1
3	1	1	1	-1	-1	1	3	1	1	1	-1	0	2
4	1	1	0	0	-1	1	4	1	1	-1	-1	1	1
5	1	1	0	0	0	2	5	1	1	1	0	0	3
6	1	1	0	0	0	2	6	1	1	0	1	0	3
7	1	0	0	-1	1	1	7	1	1	-1	-1	0	0
8	1	0	-1	-1	-1	-2	8	1	1	1	0	0	3
9	1	0	-1	0	0	0	9	1	1	0	0	0	2
10	1	1		0	-1	0	10	1	0		0	-1	0
11	1	1	1	0	-1	2	11	1	1	1	1	1	5
12	1	1	1	1	-1	3	12	1	0	1	0	0	2
13	1	0	0	0	0	0	13	1	0	-1	-1	-1	-2
14	1	1	1	-1	0	3	14	1	1	1	-1	1	3
15	1	1	0	0	0	3	15	1	1	0	0	1	3
16	1	0	0	0	-1	0	16	1	0	-1	-1	-1	-2
17	1	-1	-1	-1	-1	-3	17	1	-1	-1	-1	1	-1
18	1	1	1	1	0	4	18	1	1	0	0	0	2
19	1	-1	-1	-1	-1	-3	19	1	-1	0	0	0	0
20	1	0		0	1	2	20	1	1		1	1	4
21	1	-1	1	1	-1	1	21	1	-1	-1	0	-1	-2
22	1	0	0	0	1	1	22	1	0	-1	0	1	1
23	1	-1	0	-1	1	0	23	1	0	0	-1	-1	-1
						0.65							1.04

<표 4-5> 1-다(반) 인식 결과

1-다(반)													
글 1							글 2						
C	필자 관점		독자 관점			합계	C	필자 관점		독자 관점			합계
	1차	2차	A	B	D			1차	2차	A	B	D	
1	1	0	0	1	0	2	1	1	0	1	1	0	3
2	1	0	-1	0	-1	-1	2	1	1	0	0	-1	1
3	1	-1	-1	-1	0	-2	3	1	-1	0	-1	0	-1
4	1	1	0	0	-1	1	4	1	0	-1	1	0	1
5	1	0	0	1	-1	1	5	1	0	1	1	-1	2
6	1	1	0	0	0	2	6	1	1	1	1	0	4
7	1	0	-1	-1	0	-1	7	1	0	0	0	-1	0
8	1	1	-1	-1	0	0	8	1	0	0	-1		0
9	1	1	-1	1	1	3	9	1	0	0	0	0	1
10	1	0		0	1	2	10	1	0	0	0	0	1
11	1	0	0	-1	-1	-1	11	1	0	0	-1	-1	-1
12	1	0	0	-1	-1	-1	12	1	0	1	-1	-1	0
13	1	0	0	-1	1	1	13	1	0	0	-1	0	0
14	1	0	1	0	1	3	14	1	1	-1	-1	0	0
15	1	0	-1	-1	-1	-2	15	1	-1	-1	-1	0	-2
16	1	0	0	-1	0	0	16	1	0	0	-1	0	-1
17	1	0	-1	0	0	0	17	1	0	0	1	1	3
18	1	1	0	0	-1	2	18	1	0	1	0	0	2
19	1	1	0	-1	-1	-2	19	1	0	-1	-1	-1	-2
20	1	-1		0	1	1	20	1	-1		0	0	0
21	1	1	1	0	0	3	21	1	0		0	-1	1
22	1	0	-1	-1	-1	-2	22	1	0	-1	-1	-1	-2
23	1	0	-1	0	-1	-1	23	1	1	-1	0	0	1
						0.39							0.48

　　1-다의 경우는 네 반 중에서 의미연결의 합치도가 가장 글 1과 2에서 모두 가장 낮은 것으로 드러났다. 단 독자와 필자의 관점에서 의미연결상의 현격한 차이를 보이는 '-3'의 경우나 모두 합치를 보이는

'5'의 경우는 드러나지 않는다. 아울러 1-다는 네 개 반 중에서 의미 연결 일치도의 전체 평균이 '0.39'와 '0.48'로, 글 1과 2 모두에게 가장 낮은 것으로 드러났다. 마지막으로 1-라의 결과는 〈표 4-6〉과 같다.

〈표 4-6〉 1-라(반) 인식 결과

	1-라(반)												
	글 1						글 2						
D	필자 관점		독자 관점			합계	D	필자 관점		독자 관점			합계
	1차	2차	A	B	C			1차	2차	A	B	C	
1	1	0	-1	1	0	1	1	1	1	1	-1	0	2
2	1	0	-1	0	-1	-1	2	1	-1	0	-1	-1	-2
3	1	1	-1	-1	0	0	3	1	1	-1	-1	0	0
4	1	1	0	0	-1	1	4	1	1	-1	0	0	1
5	1	0	-1	-1	-1	-2	5	1	1	0	0	0	2
6	1	0	-1	0	1	1	6	1	-1	-1	0	-1	-2
7	1	1	1	1	-1	3	7	1	1	1	-1	-1	1
8	1	0	0	1	0	1	8	1	1	-1	0	0	0
9	1	0	-1	0	-1	-2	9	1	0	0	0	-1	-2
10	1	0		0	0	1	10	1	0		1	1	3
11	1	1	0	0	0	2	11	1	0	-1	0	0	0
12	1	1	0	0	1	3	12	1	1	0	0	1	3
13	1	1	0	0	1	3	13	1	0	0	0	0	1
14	1	1	1	0	0	3	14	1	1	1	0	1	4
15	1	1	0	1	0	2	15	1	1	0	0	0	2
16	1	0	0	-1	0	0	16	1	1	0	-1	0	1
17	1	1	0	0	-1	1	17	1	0	0	1	0	2
18	1	1	1	0	0	3	18	1	1	1	1	1	5
19	1	0	0	-1	0	1	19	1	1	-1	1	0	2
20	1	0		0	-1	0	20	1			1	0	3
21	1	1	1	0	1	4	21	1	0	-1	0	0	0
22	1	1	0	0	1	3	22	1	1	-1	-1	1	1
23	1	0	0	-1	0	0	23	1	0	-1	0	0	0
						1.30							1.17

1-라의 경우는 네 반 중에서 의미연결의 합치도 평균이 두 글 모두에서 '1.30'과 '1.17'로 가장 높게 드러났다. 글 1과 2가 각각 주제나 내용상에서 차이는 있지만, 기본적으로 학습자들이 A4 용지 한 바닥에 유사한 제목하에서 실시되었기 때문에 반간에 이와 같이 합치도의 평균이 높고 낮은 지에 대해서는 논의의 여지가 남는다.

학습자들의 제시글과 필자와 독자의 입장에서 제시한 단락 간 중심의미 이동에 대한 결과를 통해 보다 구체적으로 연구가설상의 문제를 살펴보자. 이하에서 필자와 독자의 관점에서 의미연결에 대한 일치를 보인 글과 불일치를 보인 글을 통해 학습자들의 의미연결에 대한 인식의 양상을 추측해 볼 수 있을 것이다.

가령 1-라 18번 학습자의 글은 필자와 독자의 관점에서 모두 일치를 보인 예이다. 학습자가 선택한 글감은 '현대 인류가 당면한 문제와 그 해결 방안'이다.[8] 총 6개의 단락으로 구성되어 있고, 비교적 단락 간에 의미연결이 분명하게 드러나는 것이 특징이다.

1-라(반) 18번 ○○○

현대인류는 현재 다양한 문제들과 당면해 있으며, 사뭇 심각한 수준이 것들이 많이 있다. 그 중에서는 환경오염 문제나 자원 고갈 같이 인류의 생존이 달린 문제들도 많다. 그렇다면 그 중에서도 가장 큰 문제는 무엇일까? 나는 단연 환경문제가 가장 큰 문제라고 생각한다. 왜냐하면 환경문제는 모든 인류가 같이 노력해야 하는 문제이고 인류의 생존이 달린 문제이기 때문이다.

인류는 산업혁명 이후로 석탄, 석유를 태워 쓰면서 엄청난 대기 오염을

---

8) 이하 두 편의 글은 맞춤법과 띄어쓰기의 정확한 사용에 상관없이 학습자들이 제출한 글을 그대로 인용한 것이다.

일으키고 지국 온난화를 불러 일으켰다. 또한 공장 폐수를 마구 유출하고, 엄청난 양의 생활 폐수를 만들어왔다. 그 외에도 농약의 남용, 기름 유출 사고, 엄청난 양의 자동차의 매연 등처럼 환경을 오염시켜 왔다. 이처럼 인류가 여태까지 저질러온 환경오염은 정말 엄청나서 수많은 동물들이 죽고, 사람마저도 죽을 지경이다.

인류가 환경오염으로 받은 피해 또한 엄청나다. 석유의 무차별적인 사용으로 대기의 온도가 올라가서 세계 각지에서 이상기후가 나타나고 대기의 오염으로 각지에서 기관지 계통 질병이 늘어났다. 일본에서는 공장 폐수로 인한 피해로 주민들이 미나마타병에 걸리고, 바다에서는 바닷물이 오염되어서 물고기들이 떼죽음을 당하였다. 농약의 무차별적인 사용은 토지를 오염시켜 쓸 수 없는 땅으로 만들기도 하였다. 이런 식으로 되다가는 인류가 더 이상 지구상에서 살 수 없을지도 모른다는 말이 나올 지경이다.

그렇다면 인류는 환경을 계속해서 오염시키면서 환경오염의 피해를 받아야 할까? 결코 그렇지 않다. 인류의 생존의 위해서도 환경오염을 줄여야 하고, 환경을 다시 깨끗하게 만들어야 한다. 어떻게 하면 환경오염을 줄이고 환경을 다시 깨끗하게 할 수 있을까? 가장 중요한 것은 모두의 마음가짐이다. 환경 문제는 한 사람이나 국가의 힘으로 해결할 수 없는 문제이다. 모든 사람들이 환경을 깨끗하게 만들겠다는 마음가짐을 가져야 해결될 수 있다.

구체적인 방안으로는 여러 가지가 있겠지만 개인이 할 수 있는 것은 생활 폐수의 감소, 자동차 이용양의 감소 등이 있다. 씻을 때도 되도록 합성세제를 쓰지 않고 비누로 씻을 수 있도록 해야 한다. 가까운 거리는 걸어 다니며 도리 수 있으면 대중교통을 타고 다니도록 한다. 길거리에 쓰레기를 마음대로 버리지 않으며, 재활용을 할 수 있는 것은 재활용을 하고 분리수거를 해야 한다. 이 때 주의할 것은 분리수거를 할 때 제대로 해야 한다는 점이다. 제대로 하지 않은 분리수거는 하지 않은 것만 못하다. 매연도 정화를 시켜서 배출하도록 한다. 국가에서는 공장에 대한 규율을 엄격히 하고, 철저히 감시해야 한다. 또한 석유를 대체할 수 있는 새로운 에너지원을 개발하는데 돈을 투자해야 한다. 석유의 사용은 대기 오염이 심하며, 지국 온난화의 주원인이 되기 때문이다.

지금까지 환경오염의 문제점과 해결 방안에 대해 알아보았다. 인류는 현재까지 대기, 물, 토양 등을 오염시켜 왔으며, 그 피해는 인류에게 다시 돌아가고 있다. 해결책으로는 개인이 할 수 있는 일과 기업이 할 수 있는 일, 국가가 할 수 있는 일 등이 있었다. 앞으로 힘들겠지만 우리가 할 수 있는 모든 일들을 해서 지금의 오염된 환경을 되돌려야 한다. 그렇지 않으면 인류가 위험해지니 말이다.

6개의 단락으로 구성된 삼단 구조의 전형적인 주장글이다. 첫째 단락이 서론, 둘째부터 다섯째까지가 본론, 여섯 번째 단락이 결론의 형식으로 구성되어 있다. 단락 간 중심의미 이동과 관련된 국어교육 전문가 2인의 평가는 '③→②→③→②→④'이다. 즉 완만한 이동, 유지, 완만한 이동, 유지, 급격한 이동으로 중심의미가 전이된다고 보았다.

필자 관점과 독자 관점에서 일치를 보인 학습자들의 필자 및 독자 관점의 구체적인 내용의 예는 〈표 4-7〉과 같다. 독자 관점에서는 분량상의 문제로 한 학습자만 선택하여 이유와 결과를 제시한다. 수행평가로 실시되었기 때문에 대다수 학습자들이 단락 간 이동에 대해 나름의 기준과 평가 잣대를 적용하고 있다.

<表 4-7> 필자와 독자 관점에서 일치를 보인 예

구분		내용
필자 관점 1	이유	• 1~2(단락): 1단락은 환경 문제가 인류의 가장 큰 문제가 중심내용이고, 2단락은 인류가 저질러온 환경오염이 중심내용이다. 이 때 1단락에서 논하던 것을 2단락에서 좀 더 자세히 설명한다. 그러나 소주제는 꽤 큰 차이를 보이므로 '완만한 이동(3)'이다. 2~3(단락): 인류의 환경오염에서 그로 인한 피해로 중심 내용이 바뀌는 듯하지만, 2단락 끝에서 인류의 피해가 크다는 말을 하고 있어 단락 간에 중심의미는 크게 변화지 않고 '유지(2)'되고 있다. 3~4(단락): 환경오염의 피해에서 환경문제 해결의 근본적인 방안으로 중심 내용의 변화는 크다. 하지만 4단락의 첫 부분에서 우리의 피해에 대한 언급을 해서 단락 간 연결이 비교적 자연스러워진다. 따라서 '완만한 이동(3)'이다. 4~5(단락): 둘 다 환경문제 해결 방안에 대한 것이다. 하지만 5단락이 4단락에서 다루는 마음가짐이 가장 중요하다는 것을 말하고 있지는 않으므로 '유지(2)'이다. 5~6(단락): 6단락에서 앞의 내용의 총정리로 갑자기 전환된다. 따라서 '급격한 이동(4)'이다.
	결과	③-②-③-②-④
독자 관점	이유	• ③: 인류가 당면한 문제들에 대한 환경오염이 가장 심각하다고 하였는데, 뒷문장에서도 환경오염 문제가 완만한 이동을 통해 제시되었다. ②: 인류가 환경오염으로 저지른 피해 상황이 계속 유지되고 있다. ③: 다소 새로운 전개 방법으로 문제를 해결할 수 있다는 말을 하고 있다. ②: 앞의 단락에 대하여 구체적인 방안을 제시하고 있다. ④: 내용이 완전히 바뀌는 부분이며, 급격한 이동을 통해 결론 단락으로 종결되고 있다.
	결과	③-②-③-②-④

필자 관점의 학습자는 비교적 단락 간에 중심의미의 이동을 상세하게 서술하고 있다. 급격한 이동은 본론과 결론 단락에만 적용하였다. 독자 관점의 학습자는 단락 간 중심의미 이동값을 먼저 제시한 후 그에 부합하는 이유를 제시했다. 필자 관점의 학습자와 마찬가지로 결론 부분은 급격한 이동으로 처리하였다.

다음은 필자와 독자의 관점에서 현격한 차이를 보인 1-가 4번 학습자의 글이다. '저출산'과 관련된 문제를 글감으로 다루었다. 총 6개의 단락으로 구성되어 있는데, 단락을 명확하게 구성하지 못했다. 4단락의 첫째 문장은 3단락의 마지막 문장으로, 4단락의 마지막 문장은 5단락의 첫째 문장으로 구성되어야 전체글의 각 단락이 제대로 구성된다고 할 수 있다.

1-(가)반 ○○○

　현재 저출산 문제가 사회의 심각한 문제로 부각되고 있다. 저출산은 다양한 방면에서 피해를 낳을 수 있기 때문에 현대사회에서 가장 시급한 문제 중 하나이기도 하다.

　저출산으로 인해 나타나는 문제에는 먼저 노동력 문제가 있다. 저출산으로 인해 노인을 부양해야 할 젊은 인구는 줄어들고 있다. 하지만 의학 기술의 발전으로 평균 수명이 늘어가 노인의 인구는 점점 늘어나고 있는 추세이고 이러한 인구추세는 청년과 중년층에 큰 부담이 될 수밖에 없다. 부족한 인력을 보충할 목적으로 외국인 노동자는 늘어나게 되고 저임금 경쟁, 사회, 문화적인 문제 등을 유발하여 2차, 3차 문제를 초래하게 된다.

　또한 저출산 문제는 저축률 하락과 투자 감소로 인해, 자본을 기초로 하는 기업과 은행의 발전에 걸림돌이 될 수도 있다. 이는 결국 기업의 경쟁률을 하락시켜 세계화에 뒤떨어지게 된다.

　이 밖에도 직접적, 간접적으로 다양한 방면에서 문제를 야기할 것이다. 이러한 저출산 문제의 주요 원인은 우리나라의 사회 구조에 있다고 생각한다. 먼저 세계 최고라 할 수 있는 사교육 열풍과 비용은 둘째, 셋째 아이는 꿈도 꾸지 못하게 한다. 그리고 현재 한국에는 국공립 양육시설이 턱없이 부족한 상황이다. 그나마 있는 고가의 사립 양육 시설은 일반 서민으로서는 큰 부담이 될 수밖에 없다. 직장문화 또한 저출산의 원인 중 하나로 볼 수 있다. 저출산에 대한 대책으로 나아지고 있는 상황이지만, 대부분의 우리나라 기업에서는 산모와 임산부를 일반직원과 같게 취급한다. 야근과 출장, 그리고 회식까지, 정말 양육을 포기할 수밖에 없는 환경을 기업들이 조성하고 있다. 출산문제를 해결하기 위해서는 우선 정부와 기업의 적극적인 지원과 배려가 필요하다.

먼저 출산 지원이 필요하다. 출산 비용 부담을 줄이기 위한 정책을 마련해야 한다. 자연분만 보험진료 보인부담 전액 지원, 미숙아 치료 시 모든 보험 진료비 지원, 풍진검사와 선천성 기형아 검사의 보험 급여, 자연분만 수가 조정 방안 검토 계획 등 건강보험 지원을 확대하는 내용의 출산 장려대책 등 최근 발표한 내용이 대표적인 예이다.

또한 출산에 따른 보조금 지원 및 세금 감면 등을 통해 경제적 부담을 줄여주어야 한다. 교육비, 육아비용, 의료비용 등 다양한 방면에서 일시적인 지원이 아니라 아이가 일정 나이가 될 때까지 장기간의 지원이 필요하다. 그리고 기업에서는 회식, 야근, 출장, 지나친 업무에 대한 거부권을 임산부에게 부여해 주어야 하며, 임산부가 직장에 대한 불안감을 가지지 않도록 안정한 직장을 보장해 주어야 한다. 또한 출산 보너스와 출산 휴가는 물론이며, 출산 후 다시 업무에 복귀할 때 아이를 안심하고 맡길 수 있는 저렴한 국공립 양육원을 이용할 수 있도록 해야 한다고 생각한다.

1~3단락은 저출산의 문제, 4단락은 저출산 문제의 원인, 5~6단락은 해결 방안으로 구성된 글이다. 따라서 3과 4단락 사이, 4와 5단락 사이는 중심의미의 급격한 이동이나 완만한 이동으로 볼 수 있다. 그 외에는 중심의미의 연속이나 유지로 볼 수 있는 구성 방식이다. 국어교육 전문가 2인의 평가는 '①→②→④→④→②'로 평가하였다. 필자와 독자의 관점에서 제시한 이유와 결과는 〈표 4-8〉과 같다. 나머지 독자 관점 두 가지도 결과는 필자 관점과 상이한 양상으로 나왔다. 구체적인 내용은 지면상 생략한다.

<표 4-8> 필자와 독자 관점에서 불일치를 보인 예

구분		내용
필자 관점 1	이유	• 첫 단락은 저출산 문제가 사회의 심각한 문제임을 제기하는 단락이고, 두 번째 단락은 사회의 심각한 문제라고 제기한 근거로 다양한 문제점들을 제시한 단락으로서 '저출산 문제가 사회의 심각한 문제이다'는 것을 말하고자 하므로 ①로 볼 수 있다. 세 번째 단락은 두 번째 단락과 같이 저출산으로 인해 나타나는 문제를 제시하고 있지만 중심내용이 약간 달라지므로 ②라 할 수 있다. 네 번째 단락은 저출산 문제의 주요원인들을 분석한 것으로 중심의미가 '저출산 문제'라는 큰 흐름에서 벗어나지 않고 자연스럽게 흘러가므로 ③이다. 다섯째 단락은 대책을 제시한 것으로 원인분석을 바탕으로 넘어온 글의 흐름이므로 역시 ③이다. 여섯 번째 단락은 역시 대책을 제시한 단락으로 '경제적 부담을 줄여주자'는 큰 흐름까지 일치하므로 ①이다.
	결과	①-②-③-③-①
독자 관점	이유	• 1단락은 서론이고 2~3단락은 본론, 4단락은 본론에서 결론으로 부드럽게 이어주는 역할을 하고 5~6단락은 결론이므로 1단락에서 2단락으로의 전개는 급격한 이동이다. 2~3단락은 각각 우리나라 안팎의 문제점을 얘기하므로 2단락에서 3단락으로의 전개는 유지이다. 4단락 앞쪽 내용이 저출산의 실태를 보여주고 뒷부분이 해결의 필요성을 얘기하므로 3단락에서 4단락으로의 전개는 완만한 이동, 4단락에서 5단락으로의 전개는 연속이다. 5~6단락도 모두 사회가 해 줄 수 있는 해결방안이므로 연속이다.
	결과	④-②-③-①-①

　필자 관점의 학습자는 전문가 2인이 제시한 이동 양상과 큰 차이를 보이지는 않지만, 내용이 완전히 전환되는 부분을 완만한 이동으로 처리하고 있다. 그에 비하여 독자 관점은 학습자는 1단락을 서론 단락으로 간주하고 2단락과 중심의미가 다른 급격한 이동으로 처리하고 있다. 하지만 결론 단락에 대해서는 전혀 다른 각도로 접근하고 있어 단락 간 중심의미를 제대로 파악하지 못한 인상을 주고 있다.

　이상 네 반의 결과 및 몇몇 학습자들의 예를 바탕으로 연구가설과 연관 지어 보자면 다음과 같은 점들이 논의될 수 있다. 우선 "독자와 필자 간에는 공통된 의미연결 인식 양상이 있을 것이다"라는 [가설 1]은 독자와 필자 관점에서 나온 지표의 결과를 통해 그 양상에 접근할 수 있다.

이는 필자 관점과 비교하여 그 결과를 논의할 수 있는데, 필자 관점은 1과 2로 나뉘는데, 여기서는 필자 관점 1을 기준으로 한다. 왜냐하면 필자 관점 2는 필자들이 독자가 되어서 여러 편의 글을 읽음으로써 애초 필자 관점보다는 그 인식의 폭이 넓어졌다고 보았기 때문에 필자의 애초 직관을 기준으로 하였다. 다만 글 1과 2는 구분하지 않았다. 〈표 4-9〉의 지표 '1'은 필자의 관점과 일치하거나 유사한 경우를, '0'은 약간의 차이를 보이는 경우를, '-1'은 상이한 경우로 간주하고 그 수치를 계산한 결과이다.

〈표 4-9〉 독자 관점에서의 의미연결 인식 결과

반	독자 관점 횟수			독자 관점 비율(%)		
	1	0	-1	1	0	-1
1-가	31	46	49	24.6	36.5	38.9
1-나	29	55	50	21.6	41.0	37.3
1-다	21	58	55	15.7	43.3	41.0
1-라	20	58	56	14.9	43.3	41.8
합계	101	217	210	19.2	41.0	39.8

독자 관점에서의 횟수와 비율은 반 구분 없이 합계에 계산해 넣었다. 물론 학습자들이 산출한 글과 반의 특성에 따라 조금씩 차이가 있겠지만, 본고에서는 그런 부분까지 고려는 하지 못했다. 이상의 결과를 바탕으로 [가설 1]의 수용과 기각 여부를 일정한 통계 절차를 통해 검증할 수 있다.

"독자와 필자 간에 공통된 의미연결 인식 양상이 있다"는 가설을 검정하기 위해서는 '1'이라고 답한 비율이 전체의 1/3 이상인지를 확인하면 된다. 이를 위한 검정통계량은

$$z = \frac{\hat{p} - p}{\sqrt{\dfrac{p(1-p)}{n}}} = \frac{0.192 - \dfrac{1}{3}}{\sqrt{\dfrac{\dfrac{1}{3}\left(1 - \dfrac{1}{3}\right)}{528}}} = -6.87$$

이다. 검정통계량의 값이 z-검정 5% 유의수준인 −1.96보다 작으므로 위의 가설은 기각된다. 즉 독자와 필자 간에 공통된 의미연결 인식 양상이 있다고 할 수 없다.

표면적으로 드러나는 독자 관점 비율에서 일치하거나 거의 유사하다는 반응을 보인 비율이 '19.2%' 정도이지만, 통계 수치상으로 유의미한 결과로 볼 수 없는 것이다. 학습자들이 쓴 짧은 글임에도 불구하고 독자 관점에서의 학습자들의 이해 반응 양상이 매우 상이하게 드러났음을 보여주는 것이라고 할 수 있다.

물론 이와 같은 학습자들의 다양한 이해 반응의 결과가 글에 대한 부정확한 이해와 반드시 직결되는 것은 아니다. 하지만 비슷한 주제 하에 A4 한 바닥의 짧은 분량으로 쓰인 5~8개 단락으로 구성된 글에서 학습자들의 사이에 다양한 단락 이동 추정값이 나온다는 것은, 학습자들의 의미연결 혹은 글의 맥락에 대한 정확한 인식이 이루어지지 않았다는 점과 관련된다고 할 수 있다.

"시간차에 따른 필자의 의미연결 인식에는 변화가 없을 것이다"라는 [가설 2]는 필자 1과 필자 2의 관점에 따른 변화 양상을 견주어 봄으로써 가설의 기각과 수용 여부를 따질 수 있다. 필자 1의 기준 관점을 '1'로 보았고, 이를 기준으로 그 변화 정도에 따라 '1', '0', '−1'의 지표로 변화 정도를 가늠하였다. 〈표 4-10〉은 그 결과를 수치화한 것이다. 반별로 나누되 글 1과 2를 구분하지 않았다.

<표 4-10> 필자 관점에서의 변화 양상

반	필자 관점 (1차 → 2차)	횟수	비율(%)
1-가	1 → 1	16	38.1
	1 → 0	23	61.9
	1 → -1	3	
1-나	1 → 1	23	50.0
	1 → 0	14	50.0
	1 → -1	9	
1-다	1 → 1	13	28.3
	1 → 0	28	71.7
	1 → -1	5	
1-라	1 → 1	13	28.3
	1 → 0	28	71.7
	1 → -1	5	

〈표 4-10〉에서 전체적으로 변화된 측면이 50% 이상을 차지하는 것으로 드러난다. '1 → 0'의 변화도 정도의 차이는 있지만, 변화의 범주에 넣었다. 다만 반별로 차이가 있는 것이 특징이다. 1-나의 경우는 변화되지 않은 것과 변화된 것의 비율이 1:1로 나타나는 데 비해, 그 이외 반은 변화된 쪽의 비율이 상당히 높게 드러난다. 앞선 [가설 1]의 논의 결과와 마찬가지로 그 수치를 반별로 따로 따지기보다는 합쳐서 유의미성을 논의한다.

"시간차에 따른 필자의 의미연결 인식에는 변화가 없다"는 가설을 검정하기 위해서는 '1 → 0', '1 → -1'로 답한 비율이 전체의 1/2 이상인지를 확인하면 된다. '1 → 0', '1 → -1'로 답한 비율의 추정치는 $\hat{p} = \dfrac{115}{180} = 0.64$이다. 이를 활용하여 가설을 검정하기 위한 검정통계량 구하면 다음과 같다.

$$z = \frac{\hat{p} - p}{\sqrt{\dfrac{p(1-p)}{n}}} = \frac{0.64 - 0.5}{\sqrt{\dfrac{0.64(1-0.64)}{180}}} = 3.91$$

이다. 검정통계량의 값이 z-검정 5% 유의수준인 1.96보다 크므로 위의 가설은 기각된다. 즉 시간차에 따른 필자의 의미연결 인식에는 변화가 있다고 할 수 있다.

즉 대다수의 학습자들의 일정한 시간차와 관점의 전환에 의해 애초에 자신이 썼던 글에 대해 인식의 폭을 달리한 것으로 볼 수 있다. 아울러 대다수 학습자들은 필자 관점 1에서보다는 필자 관점 2에서보다 글에 부합하는 의미연결의 인식 결과를 보여주었다.[9]

3.2. 교육상 의의

그간 국어 교육 안팎에서 글의 총체적 틀이라 할 수 있는 맥락과 관련된 연구들이 있어 왔다. 하지만 대다수 연구들이 정작 학교현장에서 글의 맥락을 지도할 때 어떻게 해야 할 것인지에 대한 구체적인 방법론과는 거리가 있었다. 읽기나 쓰기 교육에서 맥락이 언급되기는 했지만, 정작 어떤 식으로 그것을 표면화시키고 아울러 재구성해야 할 것인지의 문제에 대해서는 관심을 기울이지 못했던 것 같다.[10]

---

9) 본 조사에서의 주요한 논의 항목은 아니었지만, 수행평가 채점 시에 필자 관점 1보다는 필자 관점 2에서보다 정확한 단락 간 중심의미 이동에 대한 인식이 이루어졌음을 확인할 수 있었다. 본고에서 이 부분을 제대로 다루지는 못하였다. 독자와 필자 간에 드러나는 의미연결, 곧 전체글의 맥락에 대한 표면적인 측면을 드러내고 이를 확인하는 데 초점이 있었기 때문에 미처 이 부분까지 논의에 포함시키지 못하였다. 차후 연구과제로 삼고자 한다.

10) 2007 개정 국어과 교육과정에서는 이런 부분들이 상당히 감안되어, 맥락을 각 언어 사용 영역의 내용 체계에 지식, 기능과 함께 제시하고 있다. 하지만 거기에 제시된 맥락은 상당 부분 언어 외적인 성격을 띠고 있는 것으로 본고에서 지향하는 언어 내적인 맥락과는 차이가 있다. 거기에서는 맥락을 다루되 거시적인 영역만 거론하고 언어 내적 맥락인 의미연결의 문제는 내용 영역 속에서 다루어 균형상에 문제를 보이고 있다.

본고는 이런 문제의식을 상정하고 글 맥락의 한 측면이라고 볼 수 있는 의미연결을 표면적으로 부각시킬 수 있는 방법으로 단락 간 중심의미 이동의 인식에 초점을 두었다. 두 가지 연구가설을 바탕으로 실시된 조사결과의 논의로부터 몇몇 교육상 의의를 이끌어 낼 수 있다.

첫째, 글의 내적 맥락, 곧 의미연결에 대한 학습자들의 인식에 대한 문제이다. 독자와 필자로 나누어 실시된 조사결과에서 학습자들은 독자와 필자의 입장에서 상당한 정도로 차이를 드러냈다. 학습자들의 독창적이고 창의적인 읽기를 감안한다고 하더라도, 그에 우선하여 한 편의 글을 주제와 짜임에 부합하도록 정확하게 읽는 것이 중요하다.

단락은 쓰기뿐만 아니라 읽기에서도 주요한 사고 단위로 작용할 수 있다. 한 편의 짧은 주장글에 대한 학습자들의 단락 간 중심의미 이동에 대한 인식의 모습이 지나치게 다양하게 드러나는 것은 그만큼 전체글의 관점에서 단락 간의 중심의미에 대한 합의가 이루어지고 있지 못한 점과 상통한다. 이는 곧 전체글의 의미연결인 글의 내적 맥락에 대한 학습자들의 정확한 이해가 수반되지 못했다는 점과 밀접하게 관련된다.

본고의 조사가 더 많은 피험자들과 대상글을 확보해야겠지만, 일단 조사결과상에서 학습자들의 의미연결에 대한 인식의 정도가 짧은 글에서조차도 합의를 보이지 않았음을 드러냈다. 이는 교육현장에서 단락 중심의 읽기 교육이 글의 의미연결인 내적 맥락과 연계되어 이루어져야 함을 시사하는 바라 하겠다.

둘째, 시간 격차에 따른 필자의 인식 변화이다. 조사결과에서 학습자들은 독자의 입장에서 다른 학습자들의 글을 읽으면서 자신의 글에 대한 인식의 변화를 보였다. 이는 일정한 시간 격차에 따른 거듭읽기의 중요성을 제기했다는 점과 관련된다. 아울러 조사결과는 유사 주제와 목적을 가진 여러 편의 글을 읽음으로써 자신의 글에 대해 좀 더 분명하고 정확한 인식의 틀을 재구성할 수 있음을 보여 주었다.

학습자들은 필자와 독자의 입장을 바꾸어 가며 글을 읽음으로써 자신의 글에 대한 전체 맥락을 더 정확하게 지적할 수 있었다. 실제 교육현장에서 학습자들이 자신이 쓴 글을 객관적으로 바라볼 수 있는 기회가 적을뿐더러, 이를 일정한 기준 잣대를 통해 평가한다는 것은 더더욱 힘든 상황에서 이상의 과정들은 학습자 자신의 읽기와 쓰기에 대한 되짚어보기(feedback)의 소중한 계기가 되었다는 점에서 그 의의를 찾을 수 있다.

즉 학습자들은 자신의 글을 일정한 시간 격차와 일정한 기준에 따라 거듭 읽고, 아울러 동료 학습자들의 글을 일정한 평가 잣대를 통해 읽어감으로써 아울러 자신의 글에 대한 안목도 키울 수 있었다. 나아가 읽기와 쓰기에 대한 관심도 증가시킬 수 있었다.[11]

Ꮋ. 마무리

본고는 단락 간 중심의미 이동에 대한 학습자들의 인식 양상을 글에 대한 의미연결, 곧 글의 내적 맥락으로 간주하였다. 이런 의미연

---

11) 본 장의 조사가 이루어지기 전에 신문이나 교과서에 실린 전문가들의 글을 통해 유사한 실험을 진행해 보았다. 우선 전문가의 글에 주눅이 들었고, 거기에서 정답을 찾아야 한다는 압박감에 시달리는 학습자들의 반응을 살필 수 있었다. 그에 비해 동료 학습자들의 글을 대하면서는 좀 더 자유스러운 분위기에서 학습자들이 조사에 참여한다는 것을 관찰할 수 있었다. 몇몇 학습자들은 동료 글에 드러난 여러 가지 문제들을 신랄하게 꼬집기도 하고, 나아가 다른 학습자들의 글을 대상으로 고쳐쓰기를 해 보자는 의견도 자유스럽게 나왔다.

결에 대한 학습자들의 인식 양상을 표면적으로 드러내고 그 결과를 논의하기 위해 두 가지 연구가설을 세우고 조사를 실시하였다.

첫째, [가설 1]인 "독자와 필자 간에는 공통된 의미연결 인식 양상이 있을 것이다"는 통계 수치상으로 기각된 결과를 보여주었다. 즉 독자와 필자로 구분되어 실시된 학습자들의 단락 간 중심의미 이동에 대한 인식은 차이를 보이는 것으로 드러났다. 아울러 이는 일정 조건하에 이루어진 전체글의 맥락 파악에 대한 학습자들의 인식상의 문제라고 볼 수 있다.

둘째, [가설 2]인 "시간차에 따른 필자의 의미연결 인식에는 변화가 없을 것이다"는 연구가설 역시 통계 수치상으로 기각되었다. 학습자들은 시간 격차에 따른 필자 관점에 상이한 변화를 드러내었다. 이는 학습자들이 독자의 입장에서 다른 학습자들의 글을 읽고 인식상의 바람직한 변화를 가져온 것이라고 볼 수 있다.

본고는 의미연결이나 맥락에 대한 실험적 연구로서의 시론적 성격을 지닌다. 하지만 보다 적확한 조사방법이 구안되어야 할 것이고, 아울러 다양한 피험자와 대상글을 확보하여 조사의 신뢰도와 타당도를 높여야 하는 한계를 드러냈다. 다만 그간 국어교육 현장에서 의미연결과 맥락에 대한 구체적인 실험 조사가 이루어지지 않았다는 점에서 본고의 연구방법과 결과는 그 출발선에서의 연구로서 의의를 지닌다.

문장 연결 인식과 단락 구성

1. 문제제기

단락은 글의 전개 과정에서 문장들을 의미상으로 일정하게 묶어 주고 구분시켜 주는 사고 단위이다. 일정한 의미 기준하에 묶이는 문장들은 그만큼 결속력이 높아진다고 할 수 있다. 그러므로 단락은 이러한 문장들의 의미 결속 작용의 결과로 생겨난 단위라고 할 수 있다. 아울러 이는 단락이라는 단위의 발생과 밀접하게 관련되는 부분이기도 하다.

단락은 인간이 가지고 있는 기억의 한계의 부담을 극복하고자 인위적으로 고안된 글말 단위라고 할 수 있다.1) 무한정 구분되지 않고

---

1) 단락이 일정한 문장의 집합 단위로서, 특히 독자의 가독성을 높일 수 있는 단위로 부각된 것은 20세기 후반기의 일이었다. Jacbus(1989)에 따르면, 19세기에 통용된 단락의 모습은 지금의 단락과는 달리 한 페이지를 차지하는 경우도 많았음을 지적하고 있다. 따라서 단락이 기억의 유용한 인지 단위로서 부각될 수 있는 가능성을 인식하기 시작한 것은 비교적 최근의 일이었다고 할 수 있다. 가령 이윤형 외(2012)는 인지심리학적 관점에서 단락의 이해와 관련된 개인차를 문제를 흥미롭게 다루고 있어 참고가 된다.

이어지는 문장은 기억에 부담을 주며, 이는 곧 사고 과정의 부담을 줄이기 위해 문장들을 일정하게 구분하고, 묶어 줄 수 있는 문장 이상의 상위 단위에 대한 필요성을 파생시킨다.

물론 이와 같은 기억 상의 부담만이 단락 출현의 이유가 되는 것은 아니다. 하지만 글의 전개에서 문장들을 일정하게 묶고 구분시켜 줌으로써 글을 전개해 나가는 데 있어 독자나 필자의 인지적인 부담을 일정부분 경감시켜 주는 것은 사실이다. 이는 곧 글말에서 단락의 존재 가치에 대한 중요한 이유이기도 하다.

그렇다면 단락의 존재 근거 혹은 그 심리적 실재의 파악과 관련된 문제는 문장 혹은 문장의 사용과 직접적으로 관련될 수밖에 없다. 직관적으로 문장이 존재하지 않는다면 단락은 그 존재 근거를 찾을 수 없다. 따라서 단락의 존재 근거는 그 단위 자체가 지니는 특성도 무시될 수는 없지만, 무엇보다도 문장을 바탕으로 그것의 존재 근거 혹은 심리적 실재가 형성된다는 점은 분명하다.

하지만 얼마나 다수의 문장들이 무엇을 기준으로 해서 하나의 단락을 형성하는지는 여전히 제대로 해명되지 못하고 있다. 물론 통상적으로 단락은 하나의 소주제문을 중심으로 그것을 뒷받침하는 문장들로 구성된다고 하지만, 이는 수사학적 틀에서 만들어진 다분히 연역적인 결과라 할 수 있다.

하나의 단락이 분명 일정한 의미 단위로 귀결될 수 있는 것은 사실이지만, 전체글에서 모든 단락이 반드시 소주제문과 그것을 뒷받침하는 문장들로 구성되는 것은 아니며 소주제문이 명시적으로 드러나는 것도 아니기 때문이다.[2] 아울러 인지적 관점으로 본다면, 단락은 소주제문과 뒷받침문장의 단순한 기계적 결합으로만 구성되는

---

[2] 글쓰기에서 단락을 집중적으로 부각시키고 있는 서정수(1995), 정달영(1997) 등에서 이미 이 문제가 부분적으로나마 지적되어 왔다.

것은 아니라는 점이다.

본고는 기존의 수사학적인 틀에서 제기된 단락의 구성 원리를 제고하는 차원이 아니라, 단락이 인지적으로 어떻게 구성되는지를 밝혀 보는 데 그 목적이 있다. 이를 위해 우선적으로 본고는 단락 그 자체의 의미와 형식에 대한 논의보다는, 단락을 구성하는 문장들의 연결 관계를 통해 단락이 어떻게 형성될 수 있고, 아울러 그 형성의 단초를 어디에서 찾을 수 있을 것인지를 시론적으로나마 밝혀보고자 한다.

이 과정은 기존의 단락 구성에 대한 새로운 문제를 제기하는 측면보다는 단락 구성의 보다 직접적인 단위인 문장과의 면밀한 연계 과정을 통해 이루어진다.[3] 특히 본고는 이런 문장의 연결 과정을 통한 단락의 구성 문제와 관련하여 전산언어학의 중심화 이론(centering theory)을 시론적으로나마 적용한다.

이는 문장 중심의 지엽적 의미연결 속성인 응집성(cohesion) 및 총체적 의미연결과 관련된 통일성(coherence)과 관련될 수 있다.[4] 왜냐하면 문장 간 의미 연속 정도에 따라 일정한 문장군들이 발생할 수 있고, 이는 일정한 문장의 결합체로 드러나는 새로운 단위의 모색과 관련될 수 있기 때문이다.

이상의 과정은 학습자들이 인지적으로 단락을 이해하고 표현하는

---

3) 단락은 미리 정해진 어떤 길이도 지니지 않는다. 다만 그 경계에 의해서 구분될 뿐이다. 그렇다면 문제는 그 인접 경계에 놓인 문장들은 단락 내의 문장들과는 다른 양상으로 전개될 것이다. 이는 곧 중심화 전이에서 구별되는 하나의 특징으로 부각될 수 있다.

4) 교과부(2009: 47)에서는 응집성(cohesion)은 글의 여러 문장이 문법적으로 긴밀하게 연결되어 있다는 개념이며, 통일성(coherence)은 글의 여러 내용이 하나의 주제로 긴밀하게 연결된 개념이라고 제시하고 있다. 아울러 M. A. K Halliay & R, Hasan(1976)에서는 문장과 문장의 지엽적 연결의 문제는 지시 표현, 대치, 생략, 접속사, 어휘사슬과 관련된다고 다루고 있다. 하지만 인지 심리학에서는 응집성과 통일성에 비교될 수 있는 용어로, 지엽적 의미연결과 총체적(전반적) 의미연결을 사용하기도 한다. 본고에서는 맥락에 따라서 이들 용어를 함께 사용한다.

기본 구성 원리가 무엇인지를 면밀하게 살피지 않고서는 기존의 단락의 구성 원리를 그대로 받아들일 수 없음과 맥을 같이 한다. 따라서 본고는 단락 구성과 관련된 학교 현장 학습자들의 인식 양상을 살펴보기 위한 현장연구조사로서의 성격을 지닌다.

ㄹ. 단락과 중심화 이론

중심화 이론(centering theory)은 문장의 의미연결과 관련하여 대화 참여자의 주의 집중, 추론, 표현의 방식을 다룬다. 주로 영어에서는 대명사 복원의 문제에 초점을 둔다. Walker & Joshi & Prince(1998)에서는 여러 나라의 언어를 대상으로 이 이론을 집약해 놓고 있어 참고가 된다.[5] 여기에 따르면 세 가지 제약과 두 가지 규칙이 있는데, 우선 세 가지 제약은 다음과 같다.

(1) 제약

ㄱ. 각 발화는 최대 한 개의 후향 중심화(backward-looking centers : Cb)를 갖는다.

ㄴ. 앞으로 이어지는 중심화(forward-looking centers : Cf)의 목록은 발화 내에 실현되어야 한다.

ㄷ. 어떤 발화의 후향 중심화는, 해당 발화에서 실현된 개체 중에서 직전 발화의 전향 중심화 중에서 가장 높은 서열의 요소이다.

---

5) 이는 그간 중심화 이론과 관련해서 이루어져 온 결과물을 집대성하고 있어 중심화 이론을 본격적으로 연구하는 데 주요한 참고 자료가 된다. 특히 영어뿐만 아니라, 일본어, 이태리어, 터어키어 등에서의 중심화 전이의 문제를 주요하게 다루고 있다. 국어에서 중심화 이론을 직·간접적으로 다룬 논의로는 김미영(1994), 양재형(1997), 류병률(2001), 박철우(2002), 김미경(2003), 서종훈(2009), 허선익(2011) 등을 들 수 있다.

중심화는 담화분절(discourse segment) 내의 의미상 개체를 가리키며, 이는 두 가지 방식으로 구분된다. 즉 전향 중심화(Forward-looking Centers: Cfs)와 이 중에서 가장 두드러진 개체인 후향 중심화(Backward-looking Center: Cb)가 그것이다. 전향 중심화 중에서 가장 높은 서열에 있는 요소를 선호된 중심화(Preferred Center: Cp)라고 하는데, 이는 이어지는 발화의 후향 중심화로 예측된다. 아울러 두 가지 규칙은 다음과 같다.

(2) 규칙

ㄱ. 대명사 규칙 : 담화 분절 내의 각 발화에 있어서, 전향 중심화의 어떤 요소가 대명사로 실현되었다면, 그 발화의 후향 중심화 역시 대명사로 실현된다.

ㄴ. 서열 규칙 : 중심화 전이 상태는 서열이 있다. 연속(CONTINUE), 유지(RETAIN), 완만한 전이(SMOOTH-SHIFT), 급격한 전이(ROUGH-SHIFT)의 순으로 선호된다. 이 중심화 전이 양상은 〈표 5-1〉과 같이 도식화된다.

〈표 5-1〉 중심화 전이 양상

	$Cb(U_i) = Cb(U_{i-1})$, 또는 $Cb(U_{i-1})=[?]$	$Cb(U_i) \neq Cb(U_{i-1})$
$Cb(U_i) = Cp(U_i)$	연속(CONTINUE)	완만한 전이 (SMOOTH-SHIFT)
$Cb(U_i) \neq Cp(U_i)$	유지(RETAIN)	급격한 전이 (ROUGH-SHIFT)

중심화 이론에서 가장 핵심은 후향 중심화 가운데 무엇이 가장 선호되는 중심화인지를 밝히는 것이다. 왜냐하면 이것인 결국 각 발화 간의 의미 연결의 핵심 고리 역할을 하며, 나아가 지엽적 의미연결에 기여하

게 되기 때문이다. 다음 예는 중심화 전이의 일면을 보여준다.6)

(3) 중심화 전이의 예
ㄱ. 갑수가 학교에 가고 있었다. 그는 가는 길에 문방구에 들렀다. 그곳
   에서 철수를 만났다. 철수에게 연필을 사 주었다.
ㄴ. 갑수가 학교에 가고 있었다. 그는 가는 길에 문방구에 들렀다. 그곳
   에서 철수는 그를 만났다. 갑수가 그에게 연필을 사 주었다.
ㄷ. 갑수가 학교에 가고 있었다. 그는 가는 길에 문방구에 들렀다. 그곳
   에서 철수는 그를 만났다. 그는 갑수에게 연필을 사 주었다.

'ㄱ'의 경우 '갑수'가 각 발화의 중심화가 되고 있으며, 따라서 각
발화의 의미연결 유형이 모두 연속의 형태로 이어지고 있다고 할 수
있다. 가령 입말에서 대명사 '그는'이 생략된다면, 중심화의 관점에
서 '그'가 복원될 수 있을 것이다. 'ㄴ'의 경우는 '갑수'와 '철수'의 중
심화 교체 현상이 일어나는데, 첫 번째와 두 번째 발화 간에는 연속,
두 번째와 세 번째 발화 간에는 유지, 그리고 세 번째와 네 번째 발
화 간에는 급격한 전이가 이루어지고 있다. 'ㄷ'의 경우는 'ㄴ'의 경
우와 유사하지만, 다만 세 번째와 네 번째 발화 간에는 완만한 전이
가 일어나고 있다는 점에서 약간의 차이가 있다.

즉 중심화 이론은 발화나 문장의 연결에서 그 연결의 단초인 화
제, 주어, 혹은 목적어 등을 중심(center)으로 잡고 그 중심이 어떻게
이어지고 있는지를 밝혔다는 점에서 이론적 의의가 있다. 다만 이
이론은 주로 통사론, 특히 전산 언어학에서 발화의 연속적 흐름을
어떻게 연산화할 것인지에 대한 문제로만 다루어져 왔다.

---

6) 이 예는 허선익(2011)에서 가져온 것으로, 본고에서는 이를 약간 수정해서 제시하였다.

하지만 이와 같은 담화의 지엽적 의미연결의 맥락이 총체적 의미연결과 자연스러운 연관성을 가질 때 중심화 이론은 더 큰 의미를 지닐 수 있다. 이런 점에서 단락이라는 단위가 자연스럽게 부각될 수 있다. 단락은 지엽적 의미연결의 집합체인 동시에 총체적 의미연결의 부분 단위이기 때문이다.

물론 단락 간에 단일 발화들 간의 적용되는 중심화 이론을 적용하기에는 여러 가지 이론적 한계가 따른다. 하지만 단락 내 문장들의 중심화 전이와 인접 단락 간 문장들의 중심화 전이가 다른 양상을 보여줄 수 있다는 점에서 적용의 의의가 높다.

즉 단락 내 문장들의 중심화 전이는 연속이나 유지 쪽으로 초점을 둔다면, 인접 단락 간 문장의 중심화 전이는 완만한 전이나 급격한 전이 쪽으로 이루어질 가능성이 있다. 이는 무엇보다 단락의 심리적 실재를 확인할 수 있는 직접적인 계기가 될 수 있다. 이하 장에서는 이런 문제의식을 바탕으로 단락의 심리적 실재에 대한 문제를 중심화 이론을 적용하여 다루어 보고자 한다.

3. 연구방법 및 가설

3.1. 연구방법

3.1.1. 조사개관

본고는 단락의 심리적 실재에 대한 확인을 위해 두 집단의 학습자들을 조사 대상자로 선정하였다. 이들 대상자들은 대구와 진주의 일반계 인문고에 재학하고 있는 고1 학습자들이다. 이들은 우리나라

고등학교 학습자들의 평균적인 언어 수행 수준을 보이는 집단으로 단락 수준의 읽기를 수행할 수 있는 적절한 대상자로 판단되었기 때문이다. 두 집단 학습자 모두 모의 수능 평균 1~9등급 간에 정균 분포를 보이며, 기본적인 읽기 수행 수준에 도달해 있는 학습자들이라고 할 수 있다.7) 따라서 두 집단의 학습자들은 그들 모집단을 대표하는 표본 집단으로 일반화하기에 무리가 없다.

조사 대상 학습자의 수는 8개 반 각각 240여 명 정도를 대상으로 하였다. 조사 시간의 경우, 두 집단의 학습자들이 예비 수험생임을 감안하여 많은 시간을 할애할 수 없었다. 주로 30분 정도의 수업 시간을 할애하여 조사하였다. 아울러 조사 과정 자체가 학습자들의 상당한 인지적 부담을 요구하기 때문에 담당 교사의 일정한 통제가 필요하였다.

조사 방식은 읽기의 대표적인 두 가지 모형인 상향식과 하향식 모형을 고려하였다. 상향식의 경우, 학습자들이 읽기 자료에 대한 아무런 선행 전제 조건 없이 읽어 나가면서 문장 간 중심화의 전이 양상을 구분하도록 하였다. 하향식의 경우는 읽기 과정에 일정한 조건이나 과제를 부과될 수 있는데, 본고는 조사 대상 자료의 원래 단락 개수와 유사한 개수를 고려한 중심화 서열 개수를 학습자들에게 제시하였다. 이를 간략하게 정리하면 〈표 5-2〉와 같다.

---

7) 본고의 조사 시에 중학생 학습자들도 대상에 포함시키려 했지만, 실제 예비 조사에서 몇몇 소수의 학습자들을 제외하고는 문장 간 의미 연속에 대한 등급화를 제대로 구성해 내지 못하고 있음을 발견할 수 있었다. 특히 대상 글에 대한 일정한 읽기 전략을 적용하는 경우에 많은 문제를 발생시켰다. 즉 이들 학습자들은 문장 간 의미 연속의 일정한 등급화를 통한 단락 구분의 조사에 적절하지 않은 대상자로 판정되어 본 조사에서는 제외되었다.

<표 5-2> 읽기 방식에 따른 중심화 전이 서열상의 표시 조건

중심화 전이	상향식				하향식			
	연속	유지	완만한 전이	급격한 전이	연속	유지	완만한 전이	급격한 전이
서열 구분	④	③	②	①	④	③	②	①
조건	없음				각 서열 별로 6~8개 정도로 구분 (조사 자료 단락 수 고려)			

　

　본고는 조사 과정에서 학습자들이 조사 자료를 읽으면서 문장 간 중심화 전이에 대한 서열 표시를 할 때에, 대명사 복원의 문제와 함께 각 문장 간 화제, 주어, 목적어 등을 감안하도록 하였다. 즉 중심화 이론의 기본적인 착상만을 단락의 심리적 실재를 확인하는 데 적용하였다. 아울러 학습자들에게 자료를 제시할 시에는 단락 구분 없이 제시하였다. 이상의 대략적인 조사개관은 〈표 5-3〉과 같다.

　

<표 5-3> 조사개관

항목 ＼ 내용	세부 내용
조사기간	• 2013.5~2013.6
조사대상8)	• 대구 시지고 1학년 학습자 240여 명 • 진주 대아고 1학년 학습자 240여 명
조사방법	• 상향식 읽기 모형　　• 하향식 읽기 모형
조사시간	• 수업 시간 30분
조사자료	• 정보전달 글 1편　　• 설득 글 1편

---

8) 이 조사에는 대구 시지고의 홍성만 선생님과 진주 대아고의 오정훈 선생님이 수고해 주셨다. 감사의 말씀을 전한다.

3.1.2. 조사자료

조사 대상 자료는 두 편의 비문학 글을 선정하였다. 문학 글의 경우는 단락의 정형성을 도출해 내는 데 형식적인 한계가 있기 때문에 제외하였다. 구체적으로 조사 대상 글은 정보 전달과 설득을 각각 1편씩 선정하였다. 단락의 정형성에 대한 심리적 실재의 문제를 다루기 위해 내용은 비교적 평이한 것으로 선정하였는데, 이를 위해 중학교 2학년 국어 교과서에 나오는 글을 활용하였다.[9] 우선 정보전달 자료는 아래와 같다.

바다는 주는 혜택

21세기는 바다의 시대라고 한다. 이는 바다가 무한한 잠재적 가치를 지니고 있기 때문이다. 바다는 지구 표면적의 71퍼센트를 차지하며 바닷물을 지구상에 있는 물의 98퍼센트에 이른다. 우리는 바다에 대해 얼마나 알고 있을까? 그리고 바다는 우리에게 어떤 혜택을 주고 있을까?

바다는 지구 전체의 기후에 큰 영향을 미친다. 바다는 우리가 배출하는 이산화탄소를 흡수하고, 지구를 감싸고 있는 대기와의 상호작용을 통해 지구 전체의 기후를 일정하게 유지하게 한다.

그리고 바다는 다양한 바다 생물에게 서식지를 제공해 주고 있다. 바다에는 육지보다 훨씬 다양한 생물이 살고 있으며 그 수도 엄청나다. 눈에 보이지 않는 플랑크톤에서부터 거대한 고래에 이르기까지 다양한 형태의 생물이 바다에서 조화롭게 살고 있는 것이다.

이러한 바다의 막대한 생물 자원은 인류에게는 없어서는 안 될 중요한

---

9) 윤희원 외, 『중학교 국어 2』, 금성출판사, 2011, 54~57쪽.

자산이다. 바다는 전 세계의 인류가 소비하는 동물성 단백질의 6분의 1을 공급한다. 또한 바다 생물은 항바이러스 물질이나 항암 물질 등 인류의 보건 문제를 해결하는 데에 아주 유용한 물질을 제공하기도 한다. 이러한 바다의 생물 자원 중에는 아직 인류에게 알려지지 않은 것이 많으며 계속 연구·개발되고 있다.

예를 들어 최근에 가장 각광을 받고 있는 것이 크릴새우인데, 전 세계 식량 자원이 대부분 1억 톤에 그치고 있는 것에 비해, 이 크릴새우는 10~50억 톤이나 된다. 또한 다량의 필수 영양소 및 질병 예방 성분을 함유하고 있어 인류의 미래 식량 자원으로 꼽히고 있다.

또 우리는 바다로부터 석유와 천연가스 같은 다양한 광물 자원과 에너지원을 얻고 있다. 현재 모래나 자갈과 같은 건축 재료를 바다에서 채취하고 있으며, 앞으로는 심해에서 망간, 코발트, 니켈 등의 광물도 채굴할 것이다. 그리고 우리가 사용하는 화석 연료가 고갈됨에 따라 대체 에너지로서 조력이나 파력 등을 이용한 발전이 널리 확산될 전망이다.

마지막으로 바다는 인간이 쾌적하게 여가를 즐길 수 있는 휴식처가 되기도 한다. 예전부터 인간은 휴양의 공간으로 바다를 즐겨 찾았다. 이는 유명 휴양지가 대부분 해변에 위치하는 것을 보아도 알 수 있다. 또한 인간이 수영, 보트, 수상 스키, 스쿠버 다이빙 등 바다를 통해 누릴 수 있는 즐거움은 이루 헤아릴 수 없이 많다. 인간은 탁 트인 바다를 보며 육지 생활에서 지친 몸과 마음을 쉬게 하고 미지의 세계에 대한 꿈과 동경을 치워 왔다.

지금까지 바다가 우리에게 주는 혜택에 대해 알아 보았다. 바다는 지구 전체의 기후를 일정하게 유지하고, 다양한 바다 생물에게 서식처를 제공한다. 이러한 바다 생물을 인류에게 없어서는 안 될 중요한 생물 자원이 된다. 그뿐만 아니라 바다는 석유, 천연 가스 등의 광물 자원과 에너지원을 제공함으로써 인간에게 많은 혜택을 준다. 마지막으로 바다는 인간이 지친 몸과 마음을 쉴 수 있는 포근한 휴식처가 된다.

정보 전달 자료는 여덟 개의 단락으로 구성된 비교적 각 단락의 문장이 일정한 의미를 중심으로 잘 연결된 글이다. 즉 각 단락의 구분이 비교적 명시적으로 드러나고 있어, 단락 구분에 있어 큰 어려움이 없는 글이다. 물론 이 글은 중 2를 대상으로 한 단락 중심의 화제 구성하기와 관련된 다소 인위적인 자료이지만, 문장 간 의미 연결에 대한 인식을 통해 단락의 심리적 실재를 확인해 볼 수 있는 데 좋은 자료가 될 수 것으로 판단된다.

'바다'를 전체 화제로, 각 단락은 그 화제에 대한 구체적인 하위 주제들로 구성되어 있다. 따라서 각 단락의 문장들은 하위 주제, 즉 비교적 명시적인 소주제에 의해 지엽적으로 의미연결된다. 이는 단락의 문장들을 중심화 이론을 바탕으로 살핀다면, 그 의미 연결성이 높다고 볼 수 있다. 아울러 설득 관련 자료는 아래와 같다.

죽어 가는 바다를 살리자

최근 들어 우리 바다는 심각한 위기에 처해 있다. 육지에서 밀려들거나 바다에 버려지는 쓰레기로 몸살을 앓고 있는 것이다. 해마다 더욱 나빠지는 바다 환경을 이대로 방치하면 더 이상 돌이킬 수 없는 상황에 이를지도 모른다. 여기에서는 바다 환경 오염의 가장 큰 원인인 바다에 버려지는 쓰레기의 문제점을 짚어 보고 이를 줄이기 위해 어떻게 해야 하는지 알아보자.

바다로 버려지는 쓰레기는 해양 생태계에 막대한 악영향을 미친다. 이러한 쓰레기가 바다 생물에게 미치는 악영향은 크게 두 가지로 알려져 있다. 바로 '얽힘'과 '삼킴'인데, 매년 약 10만 마리의 해양 포유동물과 100만 마리의 바다 새가 얽힘과 삼킴 때문에 죽어 가는 것으로 추산된다. 예를 들면 바다표범은 호기심이 많아서 바닷물 속에서 둥둥 떠다니는 쓰레기를 가지고 놀거나 쓰레기 사이로 머리를 넣어 보기도 한다. 그러다가 어린 바다표범의 몸에 밧줄이나 그물이 걸리면 바다표범이 성장하면서 점점 밧줄에 몸이 졸려 죽게 된다. 또 바다 새는 약 35퍼센트 이상이 바다에 버려진 플라스틱을 먹는 것으로 조사되었다. 플라스틱 조각을 먹으면 소화 기관이 막혀 영양실조로 죽게 된다.

바다가 쓰레기로 오염되면 어업 활동에도 지장을 받는다. 버려진 어망이나 낚싯줄이 어선의 스크루에 감기거나 플라스틱 덮개로 인해 엔진이 고장 나는 배가 많아지고 있다. 배의 고장은 어업 활동에 지장을 주고 조업 시기를 놓치게 한다.

그리고 바다로 버려지는 쓰레기는 우리가 바다를 쾌적하게 이용하는 것을 방해한다. 불쾌감이나 불편함, 위험 등으로 인해 휴양객이 줄어들 뿐만 아니라, 바닷가 주민들의 건강 및 안전이 위협 받는 일도 자주 발생한다.

우리는 바다의 자원과 가치를 온전히 보전하고 훼손된 생태계를 되살리기 위해 바다에 버려지는 쓰레기를 줄이는 일에 앞장서야 할 것이다. 이를 위해 정부는 해양 정화 사업과 기술 개발을 서두르고, 국민의 환경 의식을 높이는 캠페인 등을 이끌어야 한다.

또한 바다에 버려지는 쓰레기의 70퍼센트가 육지에서 나오고 있는 것임을 고려할 때 정부의 노력만으로는 한계가 있다. 바다를 깨끗하게 하기 위해 온 국민이 협력하여 생활공간 주변과 어업 현장 등에서 쓰레기를 줄이기 위한 노력을 기울여야 한다.

그렇다면 우리가 생활공간 주변과 어업 현장에서 바다로 유입되는 쓰레기를 줄일 수 있는 구체적인 실천 방법은 무엇일까? 선박이나 해변에서 생긴 쓰레기를 바다에 버리지 말고 육지로 가져와서 처리하고, 바다에 버려진 쓰레기를 정기적으로 수거해야 한다. 그리고 육지에서 바다로 나가는 쓰레기도 줄여 나가야 한다. 학생들은 스스로 환경 지킴이가 되어 지역 주민 또는 시민 단체와 인근 지역의 해양 정화 활동에 참여하고, 바다에 쓰레기를 무단으로 버리는 것을 감시할 수도 있다.

우리의 노력 하나하나가 맑고 깨끗한 바다를 만드는 작은 물줄기가 된다는 점을 되새기자. 미래의 세대에게 물려줄 건강하고 풍요로운 바다를 위하여 우리가 스스로 나서야 할 것이다.

이 글은 바다 오염 실태에 대한 구체적인 상황과 그에 대한 해결책으로 구성된 주장글이다. 앞선 정보 전달 자료와 같이 여덟 개의 단락으로 구성된 글이다. 이 글은 환경오염과 관련된 바다 쓰레기를 문제를 다루고 있는데, 전반부는 바다 쓰레기에 대한 실태 및 그 폐해를, 후반부는 바다 쓰레기 처리와 관련된 필자의 주장으로 구성되어 있다.

아울러 이 글도 전체적으로 각 단락이 비교적 명확하게 의미적으로 구분된다. 다만 바다 오염의 주된 원인인 쓰레기를 각 단락에서 다루고 있어, 문장 간 중심화 전이에서 어떤 양상을 보여줄지가 관건이다. 즉 쓰레기와 관련된 이야기가 마지막 단락을 제외하고 거의 핵심적인 화제로 다루어지고 있기 때문이다.

3.2. 연구가설

연구가설은 두 가지이다. 두 가지 모두 단락의 심리적 실재를 확인하는 데 초점이 있다. 첫 번째는 중심화 이론을 바탕으로 문장 중심의 지엽적 의미연결에서 드러나는 단락의 심리적 실재를 확인하는 데 있고, 두 번째는 첫 번째 조사의 신뢰성과 타당성을 높이기 위해 읽기 모형을 달리한 과정에서의 단락의 심리적 실재 인식과 관련된다.

[가설 1] 인접 단락 간 문장들은 단락 내 문장들에 비해 의미 연속성이 낮을 것이다.

단락 내 문장들은 응집성의 관점에서 본다면, 그 의미 결속의 정도가 다른 단락의 문장들에 비해 높을 것이다. 이른바 단락 내 문장들은 전체글의 맥락과 의미를 기준으로 결속될 가능성이 높고, 이는 자연스럽게 다른 단락의 문장들과 구분될 수 있는 근거가 된다. 이와 같은 단락 내 문장들의 속성에 비해, 단락 간 인접 문장들 간의 의미 결속 정도는 전체글의 맥락 과 의미 변화로 인해 일정한 변화가 있을 것이라고 예상된다.

중심화 이론에서 제기하고 있는 문장 간 중심화 전이의 관점에서 하나의 단락을 구성하는 문장들은 그 의미 연속성 정도가 높다고 할 수 있다. 그에 반해 인접 단락 간의 문장들은 응집성의 속성이라 할 수 있는 지엽적 의미연결의 범위를 넘어 통일성 범주에 속하는 총체적 의미연결을 지향한다는 점에서 그 의미 연속성의 정도가 낮다고 할 수 있다.

즉 하나의 단락은 중심화 이론의 관점에서 본다면, 동일한 화제나 주제 혹은 동일한 대상에 대한 설명 혹은 논평으로 구성된다고 할 수 있다. 이들 화제나 주제, 혹은 동일한 대상은 의미상으로 동일하게 혹은 유사하게 다루어질 수밖에 없다. 이는 문장이라는 형식 표상에 반영되어 일련의 문장들의 집합인 단락이라는 단위로 산출될 수 있다.

그에 반해 인접 단락 간 문장들의 연결은 화제나 주제, 혹은 설명과 논평의 대상이 전환되는 시점상의 연결이기 때문에 의미의 연속성 정도가 낮을 것이다. 아울러 바로 이 지점이 인지적으로 일정한 문장의 집합이 다른 문장의 집합과 구별될 수 있는 곳이 될 수 있다.

이렇게 구분될 수 있는 일정한 문장의 집합은 문장 이상의 상위 단위로 간주될 수 있고, 아울러 이는 단락이라는 심리적 단위의 상정과 관련될 수 있다.

[가설 2] 읽기 모형에 따른 인접 단락 간 문장들의 의미 연속성은 차이가 없을 것이다.

앞선 두 편의 조사 자료는 비교적 단락 구분이 명확하게 이루어져 있다. 즉 중심화 이론을 적용해서 산출된 학습자들의 인식 결과가 인접 단락 간 문장 간에는 중심화 전이의 양상이 급격한 전이(①)와 완만한 전이(②)쪽으로 편향될 가능성이 높다. 이는 한 단락 내 문장들이 중심화 전이의 서열이 유지(③)와 연속(④)으로 쏠릴 수 있는 점과 비교된다.

본고에서 상정된 두 가지 읽기 모형은 상향식과 하향식이다. 상향식의 경우는 학습자들의 독해 과정상에 아무런 조건이 제시되지 않으며, 반면에 하향식의 경우는 일정한 수의 중심화 전이 서열의 개수가 조건으로 제시된다. 이는 하향식 모형의 경우, 일정한 읽기 전략의 필요성 제기와 관련될 수 있다. 즉 하향식의 경우 상위 인지적 측면에서, 전체글에 드러난 문장들 간의 중심화 전이 서열의 재구성 과정과 밀접하게 관련될 수 있기 때문이다.

하지만 두 읽기 모형에서 드러난 단락의 심리적 실재에 대한 결과는 차이가 없을 것으로 예상된다. 이는 학습자들이 상향식이든, 하향식이든 문장 중심의 의미 연결성 측면에 초점을 두면서 자료를 읽기 때문이다. 아울러 조사 자료가 지니는 단락 구분의 명료성이 학습자들의 중심화 전이 인식 양상에도 직접적으로 영향을 끼칠 수 있다. 따라서 조사 대상 학습자들이 인접 단락 간 문장들에는 의미 연속이 낮은 중심화 전이 서열 척도를 매길 가능성이 높을 것이다.

즉 상향식 과정의 경우 학습자들은 전체 중심화 서열 척도의 개수를 상대적으로 고려하지는 않지만, 글의 일정한 흐름인 맥락을 조절해 가면서 문장 간 의미 연결성에 있어 그 중심화 전이의 서열을 일정하게 조절할 것으로 예상된다. 하향식 모형에서도 큰 차이는 없지만, 학습자들이 글의 전체 흐름을 더 세심하게 고려할 것으로 예상된다. 특히 학습자들은 언어 자각(language awareness)의 측면에서, 읽기 전·중·후 과정상의 중심화 전이 양상에 초점을 둘 것이다.

ꝶ. 연구결과 및 논의

연구결과 및 논의는 크게 가설1과 2로 구분되어 다루어진다. 적격한 단락으로 구성된 정보 전달과 설득 자료에 대한 조사 결과가 구분되어 검증된다. 조사 대상자는 각 학교의 8개 반 240명 정도이다. 한 반의 경우 대략 30여 명을 상회하였지만, 조사에 제대로 응하지 못한 학습자들은 제외하고 30명으로 조사 대상자를 한정하였다. 아울러 갈래별 읽기 방식에 각각 120여 명의 학습자들이 참여하였다.

우선 정보 전달 글에 대한 학습자들의 인식 결과는 〈표 5-4〉와 같다. 1열의 연번은 문장 간을 가리킨다. 문장은 절이 아닌 마침표 단위로 구분된다. 두 번째 행은 읽기 모형을 구분한 것이고, 괄호 안의 숫자는 해당 조사 대상 학습자 수이다. 세 번째 행은 문장 간 의미의 중심화 전이의 서열 양상을 기호화한 것이다. 앞서 2장에서 언급한 바와 같이, ④이하로 내려갈수록 문장 간 중심화 전이의 연결 정도가 낮아진다.

<표 5-4> 정보 전달에 대한 인식 결과

구분\연번	시지고1								대아고1							
	상향식(60)				하향식(60)				상향식(60)				하향식(60)			
	④	③	②	①	④	③	②	①	④	③	②	①	④	③	②	①
1–2	38	18	4	0	51	8	1	0	39	29	2	0	45	14	1	0
2–3	3	18	23	16	0	10	23	27	9	24	22	5	0	7	24	29
3–4	4	9	26	21	2	10	17	31	3	30	13	16	1	4	18	37
4–5	27	24	4	5	18	29	11	2	29	21	6	4	24	24	7	5
5–6	6	5	32	17	0	12	18	30	4	9	27	20	0	6	23	21
6–7	38	20	2	0	35	21	3	1	41	17	2	0	39	21	0	0
7–8	18	14	18	10	17	9	21	10	9	18	23	10	7	10	20	23
8–9	18	30	12	0	24	28	7	1	38	18	3	1	26	27	2	5
9–10	27	28	5	0	21	33	6	0	33	24	3	0	39	20	1	0
10–11	19	21	19	1	18	15	25	2	20	21	14	5	11	12	29	8
11–12	18	33	7	2	4	18	17	21	14	20	22	4	10	22	9	19
12–13	18	25	13	4	24	15	9	12	5	27	19	9	20	5	24	11
13–14	22	29	7	2	22	17	8	13	21	23	14	2	11	17	22	10
14–15	38	18	4	0	23	19	10	8	42	15	1	2	21	27	7	5
15–16	27	11	18	4	18	15	17	10	34	15	6	5	18	27	5	0
16–17	2	23	28	7	4	8	25	23	2	17	32	9	0	2	28	30
17–18	36	21	4	0	23	22	10	5	40	14	3	1	25	29	6	0
18–19	19	23	17	1	18	17	20	10	13	31	14	2	4	14	27	15
19–20	4	8	20	28	0	2	12	46	0	12	35	13	5	4	13	38
20–21	16	27	17	0	4	24	20	12	13	37	10	0	10	39	2	9
21–22	21	27	8	4	16	33	8	3	26	30	1	3	30	28	2	0
22–23	10	30	16	4	5	14	28	13	9	24	22	5	3	22	24	11
23–24	16	22	17	5	3	10	23	24	8	19	20	13	9	19	15	17
24–25	5	8	20	27	5	3	10	42	2	7	23	28	3	2	10	45
25–26	18	36	3	3	11	22	14	13	23	31	4	2	20	30	6	4
26–27	20	17	21	2	15	22	12	11	13	19	24	4	19	11	22	8
27–28	27	18	15	0	23	18	17	2	26	11	21	2	21	23	11	5
28–29	25	18	20	9	10	19	20	11	13	27	20	0	7	20	24	9

<표 5-4>의 1열에서 '밑줄'로 된 것은 원 조사 자료의 단락 간 문장들의 연번을 가리킨다. 따라서 정보 전달 자료는 원래 8개의 단락으로

구분 연번	시지고1 상향식(60)				시지고1 하향식(60)				대아고1 상향식(60)				대아고1 하향식(60)			
	④	③	②	①	④	③	②	①	④	③	②	①	④	③	②	①
1-2	41	14	5	0	37	18	5	0	33	22	5	0	26	27	6	0
2-3	14	36	9	1	11	24	21	4	24	28	8	0	15	28	17	0
3-4	18	24	15	2	6	15	23	16	15	24	20	1	4	16	23	17
4-5	9	21	19	11	4	14	25	17	1	13	26	21	2	12	27	19
5-6	37	14	5	4	29	26	3	2	35	23	0	2	31	23	6	0
6-7	41	11	8	0	34	19	5	2	53	7	0	0	42	17	0	1
7-8	27	30	2	1	30	18	12	0	30	27	3	0	22	23	15	0
8-9	23	28	7	2	25	25	10	0	44	14	2	0	42	13	5	0
9-10	17	20	18	5	5	15	28	12	17	25	15	3	13	28	15	2
10-11	27	21	10	2	13	18	21	8	29	22	9	0	30	17	11	2
11-12	0	12	18	30	2	4	14	40	1	10	25	24	2	0	17	41
12-13	21	31	8	0	13	17	18	12	25	20	13	2	17	29	12	2
13-14	23	24	8	5	17	30	13	0	28	24	6	2	25	17	14	4
14-15	4	14	25	17	5	7	19	29	3	8	21	28	2	5	13	30
15-16	19	28	13	0	25	20	9	6	25	20	15	0	21	27	10	2
16-17	4	11	30	15	2	3	22	33	0	12	18	30	0	4	20	36
17-18	27	22	9	2	24	26	7	3	29	21	10	0	24	24	12	0
18-19	11	21	17	11	9	17	24	10	10	16	20	14	6	17	21	16
19-20	21	25	13	1	21	21	15	3	24	27	8	1	22	24	12	2
20-21	17	16	21	5	14	17	13	16	16	13	20	11	10	3	20	27
21-22	33	24	3	0	20	31	6	3	27	25	8	0	18	30	12	0
22-23	26	21	13	0	27	20	11	2	28	18	13	1	26	18	10	6
23-24	19	28	13	0	17	27	14	2	17	27	14	2	8	16	15	21
24-25	4	21	26	9	1	15	23	21	5	17	23	15	0	4	14	42
25-26	21	18	15	6	18	10	16	16	18	25	13	4	20	21	10	9

구성된 글임을 알 수 있다. 이는 설득의 경우도 마찬가지이다. 다만 마침표 단위의 문장 수에서 정보 전달에 비해 설득 자료가 조금 적다. 〈표 5-5〉는 설득에 대한 학습자들의 인식 결과를 나타낸 것이다.

정보 전달 자료에 비해 설득 자료의 경우, 단락 간 문장 수가 전반적으로 균일하지 못하다. 특히 두 번째 단락은 비교적 많은 수의 문장을 포함하고 있는 반면에, 네 번째, 다섯 번째, 여섯 번째, 여덟 번째 단락은 각각 두 문장을 포함하고 있다.

4.1. [가설 1]의 결과 및 논의

[가설 1]은 조사 자료의 인접 단락 간 문장들의 중심화 전이 서열 양상이 한 단락 내 문장들의 서열에 비해 훨씬 낮을 것임을 상정한 것이다. [가설 1]의 논의를 위해 앞선 〈표 5-4〉를 재구성하면 〈표 5-6〉과 같이 나타낼 수 있다.

〈표 5-6〉 정보 전달 글의 평균 횟수 및 비율

구분		시지고1								대아고1							
		상향식(60)				하향식(60)				상향식(60)				하향식(60)			
결과		④	③	②	①	④	③	②	①	④	③	②	①	④	③	②	①
단락 내	횟수	21.3	23.0	11.8	3.9	16.3	19.3	13.8	10.6	21.4	22.4	12.4	3.8	18.7	20.1	12.0	9.2
	비율	35.5	38.3	19.7	6.5	27.2	32.2	23.0	17.7	35.7	37.3	20.7	6.3	31.2	33.5	20.0	15.3
단락 간	횟수	13.1	13.9	20.1	12.9	9.6	9.7	17.3	23.4	11.3	14.1	22.1	12.5	6.7	9.0	19.0	25.3
	비율	21.9	23.1	33.6	21.4	16.0	16.2	28.8	39.0	18.8	23.5	36.8	20.8	11.2	15.0	31.7	42.2

〈표 5-6〉에서 드러난 바와 같이, 정보 전달의 경우 두 집단 학습 자들 간의 각 중심화 전이별 서열 양상이 서로 다른 읽기 방식이라고 상정된 상향식과 하향식, 그리고 단락 내와 단락 간에 따라 그 양상이 구별되어 분포함을 알 수 있다. 다만 두 집단 공히 상향식과 하향식, 그리고 단락 내와 단락 간의 중심화 서열 결과가 유사하게 드러남을 알 수 있다.

가령 상향식에서 단락 내의 경우에는 중심화 전이의 서열 양상이 두 집단 모두 '①〈②〈④〈③'으로 나타나고 있으며, 하향식의 경우도 수치상의 차이만 있을 뿐 상향식과 유사하게 드러나고 있다.

이는 중심화 전이의 인식에서 주로 연속(④)과 유지(③)를 선호한다는 점과 일치하고 있다.

하지만 인접 단락의 경우에는 중심화 전이의 서열 양상이 단락 내와는 확연하게 다르다. 상향식의 경우 중심화 전이의 서열 양상이 고르게 분포하지만, 중심화 전이의 양상이 오히려 완만한 전이와 급격한 전이 쪽으로 편향되고 있다는 점이 단락 내와는 구별된다. 이에 비해 하향식의 경우는 '④〈③〈②〈①'와 같이 단락 내와는 거의 정반대의 결과이다. 이는 설득의 경우도 마찬가지이다. 〈표 5-7〉은 설득에 드러난 중심화 전이의 양상을 재구성한 것이다.

<표 5-7> 설득 글의 평균 횟수 및 비율

구분 결과		시지고1								대아고1							
		상향식(60)				하향식(60)				상향식(60)				하향식(60)			
		④	③	②	①	④	③	②	①	④	③	②	①	④	③	②	①
단락 내	횟수	25.3	23.4	9.5	1.8	20.2	20.5	13.4	5.9	27.8	22.2	9.0	1.0	22.6	22.1	11.5	3.8
	비율	42.2	39.0	15.8	3.0	33.6	34.2	22.4	9.8	46.4	36.9	15.0	1.7	37.6	36.9	19.2	6.3
단락 간	횟수	7.0	16.6	22.3	14.1	5.3	11.0	20.0	23.7	5.0	12.7	21.9	20.4	3.1	6.4	19.4	31.1
	비율	11.7	27.7	37.2	23.5	8.8	18.3	33.3	39.5	8.3	21.2	36.5	34.0	5.2	10.7	32.3	51.8

설득에서 단락 내의 경우는 두 집단 공히 중심화 전이의 서열 양상이 '①〈②〈③〈④'로 분포하고 있다. 이는 정보 전달의 경우와 비슷한 결과이지만, 설득 경우는 문장 간 의미의 연속성 정도가 더 명확하게 연속되거나 분절되는 것으로 드러난다. 특히 단락 간 하향식의 경우에도 중심화 전이의 서열 인식 양상이 '④〈③〈②〈①'이지만, 정보 전달보다 수치상으로 더 확연하게 급격한 전이 쪽으로 중심화 전이의 결과가 이루어지고 있다. 이를 가설과 관련시켜 더 자세하게 논의하기 위해 〈표 5-6〉과 〈표 5-7〉를 각각 재구성하면, 우선 정보 전달의 경우는 〈표 5-8〉과 같다.

<표 5-8> 정보 전달의 중심화 전이 서열 개수의 횟수 및 비율

결과	구분	상향식(120)				하향식(120)			
		④	③	②	①	④	③	②	①
단락 내	횟수	42.7	45.4	24.2	7.7	35.0	39.4	25.8	19.8
	비율	35.6	37.8	20.2	6.4	29.2	32.8	21.5	16.5
단락 간	횟수	24.4	28.0	42.2	25.4	16.3	18.7	36.3	48.7
	비율	20.3	23.3	35.2	21.2	13.6	15.6	30.3	40.6

〈표 5-8〉은 두 집단 학습자들의 인식 결과가 거의 차이가 없기 때문에 이를 더하여 재구성한 것이다. 결과상으로 [가설 1]에서 상정한 내용이 수용될 수 있음을 알 수 있다. 즉 단락 내의 경우는 문장 간 중심화 전이의 양상이 연속④과 유지③ 쪽에 많이 분포하며, 이는 하향식의 경우도 수치상의 차이는 있지만 마찬가지이다. 즉 단락 내 문장들의 중심화 전이는 대체적으로 그 의미 연속성 정도가 높다고 할 수 있다.

하지만 인접 단락 간 문장 간에는 상향식과 하향식 간에 수치상의 차이는 있지만, 단락 내의 문장 간 중심화 전이의 양상에 비해 그 연속성의 정도가 낮게 드러난다. 상향식의 경우도 완만한 전이②나 급격한 전이①의 수치가 연속④과 유지③에 비해 높으며, 하향식의 경우에는 급격한 전이와 완만한 전이의 수치가 매우 높다.

즉 정보 전달의 경우 가설에서 상정한 바와 같이 단락 간 인접 문장들의 의미 연속성 정도가 단락 내 문장들에 비해 낮게 드러나고 있어, 제기된 [가설 1]은 수용된다고 할 수 있다. 아울러 이 결과는 직·간접적으로 인접 단락 간 문장들의 연결 관계가 단락의 심리적 실재를 구성하는 주요한 단초가 될 수 있음을 보여준다고 할 수 있다. 이는 설득의 경우에도 마찬가지이다. 〈표 5-7〉의 결과를 재구성하면 〈표 5-9〉와 같다.

<표 5-9> 설득의 중심화 전이 서열 개수의 횟수 및 비율

결과	구분	상향식(120)				하향식(120)			
		④	③	②	①	④	③	②	①
단락 내	횟수	53.1	45.6	18.5	2.8	42.8	42.6	24.9	9.7
	비율	44.3	38.0	15.4	2.3	35.7	35.5	20.8	8.1
단락 간	횟수	12.0	29.3	44.2	34.5	8.4	17.4	39.4	54.8
	비율	10.0	24.4	36.8	28.8	7.0	14.5	32.8	45.7

　설득의 경우 단락 내 문장들의 의미 연속성 정도는 정보 전달에 비해 연속과 유지 쪽으로 그 쏠림 현상이 더 심화되고 있다. 아울러 인접 단락 간 문장들의 의미 연속성 정도는 정보 전달에 비해 완만한 전이와 급격한 전이 쪽으로 더 편향되고 있다. 가설에서 상정한 내용이 설득의 경우에도 수용될 수 있다.

　결론적으로 [가설 1]에서 상정한 내용은 두 편의 조사 자료를 통해 그 유의미성이 확인되었다. 즉 인접 단락 간 문장들은 그 중심화 전이의 서열에서 완만한 전이나 급격한 전이를 보이는 횟수나 비율이 높게 드러나고 있어, 이는 단락 내 문장들의 중심화 전이와 뚜렷하게 구별되는 양상이라고 할 수 있다. 나아가 인접 단락 간 문장들의 의미 연속성의 변화가 단락 내 문장들의 의미 연속성과는 차별화된다는 점은 단락이라는 단위의 심리적 실재에 대한 가능성을 제기할 수 있는 단초로 작용할 수 있다.

4.2. [가설 2]의 결과 및 논의

　[가설 2]는 인접 단락 간 문장들의 중심화 전이에 대한 인식 결과는 어떤 읽기 모형이든 단락의 실재를 구성하는 데 있어 큰 차이가 없음을 상정한 것이다. 이를 위해 갈래별 인접 단락 간 중심화 전이

의 양상만을 재구성하였다. 결과는 〈표 5-10〉과 같다.

<표 5-10> '인접 단락 간 문장'의 중심화 전이 인식 양상

결과	구분	상향식(120)				하향식(120)			
		④	③	②	①	④	③	②	①
정보 전달	횟수	24.4	28.0	42.2	25.4	16.3	18.7	36.3	48.7
	비율	20.3	23.3	35.2	21.2	13.6	15.6	30.3	40.6
설득	횟수	12.0	29.3	44.2	34.5	8.4	17.4	39.4	54.8
	비율	10.0	24.4	36.8	28.8	7.0	14.5	32.8	45.7

〈표 5-10〉에서 드러나듯이, 전체적으로 읽기 방식에 관계없이 인접 단락 간 문장의 중심화 전이 양상은 연속(④)과 유지(③)에 비해 완만한 전이(②)와 급격한 전이(①)의 수치 및 비율이 높게 드러나고 있다. 하지만 정보 전달 상향식의 경우는 그 수치가 유의미한 정도로 크지 않으며, 그리고 설득의 경우는 중심화 전이의 양상이 정보 전달에 비해 급격한 전이와 완만한 전이 쪽으로 더 쏠리는 경향이 있다는 점이 특징적이다.

[가설 2]는 인접 단락 간 문장의 중심화 전이의 양상이 어떤 읽기 모형이든 연속(④)과 유지(③)에 비해 완만한 전이(②)나 급격한 전이(①) 쪽으로 편향될 수 있음과 관련된다. 연속과 유지의 경우에는 문장 간 화제나 주어, 목적어 등의 초점화가 그대로 유지되는 반면에, 완전한 전이나 급격한 전이는 이들 중심들이(centers) 변화되고 있기 때문에 문장 간 의미 연결상의 간극이나 격차가 있을 가능성이 높기 때문이다.

연속과 유지를, 그리고 완만한 전이와 급격한 전이를 각각 의미상의 유사 차원으로 묶어 비교해 본다면, 하향식의 두 경우 두 갈래 모두 뚜렷한 수치상의 차를 보여준다. 정보 전달의 경우는 '29.2(%) 〈

70.9(%)'이고, 설득의 경우는 '21.5(%) 〈 78.5(%)'이다. 이는 조사 대상 학습자들이 조사 자료상의 실제 단락 구분을 조사 과정에서 잘 구현했음을 보여준 결과라 할 수 있다.

하지만 상향식의 경우는 수치상으로 하향식에 비해 그 구분의 정도가 미약하다고 볼 수 있다. 정보 전달의 경우는 '43.6(%) 〈 56.4(%)', 설득의 경우는 '34.4(%) 〈 65.6(%)'이다. 이런 현상은 일단 상향식 읽기 모형의 경우, 문장 간 전이 양상의 서열에 대한 개수 기준을 제시하지 않았기 때문에 발생한다고 할 수 있다. 아울러 이는 중심화 이론에서 상정하고 있는 바와 같이, 학습자들이 중심화 서열에서 연속과 유지를 선호하고 있음과 관련된다고 할 수 있다.

이를 통계적으로 검증하려면, 학습자들의 상향식과 하향식 읽기 모형에 드러난 인접 단락 간 문장들의 의미 연결에 대한 중심화 전이의 분포 양상의 차이가 있는지의 여부를 다루어야 한다. 즉 다음과 같이 귀무가설과 대립가설이 세워질 수 있다. 이는 카이제곱 검정(chi-square test)으로 확인될 수 있다.

> 귀무가설: 상향식과 하향식 읽기 모형에 드러난 중심화 전이의 양상은 차이가 없다.
> 대립가설: 상향식과 하향식 읽기 모형에 드러난 중심화 전이의 양상은 차이가 있다.

결론적으로 두 갈래 모두 공히 귀무가설이 기각되는 것으로 드러난다.[10] 따라서 읽기 모형에 따른 상향식과 하향식의 인접 단락 간

---

10) 검정 결과는 갈래별로 다음과 같다. 우선 정보 전달의 경우는 $\chi^2 = 11.23 > \chi^2_{0.05}(3) = 7.815$ 이고, 설득의 경우는 $\chi^2 = 8.56 > \chi^2_{0.05}(3) = 7.815$ 이다.

문장의 중심화 전이 양상은 차이가 있는 것으로 결론 내릴 수 있다. 즉 인접 단락 간 문장의 중심화 전이에 대한 읽기 모형상의 인식 차이에 대한 결과는 단락의 심리적 실재는 읽기 조건에 따라 차이가 있음과 관련된다.

특히 정보 전달 상향식의 경우 연속과 급격한 전이의 비율이 비슷하게 드러난다는 점은 조사 자료 자체가 지니는 문장 간 의미 분절 인식의 어려움을 반영한 것이라고 할 수 있다. 이는 학습자들의 중심화 전이에 대한 인식의 결과와도 직결된다. 나아가 학습자들이 문장 중심의 일정한 의미덩이를 구성하기 어려웠음을 보여주는 것이기도 하다.

5. 마무리

단락은 국어교육 현장의 읽기와 쓰기 영역에서 주요한 사고 단위로서의 역할을 한다. 하지만 그 동안 단락은 주로 쓰기 영역에서 소주제를 포함하는 일종의 문장 집합의 단위 정도로만 불명확하게 다루어져 왔다. 따라서 정작 학교 현장의 학습자들은 단락이라는 용어를 알고 있어도, 이를 읽기와 쓰기 수행 과정에서 적절하게 다루고 있지 못했음이 많은 연구를 통해 지적되어 왔다.

이는 단락이 지니는 심리적 실재의 모습을 제대로 밝히지 못한 점과 직결되는 문제이다. 즉 단락이라는 단위가 실제로 학습자들에게서 어떻게 심리적으로 정확하게 인식되고 또한 구현되는 단위인지가 이론적으로 명확하게 규명되지 않았기 때문이다. 이는 학교 현장의 읽기와 쓰기 교육에서 단락이라는 단위가 피상적으로 다루어질 수밖에 없는 이유이기도 하다.

본고는 이런 점을 감안하여 단락의 심리적 실재를 파악하는 데 초점을 두었다. 특히 단락이라는 단위를 기존의 소주제와 뒷받침문장 중심으로만 다루기보다는, 이의 심리적 실재를 보다 객관적으로 규명하기 위해 문장 중심에서 일정한 의미 덩이가 어떻게 형성될 수 있는지를 중심화 이론의 응용을 통해 살펴보았다. 이를 위해 두 가지 가설을 상정되고, 이와 관련된 조사 및 결과 논의가 이루어졌다.

첫째, '인접 단락 간 문장들은 단락 내 문장들에 비해 의미 연속성이 낮을 것이다'는 [가설 1]은 유의미한 것으로 조사 결과상 드러났다. 단락 내 문장들은 중심화 이론에서 상정하고 있는 바와 같이 주로 연속과 유지 쪽으로 그 중심화 전이가 집중되는 반면에 인접 단락 간 문장들은 완만한 전이와 급격한 전이 쪽으로 편향되는 경향이 드러났다.

이는 학습자들이 인접 단락 간 문장들과 단락 내 문장들의 연결 관계를 다르게 인식하고 있다는 증거이다. 이를 바탕으로 문장 의미 연결 관계에서 일정한 의미덩이의 파생을 상정할 수 있고, 이 의미덩이는 문장과는 다른 상위 의미단위로 고려될 수 있다. 곧 단락이라는 단위의 생성과 관련시켜 볼 수 있다.

둘째, '읽기 모형에 따른 인접 단락 간 문장들의 의미 연속성은 차이가 없을 것이다'는 두 갈래 모두 기각되는 것으로 결과가 나왔다. 수치상의 차이는 있지만, 설득이나 정보 전달 모두 상향식과 하향식 읽기 과정이 차이가 있는 것으로 드러났다. 즉 단락의 심리적 실재는 읽기 모형에 따라 그 결과가 다르게 나왔다고 할 수 있다.

단락 내 문장들의 중심화 전이와는 분명 인접 단락 간 문장들의 전이 양상은 구별되었지만, 인접 단락 간 중심화 전이에 국한된 결과에서는 읽기 모형에 따른 결과는 차이를 보인 것으로 드러났다. 이는 단락이라는 단위의 심리적 실재를 읽기 모형에 상관없이 동일하게 부각시키기는 어렵다는 점을 보여준 것이라고 할 수 있다. 아울러 단락이라는 단위는 하향식 과정의 전제 조건에서와 같이 독자의 전체글에 대한 내용과 형식상의 사전 고려가 있어야 보다 명확하게 부각될 수 있는 단위라고 할 수 있다.

본고는 단락의 심리적 실재를 확인하기 위해 전산 언어학에서 대명사 복원 문제와 관련된 중심화 이론을 시론적으로 적용해 보았다. 중심화 이론을 그대로 적용하기보다는 이를 보다 폭넓게 해석하여, 학습자들의 이해 결과를 이끌어 내었다. 전체적으로 단락의 심리적 실재에 대한 학습자들의 인식 결과를 일부 확인할 수 있었다는 점에서 연구의 의의를 찾을 수 있다.

하지만 단락의 심리적 실재에 대한 보다 명확한 학습자들의 인식 결과를 이끌어 내기 위해 읽기 모형을 달리한 조사 과정에서는 일부 유의미하지 않은 결과가 도출되었다. 향후 단락의 심리적 실재에 대한 객관적이고 과학적인 증명을 위해 보다 많은 조사 자료를 확보하고, 연구 방법상의 실효성을 높이기 위해 다양한 읽기 방법을 고려해야 한다는 점이 한계로 남았다.

의미와 단락

'나무-그림'의 활용과 단락

1. 들머리

1.1. 연구목적

텍스트 이해의 최종 목표는 명료한 심성모형을 형성하는 데 있다.[1] 이는 독자의 배경지식이 바탕이 된 텍스트 의미구조의 명료한 수립이라 할 수 있다. 텍스트 의미구조의 명료한 수립은 텍스트의 의미기반에 바탕을 두고 있으므로, 언어단위가 가지고 있는 다양한 문체적, 수사적 구조에 영향을 받게 된다.

단락은 이와 같은 의미구조의 수립에 매우 중요한 의미단위로 작용한다. 하지만 그 단위의 정체성을 명확히 드러내기가 매우 어렵다. 분명 텍스트와 문장 사이의 단위로 볼 수 있지만, 때로는 한 편의 완전무결한 텍스트로 혹은 텍스트를 구성하는 하나의 원소단위에 불

---

1) 이정모 외, 「글 이해의 심리적 과정」, 『인지심리학의 제문제 II』, 학지사, 1998, 229쪽.

과한 것으로 기능하기 때문이다.

단락은 이와 같은 단위의 정체성에 대한 접근의 어려움이 따르기 때문에 단어나 문장 중심의 문법론에서 다루기가 어렵다. 하지만 국어교육의 핵심영역이라 할 수 있는 읽기와 쓰기영역에서 의미연결을 구성하는 데 핵심적인 단위로 다루어지기 때문에 그 중요성을 간과할 수 없다.

이처럼 단락이 국어교육의 언어사용 영역에서 놓이는 자리가 분명함에도 불구하고, 이론적으로나 기술적으로 단락이 가지는 단위의 이론적 토대에 대한 언급은 소략하거나, 혹은 개괄적인 처리되는 경우가 많다. 이는 비단 서술상의 문제만이 아니라, 본디 단락이 가지는 단위의 불확정성에 있다 해도 과언이 아닐 것이다. 즉 문장과 텍스트 사이에서 독자와 필자에 의해 처리 혹은 산출되는 과정의 심리적 표상을 온전하게 다룰 수 있는 방법상의 부재 때문이라고도 할 수 있을 것이다.

한 편의 글은 위계적으로 조직된다고 볼 수 있다. 의미를 구성하는 최소단위가 문장에서 드러나는 명제인데, 그 명제들이 연결되어 미시구조를, 그리고 그 미시구조가 일정한 의미덩이의 거시구조로 형성된다. 거시구조가 통합되어 전체글의 주제가 구성될 수 있다.

이는 결국 언어 구조 및 범주의 문제와 관련된다. 단락은 전체글을 구성하는 중요한 의미구성소라는 점에서 전체글의 한 범주와 관련되며, 그런 범주들이 일정하게 전체글에서 어떤 관계로 맺어진다는 점에서 전체글의 구조를 결정하는 중요한 요소가 된다.[2]

---

2) 김지홍(미발간: 1~20)에서는 구조와 범주의 문제를 언어와 관련시켜 명확하게 밝혀 놓고 있다. 여기서는 가장 간단하게 표현하여, "범주는 어떤 대상의 구성 요소를 말하며, 구조는 그 범주들의 결합 방식을 뜻한다"라고 지적한다. 비유적으로는 '범주'는 바닥, 천장, 들보, 기둥, 지붕 등의 요소로, '구조'는 양옥집을 짓느냐, 통나무집을 짓느냐, 전통 기와집을 짓느냐의 문제로 상술하고 있다. 구조와 범주의 문제를 이해하는 데 좋은 참고 자료가

단락은 전체글에서 개별적으로 그것의 심리적 실재가 부각되기는 어렵다. 반드시 전체글의 의미 관계 차원에서 그것의 심리적 실재가 고려되어야만 각 단락이 가지고 있는 의미차원이 제대로 드러날 수 있다. 본고는 이런 점에 착안해, '나무-그림'을 통해 전체글에서 드러나는 각 단락의 의미차원을 부각시켜 보고자 한다.

'나무-그림'을 가지고 대략 세 가지 문제를 다루어 보고자 한다. 첫째, 학습자들로부터 산출된 글과 그것으로부터 도출된 단락 관계 '나무-그림'의 일치 여부, 둘째, 필자 관점에서 시간 간격을 두고 도출된 '나무-그림'의 변화 양상, 그리고 마지막으로 주제와 관련된 단락의 위계성의 문제이다.

1.2. 선행연구

본고는 단락의 심리적 실재 파악에 대한 소고의 성격을 지닌 연구이다. 단락은 의미연결의 관점에서 주요한 하나의 단위가 될 수 있는데, 이하는 그와 관련된 주요한 연구물들이라 할 수 있다.

손중동(1993)은 단락 전개를 비교언어학의 관점에서 다루고 있다. 단락의 전개가 언어와 문화의 특수성을 반영한다는 기존의 입장을 실제 대학생 학습자들에게 국어와 영어로 작문하게 해 봄으로써 그 관점이 수정되어야 한다는 점을 제시한다. 단락의 심리적 실재성에 대한 하나의 연구로 좋은 참고자료가 된다. 다만 필자들을 한국 학

된다. 다소 차이는 있지만, 신현정(2002)에서도 개념과 범주화의 문제를 심리적 관점에서 상술하고 있다. 여러 계산식이 나와 이해하기 어려운 부분이 있지만, 기본적인 개념을 잡는 데는 좋은 참고 자료가 된다.

두 권의 저서가 언어와 관련된 개념, 구조, 범주 등의 문제에 대한 본 연구의 시발점이 되었다. 특히 본고에서는 단락이 전체글에서 가지는 형식적 틀을 학습자들로부터 도출시키려 했다는 점에서 구조와 범주의 문제가 직·간접적으로 관련된다고 볼 수 있다.

생들로만 구성했다는 점은 한계로 여겨진다.

정제한(2002)은 단락을 구성하는 문장의 구성 양상을 다양한 언어 이론과 수사적 도식의 활용을 통해 보여주고 있다. 본고가 지향하는 의미연결 관계에서의 단락을 다루는 연구의 방향과는 조금 거리가 있지만, 단락에 대하여 텍스트 언어학적 접근 방법을 적극적으로 활용했다는 점과 단락 내부의 기본적인 속성을 언어학적으로 도식화하려고 시도한 점은 참고가 된다.

박진용(2006)은 텍스트 의미구조를 전개과정의 원리와 의미관계의 원리를 바탕으로 서술된다. 의미관계의 원리를 종속적, 대등적 의미관계 원리로 구분한다. 본고에서 '나무-그림'을 통해 단락의 위계관계를 다루게 계기도 의미관계의 원리에 있다는 점에서 참고가 된다. 다만 연구대상이 극히 한정되어 있고, 전문가의 글들만을 대상으로 했다는 점이 한계로 파악된다.

김봉순(2002)과 이은희(2000)는 비교적 최근에 쓰인 텍스트언어학적 관점에서 기술된 국어교육 관련 저서들이다. 김봉순(2002)은 텍스트 구조와 의미의 문제를 실제 현장연구조사를 통해 매우 상세하게 밝히고 있으며, 이은희(2000)는 접속관계의 관점에서 텍스트의 산출과 처리 방식을 다루고 있다. 두 저서 모두 단락을 구조와 의미의 관점에서 직접적으로 다루지는 않았지만, 텍스트의 거시구조 관점에서 의미연결의 문제를 국어교육 관점에서 포괄적으로 다루었다는 점에서 참고가 된다.

ㄹ. 연구방법 및 연구가설

2.1. 연구방법

본고는 과학고 1학년 92명의 학생들을 대상으로 읽기와 쓰기를 바탕으로 한 단락 관계 '나무-그림' 그리기를 실시하였다.3) 대략 수능모의 등급(1등급-3등급) 사이에 위치하는 학생들이 대부분이라 언어수행능력에 있어서는 우수하다고 할 수 있으며, 각 반별로도 언어영역의 평균점수가 비슷하게 드러난다.

우선 과학고 1학년 학생들을 주 연구 조사 대상으로 삼은 점은 무엇보다 텍스트에서 단락 관계를 인식하고, 그 결과를 드러내기 위해서는 어느 정도의 언어수행능력 수준이 따라야 한다는 판단에서였다. 수능 모의평가에서도 드러났듯이 대다수의 학생들이 언어영역에서 같은 연령대의 학생들보다 우수한 점수를 받았고, 실제 몇몇 읽기나 쓰기 수행평가 등을 통해 드러난 결과를 보아도 대다수가 상당한 수준의 언어수행능력 수준을 드러냈음을 알 수 있었다.

읽기와 쓰기 양상의 단락 관계를 드러내기 위해 '나무-그림' 그리기를 선택한 것은 '나무-그림'을 통해 드러나는 단락의 관계가 매우 단순하고 분명하기 때문이다. 이는 자칫 '나무-그림'의 단순성이 텍스트에서 단락들이 가지는 다양한 의미관계를 제대로 드러내지 못하는 한계를 지적할 수도 있을 것이다. 자연언어가 가지는 의미의 다양한 결을, 그것도 단락이라는 다소 큰 의미덩이를 자의적으로 갈

---

3) 현장연구조사는 실험집단과 비교집단을 구분해서 실시해야 기본적으로 객관성과 신뢰성이 확보될 수 있다. 본고는 비교집단을 상정하지 않은 채, 실험집단만으로 연구 조사를 실시했는데, 이는 본고가 지향하는 바가 학습자들의 '나무-그림'을 통해 드러난 단락 위계관계의 현상을 파악하는 데 초점이 있었기 때문이다. 아울러 수준별 학습자들의 언어수행능력을 파악해 가는 과정상의 연구이기에 과학고 학습자들에 국한시켜 연구를 진행시켰다.

라 단순한 '나무-그림'으로 드러내는 데에는 텍스트의 의미결을 제대로 포함시키지 못할 가능성도 배제하지 않을 수 없을 것이다.

하지만 텍스트는 위계관계를 바탕으로 하여 일정한 주제를 향해 구성된다. 그 위계관계의 중심에 단락이 위치하며, 의미연결을 이루게 된다. 다양한 관계를 상정해 볼 수 있지만, 가장 분명하게 상정해 볼 수 있는 관계가 바로 상·하 관계와 등위 관계이다. 문장으로 치자면 내포와 접속의 관계라 할 수 있을 것이다. '나무-그림'은 곧 이 두 관계를 가장 확실하게 드러낼 수 있는 도식이라 할 수 있다. 물론 보다 복잡한 연결망이나 그물짜임을 통해 단락의 관계를 도식화시켜 볼 수도 있겠지만, 그럴 경우 단락의 관계가 지나치게 자의적으로 관련 맺을 가능성이 있기 때문에 본고에서는 가장 단순한 형태의 도식인 '나무-그림'을 선택하였다.

수행평가의 형식으로 자신이 쓴 글에 대해 두 차례 '나무-그림'을 그리게 하였다. 글에 담겨질 내용은 학습자들이 현재 처해 있는 과정에서 제일 먼저 고민하고 생각해 볼 수 있는 '자신만의 공부 방법'이나 혹은 '공부 방법상의 문제점'에 대한 것이었다.[4]

어떤 글을 쓰는가에 따라 언어의 형식적 단위가 차이가 있을 수 있을 것이다. 특히 시나 소설, 그리고 희곡 같은 경우는 문장이나 단락의 표출 양상이 비문학적인 글의 양상과는 많은 차이가 있기 때문에, 본고가 지향하는 단락관계의 '나무-그림'을 그리는 것과는 거리가 있다고 판단했다. 따라서 주로 비문학적인 글, 특히 설명이나 설

---

4) Walter Kintsch(2010, 김지홍 외 뒤침)에서는 영역지식이 대형구조 표상 형성을 도모하고, 문제해결을 이루는 상황모형 형성을 가능하게 하여 우수한 수행의 결과를 보인다고 제시하고 있다. 본고에서도 이상과 같은 점에 착안해, 우수한 학습자들이 평소에 고민했을 법한 문제들을 글감으로 제시했다. 이는 본고의 학습자들이 대형구조의 수준, 즉 단락관계를 '나무-그림'으로 표상하는 데 여타의 학습자들보다 더 적절한 표집 대상이라는 점이 아울러 고려된 것이다.

득 위주의 갈래로 국한시켰다.

글을 쓸 분량도 본고의 연구 조사와 상당한 관계가 있다. 지나치게 많은 분량의 글을 학습자들에게 요구하는 것은 글 전체의 내용이나 형식상에 많은 문제점을 일으킬 수 있는 가능성이 있다. 본고에서는 이런 점을 감안해 학습자들에게 글 쓸 분량을 A4 용지 한 면에 국한시켰고, 글자 크기도 11포인트로 사전에 미리 공고를 했다. 그이외는 특별하게 조건을 두지 않았다.

위와 같은 제반 조건 아래, 구체적인 연구방법은 다음과 같이 진행되었다. 우선 단락 관계의 '나무-그림'을 자신의 쓴 글을 대상으로 드러내 보게 하고, 다음은 읽기의 관점에서 다른 학습자들의 글을 읽고 '나무-그림'으로 그려 보게 하였다. 마지막으로 자신의 쓴 글과 1차 '나무-그림'을 재차 살펴보면서, 2차 '나무-그림'을 산출하게 하였다.

1차 '나무-그림'은 자신이 쓴 글에 부합되는 '나무-그림'만 그리게 했고, 2차는 일정한 시간이 흐른 후에, 즉 다른 학습자들의 글을 통해 '나무-그림'을 그리면서 알게 된 점 등을 바탕으로 자신이 쓴 글을 다시 읽으면서 1차 '나무-그림'을 수정하게 했다. 단 2차 '나무-그림'을 산출할 시에는, 쓴 글의 주제를 제시하고 주제가 직·간접적으로 드러난 단락을 제시하라는 조건을 주었다. 이는 학생들이 텍스트의 주제와 관련해서 단락이 가지는 위계 층위상의 의미를 고려하고 있는지를 보다 명확하게 살펴보고자 한 것이다. 물론 주제를 제시하고 주제와 직·간접적으로 관련되는 단락만 언급하라고 했지, 기타의 어떤 언급도 하지 않았다.

학습자들이 직접 쓴 글과 그린 '나무-그림'의 일치여부에 대한 결과 검증은 국어교육을 전공한 석사 이상의 교사 세 사람이 92명의 학습자들의 글을 모두 읽고 '나무-그림'상의 위계관계에 대한 잠정적 합의를 바탕으로 한 결과를 기준 잣대로 사용하였다.

이상의 연구과정을 간략하게 표로 정리해 보면 아래와 같다. 가령 A라는 학생과 관련된 '나무-그림' 산출은 다음과 같다. 1차와 2차는 A라는 학습자가 일정한 시간 간격(대략 3주간의 간격을 두고 반별로 시행됨)을 두고 자신이 쓴 글에 대한 '나무-그림'이고, '나무-그림' 2~4는 B, C, D 학생들이 독자가 되어 그린 '나무-그림'이다. 필자 관점과 독자 관점의 '나무-그림' 총 5가지가 도출되는 셈이다. '나무-그림' 1에서 5까지는 시간 순서에 따른 결과이다.

<표 6-1> '나무-그림' 그리기와 관련된 연구과정

쓰기에 관계된 '나무-그림' (필자 관점 '나무-그림')		읽기에 관계된 '나무-그림' (독자 관점 '나무-그림')		
1차(A)	2차(A)	B	C	D
'나무-그림'1	'나무-그림'5	'나무-그림'2	'나무-그림'3	'나무-그림'4

2.2. 연구가설

단락 연구는 정형화되고 정적인 형태·통사 중심의 문법 연구에서 보다 기능적이고 학습자 중심적인 국어교육의 영역에서 그 의미를 더 찾을 수 있을 것이다. 이런 문제의식에서 출발하여, 본고는 학습자들의 '나무-그림'상의 위계관계를 고려한 단락 접근 방법을 통해 단락이 가지는 위계상의 심리적 단위에 초점을 둠으로써, 보다 단락의 문제를 보다 학습자 중심에서 접근할 수 있을 것이다.[5]

---

5) 이은희(2000: 232)에서는 "국어교육에서의 언어 연구가 본연의 방향성을 확립하기 위해서는 국어교육적 관점에서 언어 지식을 연구하고, 이러한 연구의 결과를 실제 교육 상황에 적용하기 위한 방법이 탐색되어야 한다"라고 제시하는데, 본고가 지향하는 연구 방향과 같은 맥락에 있다.

텍스트 이해와 표현에서 글의 주제, 중심내용을 처리하고 산출하는 것이 가장 핵심적인 활동이다. 하지만 단순히 '주제를 파악하라, 중심내용을 구성해 보라'는 식의 교수·학습 방법은 학습자들의 전략적인 학습과정을 도외시하는 결과를 초래할 수 있다. 본고는 우선 이와 같은 주제 혹은 중심내용을 어떻게 하면 좀 더 구체적이고 전략적으로 처리, 산출할 수 있는가에 초점을 두면서, '나무-그림'을 통한 단락 관계의 표상이 학습자들의 이해와 표현의 변화에 영향을 줄 수 있을 것이라 고려했다.

특히 단락은 전체글의 거시구조를 드러내는 데 핵심의 역할을 할 수 있다. 전체글의 의미연결, 곧 맥락을 구성하는 데 중요하게 관련될 수 있다는 것이다. 이는 읽기와 쓰기 활동 영역에서 모두 마찬가지이다.

이상의 문제의식을 바탕으로 본고는 세 가지 연구가설을 세운다.

[가설 1] 글에 내재된 위계관계와 단락관계를 표상한 '나무-그림'은 다소 불일치 양상을 보일 것이다.
[가설 2] 일정한 시간 간격을 두고 산출된 필자 관점의 '나무-그림'은 향상된 변화 양상을 보일 것이다.
[가설 3] 직·간접적으로 텍스트의 주제를 포함한 단락은 다양한 층위에 분포할 것이다.

[가설 1]은 기본적으로 학습자들이 한 편의 짧은 글을 쓰면서 단락관계에 대한 심적 처리가 수반되는지를 확인하고, 그 단락들이 분명한 심적 위계 단위로서 기능하고 있는지를 분명하게 드러낼 수 있도록 하는 것과 관련된다. 학습자 스스로가 쓴 글을 가지고 '나무-그림'을 그려봄으로써 텍스트에 내재된 단락 간의 위계관계가 '나무-그림'

으로 드러나게 된다. 이로써 텍스트에 내재된 위계관계와 '나무-그림'으로 드러난 관계의 일치 여부를 살펴볼 수 있을 것이다.

'나무-그림'이 가지는 의미 관계가 단순히 위계 관계에 국한될 수 있지만, 텍스트에 드러난 무수한 의미 관계들의 변수를 모두 상정하고, 그에 따라 의미관계를 고려한다는 것은 거의 불가능한 일임을 감안한다면, 단락의 관계를 상·하 범주와 등위 범주로 드러낼 수 있는 '나무-그림'은 일부나마 텍스트에서 단락의 의미관계를 고려해 볼 수 있는 의미 있는 일이 될 것이다.

이 가설은 대략적으로 학습자가 직접 쓴 글에 내재된 위계관계가 '나무-그림'상으로 드러난 단락 간 위계관계와는 다소 차이가 있을 것으로 보았다. 이는 학습자들이 글에 내재된 위계 중심의 의미관계를 단락 중심으로 명시적으로 학습한 적이 없고, 따라서 논리적으로 다양할 수 있는 의미관계를 '나무-그림'으로 드러내는 데 있어 일관성과 통일성을 가질 수 없을 것으로 판단했기 때문이다.

또한 학습자 자신이 쓴 글이지만, 글에 내재하는 다양한 의미관계를 단락 중심의 위계관계로 드러내기에는 어려움이 따를 것으로 보았다. 이는 독자에 관점에서도 마찬가지이다. 따라서 본 가설은 세 사람의 국어교사가 합의한 '나무-그림'과 학습자들이 필자의 관점과 독자의 관점에서 드러낸 '나무-그림'은 다소 차이가 있을 것으로 판단한 것이다.

[가설 2]는 학습자들이 시간 간격을 두고 자신이 쓴 글을 바탕으로 한 '나무-그림'의 모습이 변화가 될 것이라고 본 것이다. 이는 학습자들이 처음에 글을 쓰면서 동시에 산출한 '나무-그림'과 이후에 다른 학습자들의 글을 읽고 몇 개의 '나무-그림'을 그리고 난 이후에 재차 자신의 글에 대하여 '나무-그림'을 그려 봄으로써 보다 향상된 결과를 보일 것이라는 점이다.

학습자들은 단락 관계를 '나무-그림'으로 그려 봄으로써 텍스트에 내재한 위계관계를 보다 구체화시킬 수 있을 것이고, 그 과정과 결과를 구체적으로 표상해봄으로써 읽기와 쓰기에 보다 나은 향상을 꾀할 수 있을 것이다. 이 가설은 학습자들이 텍스트에 내재하고 있는 위계 관계를 어떤 식으로 구체적으로 드러내고, 또한 읽기와 쓰기에 드러난 다양한 양상을 변화의 과정을 통해 향상시키고 있는지를 살펴보자 한 것이다.

텍스트 이해와 표현의 핵심은 주제와 중심내용의 처리와 산출이라고 해도 과언이 아니다. 하지만 이런 주제와 중심내용이 아무런 인지적 과정 없이 이루어지는 것이 아니라, 텍스트에 내재한 다양한 내용적·형식적 요소에 영향을 받게 된다. 특히 비문학적인 글의 경우에, 텍스트의 전체 구조가 상당할 정도로 영향을 주게 된다. 이는 다분히 글의 내용을 담고 있는 그릇이라 할 수 있는 형식적 토대가 중요한 역할을 한다는 것이다.

구조와 형식을 수반하는 가장 기본적 토대가 바로 위계관계라 할 수 있을 것이다. 따라서 학습자들은 텍스트의 위계관계에 대한 반복적인 학습을 통해 점차 글의 위계관계를 '나무-그림'으로 드러내는 데 익숙해질 것이다. 즉 학습자들은 자신이 쓴 글을 직접 '나무-그림'으로 드러내 보고, 다른 학습자들의 글을 읽고 또한 '나무-그림'을 산출해 봄으로써 자신의 텍스트에 내재한 위계관계를 보다 명확하고 정확하게 드러낼 수 있을 것이다.

[가설 3]은 학습자들이 자신이 쓴 글이나 읽은 글의 단락들을 배치할 때 최상위 명제인 텍스트의 주제를 직·간접적으로 포함한 단락을 다양한 층위에 둘 것이라고 보았다. 주제를 최상위 계층에 두고 이를 바탕으로 단락들을 일정한 위계관계를 중심으로 형성하기 어려울 것이라고 보았기 때문이다. 이는 [가설 1]과도 일면 상통하는

것으로 볼 수 있다.

이해자의 지식 표상이 텍스트의 '위계성'과 주제를 중심으로 하는 '중심성' 차원에 바탕을 두고 있다고 가정하고 있지만,[6] 실제로 학습자들이 글을 읽고 써 나가는 데 있어, 주제층위를 뚜렷하게 의식하고 이를 글의 위계관계에 입각해서 글을 산출하고 처리할 것이라고 보지 않기 때문이다.

주제는 그 내용의 속성상 일반성과 추상성을 지니기 마련이다. 본 가설은 학습자들이 주제의 이와 같은 속성을 다소 무시하고, 보다 구체적이고 실제적인 내용을 주제로 상정하고 위계 관계에서 최상위 계층에 배치할 것이라고 예상하기 때문이다.

ㄹ. 연구결과 및 교육적 의의

3.1. 연구결과 및 논의

본고는 학습자들의 결과물로부터 드러나는 현상을 단순한 통계수치로 해석하는 데 어려움이 따르는 질적 연구 조사이다. 하지만 학습자들의 결과물을 해석하기 위해서는 최소한도의 통계수치와 해석에 필요한 일정한 기준 잣대가 필요할 것이다.

[가설 1]은 학습자들의 글에 대한 전문가들의 '나무-그림'과 학습자들이 필자와 독자의 관점에서 제시한 '나무-그림'의 일치 여부를 확인하는 데 그 목적이 있다. 여기서 고려되어야 할 것은 전문가들

---

6) 이정모 외(1998: 145)에서는 이해자의 지식 표상이 위계성과 중심성 차원으로 구성되었음을 스크립트 지식 연구와 범주지식의 도구적 추론의 연구들에서 보여주고 있음을 상술하고 있다.

의 '나무-그림'과 학습자들의 '나무-그림'의 일치 여부 정도이다. 평가의 잠정적 잣대가 되는 전문가 3인의 합의된 '나무-그림'의 관계 기준은 김봉순(2002)을 참조하였다. 여기에서는 상·하 범주의 관계를 핵술 관계로, 등위범주는 나열, 인과, 비교와 대조, 문제와 해결 관계로 보고 있다.[7]

또한 단락 간 '나무-그림'의 문제를 가지고 일치의 정도를 따지고자 할 때는 부득이하게 일치 정도의 수준을 비교하기 위한 평가 기준 항목들이 따르게 된다. 가령 '나무-그림' 간의 일치 정도를 고려할 때는 단락 위계의 수, 최상위와 최하위에 배열된 단락, 주제 단락의 층위, 전체 '나무-그림'의 짜임새 등이 고려될 수 있을 것이다.

가령, 위계층위의 경우에 전문가들은 3단계로 설정했는데, 특정 학습자는 1단계의 나열식인 등위관계로만 설정하거나 혹은 5~6단계의 상·하 관계로만 구성되었을 때는 일치여부에서 가장 낮은 등급을 받을 것이다. 최상위 최하위에 배열된 단락의 경우에는 가령 전문가의 단락 '나무-그림'에서는 세 번째 단락이 최상위에, 여섯 번째 단락이 최하위에 배치되는 구조로 '나무-그림'을 제시했는데, 그 반대로 '나무-그림'을 제시하거나 혹은 단락 배치가 상·하나 등위 관계를 전혀 고려하지 않았을 때 일치되지 않은 것으로 판정될 것이다.

필자의 관점은 직접 학습자 자신이 쓴 글을 일정한 기간을 두고 그린 '나무-그림'을 평가한 것이다. 독자 관점은 다른 학습자들이 쓴 읽기 자료를 대상으로 하여 도출한 '나무-그림'에 대한 평가이다. 전

---

7) 김봉순(2002: 48)에서는 Water Kintsch(1974) 등의 연구를 바탕으로 텍스트의 의미를 드러내는 구조를 수립하고 있다. 명제들 사이에서 성립할 수 있는 관계로서 이상의 다섯 가지를 제시하고 있다. 본고에서는 토대를 바탕으로 범위를 넓혀 단락들의 관계에 적용해 보았다.

문가 세 사람이 합의한 '나무-그림'을 바탕으로 학습자들이 산출한 '나무-그림'에 대한 구체적 평가 양상은 다음과 같다. '○'은 완전하게 일치하는 경우이고, '△'는 부분적으로 일치하는 경우이고, 그리고 '×'는 전문가들의 '나무-그림'과는 일치하지 않는 경우를 표시한 것이다.

일치 정도는 세 단계로 단순하게 제시하고자 하는데, 이는 본고가 질적 연구인 점을 감안해 지나치게 세분화해서 일치 여부를 따질 수 없는 한계 때문이다. 일치의 정도에 따라 '○', '△', '×'의 세 등급으로 나뉘고, 총 다섯 가지의 '나무-그림'을 평가한 결과(○: 3점, △: 2점, ×: 1점)를 수치로 치환해 합계하고 일치 정도를 5단계로 평정한다. 일치 정도에서 14~15점은 '매우 그렇다'로, 12~13점은 '그렇다'로, 10~11점은 '보통이다'로, 8~9점은 '그렇지 않다'로, 그리고 7점 이하는 '전혀 그렇지 않다'로 판정한다.

네 개 반은 '1-가, 1-나, 1-다, 1-라'로 부른다. 학습자들의 정보누출을 막기 위해 위의 반 명칭은 필자가 임의로 붙인 것으로, 본교의 반 명칭과의 아무런 상관이 없음을 밝혀 둔다. 이하의 〈표 6-2〉와 〈표 6-3〉은 본교 네 반 학습자들에게서 드러난 '나무-그림'을 전문가의 '나무-그림'에 견주어 평가한 결과이다. A는 1-가의 특정 학습자를, 그리고 B, C, D는 각각 1-나, 1-다, 1-라의 특정 학습자를 가리키는 것이다.

〈표 6-2〉는 1-가, 1-나 각 23명의 결과이다. 최하점이 7점이고, 최고점이 15점이다. 전반적으로 1-나의 경우가 점수가 높은 편인데, 특히 15점을 받은 학습자가 다른 반에 비해 많다. 그리고 두 반 모두 대다수 학습자가 필자 관점에서 향상을 보이고 있다. 1-가의 9번과 23번 학습자의 경우만 1차에서 높은 점수를 받았을 뿐, 대다수 학습자가 2차에서 높은 점수를 받았다.

<표 6-2> 전문가 '나무-그림'과 학습자 '나무-그림'의 비교 분석 결과

A	1-가(반) 필자 관점		독자 관점			합계	B	1-나(반) 필자 관점		독자 관점			합계
	1차	2차	B	C	D			1차	2차	A	C	D	
1	△	△	×	○	△	10	1	△	○	△	△	×	10
2	△	△	○	○	△	12	2	○	○	○	○	○	15
3	○	△	△	△	○	12	3	○	○	○	○	○	15
4	○	○	○	○	○	15	4	×	△	○	○	○	12
5	○	○	○	○	△	14	5	×	△	○	×	○	9
6	△	△	△	○	△	11	6	△	○	○	○	○	14
7	△	○	○	○	○	14	7	×	×	○	○	△	10
8	×	○	○	○	○	13	8	△	△	×	×	○	11
9	△	○	×	○	○	12	9	△	△	○	△	○	12
10	×	×	○	○	○	11	10	△	○	○	○	○	14
11	△	△	△	○	△	12	11	×	△	○	○	○	11
12	○	○	○	○	○	15	12	○	○	○	○	○	15
13	×	○	○	△	×	10	13	○	△	△	△	○	13
14	△	△	○	○	○	13	14	△	△	△	○	○	12
15	×	○	○	○	○	15	15	○	○	○	○	○	15
16	○	△	△	△	△	2	16	△	△	△	△	×	9
17	×	○	△	△	△	10	17	○	△	○	○	△	13
18	×	○	×	×	△	8	18	○	○	○	○	○	15
19	△	△	○	○	○	13	19	△	△	○	△	○	12
20	×	○	△	○	○	11	20	○	○	△	○	○	14
21	○	○	△	○	○	14	21	○	○	○	△	○	14
22	×	△	○	×	×	7	22	△	○	○	△	○	14
23	△	×	○	△	○	10	23	○	○	○	△	○	13

<표 6-3>은 1-다, 1-라의 결과로, 앞의 두 반에 비해, 특히 1-라은 전체적으로 점수가 다소 낮은 것으로 드러났다. 반별로 언어수행 능력 수준에 큰 차이는 없었는데, 본고의 조사에서는 다소 점수상에 편차가 생기는 것으로 보인다. 1-다의 경우 필자 관점에서 대폭 점수가 향상된 학습자들이 보인다. 3, 6, 13, 16, 17, 22번 등의 학습자

<표 6-3> 전문가 '나무-그림'과 학습자 '나무-그림'의 비교 분석 결과

C	1-다(반) 필자 관점		독자 관점			합계	D	1-라(반) 필자 관점		독자 관점			합계
	1차	2차	A	B	D			1차	2차	A	B	C	
1	○	○	○	×	○	13	1	×	×	○	△	△	9
2	○	○	○	△	○	14	2	○	×	○	△	○	12
3	×	○	○	○	×	11	3	×	△	○	○	○	11
4	△	○	△	○	○	13	4	△	○	△	△	○	9
5	△	○	×	△	○	11	5	△	○	○	○	○	12
6	×	○	×	×	△	8	6	×	×	○	△	×	8
7	○	○	○	○	△	14	7	△	△	○	×	○	9
8	○	○	○	○	○	14	8	△	○	○	△	○	12
9	△	△	△	△	×	9	9	○	○	○	△	○	14
10	△	○	○	○	○	14	10	△	△	△	△	△	10
11	○	○	○	○	△	11	11	○	△	○	○	○	13
12	×	△	△	×	×	7	12	○	○	○	△	○	14
13	×	○	○	△	○	12	13	△	○	○	○	○	13
14	○	○	△	×	△	11	14	○	○	△	×	×	7
15	△	○	○	○	○	12	15	△	○	○	○	○	11
16	×	○	○	○	○	12	16	△	○	○	△	○	10
17	×	○	○	○	×	11	17	×	×	×	△	×	7
18	○	○	○	○	○	12	18	○	○	○	△	△	10
19	○	○	○	○	○	15	19	△	○	△	△	○	12
20	○	○	×	×	△	10	20	△	○	△	△	×	9
21	×	×	○	×	×	7	21	×	○	○	○	○	14
22	×	○	△	×	○	10	22	×	○	○	△	○	12
23	○	○	○	○	○	15	23	×	○	○	○	△	12

가 그런 결과를 보였다. 그에 비해 1-라의 2번 학습자의 경우는 그 반대의 현상을 보였다. 하지만 전반적으로 향상된 결과를 보여주고 있다. 이상의 네 반의 결과를 점수 분포별 학습자 수와 비율로 나타 내면 다음과 같다.

<표 6-4> 학습자 '나무-그림' 결과의 점수별 분포와 비율

분포점수	학습자(명)	분포 비율(%)
14~15	24	26.1
12~13	30	32.6
10~11	23	25
8~9	10	10.9
0~7	5	5.4

분포점수별 학습자 수와 비율에서 드러나듯이, [가설 1]에서 제기한 텍스트에 내재된 위계관계와 '나무-그림'상의 위계관계 일치양상은 〈표 6-4〉에서 알 수 있듯이 대략 60%가량이 일치하는 것으로, 25%가량이 중간 정도로, 그리고 16% 정도가 일치하지 않는 것으로 드러났다.

[가설 1]에서 제기한 내용과는 사뭇 다른 결과가 나왔다. 이는 학습자들이 어느 정도 단락의 위계성을 고려하고 있음을 보여주는 것이라 하겠다. 전문가들이 합의한 '나무-그림'에 대략적인 일치양상을 보여주는 것으로 통계상으로도 본 가설이 기각됨으로써 학습자들의 '나무-그림'의 일치양상이 유의미함을 말해 준다.[8]

물론 필자 1과 필자 2, 그리고 독자의 관점에서 드러난 '나무-그림'의 일치양상에서 약간의 차이를 보이지만, 수치상의 합계와 그로

---

8) 학생을 대상으로 조사했을 경우 각 구간별로 평균값(92/5=18.4)과 유사한 값들이 분포해야만 기존 가설을 만족하게 된다. 이번 실험의 결과로 얻어진 자료를 이용하여 적합도 검정을 수행한 검정통계량은 다음과 같다.

$$\chi^2 = \frac{(5-18.4)^2}{18.4} + \frac{(10-18.4)^2}{18.4} + \frac{(23-18.4)^2}{18.4} + \frac{(30-18.4)^2}{18.4} + \frac{(24-18.4)^2}{18.4}$$
$$= 23.76$$

계산된 x^2값이 23.76으로 유의확률은 1%미만(유의수준 5%일 경우 검정통계량의 기각치는 7.815임)이다. 이는 확률적으로 각 구간별로 유사한 값을 가질 확률이 매우 적음을 의미한다. 즉 학습자들의 글에 내재한 위계관계와 '나무-그림'상으로 드러난 위계관계에서 일치 이상을 대답한 비율이 많음을 의미한다. 고로 본 가설은 기각된다.

부터 나온 통계상의 해석 결과에 따르면 학습자들의 단락 '나무-그림'에 대한 일치도는 유의미한 것으로 볼 수 있다.

이는 분명 본 연구 조사의 학습자들이 읽기나 쓰기에서 단락의 위계관계를 전체글의 관점에서 고려하고 있음을 말해 주는 것이라 하겠다. 위계관계를 고려하고 있음은 전체글의 구조와 의미를 동시에 고려하고 있고, 나아가 위계관계를 바탕으로 단락들을 재구성할 가능성까지 함의한다고 하겠다.

〈표 6-2〉와 〈표 6-3〉에 드러난 다양한 '나무-그림'의 일치 양상을 아래에서 직접 두 명의 학습자 글과 '나무-그림'의 예를 통해 살펴보고자 한다. 92명의 학습자들 중에서 모든 이들의 '나무-그림'에서 합의를 본 학습자와 가장 낮은 점수를 얻은, 즉 합의도가 가장 낮은 학습자의 글과 '나무-그림'을 대상으로 한다. 먼저 모든 이들로부터 합의를 얻은 학습자의 글과 '나무-그림'의 예를 들면 아래와 같다.

'1-나' 반 12번 학생의 글로, 〈표 6-2〉에서 드러나듯이 모든 학습자들로부터 일치되고 있음을 알 수 있다. 학습자가 제출한 원문을 그대로 인용한다.

공부를 잘 하려면

1-나(반) 12번 ○○○

"후……." 고등학교 1학년 1학기 중간고사 성적표를 받은 후 한숨 밖에 나오지 않았다. '머리가 좋지 않아서 그런가?'하는 생각도 해 보았지만, 내가 내린 결론은 공부하는 방법을 바꾸는 것이었다. '어떻게 하면 가장 효율적으로 공부할 수 있을까?'하고 고민하던 나는 결국 '공신'이라는 인터넷 사이티를 찾게 되었고, 여러 사람들의 의견을 들어 본 후 나만의 공부 방법을 정하게 되었다.

공부를 할 때, 내가 중요하게 여기는 것이 두 가지 있는데, 그 중 첫 번째는 올바른 공부습관이다. 공부를 잘 하려면 자신에게 가장 알맞은 습관을 가지고 공부를 해야 한다. 내가 갖고 있는 공부습관 세 가지를 소개하면 다음과 같다.

먼저 수업시간을 최대한 활용하자. 수업 전에는 반드시 수업할 내용을 가볍게 읽어보고, 읽으면서 이해하기 힘든 부분은 표시를 해 둔다. 수업 중에는 선생님의 말씀이 곧 시험문제와 직결된다는 생각을 갖고 수업내용을 하나도 놓쳐서는 안 된다. 내가 할 수 있는 최대한 집중을 해야 하는데, 예습할 때 표시해 두었던 부분에 대해서는 좀 더 신경을 써서 수업을 듣도록 한다. 수업 후에는 반드시 복습을 하도록 하자. 수업을 들은 후 수업내용을 자기 것으로 만들지 않으면 잊어버리기 쉽다.

수학시간을 예로 들어 보자. 오늘은 극한에 대해 배울 차례이다. 어제 저녁에 예습할 때, 샌드위치 정리를 이해하기가 힘들었는데, 선생님의 설명을 듣고 나니 이해가 갔다. 잠시 후, 선생님께서 예제 5를 교과에서 제시한 방법과 다른 방법으로 풀이해 주셨다. 나는 이 풀이를 필기 한 후, 수업을 마치고 예제 5번과 비슷한 유형의 문제들을 선생님의 방법으로 풀어보고 어느 방법이 좀 더 쉬운지 비교해 보았다.

계획을 세워서 공부하자. 가장 먼저 1년 단위로 계획을 세우고, 그 후 한 달, 일주일 단위로 계획을 세우는 것이 좋다. 물론 부지런하다면 하루하루의 계획을 세우는 것도 좋다. 계획을 세울 때에는 시간, 과목, 단원명 등을 기입하여 최대한 구체적으로 계획을 세우는 것이 좋다. 계획을 세우는 것만큼 중요한 것이 그것을 지키는 것인데, 정해진 시간 안에 무조건 끝내야 한다는 생각으로 공부를 하면 적당히 긴장이 되며, 높은 효율로 공부할 수 있다. 정해진 시간 안에 끝내지 못한 것들은 모다 뒀다가 자투리 시간이나 수면 시간을 줄여서 끝내도록 한다. 오늘 할 일을 내일로 미루어서는 안 된다.

오답노트를 꼭 만들자. 특히 수학문제를 풀면서 느낀 것인데, 풀이방법을 잘 몰라 틀렸던 문제를 그냥 두면 다음번에 비슷한 문제가 나와도 틀리게 된다. 얼마나 억울한 일인가? 한 번 틀렸던 문제는 다시는 틀리지 않도록 오답노트를 만들도록 하고, 비슷한 유형의 문제를 찾아 다시 한 번 풀어보는 것이 좋겠다.

내가 두 번째로 중요하게 여기는 집중력이다. 책상에 앉아서 책을 보고 있다고 해서 공부를 한다고 볼 수는 없다. 집중하지 못하고 딴 생각을 하거나 주위를 의식하게 되면, 높은 학습효과를 거둘 수 없다. 곧 집중을 하지 않는 것은 시간을 낭비하는 것이라 할 수 있겠다.

몇 가지 공부 방법에 대해 소개해 보았는데, 이 외에도 여러 가지 공부방법이 존재한다. 하지만 여러 가지 방법들을 따라하는 것 보다는 자신에게 가장 잘 맞는 공부 방법을 찾아 학습효과를 극대화시킬 수 있도록 하는 것이 중요하다.

위 학습자의 글은 8개의 단락으로 구성되어 있다. 첫째 단락이 공부 방법에 대하여 이야기하겠다는 들머리 성격의 단락으로 전체 글의 나아갈 바를 정해 주는 역할을 하고 있다. 둘째 단락부터 일곱째 단락까지는 들머리에 이어지는 하위 단락들로 구체적인 공부 방법에 대한 언급을 하고 있다. 여덟째 단락은 마무리 성격의 단락으로 전체글을 간단하게 요약하고 있다.

크게 보면 두 단계 구조로 되어 있다. A4 용지 한 면이라는 양적 제한 때문인지 서론, 본론, 결론의 삼단 구성을 따르기보다는 서론이 본론의 총론 단락을 대신하는 역할을 하고 있다. 네 번째 단락은 세 번째 단락의 내용을 상세하게 풀어주는 예시 단락의 역할을 하고 있기에 상·하 관계로 드러나고 있다. 필자와 독자, 그리고 전문가들로부터 도출된 '나무-그림'은 다음과 같은 형태로 드러났다. 'T'는 전체글(text)이며, '$P_{1\sim8}$'의 'P'는 단락(Paragraph)표시이며, '1~8'은 단락의 순서를 나타낸다.

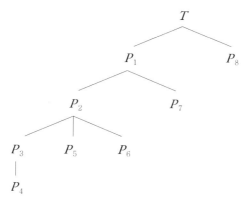

<그림 6-1> 합의된 '나무-그림'

　다음은 〈표 6-3〉의 1-라 17번 학습자의 글이다. 이 학습자의 글로부터 드러난 '나무-그림'은 한 사람만 일치하고, 나머지 네 사람은 전문가들의 합의된 '나무-그림'과는 완전히 다른 '나무-그림'을 산출했다. 다만 한 명의 독자 관점 학습자의 '나무-그림'은 필자 관점 1과 비슷하기에 그림에서 생략한다. 앞서와 마찬가지로 맞춤법이나 띄어쓰기, 문법구조의 오류에 상관없이 학습자가 제출한 원문을 그대로 인용했음을 밝혀둔다.

생물 경시를 위해

1-라(반) 17번 ○○○

　생물 경시를 준비하는 분에게 조금이나마 도움이 되고자 이 글을 씁니다. 저는 준비하기에 앞서 마음이 중요하다고 생각합니다. 그 마음이란, 바로 생물을 사랑하는 마음입니다. 다른 과목도 마찬가지이지만 생물을 사랑

하지 않고 좋은 결과를 내기는 어렵다고 생각합니다.

우선, 시작할 책은 하이탑입니다. 이 책은 아주 기초적이면서도 중요한 책으로 이 책으로 먼저 기초를 다져야 합니다. 그렇지 않으면 일반 생물학 책이 너무 어렵게 느껴질 수 있습니다. KBO에서 하이탑 수준의 문제를 약 10~20% 정도 나오는 것 같습니다.

그 다음은 하이탑과 사자의 중간이 호랑이책입니다. 호랑이 책은 요약본도 있는데 그것보다는 두꺼운 원본이 좋습니다. 책이 정리가 잘 되어 있고 설명도 쉬워서 공부하기 좋은 책이지만 옛날 책이다 보니 틀린 내용이 많으므로 가볍게 읽으시면 되겠습니다.

이제 본격적으로 읽어야 할 책은 사자책입니다. 흐름이 고사리책으로 바뀌었다고 하지만 KBO 문제를 출제하시는 분들이 기린/사자책에 더 익숙해져 있으므로 저는 이 책을 더 추천합니다. 번역이 이상한 부분도 많지만 이 책을 적어도 2바퀴 이상 돌리는 것을 추천합니다. 저는 2바퀴 돌리고 나서 시간이 부족해 부분부분으로 읽었습니다.

그 다음은 선택인데 고사리책 또는 전공생물입니다. 고사리책에는 사자 책에 없는 내용이 있지만 올해에는 그 쪽 문제는 거의 없었던 것 같습니다. 전공 생물책은 각 생물의 전공분야를 조금씩 모아둔 것인데 이 쪽에서는 2~3문제만 나오므로 목표가 대상이 아니라면 안 보셔도 될 것 같습니다.

마지막으로 문제집을 풀어야 합니다. 일반 생물학책으로 공부를 했지만 막상 문제로 풀 때 헷갈리는 경우가 많이 있습니다. 개인적으로는 독수리책, 한국 생물 올림피아드 – 예상문제 및 풀이집을 푸는 것을 추천합니다. 문제집을 풀면서 문제 푸는 감도 익히고 모르는 내용도 배우고 아는 것도 복습하시길 바랍니다.

학습적인 것은 여기까지 하고 이제는 마음가짐에 대해 이야기하겠습니다. 아무리 실력이 좋아도 시험치는 날 불안하고 초조해하면 좋은 결과를 얻기 힘듭니다. 평소에 자기가 잘하는 생물분야를 공부하면서 자신감을 키우는 것을 추천합니다. 긴장을 많이 하시는 분의 경우에는 시험칠 때 우황청심환을 드시거나 시험치기 전에 병원에 가서 신경안정제를 구해 드시는 것을 추천합니다.

위에서 한국 생물 올림피아드 - 예상문제 및 풀이집 푸는 것과 고사리/전공 생물을 제외하고는 제가 했던 방법입니다. 즉 먼저 하이탑으로 기초를 다진 후, 호랑이책과 사자책으로 처음에는 전체적으로 일반생물학을 둘러본 후 본격적으로 외우는 것입니다. 그 다음 문제집으로 독수리책을 풀었는데 전공 생물 부분의 내용도 나오긴 나오는데 그냥 읽고 지나가는 정도로 봤습니다. 다른 여러 방법도 있지만 저는 이 방법이 좋다고 생각합니다.

한 사람의 '나무-그림'을 제외하고는 네 가지 '나무-그림'이 모두 다르게 나왔다. 왜 그런 현상이 나왔는지, 결과만 가지고 정확하게 판단하기 어려울 듯하다. 다만 '나무-그림'으로 드러난 결과는 학습자들이 일곱 번째 단락과 마지막 단락을 '나무-그림'으로 재구성하지 못했고, 상·하 관계와 등위 관계에 대한 구조와 의미를 제대로 이해하지 못한 것으로 판단된다. 특히 필자 관점의 학습자는 1차와 2차에 큰 변화 없이 상·하 관계의 '나무-그림'으로 일관하고 있다.

그림에서 드러나듯이, 전문가들은 학습자의 글에서 여덟 번째 단락을 둘째부터 여섯째까지 단락들의 상위 단락으로 처리하고 있다. 단락들의 관계가 재구성되어 '나무-그림'으로 드러났다. 반면에, 학습자는 필자 관점 1에서는 단순한 상·하 관계로, 관점 2에서는 여덟 번째 단락을 전체글을 요약하고 있는 단락으로 고려하고 있다.

글의 내용을 보면, 여덟 번째 단락은 앞서 나온 단락을 요약은 하지만, 전체 단락을 모두 고려한 것이 아니고, 둘째부터 여섯째까지의 단락만 고려한 것으로 드러난다. 아마 학습자가 공부 방법의 지식적인 측면을 강조하려고 하다 보니 사족을 단 결과가 되어 버렸다.

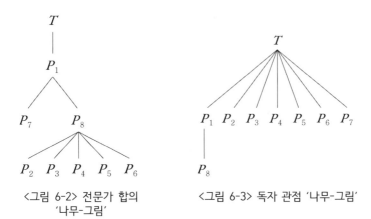

<그림 6-2> 전문가 합의
'나무-그림'

<그림 6-3> 독자 관점 '나무-그림'

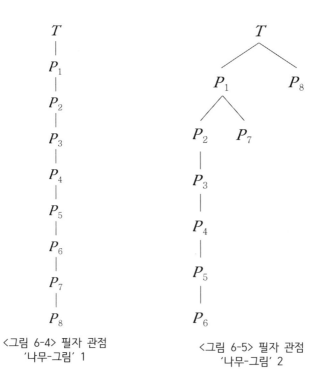

<그림 6-4> 필자 관점
'나무-그림' 1

<그림 6-5> 필자 관점
'나무-그림' 2

오히려 여덟째 단락을 본론의 상위 단락으로 두고, 둘째부터 여섯째까지를 그 단락을 구체화시키는 쪽으로 전개했으면 보다 바람직한 글의 구조가 되었을 것이다. 일곱 번째 단락은 지적인 측면이 아닌 정신적인 측면을 언급했기 때문에 다른 층위의 단락에 두어야 적절한 것 같다.

[가설 1]의 연구 조사결과에서 '나무-그림'으로 단락 간의 위계성을 드러내는 데 어려움을 겪는 학습자들에게서 드러나는 문제점 중의 하나는, 전체글에서 단락의 의미 위계성을 '나무-그림'으로 드러낼 시에 단락들의 의미관계를 재구성하여 도식화시키기보다는 순차적으로만 배열시키려는 경향이 있다는 점이다. 단락들의 관계를 자신의 인식 틀로 재구성해야 함에도, 제시된 글의 각 단락에 대한 순차적 처리에만 초점을 둠으로 해서 보다 명료한 심성모형을 형성하는 데 어려움을 드러낸다는 점이다. 이는 표면적인 이해에는 큰 문제가 없겠지만, 보다 심층적인 이해에는 문제가 될 수 있을 것이다.

[가설 2]의 조사결과는 〈표 6-5〉로 그 결과가 정리될 수 있다. 일정한 시간 간격을 두고 산출된 필자 관점의 '나무-그림'은 아래의 표에서 드러나듯이, 전반적으로 향상된 모습을 보여주고 있다. 우선 '변화 있음'의 구분 범주 양상에서 긍정적 양상(4~6번)이 부정적 양상(7~9번)보다 수적으로나 비율로 훨씬 높게 드러나고 있다.

'변화 없음'의 구분범주 양상에서 연번 1(○ → ○)은 애초부터 정확하게 '나무-그림'을 그린 학습자들에 속하는 것이기 때문에 향상된 변화 양상에는 속하지는 않지만, [가설 2]에 유의미한 것으로 해석해도 무방할 것 같다. 하지만 연구가설에서 향상된 변화양상을 보일 것이라고 예측했던 바와 달리 '변화 없음' 범주의 연번 2(△ → △), 3(× → ×)과 '변화 있음' 범주의 부정 양상(7, 8, 9번)은 향상된 변화 양상을 보여주지 못했다.

<표 6-5> 필자 관점 '나무-그림'의 변화 양상 결과

구분범주		연번	변화양상	학습자(명)	비율(%)
변화 없음		1	○→○	27	29.3
		2	△→△	15	16.3
		3	×→×	7	7.6
변화 있음	긍정 양상	4	△→○	15	16.3
		5	×→△	12	13
		6	×→○	12	13
	부정 양상	7	○→△	2	2.2
		8	○→×	1	1.1
		9	△→×	1	1.1

요약하자면 긍정적으로 해석할 수 있는 양상은 학습자 수로는 66
명, 비율로는 대략 71.3%, 그리고 부정적으로 볼 수 있는 양상은 학
습자 수로는 26명, 비율로는 대략 28.3% 정도로 드러난다.[9]

글을 쓰면서 동시에 드러낸 '나무-그림'과 일정한 시간이 흐른 후에
드러낸 '나무-그림'은 그 일치도 면에서 차이를 보이는 것이다. 이는
학습자들이 일정한 시간 간격을 두고 다른 학습자들의 글을 읽고 몇

---

9) '나무-그림'을 통해 학습자들이 영향을 받지 않는다면 긍정양상을 보이는 학습자와 부
   정적인 양상을 보이는 학습자의 수가 유사하게 발생하게 될 것이다. 즉 긍정양상을 보이
   는 학습자의 비율이 전체 학습자의 50% 정도가 될 것이다. 실제 가설검정을 위해 얻어진
   92명의 표본 학습자 중에서 긍정양상을 보이는 학습자의 수가 50%보다 크다면 이는 곧
   '나무-그림'의 학습효과가 있다는 반증이 될 것이다. 이를 위해

   $$귀무가설\ H_0:p=0.5\ 대\ 대립가설\ H_1:p\rangle0.5$$

   을 검정하면 된다. 즉 긍정양상을 보이는 학습자의 수가 월등히 많음을 보여주면 되는 것이
   다. 이를 검정하기 위한 검정통계량은 표본의 수가 크므로 Z-검정을 활용하면 된다.

   $$Z=\frac{\hat{p}-p}{\sqrt{p(1-p)/n}}=\frac{0.72-0.5}{\sqrt{0.5(1-0.5)/92}}=4.22$$

   (여기서 $\hat{p}$=66/92=0.72, 즉 긍정양상을 보이는 학습자의 비율임)

   검정통계량의 값이 유의수준 5%로 Z-검정의 기각치인 1.645보다 크므로(즉 검정통계
   량의 값이 기각역 내에 위치함으로써) 귀무가설을 기각하게 된다. 즉 '나무-그림'을 활용
   할 경우 학습자의 긍정양상을 유도해 낼 수 있다는 결론을 얻을 수 있다.

개의 '나무-그림'을 그려 보면서 텍스트에 내재한 위계관계를 '나무-그림'으로 드러내는 데 약간은 익숙해졌거나 혹은 위계관계를 드러낼 수 있는 인식 능력이 향상되었음을 보여주는 결과라 할 수 있다.

[가설 3]에서는 주제가 다양한 층위에 분포할 것이라고 가정하였다. 이는 학습자들이 텍스트의 주제를 구현하는 데 있어 그 위계성을 분명히 인식하기보다는 다소 자의적으로 단락에 배치할 것이라고 본 것이었다. 이는 [가설 1]과도 일정 부분 연관이 있다. 학습자들이 전체글에서 단락의 관계를 분명하게 인식하기보다는 다분히 자의적으로 고려하며, 이는 전체글의 위계를 고려하여 주제를 단락 중심으로 드러내기보다는 다분히 언어단위의 형식에 관계없이 다양하게 드러낼 것이라고 보았던 것이다.

[가설 1]의 결과에서와 마찬가지로 네 반 학습자들의 결과를 아래 〈표 6-6〉과 〈표 6-7〉에서 제시한다. [가설 1]에서와 달리 [가설 3]을 시행하는 데 있어서는 필자 관점 2차 때만의 결과를 반영했다. 1차 때는 단순히 '나무-그림'만을 산출하라고 했고, 2차 때는 주제 제시와 더불어 그 층위를 제시하라고 했기 때문에 [가설 3]은 필자 관점 2차와 좀 더 밀접한 관련을 맺는다. [가설 2]의 결과에서도 드러났듯이 긍정적인 변화양상을 학습자들이 드러냈기 때문에 1차 때보다 보다 정확한 '나무-그림' 및 단락 위계 양상을 드러냈을 것으로 볼 수 있다.

단락 수는 학습자들이 A4 용지 한 면에 산출한 단락의 수를 말하며, 단락 위계수는 '나무-그림'으로 드러난 단락의 상·하 단계를 가리킨다. 주제제시 여부는 학습자들이 자신의 글을 바탕으로 주제제시 여부와 그 층위를 가리킨 것이다.

구체적으로 드러난 결과를 살펴보면, 대략 단락 수는 6~10개 정도로, '나무-그림'으로 드러난 단락의 위계 수는 1~6단계까지 드러났다. 대체로 직접적으로 주제를 제시했지만, 몇몇 학습자들은 자신의 글에서 주제를 직·간접적으로 드러내지 않았음을 주제제시 여부에서 알 수 있다. 주제 제시 층위는 가장 상위 층위인 1단계에서부터 다소 하위 층위라 할 수 있는 4단계에서도 드러났고, 뿐만 아니라 다양한 층위에서 혼합되어 드러나는 경우도 있다.

주제를 제시하지 않은 학습자가 1-가와 1-나에 각각 한 명씩 있

<표 6-6> 주제제시 및 단락의 위계와 층위

	1-가(반)					1-나(반)			
	단락 수	단락 위계 수	주제제시 여부	주제제시 층위		단락 수	단락 위계 수	주제제시 여부	주제제시 층위
1	8	4	○	2	1	8	3	○	1
2	8	2	○	2	2	7	3	○	1
3	6	2	○	2	3	8	3	○	1
4	7	2	○	2	4	7	2	○	1
5	7	3	○	1	5	6	1	○	1
6	7	2	○	1	6	7	3	○	1
7	7	2	○	2	7	7	1	○	1
8	7	2	○	1	8	6	3	○	2
9	7	3	○	1	9	7	1	○	1
10	6	1	○	1	10	7	3	○	2
11	6	2	○	1	11	8	4	○	1
12	7	2	○	2	12	8	4	×	×
13	6	3	×	×	13	8	3	○	1
14	7	2	○	1	14	8	3	○	1,2,3
15	8	4	○	2	15	7	2	○	1
16	8	3	○	1,3	16	7	3	○	1
17	6	2	○	1	17	7	2	○	1
18	6	2	○	1	18	6	2	○	1
19	9	2	○	1	19	7	2	○	1
20	7	3	○	2	20	7	3	○	2
21	7	3	○	1	21	7	3	○	1
22	7	3	○	1	22	7	2	○	2
23	6	3	○	1	23	7	3	○	1,2

는데, 이들의 글에서 드러나는 두드러진 특징은 전체글의 구조가 다소 산만하다는 점이다. 전체글의 주제를 분명하게 상정하지 않은 채 떠오르는 생각들을 산발적으로 드러냄으로써 단락 간의 의미관계가 다소 불분명한 드러난 경우가 많았다. 이는 주제 제시 층위를 다양하게 드러낸 학습자들에게서도 드러나는 현상중의 하나였다.

<표 6-7> 주제제시 및 단락의 위계와 층위

	1-다(반)					1-라(반)			
	단락 수	단락 위계 수	주제제시 여부	주제제시 층위		단락 수	단락 위계 수	주제제시 여부	주제제시 층위
1	6	2	○	1	1	6	1	○	1
2	7	3	○	2	2	6	1	○	1
3	6	2	○	1	3	8	3	○	2
4	7	3	○	3	4	7	4	○	1
5	7	3	○	1	5	7	4	○	1
6	6	2	○	1	6	7	1	○	1
7	6	3	○	1,2,3	7	7	3	○	1
8	6	2	○	1	8	7	2	○	1
9	6	2	○	1	9	6	2	○	1
10	7	2	×	×	10	10	3	○	1
11	7	3	○	1	11	7	3	○	1
12	6	4	○	1,3,4	12	7	3	○	1
13	7	2	○	1	13	8	2	○	2
14	6	3	○	1	14	7	5	○	4
15	8	4	○	1	15	7	2	○	1
16	6	3	○	1,2	16	7	2	○	1
17	6	2	×	×	17	8	6	○	1
18	6	3	○	1,2	18	8	3	○	1
19	6	2	○	1,2	19	7	4	○	2
20	7	3	○	2	20	6	2	○	1,2
21	6	2	○	2	21	6	2	○	1
22	7	3	○	1,2,3	22	6	2	○	1
23	8	3	○	2	23	7	2	×	×

특히 1-다의 경우 주제를 제시하지 않은 경우와 특히 여러 층위에 걸쳐 주제를 제시한 학습자가 많은 것으로 드러난다. 물론 주제가 꼭 하나의 층위에만 존재해야 하는 것은 아니다. 하지만 제한된 지면과 단락 산출하에 주제가 다수의 단락과 층위에 흩어져 있다는 점은 곧 글의 통일성, 즉 의미연결에 있어 다소 매끄럽지 못한 결과로 드러남을 몇몇 학습자들의 글로부터 파악할 수 있었다. 주제를 포함한 명제들이 자주 반복됨으로써 유사 내용들이 불필요하게 중복되는 경우가 있었고, 따라서 단락의 구분이 명확하게 드러나지 않는 결과로 드러나기도 했다. 또한 전체글의 주제를 학습자 스스로 명확하게 산출하거나 처리하지 못하는 결과를 초래하기도 했다.

위의 표를 중심으로 주제제시 층위를 재구성해 보면 〈표 6-8〉과 같다. 주제를 제시하지 않은 학습자는 제외된다. 다양한 층위에서 주제를 드러낸 학습자는 혼합층위로 묶어 제시한다. 주제를 제시하지 않은 학습자 5명을 제외하고 88명의 학습자가 대상이다.

〈표 6-8〉 단락을 통해 드러난 주제제시 층위의 결과

주제제시 층위	학습자(명)	비율(%)
1	54	62.1
2	21	24.1
3	1	1.1
4	1	1.1
혼합	10	11.5

대략 주제제시가 가장 상위 층위인 1단계에 제시된 비율이 62.1%로 나왔고, 다양한 층위에 걸쳐 주제를 제시한 학습자들의 비율이 11.5% 정도로 나왔다는 점이다. [가설 3]에서 제시된 문제를 위의 결과를 바탕으로 통계치로 분석하면 본 가설은 기각됨을 알 수 있다.[10]

따라서 일정한 층위, 특히 최상위 층위의 단락에 주제를 배치하는 경향이 있음을 위의 결과를 통해 알 수 있게 된다.

대다수의 학습자들은 일정 부분 주제를 단락에 직접적으로 드러내며, 이 단락은 전체글에서 상위의 의미위계에 놓임을 통계결과를 통해 알 수 있다. 이는 학습자들이 주제와 그 주제를 담은 언어 형식 단위인 단락의 위치를 전체글에서 고려한다는 것을 알 수 있다.

3.2. 교육상 의의

단락은 중심문장과 그것을 뒷받침하는 문장들로 구성된 하나의 의미덩이로, 일명 전체글에서 소주제를 구성하는 단위이기도 하다. 주로 학교 현장에서는 읽기나 쓰기교육에서 그 단위의 중요성이 고려되며 정형화된 문법 단위로는 다루어지지 않는다. 본고에서는 이상과 같은 단락에 대한 인식을 좀 더 명확하게 하고, 단락에 대한 교육상의 접근 방법을 보다 구체화시키고자 세 가지 가설을 통해 단락에 대한 학습자들의 접근 방법을 연구 조사해 보았다. 이를 통해 다음과 같은 의의를 이끌어 낼 수 있다.

첫째, 단락은 의미 위계관계를 중심으로 읽기와 쓰기교육, 그리고 문법교육과의 통합적인 접근 방법이 필요하다는 것이다. 본 연구 조사에서 드러났듯이, 학습자들은 일정한 도식으로 형상화된 의미의

---

10) 주제를 제시하지 않는 학습자 5명을 제외한 87명을 대상으로 조사한 결과, 5가지(1, 2, 3, 4, 혼합) 층위로 나누어지며 1·2층위에 80% 가량이 분포하고 있다. 각 층위별 분포를 확인하기 위해 적합도 검정을 실시하면 검정통계량의 값은 111.79이다. 5가지 층위에서 유의수준 5%로 적합도 검정의 기각치는 x^2-분포표에 의하면 9.488이며, 검정통계량 값 111.79가 기각치인 9.488보다 크므로(즉, 검정통계량의 값이 기각역 내에 위치함으로써) 기존 가설(직간접적으로 텍스트의 주제를 포함한 단락은 층위별로 고루 분포할 것이다)을 기각하게 된다.

$$\chi^2 = \frac{(54-17.4)^2}{17.4} + \frac{(21-17.4)^2}{17.4} + \frac{(1-17.4)^2}{17.4} + \frac{(1-17.4)^2}{17.4} + \frac{(10-17.4)^2}{17.4} = 111.79$$

위계 관계에 대한 '나무-그림'에서 상당한 일치관계를 드러냈다. 이를 통해 본고의 학습자들은 전체글에서 단락 간의 의미 위계에 대해 분명히 인식하고 있음을 알 수 있다.

기존에 단락이라는 언어 단위에 대한 교육은 주로 읽기와 쓰기에서 논리와 수사단위로 고려되거나, 혹은 단순한 규범적 단위[11]의 수준에서 다루어지는 경우가 많았다. 그 중요성에도 불구하고, 명확하고 분명한 심리적 실재 단위로서 다루어지지 못했던 것이다. 본고의 현장 연구 조사에서 단락은 분명 전체글에서 위계성을 가진 심리적 실재 단위로 존재하며, 의미의 위계관계에서는 다수의 합의에 도달하는 경우도 드러났다. 이는 단락이 그 단위가 가지는 불확정성과 애매성에도 불구하고, 문법교육에서 전체글의 의미 위계에 따른 단락의 관계를 도식화시킬 수 있는 의의를 가질 수 있는 점으로 부각될 수 있다.

결국 읽기와 쓰기교육, 그리고 문법교육이 단락이라는 단위를 통해 통합되어 지도될 수 있다는 것이다.[12] 이는 문법교육이 가지는 정체성의 문제, 그리고 학교현장에서 곧잘 도외시되는 문제를 어느 정도 극복할 수 있는 계기가 될 수도 있을 것이다.

둘째, 위의 첫 번째 의의에 대한 범위를 보다 좁혀 읽기와 쓰기 관점에서의 단락에 대한 의의이다. 연구결과에서도 드러났듯이, 학습

---

11) 주세형(2006: 401~402)에서는 국어지식 영역에서의 규범성과 창의성의 문제를 다루면서, 규범성의 문제를 네 가지 차원으로 제시하고 있다. 단락은 그 중에서 네 번째 차원인 '표현술' 혹은 '문체론적 법칙'과 관련된다고 할 수 있다.

12) 고영근(2004: 47)에서는 중학교 문법의 범위를 텍스트로 넓히면서 작문과 통합하는 방향을 취해야 하고 고등학교는 그간 배운 문법지식을 총정리하되, 구조나 체계 중심의 문법을 구성하여야 한다고 지적하고 있다. 결국 작문과 통합 문제나 구조나 체계 중심 문법 지향으로의 문제는 결국 보다 거시적이고 총체적인 관점에서 문법교육이 이루어져야 하고, 이는 그간의 형태·통사 중심의 문법교육을 극복하여, 보다 학습자 중심의 담화 문법교육이 되어야 함을 역설하는 것이다. 본고는 이런 관점에서 본다면 위의 논문에서 제기한 중학교나 고등학교에서의 문법교육의 방향과 그 궤를 같이한다고 볼 수 있다.

자들은 다른 학습자들의 글을 읽고 '나무-그림'을 그려봄으로써 자신의 글에 대한 전체적인 구조나 의미의 위계 관계를 보다 잘 인식한다는 것을 알 수 있었다.

이는 첫 번째 의의와 마찬가지로 읽기와 쓰기의 통합적 교육양상의 가능성을 보여준다. 가령 학습자들은 '나무-그림' 그리기를 통해 자신뿐만 아니라, 다른 학습자의 글에 대한 구조나 의미 관계를 인식하게 되고, 나아가 이를 바탕으로 자신의 글에 내재하는 의미 관계를 재차 고려하여 '다시 쓰기'나 '고쳐 쓰기'의 기본 잣대로 삼을 수 있을 것이다.

셋째, 본고는 단락을 심리적 실재로 드러낼 수 있는 방법의 하나로 '나무-그림'을 사용하였다. 단락은 전체글에서 다양한 의미관계를 형성한다. 단락 그 자체만 하더라도 구성된 문장들의 의미관계를 따질 수 있을 만큼 다양한 의미변수를 가지고 있다.

본고는 이와 같은 다양한 의미관계의 변수를 가진 단락을 '나무-그림'라는 단순한 도식을 가지고, 연구가설을 설정해 그 결과를 도출시켰다. 결과에서 알 수 있듯이 학습자들은 '나무-그림'을 통해 단락 의미의 위계관계를 효과적으로 표상화시켰고, 전체글에서 단락의 관계를 보다 적절하게 향상시켜 드러냈다. 이는 '나무-그림'이 단락의 심리적 위계성을 드러내는 데 어느 정도 적절하게 기여하고 있다고 말할 수 있을 것이다. 또한 그 적절성 여부를 떠나 '나무-그림'을 통해 학습자들이 전체글에서 단락의 의미 관계를 보다 적절하게 처리하거나 산출할 수 있다는 점도 그 의의로서 포함될 수 있을 것이다.

넷째, 국어교육에서 '주제'는 가장 핵심적인 연구 영역이다. 이는 언어사용 영역에서 가장 기본이 될 뿐만 아니라, 문법이나 문학 영역에서도 가장 많이 그리고 비중 있게 다루어진다. [가설 3]은 주제가 가지는 기본적인 의미 위계 층위의 문제에 대한 것이었다.

연구결과에서 드러났듯이, 학습자들은 주제를 가장 상위 단락에 배치하는 것으로 드러났다. 주제가 가지는 개념상의 추상성 때문에 대다수의 학습자들은 주제 파악에 대한 어려움을 호소하는 경우가 많다. 주제를 산출하거나 처리하는 데 어려움을 겪는 많은 학습자들에게 우선 주제를 어떤 언어 단위에 적절하게 담을 것인가부터 제시해야 한다. 본고는 학습자들에게 단락이라는 단위를 바탕으로 주제를 고려하게 했다.

또한 주제가 가지는 추상성의 문제를 '나무-그림'상의 단락 위계 관계라는 도식을 통해 연습시킴으로써 주제를 전체글에서 보다 명확하고 분명하게 접근할 수 있도록 했다. 아울러 주제가 전체글에서 가지는 의미위계상의 문제를 학습자들이 충분히 인식하는 계기가 될 수도 있을 것이다.

4. 마무리

본고는 '나무-그림'을 통해 드러난 학습자들의 단락 관계 파악 양상을 살펴보았다. 세 가지 연구가설을 제시하고, 학습자들로부터 산출된 글과 '나무-그림'을 읽기와 쓰기의 관점에서 파악하고 그 결과를 간단한 통계치로 만들어 그 유의미성을 따져 보았다.

첫째, 학습자들이 산출한 글과 '나무-그림'의 일치 여부에 대한 문제이다. 가설에서 다소 불일치 양상을 보일 것이라고 예상했지만, 실제 드러난 결과는 대략적으로 일치 양상을 보이는 것으로 드러났다. 이는 학습자들이 전체글에서 단락의 위계관계를 잠정적으로 인식하고 그것을 '나무-그림'을 통해 드러낸 결과라 볼 수 있다.

둘째, 필자 관점에서 일정한 시간 간격을 두고 산출된 '나무-그림'은 향상된 변화 양상을 보일 것이라 보았다. 결과에서도 드러났듯이, 학습자들은 다른 학습자들의 글을 읽고 '나무-그림'을 그려봄으로써 자신이 쓴 글을 되돌아 볼 수 있었던 것으로 해석되었다.

셋째, 다양한 층위에 주제를 포함한 단락이 배치될 것이라고 본 가설은 결과에 따라 기각되었다. 대다수의 학습자들은 주제를 직·간접적으로 포함하고 있다고 본 단락을 위계상 최상위 계층에 배치시켰고, 그것에 하위 단락들을 적절하게 배치시키는 결과를 보여주었다. 이는 본고의 연구 조사 대상의 학습자들이 주제의 의미위계를 고려하고 있다고 볼 수 있다.

이상의 세 가지 연구가설을 통해 단락은 전체글에서 '나무-그림'을 통해 의미위계를 가진다는 것을 알 수 있었다. 또한 학습자들은 읽기와 쓰기에서 단락 관계와 주제의 의미 위계에 대해 분명한 인식의 정도를 드러내고 있다고 볼 수 있다.

하지만 본고의 연구 조사 대상 학습자들이 일부 언어수행능력이 우수한 대상자에 국한되었고, 의미 위계를 드러내는 데 '나무-그림'이 가지는 한계가 따른다는 점은 한계로 볼 수 있다. 좀 더 전체글의 의미관계를 정밀하게 드러낼 수 있는 도식 장치가 고안되고, 폭넓은 학습자들을 대상으로 한다면 본 연구는 그 실효성을 더 거둘 수 있을 것이다.

의미단락 구성 양상

1. 들머리

본고는 학습자들의 요약하기 양상을 통해 드러난 단락 재구성, 즉 의미단락과 그것의 핵심 명제인 의미단락 주제 처리 양상을 고찰한다. 요약하기는 읽기 전략 중에서 가장 핵심이 되는 것으로, 한 편의 글을 읽고 독자 자신의 것으로 만드는 과정상에서 반드시 필요한 한 가지 전략이다. 특히 요약하기는 단순히 원문의 글을 줄이는 것을 넘어서서 독자 자신의 언어지식과 세상지식이 반드시 투영되기 때문에 읽기 전략 중에서도 고차 수준의 것으로 볼 수 있다.[1]

요약하기는 또한 읽기와 쓰기를 아우를 수 있는 전략이기도 하

---

[1] Eileen Kintsch(1990: 171~181)에서는 초등학생(6학년), 고등학생(1학년), 대학생들의 요약양상의 결과를 논의하면서 연령과 학령이 낮을수록 요약에 드러나는 양상이 축자적인 낱말이나 문장 중심의 나열에 그치고, 연령과 학령이 높을수록 단락의 재구조화나 의미의 구성과 통합 양상의 요약을 드러낸다고 지적한다. 아울러 요약하기는 상당한 수준의 읽기와 쓰기 전략이 필요로 하기 때문에 언어수행 능력 수준을 고려한 수준별 요약함을 제시한다.

다.2) 원문을 그대로 줄이다 보면 맥락상 적절하지 못한 경우가 생긴다. 원문은 독자의 해석과 평가를 거치면서 다양하게 변형되고 수정될 수 있고, 이 과정을 거치면서 입체적 사고의 덩이들이 선조적으로 산출될 수 있도록 독자의 쓰기 전략이 수반된다.

단락은 이와 같은 원문의 의미덩이를 줄이고 늘여가는 요약에 있어 그 중심에 위치하고 있는 단위라 볼 수 있다. 곧 단락 재구성은 요약으로 가는 핵심 과정이라 할 수 있다. 단락 재구성을 통해 드러난 단락 양상은 원문에서 드러난 단락의 양상에 비해 학습자들이 파악한 단락으로 재편성된 것이기 때문에, 각 원문의 양상과는 다를 것이다. 이는 다분히 독자 중심, 학습자 중심 접근 양상이라 할 수 있다.

이러한 점에서 본고는 학습자들의 요약 양상을 통해 드러난 의미단락과 의미단락 주제의 실태를 살펴보고, 그 결과를 토대로 요약하기가 가지는 읽기·쓰기 교육에서의 의미를 재고하며, 단락이 요약에서 가지는 전략적인 부분에 대한 이론적 기초를 마련고자 한다.

---

2) 김재봉(1999: 15)에서는 독해에서는 이해의 정도를 명시화할 수 있는 가장 명확한 방법이면서 정보의 확대와 심화를 중요한 특징으로 하는 논술의 기초가 된다는 점에서 요약은 교육적 중요성을 띤다고 지적한다.
   이는 요약이 읽기자료의 간추리기로 끝나는 것이 아니라, 쓰기까지 확대심화 되어야 한다는 점을 지적하는 것이다. 정확히 표현하자면 '요약하여 쓰기'로 규정할 수 있을 듯하다. 본고에서는 이런 점을 감안하여 기존의 요약이 텍스트 중심에서 규정됨을 인정하면서 학습자들의 창의성을 고려한 쓰기에까지 요약의 범위를 확대한다. 이는 학습자들의 텍스트에 대한 경험과 지식이 반영되는 범위까지 확대된다.

ㄹ. 요약하기와 의미단락 양상

2.1. 이론적 접근

Teun A. van Dijk&Walter Kintsch(1983)는 담화 이해에서 다양한 개념단위들의 처리 양상을 보여주고 있다. 특히 전략적인 입장에서 거시구조의 접근과 그 이해 결과 양상에 접근하고 있어 본고의 연구 조사에 매우 주요한 참고 자료가 된다. 아울러 Walter Kintsch(1993)는 정보 더해놓기와 덜어내기[3]의 과정으로 추론을 다루고 있는데, 본고가 요약하기 규칙을 설정하는 데 기본 지침이 되었다.

의미단락은 절, 문장, 그리고 형식단락 등의 언어단위들에 대한 선택과 조합으로 이루어진 의미단위이다. 텍스트에서 의미연결(coherence)이 이뤄지는 일련의 의미덩이의 형식이라 할 수 있으며, 한 단락이나 몇 개의 단락을 결합한 정도의 의미단위를 말한다. 이는 텍스트 주제 파악의 한 과정상의 구조로 상정될 수 있고, 대개 단락이나 단락의 몇 개 합쳐 놓은 구조로 볼 수 있다. 아울러 의미단락 주제는 그와 같은 의미단락에 의해 도출되는 전체 주제의 직접적, 간접적 관련 명제이다.

단락 재구성은 비단 읽기 과정에서만 필요한 것이 아니다. 쓰기에서도 전개 과정상 단락들이 재구성될 가능성이 있다. 특히 정보 더해놓기의 요약 과정에서 학습자들이 원문의 글을 새롭게 재편성할 것인데, 원문의 단락이 새롭게 재편성하거나 새로운 단락을 창출될 것이다. 또한 정보 덜어내기 과정에서도 원문의 단락들이 삭제, 선택, 그리고 일반화되어 구성될 것이다.

---

3) 본고에서는 기존의 요약하기 전략들을 수용하면서 Kintsch(1993)에서 추론의 양상으로 제시된 정보 덜어내기(Reduction of Information)와 정보 더해놓기(Accretion of Information) 의 양상을 핵심 요약 규칙으로 수용·변형시켜 이하에 제시했다.

요약은 전체글에서 의미단락 주제들이 구성되고 통합된 양상이다. 곧 형식단락의 중심 명제들이 구성되고 통합된 것이다. 따라서 의미단락 주제는 때에 따라서 상당히 가변적으로 사용될 수 있는 문제점도 있다. 문장 중심에 초점을 맞출 수도 있고, 단락 중심, 그리고 전체글에서도 명제의 중요도에 따라 그 단위가 설정될 수 있기 때문이다.

하지만 보편적으로 의미단락 주제는 문장 이상의 단위, 단락 단위에서 다룰 수 있는 것으로 볼 수 있다. 일명 소주제라고 하는 형식단락의 주제와 결부시킬 수 있지만, 단락이라는 단위 자체가 가지는 가변성 때문에 소주제보다는 독자가 재구성해 가는 의미단락 주제와 관련지어 살펴보는 것이 적절할 것 같다. 본고에서 학습자들에게 적용시켜 볼 수 있는 요약하기 규칙을 아래와 같이 구성해 보았다.[4]

<표 7-1> 요약하기 규칙

과정	정의	활동	실례
정보 덜어내기 과정	텍스트 기반의 구성 과정으로 협의의 요약이라 할 수 있음 (1차 요약)	단락 간 변별적 의미 차이 확인	문장과 텍스트로 나누고 합쳐서 읽어보기
		단락 내 문장의 삭제와 선택	각 단락 내 문장의 선택과 삭제하기
		단락 간 의미 위계망 형성	대등과 종속 관계 중심의 의미망 그리기
		단락 간 삭제와 선택	단락 간 삭제와 선택을 통한 구성하기
정보 더해놓기 과정	독자의 상황모형 중심 기반의 통합과정으로 광의의 요약이라 할 수 있음 (2차 요약)	단락 간 (언어)형식 더해놓기	담화표지를 활용한 단락 간 의미관계 명확하게 하기
		새로운 내용 더해놓기	독자의 경험과 지식 덧붙이기를 통한 통합하기

위와 같은 요약하기 규칙은 정보 덜어내기와 더해놓기로 단순화

---

4) 학교현장에서 다룬 요약관련 자료로는 서혁(1994), 안상미(1996), 김재봉(1999), 류상민(2004), 배한권(2004) 등이 참고가 된다.

된 것이 특징이다. 대개 요약하기 규칙은 상당히 복잡한 다수의 규칙을 상정해 놓고 실제로 요약시에 적용하기 어려운 측면이 많다. 본고에서는 이런 문제점들을 감안해 극히 단순화된 형태를 먼저 제시하고, 그에 따라 세부적인 사항을 단락을 중심으로 제시했다.

이상의 요약규칙은 요약에 대한 범위 설정이 한결 분명해지고, 요약에 단락을 적극적으로 활용함으로써 텍스트의 의미연결에 대한 인식력이 높아지며, 그리고 읽기와 쓰기의 통합 지도가 가능해진다는 이론적 장점을 가질 수 있다.

2.2. 연구 개관

2.2.1. 자료 분석

본고에서 사용한 자료는 대체로 단락 관계가 명확하게 드러나는 것이다. 또한 비문학류 글 중에서도 개인적 의견이나 주장이 담긴 주장글보다는 설명글을 선택했다.[5] 이는 문학글에서의 단락 양상은 비문학류의 글에서와는 차이가 있으며, 주장글은 다소 필자의 주장에 따라 단락의 배치나 구성이 달라질 수 있다는 가능성 때문이다. 두 편 모두 수능 관련 문제집이나 모의고사의 글을 이용했다. 모두 연구대상 학습자들이 접하지 않은 글이었다. 편의상 자료 A와 자료 B라 한다.

---

5) 김지홍(2007: 20)에서는 언어교육에서 가르쳐야 하는 글말을 참된 실생활 글말과 상상력 관련 글말로 나누고, 모국어 교육에서 수준별로 참된 실생활 글의 교육에 초점이 모아져야 함을 강조하고 있다. 본고에서는 이를 바탕으로 보다 수준이 높은 참된 실생활 글에 초점을 두었다.

자료 A

인간공학은 인간과 도구가 조합된 환경에서, 인간의 특성이나 능력을 감소시키지 않으면서 안전하고 부담이 가지 않도록 시스템을 구축하는 방법을 연구하는 응용과학이라고 할 수 있다. 이 인간-도구 시스템은 인간 측면의 문제와 도구 측면의 문제를 단순 결합시키는 것만으로 성립되지 않는다. 그것은 개개의 인간과 도구에 대해 개별적으로 검토하는 수준을 넘어, 인간과 도구 사이에 형성된 상호관계를 고려하여 작업이나 작업 조건을 분석하고 그 결과를 분석·적용하는 과정에서 성립된다.

학문으로서 인간공학이 탄생한 것은 제2차 세계대전 이후이지만 인간공학적 사고는 이미 인류가 처음 지구상에 모습을 드러냈을 때부터 있었다고 볼 수 있다. 인간공학이라고 하는 자각은 미처 없었겠지만, 원시 인류가 생존을 위해 도구를 사용할 때부터 인간공학은 이미 시작되고 있었던 것이다. 동물과 싸우기 위해 만든 돌창, 농경에 사용하기 위한 쟁기나 괭이, 물고기를 잡기 위한 작살, 주거하기 위한 동굴과 방어를 위한 울타리 등, 사용하기 편리하도록 몸의 각 부위의 크기와 움직임에 맞추어 도구를 만들려는 인간의 노력 속에는 이미 인간공학적인 고려가 깃들어 있었다고 볼 수 있다.

이러한 인간공학은 현재 우주선 및 제트기, 전차, 자동차 등 복잡한 기계 시스템뿐만 아니라 일상생활에 필요한 피복, 주거, 가구 등의 설계에도 응용되고 있다. 예를 들면 피복을 설계하거나 디자인, 봉제 등을 할 때에는, 정지하거나 운동할 때 작업자의 체형이나 신체 치수를 고려하여 입기 쉽고 벗기 편하게 만드는 활동을 한다. 또 주거 생활에서는 쾌적한 주거를 위해 주택을 설계하고, 가구에서는 부엌의 레이아웃, 싱크대나 선반의 높이에 대한 설계, 수도꼭지의 형태, 손잡이의 크기와 모양, 의자나 침대의 기능 등 일상생활을 쾌적하고 효율적으로 하기 위한 활동을 한다. 이런 모든 활동들이 인간공학의 대상이 될 수 있는 것이다.

그 한 분야로 피복인간공학에 대해 자세히 살펴보자.

피복이란 인체를 둘러싸거나 그 일부에 달라붙은 의류를 총칭하며, 부속품이나 장식에 이르기까지 모든 것을 포함한다. 피복은 인간이 착용하는 것이므로 인간이 갖고 있는 특성에 맞아야 한다. 그 특성에는 인체의 치수, 작업 능력, 능력의 한계 등이 포함된다. 피복인간공학은 환경을 포함한 인간과 피복과의 바람직한 관계를 조성하는 것이므로, 인간-피복-환경을 하나의 시스템으로 취급하여 그 가운데서 인체의 체형, 구조, 동작, 생리, 심리등의 특성과 관련된 종합적인 이론 체계를 세워 형성되어야 한다.

예를 들어 작업자가 움직일 때 인체는 내압을 받고 확장되는데, 이 때 피복에는 벨트장력이 발생하게 된다. 이것은 인체 각 부분에 나타나는데, 특히 허리 부분의 벨트, 무릎이나 팔꿈치 등의 조임 부분 등의 내압에 의한벨트장력이 발생한다. 이 벨트장력에 따라 인체에 가해지는 압력은 인체의생리와 운동 기능에 큰 영향을 끼친다. 만약 스트레치 직물과 같은 기능성직물을 피복에 사용하면 인체에 가해지는 벨트장력이 줄어들어 인체의 부담을 덜어 주게 된다. 피복인간공학은 이처럼 벨트의 조임이나 인체의 뒤틀림에 의해 인체의 각 부분에 다르게 작용하는 내압을 측정하고, 그것을 최소화할 수 있는 대안을 알아내는 과정에 관심을 갖는다.

자료 A는 형태상 여섯 개의 단락으로 구성된 과학·기술 관련 글또는 일부이다. 전체가 여섯 개의 단락으로 되어 있지만, 네 번째 단락은 한 문장이 하나의 단락으로 구성되어 있다. 이는 예시자료의중요성에 대한 원래 집필자 나름의 고유한 제시 방식으로 이해할 수있을 듯하다. 학습자들이 이 단락을 요약에서 어떻게 처리할지도 흥미로운 사항이다. 첫째, 둘째, 셋째 단락은 각각 소주제가 맨 처음언급되었고(두괄식 전개), 다섯째, 여섯째 단락은 끝에 소주제가 제시되고 있다(미괄식 전개). 요약에서 소주제들이 어떤 식으로 재구성되며, 재구성된 단락에서 어떤 식으로 언급될지도 의문사항이다. 또한 예시의 성격을 지닌 넷째, 다섯째, 그리고 여섯째 단락들이 어떻게 처리될지도 궁금하다.

자료 A를 놓고서 다음과 같이 가능한 의미단락의 양상을 상정해 보았다. 각 번호가 원문의 단락이다. (가)는 원문의 단락 양상이고, (나)에서 (마)까지는 필자가 생각하는 의미단락의 양상이다. (마)는 하나의 단락으로 산출된 요약의 양상을 상정해 보았는데, 이는 학습자들이 궁극적으로 지향해야 할 요약의 양상으로 보았지만, 실제 결과에서는 극소수로 드러나리라 예상했다. 왜냐하면 의미단락들이 곧바로 (마)와 같이 하나의 단락으로 재구성되기란 어렵기 때문이다.

(나)는 인간공학에 대한 개념을 텍스트 전체의 상위 개념으로 단독으로 보고, 나머지는 하나로 묶여진 구조로 보았다. (다)는 개념을 단독 구조로, 인간공학에 대한 역사과 현재의 상황을 합쳐서 하나의 구조로, 그리고 나머지는 현재의 상황에 대한 적절한 예를 하나로 묶어 보았다. (라)는 (다)와 유사하지만, 단지 네 번째 원문의 단락을 강조한다는 의미에서 따로 하나의 의미단락으로 보았다. (마)는 앞서 언급했듯이 가장 극단적인 요약의 형태로 하나의 단락의 구성된 의미단락의 양상을 상정해 보았다.

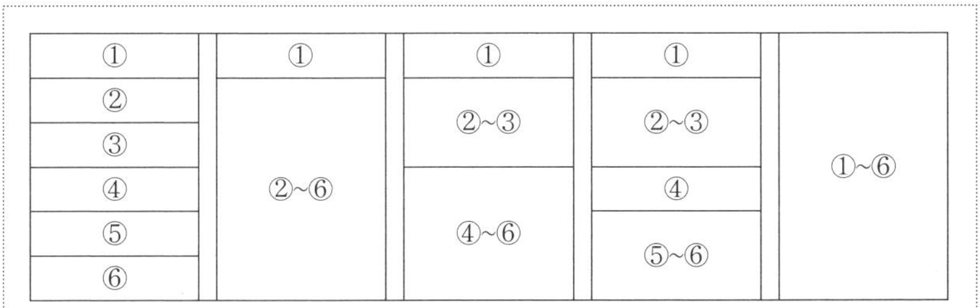

<그림 7-1> 자료 A의 가능한 의미단락의 예

　언어라는 것은 무엇이며 언어는 왜 연구하는가? 언어라는 것은 마치 우리 생활에 있어서 공기나 물과 같은 것이어서 보통 때는 그 필요성을 느끼지 못하지만, 공기나 물이 없으면 우리의 생존이 위협을 받듯이, 언어가 없으면 사회생활은 불가능해진다. 그런데도 우리는 외국어를 배울 때 이외는 별로 언어에 대해서 관심을 기울이지 않는다. 언어라는 것은 자명한 것이라고 생각하는 것이다. 그렇지만 언어의 여러 가지 신비한 현상에 대해서 우리가 알고 있는 바는 그리 깊지 못하다.

　언어와 우리 생활과의 관계가 깊은 만큼 언어 연구의 필요성도 크다. 언어상의 장애가 어느 정도로 인간의 상호 이해를 막고 있는가, 세계 언어는 필요한 것이며 그 제정은 가능한 것인가, 아이들에게 어떻게 언어 교육을 할 것인가, 표준어의 제정과 맞춤법의 통일은 어째서 필요한 것이며, 그것은 어떻게 할 것인가 등에 대해 설사 최종적인 해답은 하지 못한다 하더라도 적어도 이런 문제를 이해하려면 언어에 대한 본질적인 연구가 없어서는 안 된다.

　인간의 정신과 생활양식은 모두 언어를 통해서 표출되고 이해된다. 따라서 언어에 대한 연구는 인간의 삶이나 문화와 관련된 여타의 학문에 대해서도 공헌하는 바가 크며 또 관계가 깊다. 철학에 대해서는, 철학적 사고와 이론 정립의 매개로서의 언어의 본질이 무엇인가, 언어와 논리 관계는 무엇인가, 철학적 사고의 오류는 언어의 사용과 어떠한 관계가 있는가 등의 문제가 제기될 수 있다. 언어에 대한 이해는 인간의 사고와 행동의 형성 과정을 연구하는 데 공헌함으로써 심리학과 관계가 있다. 이밖에 사회 현상에 내재된 근본 원리를 탐구하는 사회학, 인간과 그 생활 방식의 특질을 연구하는 인류학 등에도 공헌하는 바가 크다.

　그러나 무엇보다도 언어는 우리의 협동 생활, 문화생활, 사회생활의 기본적인 수단이요, 모든 우리 주변 생활에 있어서 가장 중요한 역할을 하는 것이기 때문에 언어에 대한 이해를 게을리 할 수 없는 것이다. 언어는 또 우리의 의식과 사고를 형성하는 기본적인 역할을 하는 것이므로 언어에 대한 이해가 없이 자기 자신 혹은 인간을 이해한다고 할 수가 없다.

언어에 대한 이해와 연구가 학문으로 체계화되면 언어학이 된다. 언어학이란 한마디로 말해서 언어에 대한 과학적인 연구를 하는 학문 분야라 할 수 있는 것이다. 마치 우리가 낯선 기계를 대했을 때, 순전히 호기심에서 혹은 그것이 어떻게 돌아가는가를 알기 위해 부품 하나하나를 뜯어서 보듯이, 언어학자는 언어 구조를 파헤쳐 뜯어보고 언어의 구조적 현상을 기술한다. 기계공 같으면 뜯어 놓은 부품을 다시 틀에 맞추어 놓겠지만 언어학자는 말을 뜯어 본 결과를 기술한다. 이렇게 기술된 것이, 곧 그 언어의 문법이다.

언어에 대한 연구와 기술은 그 경제적 목적을 염두 해 두고 행하는 것이 아니다. 자연 과학자들이 순수한 탐구심에서, 외부 세계에 대한 지식을 넓히기 위해서 그 연구 결과를 어떻게 활용하겠다는 목적의식을 갖지 않고 연구를 하는 것처럼 언어학도 언어에 대한 순수한 탐구심에서 연구를 하는 것이다. 바꾸어 말하면 언어학은 순수 과학의 하나이다.

자료 B도 역시 여섯 개의 단락으로 구성된 인문 관련 글 또는 일부이다. 자료 A와 다른 점은 각 단락이 일정한 문장수로 구성되어 있다는 점이다. 물론 약간의 차이는 있지만, 전형적인 설명글의 단락 구성 방식으로 볼 수 있다. 첫째 단락은 언어 필요성에 대한 화제 제기의 단락으로, 둘째 단락부터 넷째 단락까지는 화제에 대한 구체적 필요성 언급의 단락으로, 그리고 다섯째와 여섯째 단락은 앞 단락들과는 다소 내용상 차이가 있는 언어학에 대한 개념과 속성에 대한 내용을 담고 있는 단락이다.

자료 B를 놓고서 다음과 같이, 가능한 의미단락의 양상을 상정해 보았다. (가)는 원문의 단락 양상이다. (나)부터 (마)까지는 필자가 상정해 본 의미단락의 양상이다. (나)는 첫 번째 단락을 언어 연구 필요성의 원론적인 문제로, 둘째 단락부터 넷째 단락까지를 언어 연구 필요성에 대한 세부적 사항으로 보아 하나의 구조로 묶었다. 그리고 다섯째와 여섯째 단락은 필요성이 체계화된 언어학에 대한 설명과 성격으로 보아 하나의 구조로 묶었다. (다)는 언어 연구 필요성에 대한 관점으로 첫 번째 단락부터 네 번째 단락까지를 하나의 구조로, 그리고 나머지는 필요성이 체계화된 언어학에 대한 설명과 성격으로 묶어 하나로 제시했다. (라)는 두 번째 단락을 첫 번째와 세 번째와 분리해서 하나의 독자적 단락으로 제시해 보았다. 글의 내용 전개상 두 번째 단락이 명확하게 하나의 필요성 항목으로 명시적으로 구분되지 않은 듯하여 하나의 의미단락으로 독립시켰다. 그리고 (마)는 위에서 언급했듯이 하나의 요약문인 의미단락으로 보았다.

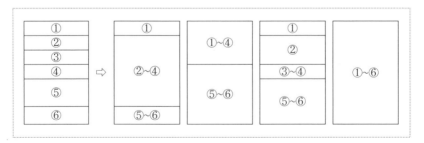

<그림 7-2> 자료 B의 가능한 의미단락의 예

2.2.2. 연구대상

본고는 과학고 1학년 91명 학생을 대상으로 했다. 요약하기가 어느 정도 읽기와 쓰기가 수준에 올라 있어야 제대로 이루어질 수 있는 전략이기 때문이다. 하지만 과학고 학생들이라고 요약과 관련된 언어수행 능력 수준이 전부 다 높을 수 없기 때문에 요약 능력의 일반적인 측정 기준으로 사용되는 Marton and others의 네 가지 이해 수준의 구분을 참고로 하여 사전 조사를 실시하였다. 이것을 잣대로 요약문의 양상을 비교해 보건데, 이전의 농·어촌 학습자들의 대다수는 1·2수준으로, 요약문에 드러난 내용이 매우 소략하거나 주제와 관련이 없거나 세부적인 사항들이 다수 나열된 것으로 드러났다. 본교의 학습자들에게서도 물론 1·2수준의 요소들이 소수 드러났지만, 보다 주제에 가까운 중심 내용이 선정되거나 세부적인 내용들은 생략되는 3·4수준에 걸치는 요약문이 대다수를 차지하였다.[6]

아울러 몇 번의 수능 모의고사(1등급-2등급)를 통해 읽기 수행 능력 수준이 뛰어남을 알 수 있었다. 물론 모의고사 결과를 토대로 언어수행 능력이 뛰어나다고 단언할 수는 없지만, 기존 수능이 읽기자료를 통한 독해의 적절성이나 정확성을 묻는 것이기 때문에 언어 수행능력, 특히 읽기 수행능력과 밀접한 상관관계를 맺고 있음을 부정하기는 어려울 것이다. 물론 표집대상의 수준, 연령, 성별 등의 한계는 따른다.

학습자들은 정보 더해놓기와 덜어내기라는 요약규칙을 4차시에 걸쳐 학습했다. 4차시에 걸친 이론과 실습을 통해 학습자들의 두 편의 글을 각각 정보 더해놓기와 덜어내기로 나누어 요약했다. 총 4개 반 학생들을 2개 반씩 본 조사와 확인조사 대상자로 나누었는데, 실

---

6) 서혁(1994: 132)에서 Marton and others의 요약 능력의 측정 기준을 1수준에서 4수준까지 자세하게 제시하고 있다.

제 조사결과에서는 유의미한 차이를 발견할 수 없어, 수치상으로 합쳐서 제시하였다. 반별 조사 대상 자료와 요약하기의 양상은 다음과 같다.

<표 7-2> 조사자료 및 대상

	1반(23명)	2반(23명)	3반(23명)	4반(22명)
정보 덜어내기	자료 A	자료 B	자료 A	자료 B
정보 더해놓기	자료 B	자료 A	자료 B	자료 A

2.2.3. 연구문제

단락 재구성을 통한 의미단락과 의미단락 주제, 그리고 요약의 개념 혹은 전략들은 반드시 상호간에 밀접한 관계를 맺고 이해와 표현의 결과로 표출될 수 있다. 앞서 세 개념을 다음과 같이 그림으로 드러내면 그 나름의 성격이 분명히 드러날 것이다. 이들 중심에 요약하기를 두고, 원문의 단락들로부터 재구성된 단락들을 각각 의미단락으로 보며, 그리고 이들 의미단락들의 조합 양상이 곧 요약의 결과물이 되는 것이다. 의미단락 주제는 재구성된 단락들로부터 도출된 주제라 할 수 있다. 이는 원래 집필자가 산출한 원문의 단락과 그것으로부터 도출된 소주제보다는, 독자가 이해 과정에서 만들어 낸 상위 명제로서 직접적으로 요약에 결부되는 핵심 명제라 할 수 있다. 나아가 텍스트의 주제를 직·간접적으로 도출할 수 있는 명제라 할 수 있다.

가령 5개의 단락으로 제시된 글이 2개 단락으로 재구성되는 과정을 그림으로 보인다(<그림 7-3>). 텍스트에서 제시된 다섯 개의 단락이, 두 개의 의미단락을 통해 각각 의미단락 주제를 포함하고 있다.

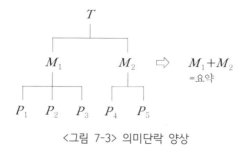

<그림 7-3> 의미단락 양상

재구성된 각각의 단락, 의미단락은 요약이 된다.

본고에서는 위의 도식을 통해, 의미단락과 의미단락 주제의 양상이 다소 전체 텍스트에서 가변적인 단위의 개념으로 사용될 수 있다는 애매함을 극복하고자 한다. 이는 학습자 중심의 요약하기 양상이 보다 명료하게 드러나야 교육적인 가치가 있음을 함의한다고 하겠다. 아울러 요약하기의 양상을 언어 단위의 구조를 통해 확인하고 재구조화시키는 양상임을 인식시켜 나가려는 것이다.

이상의 점들을 바탕으로 본고는 두 가지 연구문제를 가지고 연구 결과를 분석하고 검토하였다.

첫째, 의미단락의 양상이 어느 정도 정형화된 형태로 드러날 것이다.

둘째, 일정한 의미단락 주제를 바탕으로 각 단락이 선택·조합될 것이다.

첫 번째 논제는 학습자 중심의 의미단락 양상을 도출해 보고 거기에서 보편적이고 일반적인 의미단락의 양상 문제를 다뤄본 것이다. 무엇보다 이와 같은 연구 조사 문제는 의미단락의 가변적·반복적 속성 때문에 그 구조의 존재 여부를 우선 확인하는 데 있다.

물론 학습자들의 다양한 단락 재구성, 즉 다양한 의미단락이 이루어지리라고 예상할 수 있지만, 결국 초점은 텍스트의 전체 주제를 도출하는 데 있다. 요약 과정상 형식단락을 재구성하며 형식단락의 소주제들을 재구성하고 일정한 의미단락과 의미단락 주제를 이끌어 내야 하기 때문이다. 이 과정에서 다양한 구조적, 형식적 단위에 의해 읽기가 영향을 받게 되고, 그 중심에 단락이 자리 잡는다. 곧 의미단락의 산출은 단락의 재구성을 바탕으로 해서 원문의 단락들에 대한 선택과 조합의 끊임없는 반복 시행과정이라 할 수 있다.

둘째 논제는 요약에 드러난 의미단락 주제의 양상을 살피는 것이다. 우선 소주제와 의미단락 주제의 관계 개념을 분명하게 하고자 하는 의도를 가지고 있다. 즉 원 집필자의 원문에 드러난 각 단락의 소주제들이 어떤 식으로 전체 주제로 구성될 수 있는가에 대한 일련의 과정에 대한 탐구이다. 각 단락의 소주제가 아무런 여과 없이 전체 주제로 구성될 수는 없다. 즉 명시적으로 드러난 소주제가 다시 한 번 재구성의 과정을 통해 보다 밀접하게 전체 주제와 관련될 것이라고 보는 것이다.

단락의 선택과 조합의 문제는 전체 글의 주제를 형성하는 데 가장 필요한 전략이자 과정이다. 하지만 이런 단락의 재구성 양상이 아무런 방향 설정 없이 이루어지지는 않을 것이다. 이런 단락의 재구성 양상의 기준으로 의미단락 주제의 설정을 제시해 둔 것이다. 의미단락 주제를 바탕으로 원문의 단락들이 학습자들의 선택과 조합의 과정을 거쳐 새로운 단락으로 재구성되고, 이를 바탕으로 요약이 이루어진다.

2.3. 조사결과 및 논의

2.3.1. 결과 및 논의

아래에 제시된 표들은 학습자들의 요약 양상에 대한 일정한 비교 기준을 마련하기 위해 필자가 구성해 보았다.

<표 7-3> 자료 A의 의미단락과 의미단락 주제

원문의 단락 양상	소주제	의미 단락	의미단락 주제
①	인간공학은 인간과 도구의 상호관계를 고려한 응용과학이다.	①	인간공학은 인간과 도구의 상호관계를 고려한 응용과학이다.
②	인간공학적 사고는 인류가 처음 지구상에 모습을 드러냈을 때부터 있었다.	②~③	인간공학적 사고는 인류의 시작과 궤를 같이하며, 현재는 다양한 분야에 응용되고 있다.
③	현재 인간 공학은 다양한 분야에 응용되고 있다.		
④	피복인간공학은 인간공학의 한 분야이다.	④~⑥	피복인간공학은 인간공학의 한 분야이다.
⑤	피복인간공학은 인간과 피복과의 바람직한 관계를 조성하는 것이다.		
⑥	피복인간공학은 인체의 각 부분에 다르게 작용하는 내압을 측정하고, 그것을 대안을 알아내는 과정에 관심을 갖는다.		

<표 7-4> 자료 B의 의미단락과 의미단락 주제

원문의 단락 양상	소주제	의미 단락	의미단락 주제
①	언어는 왜 연구하는가?	①	언어는 왜 연구하는가?
②	언어는 우리 생활과 관계가 깊다.	②~④	언어는 우리의 삶에 매우 중요한 역할을 한다.
③	언어에 대한 연구는 삶이나 문화와 관련된 학문에도 공헌한다.		
④	언어는 우리 주변 생활에 있어 가장 중요한 역할을 하고, 우리의 의식과 사고를 형성하는 기본적인 역할을 한다.		
⑤	언어에 대한 이해와 연구가 학문으로 체계화되면 언어학이 된다.	⑤~⑥	언어에 대한 이해와 연구가 학문으로 체계화되면 언어학이 되는데, 이는 경제적 목적을 염두에 두지 않는 순수과학이다.
⑥	언어에 대한 연구와 기술은 그 경제적 목적을 염두에 두고 행하는 것이 아닌 순수과학의 하나이다.		

지배적인 의미단락과 의미단락 주제의 양상은 비슷한 양상으로 드러날 것으로 예상했다. 물론 의미단락의 양상은 앞서 언급한 대로 다양한 모습으로 드러날 것인데, 중요한 것은 학습자 나름의 의미단락 양상이 원래 형식단락의 소주제나 혹은 재구성된 단락에서 드러난 의미단락 주제와 어느 정도 부합해야 한다는 점이다.

의미단락이 다양한 양상을 드러내더라도, 위에서 제시된 의미단락 주제가 재구성된 단락 속에 포함되어야만 한다는 점이다. 이는 텍스트가 전체 주제를 도출하는데 가장 핵심이 되는 과정이기 때문이다. 따라서 이하에서는 학습자들에게서 드러난 의미단락 양상의 결과를 드러내고, 그 의미단락 양상에 따른 의미단락 주제의 포함 비율을 산출함으로써 의미단락과 의미단락 주제의 텍스트 주제 도출 과정에 적합성에 대해 논의하고자 한다.

연구문제 두 가지를 바탕으로 해서 학습자들에게 드러난 의미단락과 의미단락 주제의 양상은 다음과 같다. 편의상 단락의 표시는 각 단락을 ①~⑥라 하고, 재구성된 의미단락으로 구분한다.

자료 A의 조사결과, 대략 5개 정도의 대표적인 의미단락이 드러났다. 총 91명의 학생을 대상으로 본 조사와 확인조사를 실시한 결과 두 조사의 결과가 유의미한 차이가 드러나지 않아 합쳐 제시한다. 의미단락 양상은 편의상 아래와 같이 표시하기로 한다. 번호는(①~⑥) 원문의 각 단락이고, 네모에서 구분선이 학습자들이 재구성한 각각의 의미단락, 즉 재구성된 단락이다.

의미단락 유형별 분포 비율과 의미단락 주제 출현비율 양상은 다음과 같다. 의미단락 주제는 위에서 필자가 제시한 내용과 비슷한 양상으로 요약되어 드러나면 비율에 포함시켰다.

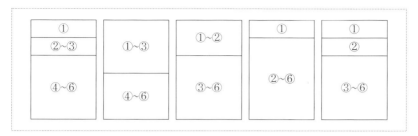

<그림 7-4> 자료 A의 의미단락 양상

<표 7-5> 자료 A의 의미단락 유형 및 의미단락 주제 출현 비율

의미단락 유형	분포 비율(학생수)	의미단락 주제 출현 비율
1유형	34.1%(31)	95.6%(87/91)
2유형	22%(20)	90%(54/60)
3유형	11%(10)	86.7%(26/30)
4유형	9.9%(9)	77.8%(21/27)
5유형	6.6%(6)	100%(18/18)
기타	16.5%(15)	84.4%(38/45)

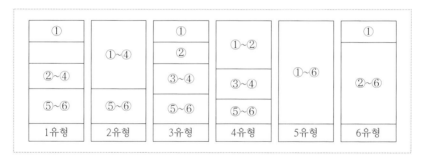

<그림 7-5> 자료 B의 의미단락 양상

자료 B는 대략 6가지 형태의 의미단락이 드러났다. 의미단락 유형별 분포 비율과 의미단락 주제 출현비율 양상은 다음과 같다.

<표 7-6> 자료 B의 의미단락 유형 및 의미단락 주제 출현 비율

의미단락 유형	분포 비율(학생수)	의미단락 주제 출현 비율
1유형	40.7%(37)	93.7%(104/111)
2유형	16.5%(15)	91.1%(41/45)
3유형	11%(10)	93.3%(28/30)
4유형	7.7%(7)	95.2%(20/21)
5유형	7.7%(7)	81%(17/21)
6유형	5.5%(5)	86.7%(13/15)
기타	12.1%(11)	78.8%(26/33)

자료 A와 자료 B에 대한 학습자들의 요약 결과가 이상과 같이 나왔다. 앞서 필자가 연구문제에서 제시했던 두 가지 문제와 결부시켜 결과를 구체적으로 논의하면 다음과 같다.

첫째, 의미단락의 양상이 어느 정도 정형화된 형태로 드러날 것이라는 추측은 위의 조사결과에서 보이는 바와 같이 몇몇 형태가 다수의 결과로 도출된 것으로 보아 어느 정도 일치했다.[7] 수치상 나올 수 있는 의미단락에 대한 경우의 수는 많지만, 자료 A의 경우 대략 다섯 가지 정도의 의미단락이 형태로 드러났다. 기타의 경우는 단락의 재구성 양상이 다섯 가지 이외의 극소수의 형태로서, 수치상 큰 의미가 없는 것으로 판단되어 함께 묶었다.

특징적인 현상을 살펴보면 다음과 같은 점들이 지적될 수 있을 듯하다. 자료 A는 넷째, 다섯째, 그리고 여섯째 단락이 예시의 성격을 가진 단락으로 앞의 첫째, 둘째, 그리고 셋째 단락의 내용상 하위 단

---

7) 이는 개념과 범주화의 문제와 관련된다. 신현정(2000: 14)에서는 범주를 "동일 유목으로 사람들이 기억에 저장하고 있는 본보기의 집합으로 규정하며, 그 개념은 그 본보기들을 규정한 규칙, 정의, 속성 또는 속성들 간의 관계 등에 대한 심적 표상"으로 규정하고 있다. 본고에서 다뤘던 바가 곧 이와 같은 개념의 범주화에 대한 현장조사라 할 수 있다. 다만 본고는 그 범주화를 보다 형식적인 틀의 범주인 재구성된 단락의 관점에서 접근하고 있는 점에서 차별적인 의의를 가진다. 물론 재구성된 단락, 즉 의미단락의 구체적인 내용이나 속성에까지는 나아가지 못했다.

락의 성격을 지닌다. 따라서 학습자들에게서 이 예시 단락들이 어떻게 처리되느냐의 문제가 앞서 지적되었다. 대다수 학습자들에게서 주요하게 취급되는 반면에, 유형4와 기타에서는 내용상 아예 삭제되어 버리는 경우도 종종 발견되었다.

자료 B의 경우는 자료 A의 경우보다 한 가지 유형이 더해졌다. 물론 자료 두 가지만 가지고 논의하기는 힘들지만, 읽기 자료에 따라 다양한 의미단락의 양상이 더 많이 도출된다는 것도 학습자들에게 다양한 해석의 여지를 주는 것인지, 그렇지 않으면 글이 제대로 읽히지 않는 것인지 연구의 대상이 될 수 있을 듯하다.

자료 B의 경우 1유형이 더 우세하게 드러난다. 이는 자료 A보다 더 우세한 내용 덩이 형성이 학습자들에게 이루어졌다고 볼 수 있다. 공통된 의미단락이 도출될 수 있다는 것은 그만큼 그 자료에 대한 해석의 합일점이 이루어지고 있다고 볼 수 있을 것이다. 물론 전체 단락의 이해와는 별개로 텍스트 전체의 주제 단락 성격이 강하게 드러난 것으로도 볼 수 있다. 또한 자료 B에서는 텍스트 전체가 하나의 단락으로 요약된 경우가 제법 드러난다. 물론 요약의 가장 바람직한 형태는 한 단락의 형태의 주제이지만, 지나치게 많은 내용이 삭제되어 버리거나 생략되어 버린다면, 텍스트 기반에 기초한 내용 이해에 문제가 생길 수도 있다. 의미단락 주제 출현비율을 봐도 다른 구조에 비해 약간은 낮은 수치가 그것을 말해 주고 있다.

둘째, 일정한 의미단락 주제를 바탕으로 단락이 선택·조합될 것이라는 문제는 결과와는 다소 거리가 있어 보인다. 조사결과에서 드러난 바와 같이 특정 의미단락에 의미단락 주제 출현 비율이 높은 것은 아니기 때문이다. 물론 약간의 차이는 있지만, 의미단락 주제는 의미단락의 형태에 따라 그 비율이 높거나 낮은 것은 아닌 것으로 드러난다. 이는 학습자의 수준에 따른 연구 조사를 더 진행시켜 봐야 알겠지만, 일단은 언어 수행 능력 수준이 뛰어난 학습자들의 경우 자신의 배경지식이나 맥락지식을 활용해 의미단락 주제를 구성하는 능력이 뛰어나다는 것으로 해석될 수 있다.[8]

또한 이는 텍스트 주제의 핵심명제들이라 할 수 있는 의미단락 주제들이 일정한 형태의 의미단락들을 반드시 수반하는 것은 아니며, 요약 시에 하위 명제들을 수반하지 않은 채 단독으로 언급되거나, 단락의 경계를 넘어 다양하게 하위 명제들을 일반화하거나 재구성하는 역할을 한다고 볼 수 있다.

물론 정형화된 의미단락 속에서만 의미단락 주제가 드러나야 한다는 것은 아니다. 하지만 요약하기의 특성상 의미단락 주제만 산출되거나 혹은 특정한 의미단락 주제가 단락의 경계를 지나치게 뛰어넘어 내용의 일반화와 재구성의 역할을 한다면 텍스트 기반 토대, 정보 덜어내기 요약에 문제를 발생시킬 수도 있을 것이고, 결국에는 정보 더해놓기와 전반적인 이해의 양상에 오류를 발생시킬 가능성도 배제할 수 없을 터이다. 결국 이는 언어 형식과 내용의 일치 문제에 귀결될 수 있는 문제이기에 쉽사리 논의하기는 어려울 듯하다.

여타 두 자료에 드러난 결과를 논의하면 다음과 같은 점이 지적될 수 있을 것 같다. 우선 정보 덜어내기와 더해놓기 간의 차이점은 크게 차별적인 의의로 부각되지는 않았다. 다만 정보 더해놓기 요약은 두 가지 유형으로 그 단락 재구성 양상이 드러났다. 각각의 단락에 정보를 더해놓는 경우와 정보 덜어놓기가 끝난 후 별개의 단락으로

---

8) 이정모·이재호 편(1998: 348)에서는 성공적인 이해를 위해서는 부적절한 정보들이 글의 구조를 형성하는 과정에 영향을 주지 않도록, 그 정보를 억제해야 하는데, 이해능력이 낮은 사람은 부적절한 개념들을 억제하지 못해 너무 많은 하위구조를 형성하게 된다고 지적한다. 이는 바꾸어 말하면 이해능력이 뛰어난 사람은 억제기제를 통해 이와 같은 불필요한 하위 구조들을 적절하게 통제하여 적절한 의미단락 주제를 구성하는 데 어려움이 덜한 것으로 볼 수 있다.

자신의 생각과 의견을 제시하는 경우로 나누어 볼 수 있었다.

또한 원문의 단락 순서가 공히 정보 더해놓기와 덜어내기 과정상에서 바뀌지 않고 유지된다는 점이다. 정보 더해놓기 과정상에서는 단락 순서의 재배열을 고려해 볼 수도 있는데, 대다수 학습자들은 원문의 단락 순서를 고스란히 살리고 있다는 점도 본고의 요약 결과에 드러난 특징이라 할 수 있다.

2.3.2. 교육상 의의

본고는 학습자들의 요약자료를 통해 드러난 의미단락과 의미단락 주제의 모습을 살폈다. 대략 두 가지 정도가 그 교육적 의의로서 지적될 수 있다.

첫째, 본고는 요약하기의 문제를 단락 층위를 중심으로 한 의미단락의 수준에서 구체적으로 다루었다. 기존의 요약하기 양상이 대다수 일정한 언어 단위나 개념 단위의 언급이 없이 학습자의 이해 양상의 결과에만 의존한 점이 없지 않았다. 본고는 단락을 중심으로 정보 덜어내기와 정보 더해놓기의 구체적인 요약하기 지도를 통해 학습자들이 요약하기에 대해 좀 더 구체적이고 용이하게 접근하도록 했다.

아울러 단락 중심의 요약 양상에 드러난 결과는 앞서 지적했듯이, 일정한 의미단락이 유형별로 도출되었다는 점이다. 이는 요약하기의 모습이 일정한 기억단위의 결과로 학습자들에게 인지되었음을 알려주는 것이다. 따라서 읽기·쓰기 교육에서 단락 재구성, 즉 의미단락에 대한 이론상의 접근이 필요하며, 나아가 학습자 중심의 단락 읽기와 쓰기에 대한 교육적인 조치가 반드시 선행되어야 함을 시사한다.

둘째, 재구성된 단락에서 드러난 텍스트 주제를 도출하기 위한 핵심인 의미단락 주제는 언어의 형식적 단위와는 다소 별개의 양상으로 접근된다는 것이다. 물론 다양한 학습자들의 층위에서 재조사되어야 하겠지만, 일정한 수준 이상의 언어 수행 능력을 지닌 학습자들에게 언어의 형식적 단위인 문장, 단락 등은 요약에 있어 의미단락 주제에 따라 그 모습이 결정되는 것은 아니라는 것이다. 언어 수행 능력이 뛰어난 학습자들은 의미단락에 따라 의미단락 주제를 구성하기보다는, 자신이 가지고 있는 기본적인 배경지식이나 개념틀을 활용해 구성한 의미단락 주제를 통해 보다 자유스럽게 의미단락에 접근한다고 볼 수 있다. 이는 언어의 내용과 형식 간의 괴리가 읽기·쓰기 교육의 대상인 학습자들, 특히 언어 수행 능력이 뛰어난 학습자들에게 발생하며, 결국 모국어 교육의 핵심은 개념, 즉 언어내용에 두어야 한다는 점을 강조하는 바라 하겠다.

순수 언어학을 다루는 것이 아닌 언어교육은 바로 이런 개념단위에 대한 접근이 필요하다. 본고에서는 의미단락과 그 의미단락에 가장 핵심명제라 할 수 있는 의미단락 주제의 불일치가 상당수 발견되었다. 학습자들의 수준에 따른 조사가 이루어져야 하겠지만, 언어 수행 능력 수준이 뛰어난 학습자들에게 이와 같은 현상이 드러난다면, 수행 능력 수준이 낮은 학습자들에게는 아마도 그 불일치의 문제가 어떤 모습으로 드러날지 궁금하다.

물론 본고의 조사대상 학습자들에게 그런 불일치의 문제가 텍스트 전체의 주제 파악에 심각한 결함으로 드러나지는 않았지만, 한편으로는 요약에 드러난 글쓰기에서 전체의 형식적 구조가 매우 산만하다는 인상을 줄 수 있는 문제로 지적될 수 있다. 일정한 개념덩이를 일정한 언어형식 단위로 적절하게 포장하고 산출할 수 있어야 하는데, 그렇지 못하다는 것이다. 이는 요약하기가 읽기뿐만 아니라, 쓰기를 위한 하나의 전략으로도 이용될 수 있다는 점에서 문제가 될 수 있다.

3. 마무리

본고는 요약하기에 대한 그간의 이론적 결과물을 토대로 정보 더해놓기와 덜어내기의 두 가지 양상으로 나누고, 각각 단락을 중심으로 하여 지도 양상을 세분화하여 제시했다. 과학고 1학년 학생들을 대상으로 두 가지 자료를 각각 정보 덜어내기와 더해놓기로 요약하게 했다.

그 요약 자료를 바탕으로, 학습자 중심의 단락 재구성으로 드러난 구조인 의미단락과 의미단락 주제 양상을 살폈다. 조사결과 일정한 유형들의 의미단락이 도출되었음을 알 수 있었다. 이는 학습자들에게 인식되는 일정한 의미단락의 개념틀이 내재하고 있음을 말해 주는 것이라 하겠다. 아울러 읽기·쓰기 지도에서 의미단락에 대한 접근의 필요성을 강조했다.

일정한 의미단락 주제를 바탕으로 원문의 각 단락이 재구성될 것이라는 논제는, 결과에서 드러난 바와 같이 예상을 빗나갔다. 이는 언어의 형식 단위와 개념 단위의 불일치라 할 수 있다. 모국어 교육은 언어의 형식 단위를 가르치기보다는 그 속살인 의미를 그 대상으로 가르쳐야 한다. 이 점에서 의미단락 주제의 문제는 의미단락과 밀접하게 다루어져야 한다. 곧 의미단락과 의미단락 주제는 단순한 언어 형식 단위라기보다는 매우 고차적 사고를 필요로 하는 개념 단위이기 때문이다. 즉 본고는 개념단위로서의 의미단락과 의미단락 주제 단위의 필요성을 부각시켰다고 하겠다.

하지만 조사대상이 한정되어 있고, 자료 또한 다양한 갈래의 글들을 대상으로 하지 못한 점은 한계로 남는다.

단락 위계와 요약하기

1. 머리말

1.1. 연구목적

학교 현장에서 읽기 교육이나 독서 교육은 비단 국어 교과뿐만 아니라, 여타 교과들에서도 중요하게 다루어지고 있다. 다만 그 용어의 사용에서, 읽기 교육이 주로 국어 교과 내에서 이루어지는 전문적인 언어 수행 활동과 관련된다면, 독서 교육은 그 범위를 확대하여 국어 교과에만 국한된 것이 아니라, 책과 관련된 포괄적인 인식 활동으로 그 범위를 넓혀 볼 수 있다.[1]

본고는 이런 인식하에 국어 교과 내에서 이루어지는 전문적인 언어 수행 활동의 측면에서 읽기 교육의 몇몇 부면을 살펴보고자 한다. 이는 기존의 학교 현장에서 이루어지는 읽기 교육의 방법과 평

---

[1] 천경록(2008)에서는 독서, 독해, 읽기에 대한 쓰임의 범위를 논의하고 있어 참고가 된다.

가 등의 이론적 토대에 대한 반성적 차원의 접근이며, 실효성 있는 읽기 교육을 위한 실천적이며 이론적인 토대 마련과 관련된다.

이를 위해 본고는 읽기 교육 현장이나 이론적 면에서 자주 다루어지고 있는 요약하기와 중요도 평정과 관련된 단락 위계 인식의 상관관계를 텍스트의 거시구조 측면에서 살펴보고자 한다. 요약하기에 대한 연구는 상당 부분 그 결과가 축적되어 있는 상태이며, 아울러 학교 현장에서도 학습자들에게 자주 요구되는 학습 전략이기도 하다. 단락 위계 중심의 중요도 평정도 마찬가지이다. 하지만 이들 두 측면이 얼마만큼 읽기 교육의 방법이나 평가에서 상관성을 지니는지는 의문이다. 이는 곧 읽기의 다양한 방법이나 평가 관점에서의 상호 간의 신뢰성과 관련이 깊다.

읽기에서 요약하기는 주요한 읽기의 방법이자 평가의 수단이다. 텍스트를 읽고 요약한다는 것은 상위 인지적 측면의 활동으로, 학습자들에게는 상당한 노력을 요구하는 언어 수행 활동이라 할 수 있다. 아울러 요약하기는 읽기 활동의 측면에서만 끝나는 것이 아니라, 독자의 머릿속에 구성된 읽기 결과에 대한 내용의 재구성을 바탕으로 쓰기 활동에 연계되는 총체적 언어활동의 양상이기도 하다.

단락 위계 인식 역시 읽기의 주요 전략이라 할 수 있다. 이는 학교 현장에서 상위 인지적 측면의 중요도 평정과 관련된 방법으로 다루어지고 있다. 아울러 단락 위계에 대한 인식의 측면은 텍스트 요약 과정에 수반되는 과정이라 할 수 있다. 따라서 요약하기의 하위 전략이라고 할 수 있다.[2]

요약하기가 결국 텍스트의 거시구조를 바탕으로 정보의 중요도에 따른 차별적인 선택과 조합의 과정이라면, 그와 같은 거시구조는 단

---

2) 최미숙 외(2010: 225)에서는 요약하기와 중요도 평정을 읽기의 결과 평가 측면에서 다루고 있어 참고가 된다.

락 위계에 대한 인식과 밀접한 관련을 맺을 것이다. 아울러 이는 이해의 결과에서도 비슷한 양상을 보일 것이다.

즉 본고는 실제 학습자들을 대상으로 한 읽기 검증을 통해, 텍스트 거시구조 측면에서의 단락 위계에 대한 인식이 요약하기와 밀접한 상관관계를 지니는 읽기 전략이자 평가 방법임을 밝히는 데 그 목표가 있다. 이는 읽기 교육과 관련된 현장 연구 조사로서 요약하기와 단락 위계 중심의 중요도 평정에 관련된 이론적 측면의 고찰과도 관련이 된다.

1.2. 선행연구

이 절에서는 상위 인지적 측면에서 읽기 교육의 방법 및 평가와 관련된 기존 연구들을 고찰한다. 본고가 지향하는 단락 중심의 읽기 관련 현장 조사가 독자의 상위 인지적 측면과 밀접한 관계를 지니고 있기 때문이다. 아울러 단락 중심의 이해는 텍스트의 거시구조 측면과 관련되기 때문에 이와 관련된 텍스트 전체의 이해 과정 및 전략과 관련된 연구들을 살핀다.

김혜정(2002)은 텍스트 언어학적 관점에서 이해 교육의 총체적 측면을 본격적으로 고찰한 논의이다. 특히 비판적 읽기의 측면을 다양한 맥락과 관련시켜 나간 논의로 참고가 된다. 다만 학교 현장에서의 텍스트 언어학적 양상을 어떻게 구체적으로 읽기 교육에 적용할 것인지의 문제에 대해서는 보다 정치한 방법론적 고찰을 요구한다는 점에서 일정한 한계를 남긴다.

문선모(1988, 1997)는 반 다익과 킨취(van Dijk & Kintsch, 1983)를 모태로 다양한 학습자들을 대상으로 한 교육 심리학적 측면에서의 본격적인 읽기 현장 연구 조사이다. 이들 연구는 일정 학습자들을 피험자로 선정하여 심리학적 측면에서 텍스트의 거시구조와 관련된 다양한 인식 양상을 조사하고 검증하는 데 초점을 두고 있다는 점에서 의의가 높다. 하지만 읽기 교육 현장에서 이런 연구들을 어떻게 받아들이고 응용할지의 문제가 남아 있다.

서혁(1994)과 김재봉(1997)은 요약 전략과 관련된 국어교육적 연구로 그 의의가 크다.[3] 전자는 기존의 요약과 관련된 국내·외 연구를 다양하게 제시해 주고 있으며, 후자는 텍스트 언어학적 관점에서 요약의 전략을 상세하게 다루고 있다는 점에서 참고가 된다. 다만 요약이라는 과정을 학습자들의 심리적 측면에서 상세하게 고찰하지 못하고 있는 점은 한계로 드러난다.

윤준채(2009, 2011)는 상위 인지적 측면에서 읽기 전략의 검토와 아울러 요약하기의 교육적 함의를 상세하게 고찰하였다는 점에서 참고가 된다. 특히 후자는 읽기 전략과 관련된 상위 인지적 측면의 다양한 전략들에 대한 통계적 검증을 통해 그 유의미성을 고찰하고 있어 교육적으로 시사하는 바가 크다. 다만 세밀한 읽기 전략의 검토를 위해서는 학교 현장에서의 실효성 있는 현장 조사가 뒤따라야 한다는 문제를 남기고 있다.

Kintsch(1998, 김지홍 옮김, 2010)는 표면구조, 텍스트 기저, 상황모형으로 텍스트에서의 독자의 이해 양상을 구분하고, 이를 구성과 통합이라는 모형으로 전개하고 있다. 이 연구는 텍스트로부터의 독자의 이해 양상을 텍스트 중심의 단일 명제로부터 복합 명제들의 거시구조, 그리고 독자의 배경지식이 가미된 일정한 지식틀의 완성에 이르

---

3) 요약하기와 관련된 학교 현장 연구는 그 수를 일일이 헤아리기 힘들 정도로 많다. 본 절에서는 그들 연구를 모두 언급하지 못한다. 다만 허선익(2010)에서 기존의 요약하기 연구를 바탕으로, 텍스트 거시구조의 관점에서 요약하기 전략을 자세하게 살피고 있어 참고가 된다.

기까지를 명제 중심의 도식화를 통해 상세하게 보여주고 있다는 점에서 읽기 교육에 시시하는 바가 매우 크다. 다만 이 연구에 사용된 언어 심리학적 용어와 접근 방식 등을 국어교육에서 적절하게 변용해서 사용할 필요성이 제기된다.

2. 연구방법

2.1. 조사 개관

요약하기와 단락 위계 인식은 독자의 상위 인지적 측면의 능력이 요구되는 읽기 과정이다. 따라서 일정한 수준의 읽기 수행 능력을 갖춘 학습자들이 대상자가 되어야 한다. 또한 텍스트에 드러난 다양한 내용과 형식 측면을 모두 파악해야 하는 과정이기 때문에 다소 긴 조사 시간이 필요하다.

조사 대상 학습자는 특정 집단에 국한되기보다는 비교 대상이 될 수 있는 여러 집단의 학습자들을 선정하는 것이 조사의 신뢰성을 높이는 데 도움이 될 수 있다. 본고는 일정한 연령대에서 언어 수행 수준에 차이가 나는 두 집단의 학습자들을 비교 대상 집단으로 선정하였다. 이를 통해 언어 수행 수준에 따른 요약하기와 단락 위계 인식에 어떤 차이가 있는지를 살펴보는 것도 이 두 읽기 전략의 이론 재구성에 도움이 될 것이다.

본고는 조사 대상 텍스트 선정에 많은 어려움이 따랐다. 특히 단락 위계에 대한 학습자들의 인식 양상을 이끌어 내기 위해서는 단락이 비교적 의미상으로 분명하게 구분된 글을 선정해야 한다. 따라서 단락 관계가 표면적으로 분명하게 부각되지 않는 문학류, 특히 시,

소설, 희곡 등은 조사 대상 텍스트로 선정하기 어려운 점이 있다. 이를 위해 비교적 단락 관계가 비교적 구체적으로 드러나는 수필을 조사 대상 텍스트의 일부로 선택하였다.

전체 조사 대상 텍스트는 2007 개정 국어과 교육과정의 읽기와 쓰기의 내용 체계에서 제시하고 있는 세 갈래로 한정하였다. 즉 조상 대상 텍스트는 정보 전달, 설득, 친교 및 정서 표현에서 각각 1편씩을 선정하였다. 아울러 학교 현장의 실제 교수·학습 현장이나 수능 관련 시험에서 접해 봤을 만한 작품으로 선정하였다. 물론 학습자들의 조사 대상 텍스트에 대한 배경지식 여부 등은 고려하지 않았다. 동일 연령과 학년대의 학습자들이라면 조사 대상 텍스트에 대한 읽기 조건은 비슷할 것이라고 추정했기 때문이다. 또한 단락 간 의미 관계가 선명하며, 주제라고 할 수 있는 단락이 비교적 직·간접적으로 드러난 글들을 고려하였다.

세 텍스트에 대한 학습자들의 두 가지 읽기 전략의 적용 양상은 일정한 평가를 통해 수치화된다. 이는 두 읽기 전략이 단순한 통계 수치로 정형화되기 어려운 점이 있지만, 어느 정도 읽기 결과와 관련된 학습자들의 인식 양상의 논의를 위해서는 이를 가시적으로 드러낼 필요성이 있기 때문이다.[4] 이상 조사와 관련된 사항을 개괄하면 〈표 8-1〉과 같다.

---

4) 요약과 단락 간 위계 인식에 대한 학습자들의 읽기 결과는 단순히 수량적으로만 해석될 수 없는 측면이 있다. 특히 학습자들의 요약문의 경우, 독자에 따라 그 양상이 조금씩 다를 것이기 때문에 산출된 자료를 어떻게 해석하느냐가 주요한 관건이 된다는 점에서 질적 연구의 성격을 띠게 된다.

<표 8-1> 조사 개관

조사 대상	특목고 1학년	일반고 1학년
조사 인원	92명	96명
조사 기간	2011.11~2012.12	2012.3~2012.4
조사 시간	수업 시간 50분	
조사 텍스트	정보 전달, 설득, 수필 각 1편씩	

조사 시간은 수업 시간을 주로 이용하였다.[5] 조사 대상 학습자들은 50분 동안에 두 편을 글을 읽고 요약문을 작성하고 단락 위계를 도식화하였다. 따라서 위에서 제시된 조사 인원 모두가 세 편을 글을 읽는 것은 아니었다. 대략 한 편의 글에 대상별 인원은 50명 정도로 국한되었다.

즉 특목고의 경우 네 반, 일반고의 경우 세 반의 학습자들이 조사에 참여하였다.[6] 대략 한 편의 글에 50명이 넘는 학습자들이 조사에 참여하였는데, 다만 조사 기간 중 학습자들의 심신 상태 및 조사 참여와 관련된 곤란 상황 등을 고려하여 50명으로 확정하였다.[7] 각 갈래별 텍스트의 구체적인 조사 대상 인원은 〈표 8-2〉와 같다.

---

5) 본고의 조사 참여에는 경남 과학고 윤창욱 선생님과 진주 대아고 오정훈 선생님이 수고 해 주셨다. 감사의 말씀을 전한다.

6) 특목고 학습자들의 경우 수능 관련 모의고사에서 언어 영역이 대체로 3등급 이내에 분 포하고, 일반고 학습자들의 경우 2~8등급에서 정규분포를 보였다. 따라서 전자의 학습자 들은 대체적으로 언어 수행 수준이 상위권으로, 후자의 학습자들은 상·중·하 수준이 고루 포함된 것으로 볼 수 있다. 물론 수능 관련 모의고사의 성적만으로 학습자들의 언어 수행 수준을 단적으로 판단하기는 어렵지만, 현재로서 이들 두 학습자들 간의 언어 수행과 관 련된 수준을 대체적으로 가늠할 수 있는 잣대가 국가 수준의 수능 관련 모의고사일 것으 로 판단하였다.

7) 조사 대상 학습자들 중에는 해당 조사 시간에 두 편의 글을 읽고 요약하고, 단락 위계와 관련된 도식을 그려내지 못하는 학습자들이 있었음을 조사에 참여해 주신 선생님들께서 지적하셨다. 즉 해당 시간에 제시된 조사 내용을 완성하지 못하는 학습자들의 경우는 아 울러 조사 참여 인원에서 제외하였다.

<표 8-2> 갈래별 조사 대상 인원

조사 대상 텍스트		조사 참여 인원(명)	
갈래	제목	특목고 1학년	일반고 1학년
정보 전달	아프리카 고릴라는 핸드폰을 미워해	50	50
설득	현대 과학 기술의 속성	50	50
수필	구두	50	50

텍스트의 단락 위계에 대한 도식은 다양한 방식으로 드러날 수 있다. 하지만 그 도식화의 방법이 지나치게 복잡한 경우 오히려 학습자들의 텍스트 이해에 방해가 될 수도 있다. 따라서 본고에서는 단락 간의 관계를 상·하, 대등 관계로 간략하게 표상할 수 있도록 하였다. 이는 조사 대상 각 텍스트의 단락에 번호를 매기고, 이를 학습자들이 상·하, 대등 관계로 표시해서 드러내도록 하였다. 아울러 요약하기와 단락 위계에 대한 도식화를 동시에 이루어질 수 있도록 하였다. 조사 양식은 〈표 8-3〉과 같다.

<표 8-3> 조사 양식

		반: 번호: 이름:
• 왼쪽 칸에는 글에 대한 그림을 그리고, 오른쪽 칸에는 1개의 단락 정도로 요약하십시오[8]		
〈글 1〉	▶	
〈글 2〉	▶	

2.2. 조사 대상 텍스트

이 절은 세 편의 텍스트에 대한 단락 위주의 간략한 논의이다. 우선 〈표 8-4〉는 '아프리카 고릴라는 핸드폰을 미워해'라는 제목의 비교적 평이한 내용의 정보전달 글이다.

〈표 8-4〉 정보전달 글

① 이제는 생활필수품이 되어 버린 핸드폰, 손에 쏙 들어오는 이 작은 전자 제품에는 검은 대륙에서 벌어지고 있는 슬픈 사연이 담겨 있다. 아프리카 중부에서는 콜탄이 많이 생산된다. 오랫동안 콜탄은 주석보다 싼 회색 모래 정도의 취급을 받았다. 그런데 몇 년 전부터는 금이나 다이아몬드만큼 귀한 대접을 받고 있다. 그 이유는 과연 무엇일까?

② 콜탄을 정련하면 나오는 금속 분말 '탄탈룸(Tantalum)'은 고온에 잘 견디는 성질이 있다. 이 성질 때문에 탄탈룸이 핸드폰과 노트북, 제트 엔진 등의 원료로 널리 쓰이게 되면서 콜탄은 귀하신 몸이 되었다. 전 세계 첨단 제품 시장에서 탄탈룸의 수요가 갑자기 늘어나자, 불과 몇 달 만에 1kg당 2만 5000원이던 콜탄 가격이 50만 원으로 폭등(暴騰)하는 일이 벌어지기도 했다.

③ 그런데 이로 인해 여러 가지 부작용이 생겨나고 있다. 우선 콜탄 광산에서 일하는 인부들이 혹사(酷使)당하고 있다. 이들에게 주어지는 장비는 삽 한 자루뿐이다. 그밖에 사고를 예방할 아무런 장비도 갖추어져 있지 않다. 2001년에 갱도붕괴 사고로 인부 100여 명이 사망했다. 그런데도 콜탄값이 수십 배나 뛰는 것을 목격한 농부들은 농사짓던 땅을 버리고 돈벌이를 하기 위해 광산으로 모여들고 있다. 그러나 아무리 뼈 빠지게 일해도 그들에게 돌아가는 몫은 쥐꼬리만 한 일당뿐이다. 힘 있는 중개상들이 막대한 이윤을 고스란히 가로채고 있기 때문이다.

④ 값비싸게 팔리는 콜탄은 콩고민주공화국 동부의 세계 문화유산인 '카후지-비에가(Kahuzi-Biega) 국립 공원'도 파괴하고 있다. 광부들은 에코나무의 껍질을 벗기고 줄기에 홈통을 만든 뒤, 이것을 이용하여 진흙에서 콜탄을 골라내고 있다. 두 개의 휴화산으로 둘러싸여 장관을 이루었던 공원의 숲은 이 작업으로 인해 황폐해졌다.

⑤ 카후지-비에가 국립 공원은 지구상에 남아 있는 고릴라의 마지막 서식지(棲息地)이다. 1996년 무렵 공원 전역에는 280여 마리의 고릴라가 살고 있었다. 그런데 국립 공원에 엄청난 양의 콜탄이 묻혀 있다는 소식을 듣고 몰려든 수만 명의 사람들은 먹을 것을 구하기 위해

---

8) 왼쪽 칸에 넣을 그림은, 가령 세 개의 단락으로 구성된 글이라면 그림과 같이 간단한 표 형식으로 드러내도록 하였다. 예로, 아래의 그림은 ⑤가 최상위 위계의 단락으로, ③과 ④는 최하위 위계의 단락으로 배치된 형식이다.

⑤
①, ②
③, ④

산속에 있는 야생 동물들을 마구잡이로 사냥했다. 350마리나 되던 코끼리는 2000년에 단 두 마리만이 살아남았다.

⑥ 해발 2000~2500미터에 살고 있던 고릴라의 수도 점점 줄어들었다. 1996년에 28여 마리가 살고 있었는데, 2001년에는 절반밖에 남지 않았다. 그나마 얼마 남지 않은 고릴라들은 사람을 피해 이리저리 도망 다니는 처량한 신세가 되었다. 돈을 버는 데만 기를 쓰고 달려드는 탐욕스러운 사람들은 콜탄 광산의 광부들이 어떤 대접을 받고 있고, 국립 공원이 얼마나 파괴되었으며, 고릴라들이 어떻게 죽어 가고 있는지에 대해서는 아무런 관심도 기울이지 않고 있다.

⑦ 한국정보통신진흥협회에서 운영하고 있는 '핸드폰 찾기 콜 센터'에는 한 달 평균 6500여 대의 핸드폰이 새로 접수된다고 한다. 고가(高價)의 핸드폰을 잃어버리고도 '에라, 잘 되었다. 이참에 신형으로 바꾸자'라는 생각으로 찾아가지 않는 전화기가 이미 3만 6000여 대를 넘어섰다고 한다. 간혹 핸드폰을 찾아가는 사람들도 단지 저장된 전화번호 때문이라고 한다.

⑧ 카메라 기능과 MP3 기능이 욕심나서 우리가 최신형 핸드폰을 기웃거리는 동안, 아프리카에서는 고릴라가 보금자리를 잃고 멸종되고 있다. 그리고 순박한 원주민들은 혹사당하며 살고 있다.

⑨ 우리가 핸드폰을 오랫동안 소중하게 쓰는 일은, 단지 통신비를 아끼고 물자를 절약하는 차원에서 그치는 것이 아니다. 지구 반대편의 소중한 생명들을 보호하는 거룩한 일이다. 나아가 지구촌에 진정한 평화가 찾아오게 만드는 위대한 일이기도 하다.

⑨가 주제를 직접적으로 제시하고 있어, 이 단락이 위 텍스트의 단락 중에서 최상위 위계에 놓일 것으로 예상된다. ①, ②와 ⑦, ⑧ 단락은 화제 제기 및 주제와 직·간접적으로 관련된 우리 현실을 환기시키고 있다. ③, ④, ⑤, ⑥은 주제 단락인 ⑨의 직접적인 원인 제공의 단락들이라 할 수 있다. 따라서 전체 단락 중에서 ①과 ②단락이 주제와 직접적으로 관련되지 않은 내용들이라 하위 위계에 놓일 것이라 예상할 수 있다. 〈표 8-5〉는 '현대 과학 기술의 속성'이라는 제목의 설득 글이다.

<표 8-5> 설득 글

①파스퇴르는 '과학에는 국경이 없지만, 과학자에게는 조국이 있다'고 했다. 파스퇴르는 프랑스의 학술 문화적 우월성을 위해 독일의 코흐와 미생물학 분야에서 경쟁을 했다. 그는 프러시아와의 전쟁에서 참패한 프랑스의 명예 회복을 위해 세균학 연구에 일생을 바쳤다. 그리고 그 연구 성과는 전 인류의 복지를 위해 사용되어야지 프랑스 국민만을 위한 것은 아니라고 했다. 퀴리 부인도 방사성 원소를 발견하고 그녀의 조국 폴란드를 위해 폴로늄이 라고 명명했다. 그러나 그것이 전 인류의 편익을 위해 사용되어야 한다고 생각했기 때문에 특허에는 관심이 없었다.

②현대는 파스퇴르나 퀴리 시대와는 달리 과학에서 정치·경제·군사적 가치를 추구하며, 이익만 있으면 선악을 가리지 않고 기술을 남용할 위험성마저 가지고 있는 시대이다. 또한 과학 기술을 국력 신장의 수단으로 삼고, 기초 과학 연구까지 지적 재산권으로 보호하려는 시대이다. 원래 개인이나 소수 엘리트의 지적 활동이던 과학이 현대에 들어와 대중화되고 넓은 분야로 확산되면서 다양화, 집단화, 거대화되었다. 과학의 진보에 개인의 역할은 여전히 중요하지만, 국가나 기업이 산업 기술의 기초로서 현대 과학을 사업화하게 되었다.

③그래서 과학 기술자는 대부분 누군가에 의하여 관리되고, 조직의 틀 속에서 설정된 목적을 위하여 연구를 하게 된다. 현대의 국가와 기업은 사업주로서 과학 기술자에게 국방 기술, 상품 기술, 서비스 기술 등 힘겨운 연구 개발의 과제를 부과한다. 연구 개발은 국가나 기업이 경쟁적으로 하기 때문에 비밀리에 진행되고 그 성과는 공개하지 않는 경우도 있다. 따라서 과학자 간에도 지식을 교환하고 공유하는 데 한계가 있다.

④옛날에는 왕실이나 재력이 있는 사회 단체와 독지가가 과학자에게 조건 없는 연구비를 지원했지만, 현대는 이윤을 추구하는 기업의 지원이 증대되었기 때문에 과학자가 연구 성과에 집착해야 하는 시대이다. 국가와 기업은 과학 기술자가 무엇인가 참신하고 경이적인 것을 창조해 주기 바라는 동시에 과학 기술 때문에 일어날지 모르는 정치·경제·군사적 충격 등에 지대한 관심을 갖는다.

⑤현대 국가의 국제적 위상은 과학 기술의 국제 경쟁력과 국제 협력을 통하여 유지된다. 국제 협력이야 말로 인류의 지구적 목표를 달성하기 위해 노력하려는 신성한 동기를 과학 기술자에게 부여한다. 하지만 기술이 패권화되는 새로운 국제 질서가 대두하면서 국제 협력의 분위기가 손상되고 있다. 이를테면, 국가마다 과학 기술 정보의 교류를 통제하고 특히 첨단 과학 기술 분야에서 특허 분쟁 등 지적 재산권을 둘러싼 분쟁이 빈발하고 있다.

⑥이처럼 현대는 과학 기술 정보가 정치·경제·군사적 가치를 발휘하는 시대이다. 그러나 정보를 독점하는 것이 아니라 정보를 교환하고 공유하는 경쟁이야말로 과학을 진보시키는 지름길이며, 연구 환경에 참신한 분위기를 조성하는 활력소임을 과학자들만이라도 잊지 말아야 할 것이다.

이 글은 ⑥이 주제를 직접적으로 포함한 최상위 단락으로, ①은 전체글의 이야기를 이끌어 내기 위한 속성의 예시 단락으로 가장 하위 위계에 놓일 것으로 예상된다. 그 외 ②, ③, ④, ⑤는 현대 과학과 관련된 현상과 문제점 등을 제시하고 있는 것으로 함께 묶이어 ⑥과 ①사이에 놓일 수 있다. 〈표 8-6〉은 계용묵의 '구두'라는 제목의 수필이다.

<표 8-6> 수필 글

① 구두 수선(修繕)을 주었더니, 뒤축에다가 어지간히도 큰 징을 한 개씩 박아 놓았다. 보기가 흉해서 빼어 버리라고 하였더니, 그런 징이래야 한동안 신게 되고, 무엇이 어쩌구 하며 수다를 피는 소리가 듣기 싫어 그대로 신기는 신었으나, 점잖지 못하게 저벅저벅, 그 징이 땅바닥에 부딪치는 금속성 소리가 심히 귓맛에 역(逆)했다. 더욱이, 시멘트 포도의 딴딴한 바닥에 부딪쳐 낼 때의 그 음향(音響)이란 정말 질색이었다. 또그닥 또그닥, 이건 흡사 사람이 아닌 말발굽 소리다.

② 어느 날 초어스름이었다. 좀 바쁜 일이 있어 창경원(昌慶苑) 곁담을 끼고 걸어 내려오노라니까, 앞에서 걸어가던 이십 내외의 어떤 한 젊은 여자가 이 이상히 또그닥거리는 구두 소리에 안심이 되지 않는 모양으로, 슬쩍 고개를 돌려 또그닥 소리의 주인공을 물색하고 나더니, 별안간 걸음이 빨라진다.

③ 그러는 걸 나는 그저 그러는가 보다 하고, 내가 걸어야 할 길만 그대로 걷고 있었더니, 얼마쯤 가다가 이 여자는 또 뒤를 한 번 힐끗 돌아다본다. 그리고 자기와 나와의 거리가 불과 지척(咫尺)임을 알고는 빨라지는 걸음이 보통이 아니었다. 뛰다 싶은 걸음으로 치맛귀가 옹이하게 내닫는다. 나의 그 또그닥거리는 구두 소리는 분명 자기를 위협하느라고 일부러 그렇게 따악딱 땅바닥을 박아 내며 걷는 줄로만 아는 모양이다.

④ 그러나 이 여자더러 내 구두 소리는 그건 자연(自然)이요, 인위(人爲)가 아니니 안심하라고 일러 드릴 수도 없는 일이고 해서, 나는 그 순간 좀 더 걸음을 빨리하여 이 여자를 뒤로 떨어뜨림으로 공포(恐怖)에의 안심을 주려고 한층 더 걸음에 박차를 가했더니, 그럴 게 아니었다. 도리어 이것이 이 여자로 하여금 위협이 되는 것이었다.

⑤ 내 구두 소리가 또그닥 또그닥, 좀 더 재어지자 이에 호응하여 또각또각, 굽 높은 뒤축이 어쩔 바를 모르고 걸음과 싸우며 유난히도 몸을 일어 내는 분주함이란, 있는 마력(馬力)은 다 내보는 동작에 틀림없다. 그리하여 한참 석양 놀이 내려 비치기 시작하는 인적 드문 포도(鋪道) 위에서 또그닥또그닥, 또각또각 하는 이 두 음향의 속 모르는 싸움은 자못 그 절정에 달하고 있었다. 나는 이 여자의 뒤를 거의 다 따랐던 것이다. 2, 3보(步)만 더 내어 디디면 앞으로 나서게 될 그럴 계제였다. 그러나 이 여자 역시 힘을 다하는 걸음이었다. 그 2, 3보라는 것도 그리 용이히 따라지지 않았다. 한참 내 발뿌리에도 풍진(風塵)이 일었는데, 거기서 이 여자는 뚫어진 옆골목으로 살짝 빠져 들어선다. 다행한 일이었다. 한숨이 나간다. 이 여자도 한숨이 나갔을 것이다. 기웃해 보니, 기다랗고 내뚫린 골목으로 이 여자는 횡하니 내닫는다. 이 골목 안이 저의 집인지, 혹은 나를 피하느라고 빠져 들어갔는지 그것을 알 바 없었으나, 나로선 이 여자가 나를 불량배로 영원히 알고 있을 것임이 서글픈 일이다.

⑥ 여자는 왜 그리 남자를 믿지 못하는 것일까. 여자를 대하자면 남자는 구두 소리에까지도 세심한 주의를 가져야 점잖다는 대우를 받게 되는 것이라면, 이건 이성(異性)에 한 모욕이 아닐까 생각을 하며, 나는 그 다음으로 그 구두징을 뽑아 버렸거니와 살아가노라면 별(別)한 데다가 다 신경을 써 가며 살아야 되는 것이 사람임을 알았다.

이 글은 6개의 단락으로 구성된 서사적 수필이다.9) 배경 제시와 일화를 ①~⑤ 단락에 제시하고 있다. 그리고 결말 단락으로 일화와

---

9) 이 글은 원본을 찾을 길이 없어 최근에 발간된 수필집에 실린 양상을 조사 텍스트로 사용하였다. 아울러 여기에 실린 글의 단락 위계의 양상이 본고의 가설을 검증하는 데 적절하다고 판단되어 선택하였다.

관련된 필자의 심정을 ⑥에 직·간접적으로 제시하고 있다. 즉 ⑥이 주제를 포함한 단락으로 최상위 위계의 단락이라 할 수 있다. 다만 배경과 일화로 볼 수 있는 ①~⑤ 단락 중에서 어떤 것이 최하위 위계의 단락으로 놓일지도 주요한 논의거리가 될 수 있다.

3. 연구가설 및 결과 논의

3.1. 연구가설

본 절에서는 이해의 주요한 전략이라 할 수 있는 중요도 평정과 연관된 단락 위계 인식과 요약하기의 양상을 세 가지 가설을 바탕으로 살펴보고자 한다. 이를 위해 우선적으로 학습자들의 단락 위계 인식이 텍스트의 거시구조와 관련해서 어떻게 드러나며, 최상위 단락이 학습자들의 요약하기에 어떤 식으로 반영되며, 나아가 이들 두 전략이 그 읽기 결과에서 일정한 상관관계를 지닐 수 있는지를 세 가설을 통해 고찰한다.

[가설 1] 최상위 위계 단락이 최하위 위계의 단락 인식 일치율보다 높을 것이다.

단락 위계에 대한 이해는 텍스트의 정보 구조에 대한 이해와 유사한 맥락에 있다. 하지만 기존의 단락에 대한 국어 교육상의 초점은 주로 하나의 단락을 이루는 중심문장과 뒷받침문장들의 구성에 대한 이해와 표현에 있었다. 이는 다분히 수사학상의 문장 구성 방식에 관련되는 것으로, 읽기보다는 쓰기에서의 단락에 대한 기본적인 접근방식이라 할 수 있다.

하지만 읽기 교육에서의 단락의 이해는 한 단락의 구성방식에 대한 지엽적인 이해보다는, 텍스트에 드러난 단락 간의 의미 위계에 대한 총체적 인식에 있다. 이는 결국 텍스트 전체의 이해와 밀접한 관련을 맺을 것이고, 주제 도출의 중심적인 전략이 될 수 있다.

텍스트에는 다수의 기능과 의미를 지닌 단락이 존재한다. 이는 각 단락이 그 기능과 의미에서 모두 다르게 독자에게 인식될 수 있다는 점과 관련된다. 이해는 정보의 선택과 조직에 관련된 인식 작용이다. 이 정보의 선택과 조직에는 필수적으로 독자의 단락 위계에 대한 인식이 차별적으로 이루어질 것이다.

즉 독자들은 텍스트에 제시된 단락들을 정보 위계에 따라 달리 접근할 것이며, 특히 단락 중 최상위 위계 단락에 인식상의 초점을 둘 것이다. 이는 단락들 중에서 최상위 위계에 상정된 단락이 그 텍스트에서 의미상으로 가장 중요하고, 나아가 주제를 이끌어 내는 데 핵심이 될 수 있는 정보를 포함할 가능성이 높기 때문이다.10) 따라서 본 가설은 텍스트에 제시된 단락들의 위계를 구성함에 있어, 인식의 초점에서 부각된 최상위 위계의 단락이 최하위 위계의 단락보다 그 인식의 일치율이 높을 것이라고 보았다.11)

---

10) 이는 텍스트의 거시구조에서 중요성, 관련성, 혹은 현저성의 관점과 관련된다고 할 수 있다. Teun A, van Dijk(1980: 273)에서는 "거시구조는 텍스트의 총체적 의미의 명시적 표상일 뿐만 아니라 최소한 중요성, 관련성, 현저성과 같은 개념들의 부분적 설명을 제공한다. 재차 이들 개념들은 대략 형식적, 언어적 처리로 주어질 수 있지만(즉 그것이 거시구조에 의해 명시적이 되는 '주제', 혹은 '화제'의 개념 관점으로), 또한 인지적 관점에서 처리될 필요가 있다"고 제시하고 있다. 즉 단락은 텍스트의 이런 거시구조 개념과 밀접한 관련성을 지니며, 그런 의미에서 최상위 단락은 텍스트의 거시구조 관점에서 여타의 단위보다 중요성, 관련성, 혹은 현저성 측면에서 높은 인식의 정도를 지닌다고 할 수 있다.

11) 텍스트에 드러난 모든 단락의 위계를 비교하기에는 본고가 지니는 시론적 성격의 범위를 벗어나기 때문에, 본고에서는 최상위와 최하위 단락을 중심으로 학습자들의 인식 양상을 우선 비교하기로 하였다.

[가설 2] 최상위 위계 단락이 요약에 포함될 가능성이 높을 것이다.

텍스트 요약에는 거시구조 측면의 정보가 포함될 가능성이 높다. 즉 거시구조 측면의 정보는 텍스트의 주제를 직·간접적으로 포함한 정보 구조와 밀접한 관련성이 있다. 텍스트의 거시구조는 요약하기 에서 독자의 정보 초점 인식에 대한 일정한 이해의 거점을 제공한 다. 특히 텍스트의 서론과 결론에서 이런 거시구조와 관련된 측면들 이 잘 부각된다.

하지만 텍스트의 거시구조는 표면적으로 잘 드러나기도 하지만, 그렇지 못한 경우도 많다. 따라서 텍스트의 거시구조는 독자가 구성 해야 하는, 이른바 독자 중심의 요약에서 주요하게 부각될 수 있는 면이기도 하다. 여기에서 단락이 주요한 거시구조 인식 양상의 토대 로 부각될 수 있다.

텍스트의 요약에는 반드시 정보의 선택과 조직의 인식 과정이 따 른다. 단락은 이런 정보의 선택과 조직의 인식과 결부된 요약에서 주요한 인식 단위로 작용할 것이다. 즉 독자들은 텍스트 거시구조 측면에서 단락 위계에 대한 인식을 바탕으로 요약을 할 것이고, 이 과정에서 단락을 중심으로 정보를 더하고, 줄여 나갈 것이다.

특히 정보를 줄여 나가는 과정에서 단락 위계에 대한 인식의 초점 이 중심이 되어, 단락 간에 드러나는 정보의 중요도 차이가 반영될 것이다. 즉 본 가설은 독자들이 요약하기 과정에서 인식의 주요한 초점으로 부각되지 못한 단락을 삭제할 것이고, 정보의 위계 측면에 서 인식의 초점이 된 상위 단락, 특히 최상위 단락을 요약의 내용에 명시적으로 포함시킬 것이라고 상정하였다.

[가설 3] 요약하기와 단락 위계 인식하기는 일정한 상관관계가 있을 것이다.

단락 위계에 따른 인식과 요약하기는 읽기에서 주요한 상위 인지적 측면의 활동이다. 이들 두 활동은 텍스트의 거시구조에 대한 이해가 동반되는 공통점이 있다. 즉 텍스트의 내용과 형식상 주요한 인식 요소들이 텍스트와 독자에게 부각될 수 있으며, 이는 이해 과정에 결정적인 영향을 끼친다.

하지만 독자는 텍스트를 이해하는 데 있어 기억의 한계를 안고 있다. 즉 텍스트에 포함된 모든 내용을 오롯이 자신의 장기기억 창고로 받아들일 수 없기 때문이다. 따라서 이런 기억의 한계를 극복하는 다양한 방편으로 읽기의 전략이 요구되며, 특히 텍스트 정보의 선택과 조합의 과정인 요약하기와 상위 단락 중심의 위계 인식이 그 주요한 전략이 된다고 할 수 있다.

즉 두 가지 읽기 전략은 동일 텍스트를 대상으로 하여 비슷한 이해 결과의 양상을 드러낼 것이다. 요약하기는 텍스트에 포함된 주요한 정보 중심, 즉 상위 단락 중심의 내용을 바탕으로 이루어질 것이고, 단락 간 위계에 대한 인식 역시 하위 단락보다는 상위 단락 위주로 그 인식의 위계가 형성될 것이기 때문이다.

3.2. 연구결과 논의

본 절에서는 단락 위계 인식과 요약의 결과를 통해 읽기의 주요한 전략이라 할 수 있는 이들 간의 상관성을 살펴보고 그 유의미성을 논의하고자 한다. 따라서 세 가지 가설 중에서 1과 2는 3의 가설에 대한 이론적 뒷받침을 위한 기본 조사와 관련된 것이다. 하지만 두 집단 학습자들에게서 드러나는 두 읽기 전략의 차별성을 [가설 1]과 [가설 2]를 통해 직·간접적으로 살펴볼 수 있다는 점에서 이들 두 가설은 또한 독자적인 의의를 지닌다.

우선 [가설 1]인 '최상위 위계 단락이 최하위 위계의 단락 일치율보다 높을 것이다'는 조사 대상 학습자인 일반고와 특목고 1학년으로 구분되어 그 결과가 제시되고 논의된다. 조사 대상 학습자 50명 각각의 단락 위계에 대한 인식 결과가 최상위와 최하위 단락을 중심으로 구분되고, 이는 일정한 통계 수치를 통해 제시된다. [가설 1]에 대한 조사결과는 〈표 8-7〉과 같다.

〈표 8-7〉에서 드러난 바와 같이, 모든 갈래의 글에서 최상위 단락의 선택 비율이 최하위보다는 높음을 알 수 있다. 아울러 정보전달 글의 최하위 단락에 대한 학습자들 간의 인식 양상을 제외하고는 대부분의 단락 위계 인식에서, 학습자들의 특정 단락에 대한 선택이 일치하고 있음을 알 수 있다.

몇몇 특징적인 현상을 논의하자면 다음과 같다. 우선 최상위 단락의 경우 일정한 통계 검증 절차를 거치지 않더라도, 즉 표면적으로 드러난 결과만 놓고 보아도 그 합의도가 높음을 알 수 있다. 물론 각 갈래의 글들이 지니는 내용적, 구조적 특징에 기여하는 바도 있겠지만, 다수의 단락이 포함된 글에서 최상위 단락에 대한 일치율이 '56.0%~88.0%' 대에 위치한다는 것은 그만큼 텍스트에서 최상위 단락이 지니는 의미 위계가 유의미하게 부각된 것이라 할 수 있다. 아울러 최하위 단락의 일치율에 비해서 훨씬 높게 드러나고 있다는 점에서 본 가설은 유의미하게 수용될 수 있다.

<표 8-7> [가설 1]에 대한 결과

갈래 \ 대상			일반고(50명)		특목고(50명)	
정보전달	최상위 단락	단락	⑨	최상위 단락	단락	⑨
		인원(명)	28		인원(명)	39
		비율(%)	56.0		비율(%)	78.0
	최하위 단락12)	단락	⑦, ⑧	최하위 단락13)	단락	①, ②
		인원(명)	11		인원(명)	14
		비율(%)	22.0		비율(%)	28.0
설득	최상위 단락	단락	⑥	최상위 단락	단락	⑥
		인원(명)	31		인원(명)	42
		비율(%)	62.0		비율(%)	84.0
	최하위 단락	단락	①	최하위 단락	단락	①
		인원(명)	24		인원(명)	19
		비율(%)	48.0		비율(%)	38.0
수필14)	최상위 단락	단락	⑥	최상위 단락	단락	⑥
		인원(명)	38		인원(명)	44
		비율(%)	76.0		비율(%)	88.0
	최하위 단락	단락	①	최하위 단락	단락	①
		인원(명)	12		인원(명)	21
		비율(%)	24.0		비율(%)	42.0

최상위 단락에 비해 일치율 자체는 낮지만, 최하위 단락에 대한 학습자들의 인식 결과도 특정 단락에 대해 일정한 합일 양상을 보여 주고 있다. 다만 최하위 단락의 경우는 그 일치율이 최상위 위계 단

---

12) 일반고 대상자들의 경우, ⑦과 ⑧ 단락을 각각 4명과 7명씩 최하위 단락으로 선택하였다. 즉 ⑦과 ⑧ 단락을 동시에 최하위 위계의 단락으로 선택한 학습자들에 비해 그 수는 적지만, 여타의 단락들에 비해 ⑦과 ⑧ 단락이 각각 최하위 단락으로 선택되는 경우가 발견되었다.

13) 특목고 대상자들의 경우, 11명의 학습자들이 ① 단락을, 10명의 학습자들이 ② 단락을 각각 최하위 단락으로 선택하였다. 즉 ①과 ② 단락을 동시에 최하위 위계의 단락으로 선택한 학습자들과 비슷한 숫자로 이들 각각에도 반응한 점이 특징적이다.

14) 수필 갈래의 경우 최하위 단락으로 '①~⑤'를 함께 제시한 학습자가 일반고의 경우 9명(18.0%), 특목고의 경우 8명(16.0%)이었다.

락의 일치 비율에 비해 낮게 드러났다. 아울러 이런 현상은 정보 전달 글의 최하위 일치 비율에서 드러나는 바와 같이 단락 선택에 영향을 끼치기도 한다. 즉 학습자들의 최하위 단락에 대한 선택의 양상이 특정 단락에 일치되기보다는 상이하게 분포하는 특징을 보여주고 있다.

정보전달과 수필 갈래 글의 경우, 조사 대상 학습자들이 단락 중에서 최하위 단락으로 서로 다른 단락을 선택한 경우가 있었다. 특히 정보전달의 경우는 일반고와 특목고 학습자들이 각각 최하위 단락으로 ⑦, ⑧과 ①, ②단락을 선택하고 있다. 또한 특목고 학습자들의 경우 최하위 단락으로 ①, ②단락을 함께 선택하는 숫자만큼, ①과 ②단락을 각각 최하위 단락을 선택하고 있다. 수필의 경우에는 일반고와 특목고 학습자들 공히 최하위 단락으로 '①~⑤'를 함께 선택하는 경우가 다수 있었다.

'최상위 위계의 단락이 요약에 포함될 가능성이 높다'는 [가설 2]도 역시 [가설 1]과 마찬가지로 두 집단 학습자들의 결과를 구분하여 제시한다. 요약의 결과는 단순히 통계적 검증으로 처리하기 어려운 면이 있다.15) 이는 요약하기의 과정이 단순한 사고 작용이 아닌 독자의 복잡한 인식의 결과이기 때문이다. 따라서 본고는 기존의 요약문에 대한 평가 기준을 참고로 하되, 주로 최상위 단락을 중심으로 하여 요약문에 대한 평가 기준을 재구성하였다.

또한 요약문의 분량과 관련해서도 일정한 평가 기준을 제시하였다. 우선 요약문을 한 단락 수준으로 제한하고, 학습자들이 대략 3~5개 문장 정도로 구성된 요약문을 산출할 수 있도록 하였다. 이는 학습자들이 조사 대상 덩잇글을 요약할 시에, 지나치게 세부적인 내용까지 요약

---

15) 요약문의 평가는 서혁(1994)에 제시된 Marton and others의 네 가지 이해 수준이 참고가 된다.

문에 제시하는 것을 막기 한 것이었으며, 또한 단락 간 의미 위계의 수준을 고려해 몇몇 단락들을 삭제하도록 유도한 것과 관련된다. 전체 요약문에 대한 평가 기준은 〈표 8-8〉과 같다.

<표 8-8> 요약문에 대한 평가 기준

수준	점수	내 용
상	3	• 텍스트의 최상위 위계 단락을 중심으로 전체 내용이 자연스럽게 가감되어 연결됨 • 한 단락 분량으로, 내용이 적절하게 구성된 경우
중	2	• 텍스트의 최상위 위계 단락이 중심이 되지만, 전체 내용이 자연스럽게 가감되어 연결되지 못함 • 한 단락 분량으로, 내용이 약간 부족하거나 초과한 경우
하	1	• 텍스트의 전체 내용 조직의 아무런 변화 없이 각 단락의 내용이 단순 축소되어 나열됨 • 한 단락 분량으로, 내용이 지나치게 부족하거나 초과한 경우

요약하기와 관련된 기존의 많은 연구들이 주로 요약하기 전략의 설정에 초점을 둔 경우가 많고, 그렇지 않으면 요약하기 전략의 교육적 유의미성에 초점을 둔 실험 연구들이 다수를 이루어왔다. 본고는 이런 전략적인 측면에서 요약하기를 고찰하기보다는, 학습자들의 요약 실태를 있는 그대로 살폈다. [가설 2]와 관련된 요약하기의 결과는 〈표 8-9〉와 같다.

학습자들의 요약에 대한 점수대별 인원과 비율은 〈표 8-9〉와 같다.[16] 최상위 위계 단락이 요약문에 포함되어 있는지의 여부만을 가지고 〈표 8-9〉의 결과를 해석한다면, 가설은 유의미한 것으로 추정된다. 즉 '3'점과 '2'점을 받은, 즉 최상위 단락을 요약문에 포함시킨 학습자들의 비율이 갈래별로 대략 '56.0%~86.0%'대에 분포하고 있

---

16) 요약문에 대한 점수는 앞서 조사에 참여해 주신 두 분의 국어 선생님과 협의하에 채점되었다.

<표 8-9> [가설 2]에 대한 결과

갈래	대상	일반고(50명)			특목고(50명)		
		점수	인원(명)	비율(%)	점수	인원(명)	비율(%)
정보전달		3	9	18.0	3	19	38.0
		2	19	38.0	2	22	44.0
		1	22	44.0	1	9	18.0
설득		3	13	26.0	3	18	36.0
		2	21	42.0	2	25	50.0
		1	16	32.0	1	7	14.0
수필		3	12	24.0	3	20	40.0
		2	17	34.0	2	22	44.0
		1	21	42.0	1	8	16.0

어, 그 수치상으로 가설은 유의미한 것으로 결론내릴 수 있기 때문이다. 따라서 텍스트의 거시구조적 측면에서 상위 단락에 대한 인식은 요약하기와도 일정한 관련이 있다고 볼 수 있다.

다만 '3'점만을 대상으로 한다면, 요약문에서의 일반고와 특목고 학습자들의 유의미한 차이가 부각된다는 점이 특징적이다. 즉 전체적으로 특목고 학습자들이 '3'점을, 반면에 일반고 학습자들의 경우 '1'점을 많이 받은 것으로 드러났다. 대체적으로 3점을 받은 학습자들은 최상위 위계 단락을 내용을 중심으로 텍스트 전체의 내용을 간략하게 압축한 반면에, 1점을 받은 학습자들은 텍스트에 제시된 각 단락의 내용을 단순하게 압축 나열하는 경우가 많았다.

〈그림 8-1〉은 요약문이 지나치게 긴 경우로, 단락 위계 인식과 요약문 모두에서 1점을 받은 일반고 학습자의 예이다.

〈그림 8-1〉은 일반고 학습자의 인식 결과 양상으로, 단락 위계에 대한 도식화도 적절하지 못하며, 요약문도 조사 대상 텍스트에 비해 지나치게 길어 요약문으로 보기 어려운 점이 있다. 특히 단락 위계

에 대한 도식화와 요약문 간의 관련성이 거의 없어 보인다. 이는 두 읽기 전략을, 즉 단락 위계에 대한 인식의 결과를 요약문의 산출에 적절하게 사용하지 못했음을 보여주는 것이라 할 수 있다.

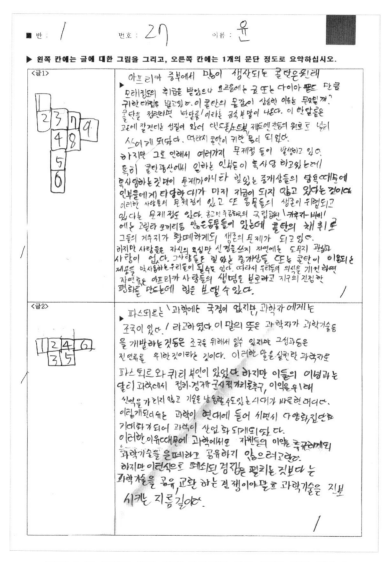

<그림 8-1> 요약과 단락 위계 인식에서 모두 1점을 받은 학습자

학습자들의 요약 결과를 전체적으로 살펴보면, 일반고와 특목고 학습자들 간에 몇몇 면에서 차이가 남을 발견할 수 있다. 아울러 각 집단에서 상위 점수를 받은 학습자와 하위 점수를 받은 학습자들 간에도 일정한 차이가 발견되었다.

특히 요약문의 길이, 최상위 위계 단락 중심의 재구성 양상 등에서 발견되었다. 요약문의 길에서는 하위 점수를 받은 대다수 학습자들의 요약문이 다소 긴 것으로 드러났다. 특히 요약문의 점수가 낮은 몇몇 학습자들에게서는 요약문의 길이가 원본 텍스트와 거의 비슷한 수준으로 드러나는 경우도 있었다.

또한 최상위 위계 단락 중심의 재구성 양상은 요약문의 길이에 비해 다소 더 복잡한 양상으로 드러났다. 우선 요약문의 점수가 낮은 학습자들은 요약문에서 최상위 단락의 요약 위치가 원래 텍스트와 거의 유사했다. 반면에 요약에서 높은 점수를 얻은, 특히 일부 특목고 학습자들에게서는 최상위 단락의 내용이 요약문의 첫머리에 제시되고, 이를 바탕으로 전체 텍스트가 재구성되는 경우가 많았다.[17]

〈그림 8-2〉는 단락 위계에 대한 인식뿐만 아니라, 요약문도 완전하게 재구성된 특목고 학습자의 결과이다.

〈그림 8-2〉는 특목고 학습자의 단락 위계 인식과 요약하기 양상으로, 두 읽기 전략에서 모두 3점을 받은 경우이다. 요약문에서 드러나듯이 조사 대상 텍스트의 단락 순서에 따라 요약한 것이 아니라, 주제 단락의 내용을 중심으로 완전하게 재구성된 양상이다. 특히

---

17) Teun A. van Dijk(1980: 46~50)에서는 거시규칙으로, 삭제, 선택, 일반화, 구성 규칙을 제시하고 있다. 이 규칙은 읽기 이론의 연구에서 요약규칙으로 많이 다루어지고 있다. 아울러 Walter Kintsch(1993)에서는 이런 요약규칙을 정보 더해 놓기와 정보 덜어내기로 더 간략하게 제시하고 있어 시사하는 바가 크다. 특히 국어교육 현장에서 요약하기는 중요한 학습 전략이자 읽기 전략으로 사용되지만, 정작 학습자들에게 이상의 규칙들을 제대로 적용하고 있는지는 의문이다.

'글 1'의 경우는 조사 대상 텍스트에 드러나는 구체적인 어휘들을 상위어로 일반화하고 있는 것이 특징적이다.

'요약하기와 단락 위계 인식하기는 일정한 상관관계가 있을 것이다'는 [가설 3]은 두 읽기 전략이 텍스트의 거시구조 인식의 측면에서 상관성이 있을 것이라는 점과 관련된다. 우선 이 가설이 검증되

나는 최근 사회적 이슈로 떠오르고 있는 성범죄자에 대한 화학적 거세에 대해 **반대**한다.

그 이유로는 <u>첫째, 각 개인은 신체의 자유를 가지고 있기 때문이다.</u> *신체의 자유*는 전 세계 어디서든 인정받는 자유의 권리 중 하나이다. 그러나 화학적 거세로 성범죄자의 신체의 자유를 빼앗는 것은 인간의 자유를 빼앗는 것이고, 넓은 의미에서는 *인간의 존엄성을 빼앗는 일*이라고 생각할 수 있다. 이러한 이유로 나는 성범죄자에 대한 화학적 거세를 반대한다.

다음으로 <u>둘째, 성범죄를 우발적으로 저지른 경우가 있을 수 있기 때문이다.</u> 물론 성범죄라는 범죄는 저지르지 않아야 하는 범죄이지만 *순간의 판단실수나 우발적인 행동*으로 인해 벌어질 수 있는 범죄이다. 그러므로 성범죄를 저지른 범죄자들에게 화학적 거세라는 극단의 조치를 취하기보다는 다시는 이런 일을 저지르지 않도록 교육이나 훈련을 통한 대책이 마련되어야 한다고 생각하기 때문에 성범죄자에 대한 화학적 거세를 반대한다.

다음으로 <u>셋째, 성범죄자들은 여러 프로그램을 통해 다시는 성범죄를 저지르지 않도록 교육할 수 있기 때문이다.</u> 실제로 성범죄자들이 수감하는 곳에서는 *심리·정신치료 프로그램*을 통해 그들의 잘못을 뉘우칠 수 있도록 하고 또, 그들은 뉘우침으로써 출소 후 성범죄를 저지르지 않는다. 이러한 이유로 화학적 거세를 하기 보다는 프로그램을 통해 성범죄자들이 바뀔 수 있기 때문에 성범죄자에 대한 화학적 거세를 반대한다.

다음으로 <u>넷째, 성범죄자에 대한 화학적 거세로 국가의 재정이 많이 소비되기 때문이다.</u> 물론 성범죄율을 줄일 수 있다면 재정이 많이 소비된다고 해도 시도해볼 수 있지만 더 큰 문제는 화학적 거세에 사용되는 약물을 투입하더라도 효과가 나타나지 않는 사람이 더러 있기 때문에 *비용대비 효과가 떨어지게 되고 재정을 낭비*하게 된다. 이런 이유로 나는 성범죄자에 대한 화학적 거세를 반대하고, 또 앞서 제시한 주장대로 성범죄자들의 범죄를 줄이기 위한 프로그램에 국가 재정이 투입된다면 더욱 효과적일 것이라고 생각하기 때문에 반대 입장을 주장한다.

이렇게 해서 성범죄자에 대한 화학적 거세라는 주제에 대한 나의 주장을 네 가지로 요약해보았다. 결론적으로 성범죄는 저질러서는 안 될 범죄이지만 그들도 인권, 인간의 존엄성을 가지고 있고, 충분히 개선될 수 있으며, 또 뉘우칠 수 있는 존재이므로 성범죄자에 대한 화학적 거세라는 처벌은 하지 않아야 한다고 생각한다.

<그림 8-2> 요약과 단락 위계 인식에서 모두 3점을 받은 학습자

기 위해서는 [가설 1]에서 제시된 결과를 바탕으로 학습자들의 단락 위계 인식, 즉 단락 중심의 중요도 평정과 관련된 결과를 평가해야 한다. 본고에서는 학습자들의 요약문 평가와 같이 3단계 척도로 학습자들의 단락 위계에 대한 인식 결과를 평가하였다.

이를 위해 각 텍스트에 대한 단락 중심의 의미 위계 도식에 대해 국어교육 전문가 3인이 합의한 양상을 평가 기준으로 마련하였다. 즉 학습자들의 단락 위계에 대한 결과를, 최상위와 최하위 단락의 위계 결과가 모두 일치하는 경우는 3점, 최상위 단락은 일치하지만 그 외 몇몇 위계의 단락이 일치하지 않는 경우는 2점, 마지막으로 최상위 및 최하위 단락이 전혀 일치하지 않는 경우는 1점으로 평가하였다.

아울러 두 읽기 전략의 상관성을 논의하기 위해서는, 단락 위계에 대한 학습자들의 인식 결과와 요약에 평가 결과를 비교해야 한다. 다만 두 전략과 관련된 학습자들의 산출 양상이 단순한 진위형 혹은 선택형 중심이 아니기 때문에, 학습자들의 점수 결과를 가지고 모두 비교하기는 어려운 측면이 있다. 따라서 3점과 1점을 중심으로 그 상관관계를 논의하고자 한다.

2점을 고려하지 않은 것은 단락 간 위계 인식과 요약하기의 결과를 일정한 통계 수치로 정형화하여 평가하기 어려운 점을 감안했기 때문이다. 아울러 두 읽기 전략의 상관관계를 분명하게 부각시키기 위해서이다. 가령 2점 같은 경우는 학습자들의 반응이 정형화된 양상이라기보다는 1점과 3점을 제외한 유형을 평가한 결과이기 때문에 두 읽기 전략 간을 비교하기에는 다소 타당성이 떨어진다고 판단했기 때문이다. 전체 결과는 〈표 8-10〉과 같다.

대상 갈래	일반고(50)				특목고(50)			
	단락위계 인식	요약하기	인원 (명)	비율 (%)	단락위계 인식	요약하기	인원 (명)	비율 (%)
정보 전달	3	3	7	14.0	3	3	13	26.0
	1	1	9	18.0	1	1	3	6.0
	3	1	2	4.0	3	1	2	4.0
	1	3	1	2.0	1	3	1	2.0
설득	3	3	9	18.0	3	3	15	30.0
	1	1	6	12.0	1	1	1	2.0
	3	1	1	2.0	3	1	2	4.0
	1	3	0	0	1	3	1	2.0
수필	3	3	9	18.0	3	3	12	24.0
	1	1	7	14.0	1	1	2	4.0
	3	1	1	2.0	3	1	4	8.0
	1	3	2	4.0	1	3	1	2.0

〈표 8-10〉에서 '단락 위계 인식'과 '요약하기' 열은 학습자들이 받은 점수이다. 3점과 1점만을 상관관계의 대상으로 삼았다. 가령 두 읽기 전략에서 모두 3점을 받거나, 1점을 받은 경우는 정적 상관관계로, 그 외 두 가지는 부적 상관관계로 볼 수 있을 것이다. '비율' 열은 각 집단의 조사 대상 학습자가 50명이고, 두 읽기 전략의 점수에 대한 경우의 수는 9가지인 점을 감안하여 계산된 것이다.[18]

〈표 8-10〉을 통해 알 수 드러난 바와 같이, 일반고 학습자들의 경우 두 읽기 전략에서 모두 3점 혹은 모두 1점을 받은 경우가 각 갈래별로 일정하게 부각되고 있다. 즉 상위 점수를 받은 학습자와 하위 점수를 받은 학습자가 뚜렷하게 구분되어 드러난다. 이에 반해

---

18) 가령, 정보 전달의 경우 〈표 8-10〉의 네 가지 경우뿐만 아니라, '3:2, 2:3, 2:2, 2:1, 1:2' 와 같은 점수별 대응 관계도 있기 때문이다.

특목고 학습자들의 경우에는 3점을 모두 받은 학습자들의 경우는 각 갈래별로 뚜렷하게 부각되는 반면에 그 외 점수 양상은 유의미하게 드러나지 않았다.

각 갈래별로 두 읽기 전략의 상관관계는 일반고의 경우, 3점을 모두 받은 경우와 1점을 모두 받은 경우, 즉 단락 위계 인식과 요약에서 높은 점수와 낮은 점수가 명확하게 구분되어 상관관계를 이루는 것으로 드러났다. 그에 반해 특목고 학습자들의 경우 두 읽기 결과에서 3점을 모두 받은 경우가 여타의 경우에 비해 많았다. 이는 두 읽기 결과에서 상위 점수 간의 상관이 비교적 높은 것과 관련된다.

단락 위계 인식과 요약의 상관관계에 대한 결과는, 일반고 학습자들의 경우에는 상위 점수와 하위 점수가 모두 일정한 상관관계를 이루는 반면에, 특목고 학습자들의 경우에는 상위 점수의 상관관계만이 비교적 뚜렷하게 드러나고 있다. 즉 언어 수행 수준이 높은 학습자들의 경우는 두 읽기 결과에서 상위 점수 간의 상관관계가, 언어 수행 수준이 혼재되어 있는 학습자들의 경우에는 두 읽기 결과에 있어 상위 점수와 하위 점수 모두 상관관계가 드러난 것으로 볼 수 있다.

이상 세 가지 연구가설을 바탕으로 학습자들의 인식 결과를 논의하였다. 텍스트의 각 단락은 그 의미 위계에서 학습자들의 인식 차이를 반영하는데, 특히 최상위 위계 수준의 단락은 최하위 위계 수준의 단락보다 학습자들에게서 높은 인식의 일치율을 보였다. 이는 텍스트의 거시구조적 측면에서 상위 위계의 단락이 지니는 관련성, 중요성, 현저성이 부각된 것이라 할 수 있다. 아울러 텍스트의 요약에서도 상위 위계 수준의 단락이 요약에 포함되는 비율이 전체적으로 높았으며, 이는 언어 수행 능력 수준이 높은 학습자들에게서 특히 높게 드러났다.

단락 위계 인식과 요약문의 상관성에 있어서는, 언어 수행 능력 수준이 높은 학습자들의 경우는 높은 점수에서의 상관관계가 부각되었다. 그에 비해 언어 수행 수준이 고루 분포된 학습자들의 경우는 높은 점수뿐만 아니라, 낮은 점수에서도 두 읽기 전략 간에 상관관계가 있는 것으로 드러났다.

이상의 연구가설과 그 결과의 논의는 학교 현장의 읽기 교육에 몇 가지 시사하는 바가 있다. 첫째, 단락 중심의 읽기 교육의 방법론에 대한 문제이다. 학교 현장에서 단락 위계에 대한 인식의 기존의 문장 중심의 중요도 평정과 같은 맥락에 있다. 하지만 단락 중심의 중요도 평정에 대한 이론적 논의와 학교 현장에서 단락 중심의 중요도 평정에 대한 고찰은 매우 드물다.

이는 단락이 텍스트 맥락의 이해에 주요한 기점이 되는 단위라는 점이 고려되지 못한 것과 관련된다. 본고의 조사에서는 단락이 텍스트의 이해에서 일정한 인식 단위로 부각될 수 있다는 점을 보여주었다. 특히 최상위 위계 단락에 대한 인식은 여타 수준의 단락에 비해 그 인식의 일치 정도가 높은 것으로, 아울러 요약에 있어서도 상위 위계의 단락은 텍스트의 정보를 더하고 빼는 데 주요한 역할을 하는 것으로 드러났다. 이는 읽기 교육에서 본격적인 사고 단위로서 단락의 역할에 대한 중요성이 부각된 점과 관련된다.

둘째, 언어 수행 능력의 수준이 높고 낮음에 따른 학습자들의 단락 위계에 대한 인식과 요약의 상관관계에 대한 문제이다. 두 읽기 과정은 상위 인지적 측면이 요구되는 전략으로서 학습자들에게 비교적 높은 수준의 읽기 능력을 요구한다. 따라서 언어 수행 수준이 높은 학습자들에게서 비교적 높은 점수 간의 상관관계가 두드러진 점은 조사결과의 타당성을 입증해 주는 부분이라 할 수 있다.

즉 본고는 이해에서 단락에 대한 학습자들의 인식의 위계성을 고찰하였고, 읽기 교육에서 단락에 대한 수준별 교육의 필요성을 제기했다. 단락은 고차원적 사고가 요구되는 단위이다. 이는 단락의 이해가 결국 텍스트 전체의 이해와 결부되기 때문이다. 따라서 학습자들의 언어 수행 수준에 따른 단락 이해의 다양한 접근 전략이 필요하다고 볼 수 있다.

4. 맺음말

본고는 단락 중심 읽기 교육의 토대를 마련하고자 연구가설 세 가지를 제시하고, 이를 통해 학습자들의 다양한 단락 중심의 인식 양상을 고찰하였다. 일정 수준과 연령대의 일반고와 특목고 학습자들을 조사 대상자로 선정하고, 세 갈래 글을 조사 대상 텍스트로 삼아 현장 연구 조사의 관점에서 단락 인식의 총체적 부면을 고찰하였다.

우선 단락 위계 인식과 관련된 측면에서 학습자들은 텍스트에서 최상위 위계의 단락을 최하위 위계의 단락보다 높은 인식의 일치율을 보였다. 이는 텍스트 거시구조의 관점에서 최상위 위계의 단락은 여타 단락에 비해 관련성, 중요성, 현저성의 속성을 지님과 관련된다. 요약에서도 최상위 위계의 단락의 포함 비율이 여타 단락에 비해 높았다. 이는 학습들의 요약 과정에서 정보의 선택과 조직에 대한 일정한 가·감이 최상위 위계 단락을 중심으로 이루어졌음과 관련된다.

단락 위계 인식과 요약의 상관성에 대한 결과는 언어 수행 수준이 높다고 상정된 학습자들의 경우에는 두 읽기 전략에서 상위 점수의 상관이 유의미하게 드러났다. 하지만 언어 수행 수준이 고르게 분포된 학습자들의 경우에는 두 읽기 전략에서 상위 점수와 하위 점수의 양 극단의 경우가 모두 유의미하게 드러났다.

　본고는 단락 중심의 읽기 교육과 관련된 몇몇 조사를 통해 단락이 학습자들에게서 중요한 인식 단위로 부각될 수 있음을 몇몇 가설과 조사를 통해 그 일면을 고찰할 수 있었다. 하지만 다양성 측면에서 조사 대상 학습자, 대상 텍스트 선정에서의 한계가 노출되었고, 아울러 이해 결과와 관련된 단락의 표상 방식에 대한 불명확성의 문제가 드러났다.

담화와 단락

단락 구분과 읽기

1. 들머리

1.1. 연구목적

읽기는 독자와 필자의 끊임없는 대화의 과정이라 할 수 있다. 그 대화의 과정을 매개하는 것이 바로 덩잇글이다. 독자는 덩잇글을 통해 끊임없이 질문하고 스스로 답을 구하게 된다. 즉 독자는 자구적 읽기에서부터 비판과 창조의 과정까지의 읽기 과정을 모두 덩잇글을 통해 이루게 된다.

그렇다면 끊임없는 해석의 실타래를 제공하는 이런 덩잇글의 구조적 속성에 대해 한번쯤 의문을 가져볼 만하다. 단락은 이런 덩잇글의 구조적 속성에 기여하는 주요한 단위라 할 수 있다. 이는 덩잇글에 의미적, 혹은 형식적으로 모두 관여한다.

하지만 단락이라는 단위가 이와 같이 읽기에서 주요한 전략의 수단으로 이용될 수 있음에도 불구하고, 과연 읽기교육에서 그 단위의 심리적 실재에 대한 엄밀한 현장조사가 이루어졌는지에 대해서는 의문을 제기할 수밖에 없다. 주로 학교 현장에서 단락은 쓰기에서의 소주제 구성단위로만 주로 사용되어 왔으며, 읽기에서도 이런 맥락에서 다루어져 왔다고 해도 과언이 아니다.

즉 단락은 덩잇글의 주요한 단위로 의미, 형식단위로 다루어져 왔지만, 정작 그것이 읽기와 관련해서 얼마나 유효한 단위로 취급될 수 있는지에 대해서는 엄밀한 검증이 이루어져 왔다고 볼 수 없다. 이는 국어교육에서 단락이라는 단위를 일본을 거쳐 들어온 서양 수사학의 전통적인 맥락에서 그 본질적 속성에 대한 연구가 제대로 이루어지지 못한 결과라 할 수 있다.[1)]

본고에서는 이런 문제의식을 바탕으로, 과연 읽기에서 단락이 얼마만큼 유효성, 혹은 실효성이 있는 단위인지를 파악한다. 이를 위해 읽기의 주요한 전략이라 할 수 있는 핵심어와 핵심문장 파악을 단락 구분 여부와 밀접하게 관련시켜 그 상관관계를 검증하고 그 결과를 논의한다. 아울러 이 조사는 다양한 수준과 연령의 학습자들을 대상으로 하며, 학습자들의 언어 사용에 대한 자각과 이의 결과를 토대로 현장 조사 연구의 기반을 닦는 데 그 주요한 목적이 있다.

1.2. 선행연구

단락에 대한 학습자들의 다양한 인식의 반응을 이끌어낸 연구는 국내에서는 매우 미약한 실정이다. 아울러 기존의 단락과 관련된 연

---

1) 수사학의 전통에서 다루어진 단락의 구조적인 속성은 정달영(1997)에서 포괄적으로 다루고 있다. 아울러 정제한(2002)에서도 한 단락의 구조적 속성을 텍스트 언어학적 접근 방법을 통해 살피고 있지만, 이 역시 한 단락의 구조를 밝히는 데 초점을 두고 있어, 단락의 심리적 실재의 파악과는 다소 거리가 있어 보인다.

구는 서양 수사학의 틀에 기초한 규범적 수준에 머물러 있다. 이는 단락에 대한 연구의 틀을 매우 좁혀 놓고 말았다. 본 연구에서는 단락에 대한 규범적인 연구의 틀을 벗어나 단락의 심리적 실재를 다양한 각도에서 접근한 논의를 참고하였다.

김정호 외(1990)와 김정호(1993)는 단락 구획의 여부가 읽기 결과에 직접적인 영향을 주는지를 심리적 관점에서 조사한 논의들이다. 단락 나누기가 설명글의 기억 여부에 미치는 영향 및 글의 표제와 글의 구획의 상관관계를 이해와 기억의 틀에서 다루고 있다. 제한된 글의 갈래와 독자 이해의 다양한 측면을 배제하고 단순 기억만을 고려하고 있다는 점에서 한계가 있지만, 단락의 이해와 관련된 심리적 실재의 측면을 직접적으로 다루고 있다는 점에서 의의가 있다.

Koen, F. Becker, A. Young, R.(1969)은 단락의 심리적 실재를 수사학이 아닌 심리적 관점에서 다룬 고전적 논의이다. 세 가지 실험을 통해 학습자들의 단락 경계의 동의 비율, 단락 구조의 유의미한 단서들이 형식적인지의 여부, 단락을 구성하는 능력이 지속적으로 발전하는지의 여부를 검증하고 있다. 단락의 심리적 실재에 대한 매우 기초적인 확인 조사로 그 의미가 높지만, 비논리적인 글감을 정상적인 글감의 비교 기준 자료로 사용했다는 점에서 실험 결과의 유의미성에 다소 신빙성이 떨어지는 한계를 드러낸다.

Shaojun, Ji(2008)는 이야기글에서 단락 구획 요소가 무엇인지를 밝히려는 데 초점을 둔 논의이다. 여기에서는 시간, 장소, 등장인물, 화제, 그리고 화제 전환의 주제적 불연속선상에서 단락 구획이 이루어지고 있음을 다수의 이야기글을 대상으로 검증하고 있다. 이야기글에 한정되어 있다는 점에서 단락의 생성과 구조의 보편성을 다루기에는 한계가 있지만, 문학글에서 단락의 정체성을 다루고 있다는 점에서 연구의 차별성이 있다.

Danhua Wang(2009)은 단락을 지엽적 의미연결(local coherence)의 주요한 개념 구성 차원에서 다루고 있어 참고가 된다. 단락은 지엽적 의미연결과 총체적 의미연결(global coherence)의 매개 단위로 사용될 수 있는데, 단지 텍스트 구조만을 총체적 의미연결과 연결시키고 있다는 점에서, 단락 단위에 대한 보다 다양한 접근의 필요성을 제기하고 있다.

ㄹ. 연구방법 및 연구가설

2.1. 연구방법

2.1.1. 조사개관

단락 구분의 실효성이나 유효성을 확인하는 방법은 우선 단락이라는 단위의 실재성 파악과 밀접하게 관련된다. 덩잇글을 읽는 과정상에 학습자들은 필연적으로 덩잇글의 전체 주제를 상정하고, 이를 자신의 배경지식과 결합하여 재구성한다. 이 과정에 단락은 전체 주제를 구성하는 낱낱의 소주제와 밀접하게 관련된다.

단락은 기본적으로 핵심이 되는 문장과 그것을 뒷받침하는 문장으로 구성되는 단위이다. 여기에서 핵심이 되는 문장은 소주제라고 불리며, 덩잇글의 전체 주제의 하위 중심 내용이라 할 수 있다. 따라서 읽기 과정에서 소주제는 덩잇글의 전체 주제를 뒷받침하는 주요한 구성요소들이라 할 수 있으며, 단락은 그런 주요한 하위 내용들을 형식상으로 감싸는 단위라 할 수 있다.

그렇다면 분명 단락은 소주제와 밀접하게 관련을 맺게 될 것이고,

이는 직·간접적으로 표면화될 수 있다. 이런 표면화될 수 있는 주요한 요소가 바로 핵심문장 혹은 핵심어라 할 수 있다.[2] 독자가 덩잇글의 전체 주제를 한 번에 도출하거나 상정하기에 어려움이 있기 때문에, 그 중간 과정으로 단락과 관련한 소주제 등을 재구성하여 전체 주제로 도출할 것이라고 예상할 수 있다.

즉, 단락이 읽기 과정에 유효한 수단이나 전략으로 사용되었는지를 살펴보기 위해, 단락 그 자체만을 형식적으로 드러내기보다는 핵심문장이나 핵심어를 관련시켜 부각시킴으로써 단락이 읽기 과정에서 전체 의미나 주제를 구성하는 데 분명한 수단으로 사용된다는 점을 확인할 수 있다. 따라서 단락의 구분 여부가 핵심문장이나 핵심어의 파악과 밀접한 관련을 맺는지를 검증할 필요성이 있다.

핵심문장이나 핵심어는 덩잇글의 전체 주제를 구성하는 주요한 의미소들이다. 이와 같은 의미소는 단락을 중심으로 적절하게 배치되어 있다. 그렇다면 학습자들은 단락이 구분된 글에서 핵심문장이나 핵심어를 각 단락을 중심으로 보다 잘 포착할 수 있을 것이다. 아울러 단락이 구분되지 않은 글에서는 핵심문장이나 핵심어를 각 단락 중심으로 파악하기 어려울 것이라 예상할 수 있다.

이런 점을 감안하여 본고에서는 단락의 구분 여부가 학습자들의 읽기 과정에 실질적인 영향을 주는지의 여부를 판단하기 위해 두 가지 방법을 사용하였다. 우선 단락이라는 단위를 각 단락의 핵심문장을 파악하거나 핵심어를 일정하게 도식화시키는 것과 관련시키는 것이다.[3]

---

2) 조사 대상 학습자들에게 조사 자료를 제시할 적에는, '핵심이 되는 문장(들)', '핵심이 되는 단어들'로 제시하였다. 학습자들에게 제시한 자료는 이하 〈그림 9-1〉, 〈그림 9-2〉, 〈그림 9-3〉을 참조하기 바람.

3) 이 두 가지는 결국 덩잇글의 중심내용을 파악하기 위한 주요한 요소들과 밀접한 관련을 맺는다. 다만 여기에서 중심내용의 지니는 의미 범주는 다양할 수 있다. James F. Baumann(문선도 뒤침, 1995 : 9~10)에서는 이 문제를 상세하게 다루고 있어 참고가 된다.

이상의 두 가지 방법은 수준이나 연령을 달리하는 다수의 학습자들을 대상으로 그 여부를 파악해야 연구의 신뢰도와 타당도를 확보할 수 있다. 본고에서는 이를 감안하여 중학교 2·3년 학습자 147명, 고등학교 2학년 학습자 140명, 대학교 1·2학년 학습자 124명을 대상으로 이상의 문제를 다루었다.

중학교 대상자들은 소도시에 위치하고 있는 전국 평균 정도 수준의 학습능력을 지니는 학습자들이며[4], 고등학교는 수능 모의고사 1등급에서 8등급 대에 적절하게 분포하고 있는 일반 인문계 학습자들이며, 대학교의 경우는 수능 2등급 안팎과 3등급에서 8등급까지의 학습자들이 골고루 포함된 지방의 한 사립대학교 학습자들을 대상으로 하였다. 이상의 점들을 개관하면 〈표 9-1〉과 같다.

<표 9-1> 조사개관

대상/자료 조사 요소	대상자			
	자료 A		자료 B	
	단락 구분 됨	단락 구분 안 됨	단락 구분 됨	단락 구분 안 됨
조사대상	중학교 2·3학년(147명)			
조사인원	75명	72명	75명	72명
조사시기	2010.2.8~ 2010.2.10	2010.2.8~ 2010.2.10	2010.2.8~ 2010.2.10	2010.2.8~ 2010.2.10
조사대상	고등학교 2학년(140명)			
조사인원	68명	72명	68명	72명
조사시기	2010.2.10~ 2010.2.11	2010.2.10~ 2010.2.11	2010.2.10~ 2010.2.11	2010.2.10~ 2010.2.11
조사대상	대학교 1·2학년(124명)			
조사인원	61명	63명	61명	63명
조사시기	2010.3.8~ 2010.3.12	2010.3.8~ 2010.3.12	2010.3.8~ 2010.3.12	2010.3.8~ 2010.3.12

---

4) 학업성취도 평가 결과를 중심으로 대략적으로 추정한 것이다.

2.1.2. 조사자료

조사자료는 두 편을 선정하였다. 각 단락의 핵심어와 핵심문장이 표면적으로 쉽게 부각될 수 있는 글을 선정하였다. 이는 학습자들에게 단락 구분의 여부가 읽기의 결과에 유의미한 영향을 주도록 의도된 것이다. 아울러 단락의 구분 여부가 문학적인 글에서는 비교적 명확하게 드러나기 어려운 점이 있기 때문에 비문학적인 글을 조사 대상으로 하였다.5) 지면상의 제약으로 두 편의 글은 이하 연구결과 논의의 절에서 상세하게 제시한다.

2.2. 연구가설

연구가설은 두 가지로 설정하였다. 두 가지 모두 단락의 구분 여부가 읽기에 밀접한 관련이 있는지의 여부를 관찰하기 위해서 구성되었다. 즉 단락 구분이 된 글과 그렇지 않은 글의 읽기 수행 결과에 차이가 있다면 이는 분명 단락의 구분이 읽기의 주요한 변수로 작용했음을 보여주기 때문이다.

[가설 1] 단락 구분 여부가 읽기에 차별적인 영향을 줄 것이다.

[가설 1]은 단락의 구분 여부가 읽기의 과정에 영향을 줄 수 있다고 상정한 것이다. 이는 학습자들이 단락이 구분된 글과 그렇지 않은 글을 읽을 때 분명한 차이가 드러날 것이라고 점과 관련된다. 즉

---

5) Shaojun, Ji(2008 : 1719~1730)에서는 이야기 덩잇글의 단락 구분은 시간, 공간, 인물, 화제, 목표의 주제상 불일치 혹은 단절의 견지에서 유형화될 수 있음을 제기하고 있어 문학 글, 특히 서사문의 단락 구분에 대한 좋은 참고가 된다.

단락 구분 여부에 따라 학습자들의 읽기 결과가 다르며, 이는 덩잇글의 주제와 밀접하게 관련되는 핵심문장, 핵심어의 선택에 영향을 줄 것이다.

단락의 구분 여부가 읽기에 아무런 영향을 줄 수 없다면 단락은 그야말로 인쇄상의 표면적인 단위로밖에 볼 수 없다. 단락은 수사학에서 기본적으로 의미의 구성단위로 다루어져 왔고, 이는 학교 현장의 읽기, 쓰기 교육에서 주요한 사고 단위의 첫 구성단위로 다루어 왔다는 점을 고려한다면, 분명 이 점은 단락의 정체성에 대한 문제일 수 있다.

따라서 본 가설은 단락의 심리적 실재에 대한 파악의 문제를 읽기의 관점에서 구체적으로 시도한 것이다. 단순하게 단락의 심리적 실재를 단순한 의미덩이 형식으로 파악하기보다는, 단락을 구성하는 가장 주요한 의미소인 핵심문장과 핵심어를 관련시켜 그것의 심리적 실재를 학습자들이 파악하도록 하였다.

즉 여기서는 학습자들은 단락 구분이 된 글에서 핵심어나 핵심문장을 더 쉽게 파악할 것으로 예측하였다. 이는 단락 구분 여부가 핵심어나 핵심문장을 더 쉽게 파악하는 데 도움을 줄 것이고, 나아가 덩잇글의 주제를 구성하는 데 더 나은 결과를 이끌어 낼 것이라는 점과 부합한다.

[가설 2] 학습자의 수준과 연령이 높을수록 단락 구분과 읽기수행 간의 상관관계가 줄어들 것이다.[6]

[가설 2]는 단락 구분은 학습자의 연령과 그에 따른 수준의 변화

---

6) 본고에서는 엄밀하게 동일 연령 내 학습자들의 수준은 고려하지 못하였다. 다만 연령이 높아짐에 따라, 즉 학령이 상승함에 따라 덩잇글을 보는 수준도 높아질 것으로 보았다.

에 따라 단락 구분이 주는 영향력이 줄어들 것이라는 점과 관련된다. 이는 읽기에서 단락 구분이 분명 읽기에 있어 지니는 영향력은 있지만, 학습자들의 연령대가 높아질수록 단락이 주요한 읽기 변수로 작용할 가능성이 줄어들 것이라고 예상한 것이다.

단락은 덩잇글을 이루는 부분이다. 물론 그 자체의 의미완결성 측면에서 전체로서의 속성도 지닌다. 하지만 분명 덩잇글의 의미상의 일부를 이루는 부분임에 분명하다. 이는 덩잇글의 주제라는 측면에서 보자면 분명 단락 간의 의미연결에 초점이 모아질 수 있는 부분이다.

언어 수행의 수준이 높을수록, 즉 학령대가 높아지고 학습자들이 지니는 배경지식이 늘어날수록 덩잇글 전체를 보는 관점이 발달해 간다고 짐작할 수 있다. 따라서 언어 수행 수준이나 학령대가 낮은 학습자일수록 부분에 집착하여 읽을 가능성이 많으며, 따라서 단락 구분 여부는 더 밀접하게 읽기 과정과 관련을 맺을 것이다.

즉 언어 수행의 수준과 학령대가 높은 학습자일수록, 단락이라는 인쇄상 혹은 표면상의 구분에 집착하기보다는 자신이 지니고 있는 배경지식이나 다양한 언어적 단서를 적극적으로 사용할 것이다. 이는 단락이 구분되지 않은 글에는 더 적극적으로 이용되어, 단락 구분이 주는 읽기 과정상의 이점을 극복하는 데 일부분 기여할 수 있다.

3. 연구결과 및 교육적 의의

3.1. 연구결과 논의

핵심어와 핵심문장의 적절한 선택이 단락 구분과 밀접한 관련을 맺는지 파악하기 위해서 본고에서는 일정한 통계 절차를 이용하여 그 타당성을 검증하려고 한다. 우선 학교 현장에서 드러나는 학습자들의 다양한 언어 수행 양상의 결과를 단순한 양적인 수치로만으로는 헤아리기 힘들기 때문에 질적인 접근 방법 등을 통해 그 결과를 해석할 것이다.

앞선 언급하였듯이 핵심어와 핵심문장 파악은 덩잇글의 이해에 필수불가결한 변수이다. 물론 핵심어와 핵심문장만으로 덩잇글을 정확하게 이해했다고 단정 지을 수는 없지만, 핵심어와 핵심문장들이 지니는 의미소가 결국 덩잇글 전체의 주제를 구성하는 데 핵심적인 요소임은 부인할 수 없다. 이를 위해 학습자들의 단락 구분 여부에 따른 핵심어와 핵심문장 파악의 결과를 일정한 기준하에 평가하는 과정이 필요하다.

평가 기준 내역상의 점수는 상·중·하로 평가하여, 각각 3·2·1점으로 부여하였다. 점수를 지나치게 세분화하면 학습자들의 언어 수행결과 그 자체를 살피기보다는 평가 점수를 매기는데 오히려 초점을둘 위험성이 따르기 때문에 간략하게 3단계 척도로만 접근하였다. 〈표 9-2〉는 학습자들의 수행 결과를 점수로 매기기 위해 그 기준 내역을 간략하게 정리한 것이다.

<표 9-2> 평가 기준 내역

기준 점수	평가 기준 내역	
	핵심어 파악	핵심문장 파악
3(점)	• 핵심어가 정확하게 선택됨 • 일정한 도식으로 덩잇글을 표상함	• 단락 중심으로 핵심문장들에 밑줄이 그어짐
2(점)	• 핵심어의 선택이 다소 부적절함 • 도식화가 덩잇글의 구조와 다소 거리가 있음	• 핵심문장들이 선택되었으나 불필요한 문장들이 더해졌거나, 혹은 필요한 문장들이 빠져 있음
1(점)	• 핵심어의 선택이 적절하지 못함 • 도식화가 이루어지지 못함	• 핵심문장들이 제대로 선택되지 못함

조사 대상의 학습자들이 중학교·고등학교·대학교에 골고루 나뉘어져 있기 때문에 평가 점수를 부여하는 데 일관성이 결여될 가능성이 있다. 이를 위해 조사를 실시한 학교 현장의 교사들이 우선 점수 기준 내역에 따라 점수를 부여하고, 이를 필자와의 합의를 통해 최종적으로 점수를 부여하였다.[7] 아울러 학습자들에게 자료를 제시할 적에는, 제목은 삭제하여 제시하였다. 제목이 덩잇글의 읽기에 끼치는 직접적인 영향을 배제하기 위해서였다.

첫 번째 글은 '일상적 지식과 과학적 지식'의 차이를 일정한 개념 분류에 따라 제시한 글이다. 단락 구분에 있어 일정한 담화표지들이 사용되고 있어 핵심어나 핵심문장을 지적하기에 용이한 글이다. 이하에서는 편의상 자료 A라고 칭한다.

점수를 부여하기 위해 우선적으로 두 편의 자료에 대한 핵심어와 핵심문장들의 분포에 대해 살펴볼 필요가 있다. 이는 학습자들의 수행 결과를 평가하기 위해 조사에 참여한 세 사람의 국어교육 전문가들이 자료를 돌려 읽고 파악한 결과이다. 이를 위해 단락이 구분된 원문을 대상으로 하였다. 자료 A에서는 3단락~5단락에 제시된 핵심 용어에 대한 정의에 밑줄을 그을 것인가에 대해 약간의 논의가 있었는데, 덩잇글의 핵심용어로 그 의미값이 중요하다는 판단 때문에 핵심문장으로 다루었다. 아울러 핵심어는 기울임과 진하게 표시된 용어들이다.

일상적 지식과 과학적 지식(자료 A)

'과학적'이라는 말에는 우리의 앎을 개선하기 위한 의식적이고 비판적인

---

7) 이상의 조사를 실시한 교사들은 중등학교 교사 경력이 10년이 넘는 석사 이상의 국어교사들이다. 현장조사에서부터 평가까지 성실하게 참여해 주신 두 분의 선생님께 감사를 드린다.

작업이라는 의미가 포함되어 있다. 이렇게 본다면 '과학적 지식'은 우리의 앎을 보다 나은 것으로 만들어 나가려는 의식적 노력의 결과물이라 할 수 있다. 그렇다면 과학적 지식은 일상적 지식과 어떤 차이가 있는가? '물체가 떨어지는 현상'에 관한 지식을 예로 들어서 이를 확인해 보자.

물체가 떨어지는 현상과 관련하여 우리가 가지고 있는 일상적 지식은 '무거운 물체는 빨리 떨어지고 가벼운 물체는 느리게 떨어진다'는 것이다. 그리고 이것에 대응하는 초보적인 과학적 지식 중의 하나는 갈릴레이가 말한 '지구상의 모든 물체는 그 질량과 무관하게 일정한 가속도를 지니고 낙하한다'는 것이다. 이 두 가지 지식은 정밀성, 확실성, 보편성의 기준에서 볼 때 차이를 보인다.

먼저 '정밀성'은 정교하고 치밀하여 빈틈이 없는 정도를 의미하는 것으로 위에 제시된 상황과 관련하면 빠르면 얼마나 빠른지, 또는 느리면 얼마나 느린지를 구분할 수 있는 가능성을 말한다. 이 경우에 일상적 지식은 '아주 빠르다', 또는 '약간 빠르다'와 같이 부사를 적절히 구사하여 개략적으로 구분한다. 그러나 과학적 지식은 이를 수치화하여 서술함으로써 어떠한 미세한 차이도 모두 표현해 낼 수 있도록 만든다.

다음으로 '확실성'은 진술이 사실과 얼마나 잘 부합하는가의 정도를 말한다. 일상적 지식에서는 대개 몇 개의 사례만 보고 부주의하게 일반화해 버리는 경향이 있다. 반면에 과학적 지식은 다양한 사례를 끊임없이 조사하고 실험하는 검증의 절차를 통해 얻어지며, 대립되는 사례가 발견되면 계속 수정해 나간다. 따라서 일상적 지식에 비해 확실성이 훨씬 높다고 할 수 있다.

마지막으로 모든 것에 두루 미치는 정도인 '보편성'에 대해 살펴보자. 위에서 언급한 일상적 지식은 설혹 확실성을 갖는 경우라도 다른 지식과 연관성을 맺지 못하면 고립된 지식이 된다. 즉, 이 지식을 가지고 달에 가서 동일한 주장을 할 수 없으며, 또 이 지식을 달이 지구를 도는 이치와 연관 지을 가능성은 존재하지 않는다. 그러나 과학적 지식은 과학이라는 체계 속에서 서로 긴밀하게 연결되어 있어서 위에 제시한 지구상의 낙하에 관한 과학적 지식은 고전 역학을 통해서 달에서의 낙하와 연관지을 수 있을 뿐만 아니라, 달이 지구를 도는 현상과도 연관지을 수 있는 것이다.

이처럼 과학적 지식은 일상적 지식에 비해 정밀성, 확실성, 보편성이 뛰어나다. 이것은 과학이 우리의 앎을 개선하기 위해 기존의 지식을 보다 정밀하고 보다 확실하며 보다 연관성이 넓은 지식으로 전환시켜 나가고 있음을 보여 주는 것이다. '앎'이 내용(정보)과 그것을 담는 형식(틀)으로 이루어져 있다고 한다면 일상적 지식은 그 내용의 증가 과정과 관련된 것이고, 과학적 지식은 형식의 향상과 향상된 형식 안에 내용을 담아 가는 과정을 총칭하는 것이라 할 수 있다.

두 번째 글은 '단어의 정확한 사용'에 관한 것이다. 각 단락의 시작에는 앞선 자료 A보다 더 분명한 담화표지들이 사용되고 있다. 이는 학습자들로부터 핵심문장이나 핵심어 선택에 있어 보다 분명한 인식상의 수반을 유도할 것으로 예상된다. 아울러 마지막 문장은 전체 덩잇글의 내용을 명확하게 요약하고 있어 전체를 핵심문장으로 선택하였다. 핵심어 선택에 있어서는 '단어' 자체만으로는 덩잇글의 내용을 적절하게 표상하기 어렵다는 판단하에 구(phrase)로 선택하였다. 이하에서는 편의상 자료 B라 칭한다.

단어의 정확한 사용(자료 B)

단어는 말과 글을 이루는 직접적인 재료이다. 의사소통의 단위로서 단어가 갖는 지위는 건축물의 벽돌에 비유할 수 있다. 튼튼한 집을 짓기 위해서는 집을 짓기에 적절한 벽돌을 만드는 일과 그 벽돌을 용도에 맞추어 사용하는 일이 필요하다. 이른바 "말이 안 된다"라는 표현을 단어의 측면에 적용하면 단어의 구성에 홈이 있거나 단어의 용도에 잘못이 있음을 뜻한다.

따라서 정확한 단어의 사용을 위해서는 다음과 같은 세 가지 측면이 고려되어야 한다.

첫째, 단어의 구성에 이상이 없어야 한다. 이것은 곧 단어가 규범에 맞고 조어론적으로 이상이 없어야 함을 뜻한다. 편찬된 사전이나 언중의 머릿속 사전에는 수많은 어휘가 저장되어 있다. 이러한 어휘 창고에서 규범에 맞지 않거나 조어법에 어긋난 단어, 또는 기존의 형태소나 단어를 이용하여 신어를 만드는 과정에서 결함이 있는 단어는 단어로서의 정확성을 확보하지 못한 것이 된다.

우선 규범에 맞는 단어란 '한글 맞춤법'과 '표준어 규정'에 명시되어 있는 규정을 지킨 단어를 말한다. 예를 들어 '굳이'는 한글 맞춤법의 규정에 따라 규범적인 단어인 반면, '구지'는 규범에 벗어난 단어가 된다. 또한 '사글세'는 표준어 규정에 따라 규범적인 단어이지만, '삭월세'는 규범에 어긋난 단어가 된다. 다음으로 조어론적으로 이상이 없어야 한다는 것은, 합성어나 파생어가 형성되는 과정에서 논리적으로 이상이 없어야 한다는 것을 뜻한다. 예를 들어 유의어나 유의적 요소의 일부가 중복되거나 피동형이 중복 구성되어서도 안 되며, 또 고유어에 접미사 '-적(的)'을 남용하는 것도 조어법에 어긋난 경우가 된다. 그리고 우리말과 외국어를 섞어 쓰는 일, 지나치게 축약하여 원래의 단어 의미를 파악할 수 없게 하는 일, 비표준어를 사용하는 일 등도 모두 조어법에 어긋난 것이 된다.

둘째, 단어의 의미에 충실해야 한다. 우리는 흔히 말을 하거나 글을 쓸 때 표현하려는 대상이나 개념은 알고 있지만, 거기에 대응하는 단어를 모르거나 잘못 사용하는 사례를 경험한다. 예를 들면, '처마 끝의 둥근 마구리가 달린 수키와'를 두고 '막새'라는 단어를 몰라서 '기와'라고 하거나, '학', '해오라기', '왜가리'를 구별하지 못하고 부정확하게 사용하는 일이 있다. 단어를 의미에 맞게 사용하지 않으면 정확한 의사소통을 기대할 수 없으므로, 표현 의도에 맞추어 의미와 형태가 일치된 단어를 사용하도록 유의해야 한다.

셋째, 단어의 용법이 적절해야 한다. 단어를 사용할 때 실제 사용 장면에 적절하지 않으면 말이 되지 않는데, 이것은 통사적 적절성을 어겨 비문법적 문장이 되는 것과는 성격이 다르다. 예를 들면, "붉게 공이 좋다."와 "제 부인과 함께 왔습니다."의 두 표현에서 전자는 '붉게'라는 단어가 통사적 적절성을 어긴 것인 반면, 후자는 '부인'이라는 단어가 잘못 사용된 것이다. 이 경우 전자에서는 통사적 성분 '붉게'를 '붉은'으로 바꾸면 문법성이 회복되며, 후자에서는 어휘적 성분 '부인'을 '아내'나 '집사람'으로 바꾸면 적절성이 확보된다.

요컨대, 단어의 정확한 사용이란 단어를 규범과 어법에 맞게 구성하고, 의미 및 화행적(話行的) 용법에 맞도록 부려 쓰는 일을 가리키는데, 이러한 요건을 갖추는 일이야말로 언어생활을 바르게 하는 기초가 된다.

우선 중학교 학습자들의 수행 결과를 다루고자 한다. 결과는 4개 반 총 147명의 학습자들의 대상으로 한 것이다. 단락이 구분된 글과 그렇지 않은 글을 구분하여 결과를 제시한다. 4개 반 학습자들 각각의 점수 결과를 제시하기에는 지면상의 문제로 점수별 인원과 그에 따른 평균과 표준편차만을 제시한다. 학습자들 내의 언어수행 수준과 성별의 차이는 고려하지 못하였다. 결과는 〈표 9-3〉과 같다.

〈표 9-3〉 중학교 2·3학년 학습자들의 반응 결과

내용	자료	단락 구분 됨(75명)				단락 구분 안 됨(72명)			
		자료 A		자료 B		자료 A		자료 B	
		핵심어	핵심문장	핵심어	핵심문장	핵심어	핵심문장	핵심어	핵심문장
점수별 인원	3	19	4	9	25	4	3	5	9
	2	24	36	23	27	15	14	11	19
	1	32	35	43	23	53	55	56	44
평균		1.8	1.6	1.5	2.0	1.3	1.3	1.3	1.5
표준편차		0.65	0.35	0.49	0.64	0.33	0.28	0.35	0.50

단락이 구분된 자료와 구분되지 않은 자료의 평균 점수 차이가 0.2에서 0.5점 정도로 상당히 벌어지는 것으로 드러나고 있다. 이는 단락 구분의 여부가 덩잇글 이해의 핵심적인 요소라 할 수 있는 핵심어와 핵심문장의 파악에 주요한 변수가 될 수 있음을 보여주는 것이라 할 수 있다. 아울러 그와 같은 결과는 자료 A, 자료 B의 핵심어와 핵심문장 각각의 영역에서 모두 드러나고 있다.

중학교 학습자들의 언어 수행 결과를, 단락 구분 여부에 따라 자료 B를 통해 살펴보면 〈그림 9-1〉과 같다. 이 자료에서 대다수 학습자들은 글의 제일 처음 문장에 밑줄을 친 경우가 대부분이었다.[8] 이는 개념 정의와 같은 문구가 학습자들에게 매우 중요시하게 인식되고 있음을 보여주는 예라 할 수 있다. 아울러 다음의 그림은 단락 구분 여부와 일정 점수에 따른 학습자들의 예이다.

〈그림 9-1〉은 핵심문장 줄긋기와 핵심어 도식화에서 모두 1점을 받은 학습자의 수행 결과이다. 단락이 구분되지 않아 중학교 학습자들이 읽기에는 다소 어려움이 따를 수 있는 글이다. 결과에서 드러나듯이, 학습자가 전혀 단락의 상정하고 글을 읽었다고 보기 어렵고, 핵심어에 대한 도식화의 양상도 지엽적인 내용들의 연결에 국한되고 있다.

---

8) 자료 B에서 첫 단락의 첫째 문장으로 "단어는 말과 글을 이루는 직접적인 재료이다"라는 부분이다.

단어는 말과 글을 이루는 직접적인 재료이다. 의사소통의 단위로서 단어가 갖는 지위는 건축물의 벽돌에 비유할 수 있다. 튼튼한 집을 짓기 위해서는 집을 짓기에 적절한 벽돌을 만드는 일과 그 벽돌을 용도에 맞추어 사용하는 일이 필요하다. 이른바 "말이 안 된다."라는 표현을 단어의 측면에 적용하면 단어의 구성에 흠이 있거나 단어의 용도에 잘못이 있음을 뜻한다. 따라서 정확한 단어의 사용을 위해서는 다음과 같은 세 가지 측면이 고려되어야 한다. 첫째, 단어의 구성에 이상이 없어야 한다. 이것은 곧 단어가 규범에 맞고 조어론적으로 이상이 없어야 함을 뜻한다. 편찬된 사전이나 언중의 머릿속 사전에는 수많은 어휘가 저장되어 있다. 이러한 어휘 창고에서 규범에 맞지 않거나 조어법에 어긋난 단어, 또는 기존의 형태소나 단어를 이용하여 신어를 만드는 과정에서 결함이 있는 단어는 단어로서의 정확성을 확보하지 못한 것이 된다. 우선 규범에 맞는 단어란 '한글 맞춤법'과 '표준어 규정'에 명시되어 있는 규정을 지킨 단어를 말한다. 예를 들어 '굳이'는 한글 맞춤법의 규정에 따라 규범적인 단어인 반면, '구지'는 규범에 벗어난 단어가 된다. 또한 '사글세'는 표준어 규정에 따라 규범적인 단어이지만, '삭월세'는 규범에 어긋난 단어가 된다. 다음으로 조어론적으로 이상이 없어야 한다는 것은, 합성어나 파생어가 형성되는 과정에서 논리적으로 이상이 없어야 한다는 것을 뜻한다. 예를 들어 유의어나 유의적 요소의 일부가 중복되거나 피동형이 중복 구성되어서도 안 되며, 또 고유어에 접미사 '- 적(的)'을 남용하는 것도 조어법에 어긋난 경우가 된다. 그리고 우리말과 외국어를 섞어 쓰는 일, 지나치게 축약하여 원래의 단어 의미를 파악할 수 없게 하는 일, 비표준어를 사용하는 일 등도 모두 조어법에 어긋난 것이 된다. 둘째, 단어의 의미에 충실해야 한다. 우리는 흔히 말을 하거나 글을 쓸 때 표현하려는 대상이나 개념은 알고 있지만, 거기에 대응하는 단어를 모르거나 잘못 사용하는 사례를 경험한다. 예를 들면, '처마 끝의 둥근 마구리가 달린 수키와'를 두고 '막새'라는 단어를 몰라서 '기와'라고 하거나, '학', '해오라기', '왜가리'를 구별하지 못하고 부정확하게 사용하는 일이 있다. 단어를 의미에 맞게 사용하지 않으면 정확한 의사소통을 기대할 수 없으므로, 표현 의도에 맞추어 의미와 형태가 일치된 단어를 사용하도록 유의해야 한다. 셋째, 단어의 용법이 적절해야 한다. 단어를 사용할 때 실제 사용 장면에 적절하지 않으면 말이 되지 않는데, 이것은 통사적 적절성을 어겨 비문법적 문장이 되는 것과는 성격이 다르다. 예를 들면, "붉게 공이 좋다."와 "제 부인과 함께 왔습니다."의 두 표현에서 전자는 '붉게'라는 단어가 통사적 적절성을 어긴 것인 반면, 후자는 '부인'이라는 단어가 잘못 사용된 것이다. 이 경우 전자에서는 통사적 성분 '붉게'를 '붉은'으로 바꾸면 문법성이 회복되며, 후자에서는 어휘적 성분 '부인'을 '아내'나 '집사람'으로 바꾸면 적절성이 확보된다. 요컨대, 단어의 정확한 사용이란 단어를 규범과 어법에 맞게 구성하고, 의미 및 화행적(話行的) 용법에 맞도록 부려 쓰는 일을 가리키는데, 이러한 요건을 갖추는 일이야말로 언어생활을 바르게 하는 기초가 된다.

1. 핵심이 되는 문장(들)에 밑줄을 그어 보세요.

2. 핵심 단어들을 연결해 간략하게 도식화 해 보세요.(형식은 자유)

<그림 9-1> 단락 구분되지 않은 자료 B 읽기 결과

고등학교도 역시 4개 반 학습자들을 대상으로 하였다. 반마다 학습
자들의 숫자가 약간씩 차이가 있었고, 아울러 중학교 학습자들과 마찬
가지로 각 반 학습자들의 언어 수행 수준에 대한 통제 및 성별의 차이
에 따른 수행 양상은 고려하지 못하였다. 결과는 〈표 9-4〉와 같다.

〈표 9-4〉 고등학교 2학년 학습자들의 반응 결과

내용	자료	단락 구분 됨(68명)				단락 구분 안 됨(72명)			
		자료 A		자료 B		자료 A		자료 B	
		핵심어	핵심문장	핵심어	핵심문장	핵심어	핵심문장	핵심어	핵심문장
점수별 인원	3	44	27	36	32	20	21	32	26
	2	20	39	30	36	31	44	38	42
	1	4	0	2	0	21	7	4	5
평균		2.6	2.3	2.5	2.5	2.0	2.2	2.4	2.3
표준편차		0.36	0.24	0.31	0.25	0.57	0.35	0.36	0.35

　　중학교 학습자들을 대상으로 한 결과에 비해, 고등학교 학습자들
의 결과는 단락 구분의 여부에 따른 평균 점수의 차이가 줄어든 것
으로 드러났다. 뿐만 아니라 표준편차도 몇몇 경우를 제외하고는 중
학교 학습자들의 결과에 비하여 줄어든 것으로 드러나는데, 이는 고
등학교 학습자들의 읽기 결과가 평균을 중심으로 어느 정도의 일관
성을 보여주는 것이라 할 수 있다.

　　아울러 평균상의 특이한 점은 특히 자료 B의 경우는 자료 A에 비
해 차이가 많이 줄어든 것으로 드러났다. 물론 읽기 결과의 질적인
차이를 검증할 수 있는 평가 토대가 명확하게 구축되어야 하겠지만,
이는 글의 가독성과 관련하여 단락 구분 여부와 읽기 결과의 영향
관계는 덧잇글의 자료에 따라 다양하게 검증되어야 할 필요성을 제
기하는 부분이라 할 수 있다.

　　앞선 중학교 학습자들과 달리 자료 A에 드러난 언어 수행 결과는

'과학적'이라는 말에는 우리의 앎을 개선하기 위한 의식적이고 비판적인 작업이라는 의미가 포함되어 있다. 이렇게 본다면 '과학적 지식'은 우리의 앎을 보다 나은 것으로 만들어 나가려는 의식적 노력의 결과물이라 할 수 있다. 그렇다면 과학적 지식은 일상적 지식과 어떤 차이가 있는가? '물체가 떨어지는 현상'에 관한 지식을 예로 들어서 이를 확인해 보자.

물체가 떨어지는 현상과 관련하여 우리가 가지고 있는 일상적 지식은 '무거운 물체는 빨리 떨어지고 가벼운 물체는 느리게 떨어진다.'는 것이다. 그리고 이것에 대응하는 초보적인 과학적 지식 중의 하나는 갈릴레이가 말한 '지구상의 모든 물체는 그 질량과 무관하게 일정한 가속도를 지니고 낙하한다.'는 것이다. 이 두 가지 지식은 정밀성, 확실성, 보편성의 기준에서 볼 때 차이를 보인다.

먼저 '정밀성'은 정교하고 치밀하여 빈틈이 없는 정도를 의미하는 것으로 위에 제시된 상황과 관련하면 빠르면 얼마나 빠르고, 또는 느리면 얼마나 느린지를 구분할 수 있는 가능성을 말한다. 이 경우에 일상적 지식은 '아주 빠르다', 또는 '약간 빠르다'와 같이 부사를 적절히 구사하여 개략적으로 구분한다. 그러나 과학적 지식은 이를 수치화하여 서술함으로써 어떠한 미세한 차이도 모두 표현해 낼 수 있도록 만든다.

다음으로 '확실성'은 진술이 사실과 얼마나 잘 부합하는가의 정도를 말한다. 일상적 지식에서는 대개 몇 개의 사례만 보고 부주의하게 일반화해 버리는 경향이 있다. 반면에 과학적 지식은 다양한 사례를 끊임없이 조사하고 실험하는 검증의 절차를 통해 얻어지며, 대립되는 사례가 발견되면 계속 수정해 나간다. 따라서 일상적 지식에 비해 확실성이 훨씬 높다고 할 수 있다.

마지막으로 모든 것에 두루 미치는 정도인 '보편성'에 대해 살펴보자. 위에서 언급한 일상적 지식은 설혹 확실성을 갖는 경우라도 다른 지식과 연관성을 맺지 못하면 고립된 지식이 된다. 즉, 이 지식을 가지고 달에 가서 동일한 주장을 할 수 없으며, 또 이 지식을 달이 지구를 도는 이치와 연관지을 가능성은 존재하지 않는다. 그러나 과학적 지식은 과학이라는 체계 속에서 서로 긴밀하게 연결되어 있어서 위에 제시한 지구상의 낙하에 관한 과학적 지식은 고전 역학을 통해서 달에서의 낙하와 연관지을 수 있을 뿐만 아니라, 달이 지구를 도는 현상과도 연관지을 수 있는 것이다.

이처럼 과학적 지식은 일상적 지식에 비해 정밀성, 합실성, 보편성이 뛰어나다. 이것은 과학이 우리의 앎을 개선하기 위해 기존의 지식을 보다 정밀하고 보다 확실하며 보다 연관성이 넓은 지식으로 전환시켜 나가고 있음을 보여 주는 것이다. '앎'이 내용(정보)과 그것을 담는 형식(틀)으로 이루어져 있다고 한다면 일상적 지식은 그 내용의 증가 과정과 관련된 것이고, 과학적 지식은 형식의 향상과 향상된 형식 안에 내용을 담아 가는 과정을 총칭하는 것이라 할 수 있다.

1. 핵심이 되는 문장(들)에 밑줄을 그어 보세요.

2. 핵심 단어들을 연결해 간략하게 도식화해 보세요.(형식은 자유)

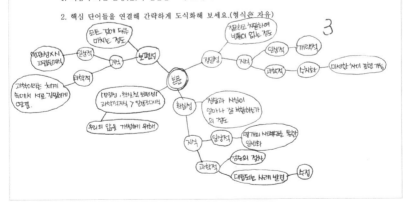

<그림 9-2> 단락 구분된 자료 A 읽기 결과

〈그림 9-2〉와 같다. 자료 A의 경우도 개념 정의에 대하여 언급한 구절들이 밑줄이 쳐진 경우가 많았다. 이는 학습자들이 개념 정의가 덩잇글 주제와 매우 밀접하게 관련될 수 있다는 인식에서 오는 것으로 판단된다.

자료 A의 경우 과학적 지식과 일반적 지식의 차이에 대한 설명글이라 할 수 있다. 여기에서 발견되는 특징 중의 하나는, 문제 제기 형식의 주제문인 첫 번째 단락의 "그렇다면 과학적 지식은 일상적 지식과 어떤 차이가 있는가?"라는 구절에 밑줄이 그어진 경우가 많지 않았다는 점이다. 이는 대다수 학습자들이 의문문으로 제시되는 경우의 문장은 핵심문장으로 인식하지 않은 결과라 할 수 있다.

〈그림 9-2〉에서는 각 단락마다 핵심문장이라고 고려된 것들이 제대로 밑줄 그어져 있으며, 아울러 핵심어의 도식화도 상당히 복잡한 양상으로 드러났지만, 덩잇글 전체의 주요한 내용 측면을 잘 파악한 것으로 보인다. 다만 핵심문장과 핵심어와 관련성이 매우 밀접하게 드러나는 것으로 보이지는 않는데, 이는 핵심 단어들의 도식화 양상이 매우 복잡하게 드러나는 양상에 기인한다.

대학교 학습자들은 전공을 달리하는 학습자들을 대상으로 하였다. 앞선 중·고등학교 학습자들과 마찬가지로 학습자들 내에서의 수준과 성별에 따른 수행 수준의 차이를 고려하지는 않았으며, 전체 수능 등급을 기준으로 골고루 분포할 수 있도록 고려하였다. 결과는 〈표 9-5〉와 같다.

대학교 1·2학년 학습자들을 대상으로 하였지만, 대다수 학습자들은 대학에 갓 입학한 학생들이었다. 평균에서는 고등학교 학습자들과 차이가 크게 나지 않은 것으로 드러났다. 다만 자료 A의 핵심문장을 제외하고는 모두 표준편차가 고등학교 학습자들의 결과보다는 적은 것으로 드러나, 평균을 중심으로 다소 균일하게 반응을 보인

<표 9-5> 대학교 1·2학년 학습자들의 반응 결과

내용	자료	단락 구분 됨(61명)				단락 구분 안 됨(63명)			
		자료 A		자료 B		자료 A		자료 B	
		핵심어	핵심문장	핵심어	핵심문장	핵심어	핵심문장	핵심어	핵심문장
점수별 인원	3	34	22	42	39	17	11	41	38
	2	26	36	14	22	31	43	20	23
	1	1	3	1	0	15	9	2	2
평균		2.5	2.3	2.5	2.6	2.0	2.0	2.6	2.6
표준편차		0.28	0.31	0.25	0.23	0.51	0.32	0.30	0.31

것으로 볼 수 있다.

자료 A와 자료 B의 결과에서, 고등학교 학습자들과 마찬가지로 자료 B의 경우 단락 구분 여부가 결과에 큰 영향을 미친 것으로 드러나지 않았다. 오히려 자료 B의 핵심어 파악 결과는 단락 구분되지 않은 쪽이 더 나은 점수를 받은 것으로 드러난다.

앞선 중·고등학교 학습자들과는 달리 여기에서는 자료 B의 핵심 문장 줄긋기에서 2점을 받은 학습자의 언어 수행 결과를 대상으로 한다. 〈그림 9-3〉과 같은 결과 양상을 보였다.

〈그림 9-3〉에서는 기본적인 핵심 문장들에는 줄긋기가 이루어지고 있지만, 앞선 지적한 바와 같이 개념 정의에 대한 부분이 불필요하게 포함되어 있고, 특히 정확한 단어의 사용이 지니는 의미가 올바른 언어생활과 밀접하게 연관되지 못하고 있는 결점이 드러난다. 이는 핵심어의 도식화 양상에서도 드러나는 부분이다.

(중어중문)학과. (09B2254)학번. 이름 : 양민영

<u>단어는 말과 글을 이루는 직접적인 재료이다.</u> 의사소통의 단위로서 단어가 갖는 지위는 건축물의 벽돌에 비유할 수 있다. 튼튼한 집을 짓기 위해서는 집을 짓기에 적절한 벽돌을 만드는 일과 그 벽돌을 용도에 맞추어 사용하는 일이 필요하다. 이른바 "말이 안 된다."라는 표현을 단어의 측면에 적용하면 단어의 구성에 흠이 있거나 단어의 용도에 잘못이 있음을 뜻한다. 따라서 정확한 단어의 사용을 위해서는 다음과 같은 세 가지 측면이 고려되어야 한다. <u>첫째, 단어의 구성에 이상이 없어야 한다.</u> 이것은 곧 단어가 규범에 맞고 조어론적으로 이상이 없어야 함을 뜻한다. 편찬된 사전이나 언중의 머릿속 사전에는 수많은 어휘가 저장되어 있다. 이러한 어휘 창고에서 규범에 맞지 않거나 조어법에 어긋난 단어, 또는 기존의 형태소나 단어를 이용하여 신어를 만드는 과정에서 결함이 있는 단어는 단어로서의 정확성을 확보하지 못한 것이 된다. 우선 규범에 맞는 단어란 '한글 맞춤법'과 '표준어 규정'에 명시되어 있는 규정을 지킨 단어를 말한다. 예를 들어 '굳이'는 한글 맞춤법의 규정에 따라 규범적인 단어인 반면, '구지'는 규범에 벗어난 단어가 된다. 또한 '사글세'는 표준어 규정에 따라 규범적인 단어이지만, '삭월세'는 규범에 어긋난 단어가 된다. 다음으로 조어론적으로 이상이 없어야 한다는 것은, 합성어나 파생어가 형성되는 과정에서 논리적으로 이상이 없어야 한다는 것을 뜻한다. 예를 들어 유의어나 유의적 요소의 일부가 중복되거나 피동형이 중복 구성되어서도 안 되며, 또 고유어에 접미사 '- 적(的)'을 남용하는 것도 조어법에 어긋난 경우가 된다. 그리고 우리말과 외국어를 섞어 쓰는 일, 지나치게 축약하여 원래의 단어 의미를 파악할 수 없게 하는 일, 비표준어를 사용하는 일 등도 모두 조어법에 어긋난 것이 된다. <u>둘째, 단어의 의미에 충실해야 한다.</u> 우리는 흔히 말을 하거나 글을 쓸 때 표현하려는 대상이나 개념은 알고 있지만, 거기에 대응하는 단어를 모르거나 잘못 사용하는 사례를 경험한다. 예를 들면, '처마 끝의 둥근 마구리가 달린 수키와'를 두고 '막새'라는 단어를 몰라서 '기와'라고 하거나, '학', '해오라기', '왜가리'를 구별하지 못하고 부정확하게 사용하는 일이 있다. 단어를 의미에 맞게 사용하지 않으면 정확한 의사소통을 기대할 수 없으므로, 표현 의도에 맞추어 의미와 형태가 일치된 단어를 사용하도록 유의해야 한다. <u>셋째, 단어의 용법이 적절해야 한다.</u> 단어를 사용할 때 실제 사용 장면에 적절하지 않으면 말이 되지 않는데, 이것은 통사적 적절성을 어겨 비문법적 문장이 되는 것과는 성격이 다르다. 예를 들면, "붉게 공이 좋다."와 "제 부인과 함께 왔습니다."의 두 표현에서 전자는 '붉게'라는 단어가 통사적 적절성을 어긴 것인 반면, 후자는 '부인'이라는 단어가 잘못 사용된 것이다. 이 경우 전자에서는 통사적 성분 '붉게'를 '붉은'으로 바꾸면 문법성이 회복되며, 후자에서는 어휘적 성분 '부인'을 '아내'나 '집사람'으로 바꾸면 적절성이 확보된다. 요컨대, 단어의 정확한 사용이란 단어를 규범과 어법에 맞게 구성하고, 의미 및 화행적(話行的) 용법에 맞도록 부려 쓰는 일을 가리키는데, 이러한 요건을 갖추는 일이야말로 언어생활을 바르게 하는 기초가 된다.

1. 핵심이 되는 문장(들)에 밑줄을 그어 보세요.

2. 핵심 단어들을 연결해 간략하게 도식화 해 보세요.(형식은 자유)

<그림 9-3> 단락 구분되지 않은 자료 B 읽기 결과

이상의 학습자들의 수행 결과를 바탕으로 두 가지 연구가설을 논의하면 다음과 같다.

우선 [가설 1]인 "단락 구분 여부가 읽기에 차별적인 영향을 줄 것이다"는 유의미한 것으로 수용된다. 학습자들의 수행 결과를 간략하게 재구성해 보면 〈표 9-6〉과 같다. 핵심어와 핵심문장 파악이 모두 단락 구분 여부에 따른 읽기 결과의 주요 변수였기 때문에, 결과에서는 두 변수의 수치를 구분하지 않고 합쳐서 평균에 제시한다.

〈표 9-6〉 단락 구분 여부에 따른 읽기 결과

자료	단락 구분됨						단락 구분 안 됨					
	자료 A			자료 B			자료 A			자료 B		
대상	중	고	대	중	고	대	중	고	대	중	고	대
평균	1.7	2.45	2.4	1.75	2.5	2.55	1.3	2.1	2.0	1.4	2.35	2.6
전체평균	2.18			2.27			1.80			2.17		

〈표 9-6〉에 드러난 바와 같이 단락 구분 여부에 따른 읽기 평가 점수가 차이가 남을 알 수 있다. 자료에 따라 약간의 차이가 있으며, 전체적인 평균값은 차이가 있는 것으로 표면적으로 드러났다.[9] 다만 자료 B의 경우 특정 학습자들에 대해서 단락 구분되지 않은 글이 오히려 점수가 높게 드러나기도 하였다.

여기에서 겉으로 드러나는 전체 평균값은 분명 단락 구분 여부에 따라 일정한 차이가 있는 것으로 드러난다. 특히 자료 A의 경우는 그 수치가 자료 B에 비해 그 격차가 더 크다. 엄밀한 통계 검증 과정을 통해 드러난 가설 검증의 결과에서, 자료 A의 경우는 단락 구분

---

9) 엄격한 의미에서 전체 평균값은 모든 학생들의 점수를 통해 계산되어야 할 것이다. 여기에서는 간략하게 단락 구분 여부와 자료에 따른 평균값을 재차 평균으로 재구성한 것이다. 따라서 일정 부분의 오차는 엄밀하게 고려하지 못했다.

여부에 따라 읽기 결과의 차이가 명확하게 나고 있다. 아울러 자료 B의 경우도 단락 구분 여부에 따른 읽기 결과의 차이에 대한 유의미성이 드러남을 알 수 있었다.[10)]

물론 자료 A에서 비해 자료 B의 경우는 그 수치가 상당한 정도로 줄어들었다. 이는 즉 자료 A보다 자료 B의 덩잇글이 더 쉽게 학습자들에게 읽혔다고 가정해 볼 수 있다. 즉 단락 구분 여부에 상관없이 읽기 수행의 결과가 비슷한 정도로 학습자들에게 덩잇글이 인지되고 있다는 점이다. 물론 이 점이 통계 수치상으로 유의미하여 가설을 기각할 정도는 아니다.

[가설 2]는 "학습자의 수준과 연령이 높을수록 단락 구분과 읽기 수행 간의 상관관계가 줄어들 것이다"인데, 〈표 9-7〉과 같이 학습자들의 인식 결과를 재구성할 수 있다.

<표 9-7> 수준과 연령에 따른 단락 읽기 결과

대상	중2·3				고2				대1·2			
자료	자료 A		자료 B		자료 A		자료 B		자료 A		자료 B	
단락 구분	구분 됨	구분 안됨	구분 됨	구분 안됨	구분 됨	구분 안됨	구분 됨	구분 안됨	구분 됨	구분 안됨	구분 됨	구분 안됨
평균	1.7	1.3	1.75	1.4	2.45	2.1	2.5	2.35	2.4	2.0	2.55	2.6
평균차	0.4		0.35		0.35		0.15		0.4		−0.05	

〈표 9-7〉에 드러난 바와 같이 자료 A의 경우, 고2는 약간 차가 줄어들었지만, 중학교와 대학교 학습자들의 경우는 평균의 차가 동일하기 때문에 수치상으로는 단락 구분 여부의 읽기 결과가 학습자들

---

10) 자료 A에 대해 단락 구분 여부에 따른 점수에 차이가 있는지를 2 sample-z 검정을 해보면 검증 통계량의 값은 $z=2.57$이며 이 값은 기각치인 $z_{0.025}=1.96$보다 크므로 단락 구분 여부가 점수에 차이가 미침을 확인할 수 있다. 이에 반해 자료 B에 대해서도, 그 차이가 약간 있기는 하지만 마찬가지로 해석될 수 있다.

의 연령에 따른 읽기 수행 수준과 밀접한 관련을 맺는다고 보기는 어려운 것으로 판단된다.

다만 자료 B의 경우는 연령이 높아질수록 그 값이 줄어들고 있으며, 특히 대학교 학습자들의 경우는 오히려 단락 구분이 되지 않은 글의 읽기 결과 점수가 높은 것으로 드러나 단락 구분과 읽기 수행의 연령 및 수준의 상관관계가 명확하게 줄어들고 있음을 알 수 있다.[11]

따라서 이 결과는 위의 [가설 1]의 결과와 달리 자료의 특성에 따라 단락 구분이 읽기에 결과를 미치는 정도가 달라질 수 있음을 직·간접적으로 보여주는 결과라 할 수 있다. 아울러 글의 난이도에 따라 단락 구분 여부가 읽기에 미치는 영향이 달라질 수 있음을 시사하는 것이라 하겠다.

3.2. 교육상 의의

단락은 그 자체로서 완결된 의미덩이다. 하지만 이는 덩잇글이라는 전체를 상정했을 때 보다 분명하게 그 속성이 부각된다. 즉 단락은 부분과 전체의 속성을 동시에 지니는 단위이기 때문에, 이를 모두 고려할 수 있는 읽기 과정이 고려되어야 한다. 본고에서는 이런 점을 감안하여 단락 구분 여부가 읽기에 깊이 있게 관여되는지의 여부를 핵심어와 핵심문장 파악을 통해 조사하고 검증하였다. 이를 통해 두 가지 정도의 교육상 의의를 구성할 수 있다.

---

11) 연령에 따른 단락 구분 여부를 확인하기 위해 각 자료별 단락 구분 여부에 따른 점수 간 차이를 활용하여 x^2검정을 실시하였다. 이 결과 자료 A에 대해서는 검정통계량의 값이 x^2=19.91로 유의수준 5%에서 기각치인 9.488보다 크므로 연령에 따라 단락 구분 여부에 차이가 있음을 알 수 있고, 이에 반해 자료 B의 검정통계량은 x^2=2.72이므로 유의수준 5%에서 연령에 따른 단락구분 여부에 차이가 없음을 알 수 있다. 따라서 자료 A의 경우는 상관관계가 줄어들고 있지 않으며, 자료 B의 경우는 상관관계가 명확하게 줄어들고 있음을 알 수 있다.

첫째, 단락의 구분이 읽기에 영향을 미친다는 점은, 조사결과에서 유의미하게 드러났다. 하지만 덩잇글이 지니는 여러 변수에 따라 단락 구분 여부가 읽기에 끼치는 영향이 달리 드러날 수 있는데, 특히 자료 B는 자료 A에 비해 단락 구분 여부가 읽기에 끼치는 영향이 많이 줄어든 것으로 드러났다.

이는 통계 수치상으로 유의미할 정도는 아니지만, 덩잇글의 속성에 따라 단락 구분 여부가 읽기 과정에 달리 영향을 줄 수 있다는 점과 관련된다. 즉 모든 글에서 단락의 구분이 읽기 과정에 유의미한 변수로 작용하는 것은 아닐 수 있다는 점이다. 물론 여기서는 단락 구분에 따른 유의미성을 검증하기 위해 다양한 갈래의 글들에 대한 철저한 조사의 과정이 뒤따라야 할 것이다.

학교 현장에서 학습자들에게 단락을 중심으로 핵심어와 핵심문장을 찾는 전략이 덩잇글을 이해하는 중요한 과정으로 다루어지지만, 정작 단락 구분이 읽기에 끼치는 영향에 대해서는 그 유의미성을 구체적으로 언급하지 못하고 있다. 본고의 결과에서 드러나는 바와 같이, 단락 구분 여부가 읽기에 유의미한 관계를 지니지만, 글의 속성에 따라 그 차이는 다소 발생할 수도 있음을 알 수 있다.

따라서 학습자들에게 무조건 단락을 구분해서 그에 부합하게 읽게 하는 식의 전략은 제고되어야 할 것이다. 앞선 자료들에서 보듯이, 담화 표지[12] 등에 의해 단락 구분이 명확하게 드러나고 내용상으로 의미덩이로 명확하게 구분되는 자료 B의 경우는 단락 구분 여부가 읽기에 끼치는 영향 관계가 비교적 적은 수치로 드러남을 알

---

12) 가령 자료 B에서는 "첫째, 둘째, 셋째, 요컨대"와 같은 명시적인 표지가 단락을 구획하는 데 필연적으로 관여하고 있다. 아울러 학습자들은 이해의 과정에서도, 통계 검증에서 드러난 바와 같이 주요한 변수로 간주하고 있다. 물론 자료 A에서도 "먼저, 다음으로, 마지막으로" 등과 같이 담화 표지가 단락 구분에 기여하고 있지만, 학습자들이 이를 명확하게 단락과 관련하여 이해의 주요한 변수로 다루고 있다고 단언하기는 어려울 듯하다.

수 있었다. 따라서 교수·학습 과정에서 단락 구분 여부를 명확하게 하여 다룰 글과, 그렇지 않아도 되는 글 등을 구분하여 접근할 필요도 있을 것이다.

둘째, 단락 구분에 따른 읽기의 결과가 학습자의 수준과 연령이 높아질수록 그 연관 관계가 줄어들 것이라는 가설은, 덩잇글에 따라 그 결과가 달리 드러났다. 일반적으로 읽기 수준이 높은 학습자들의 경우 단락의 형식적인 구분에 의지하기보다는 자신의 배경지식이나 여타의 읽기 전략을 구사하여 단락 구분에 크게 의존하지 않는 것으로 언급되고 있다.13)

하지만 [가설 2]에 토대한 조사결과에서, 자료에 따라 그 유의미성이 달리 나왔다. 자료 A의 경우는 학습자들의 연령이나 수준에 상관없이 단락 구분에 따라 읽기의 결과가 차이가 있었고, 자료 B의 경우는 연구가설에서 제시한 바와 같이 단락 구분의 여부와 읽기의 관계가 일정 수준으로 줄어들었다.

이는 일부 기존 연구에서는 언어 수행 수준이 높으면 단락 구분이 읽기 과정에 크게 영향을 끼치지 않는다고 결론내리고 있는데, 이는 덩잇글의 속성에 따라 달리 접근되어야 할 것으로 사료된다. 즉 보다 많은 갈래의 덩잇글을 통해 단락 구분의 유의미성이 검증되어야 할 것으로 판단된다.

아울러 교육현장에서는 덩잇글의 가독성에 따라 단락 구분 여부를 조작하여 학습자들에게 읽히는 과정이 필요할 것이다. 특히 어려운 글일수록 단락 구분 여부는 학습자들에게 가독성을 높일 수 있는 변수로 작용할 가능성이 크다.14)

---

13) 김정호·김선주(1990)에서는 학습능력이 높은 피험자들일수록 단락나누기의 여부에 관계없이 덩잇글에 대한 기억의 정도가 좋다고 실험결과를 통해 언급하고 있다.
14) 두 편의 글을 모두 읽은 학습자들이나, 이를 평가한 교사들의 공통된 견해가 자료 A가

4. 마무리

본고는 단락 구분 여부에 따른 학습자들의 읽기 수행 결과를 두 가지 연구가설을 통해 검증하였다. 언어 수행 수준과 연령을 달리하는 중·고·대 학습자들을 대상으로 하였다. 두 편의 읽기 자료를 단락 구분의 여부에 따라 나뉘고, 그 유의미성 여부를 일정한 통계 절차를 통해 검증하였다.

첫째, [가설 1]인 "단락 구분 여부가 읽기에 차별적인 영향을 줄 것이다"는 유의미하게 수용되었다. 즉 단락 구분 여부가 읽기에 차별적인 영향을 준 것으로 조사결과는 보여주었다. 다만 자료에 따라 그 수치가 약간의 차이가 있는 것으로 드러났다.

둘째, [가설 2]는 "학습자의 수준과 연령이 높을수록 단락 구분과 읽기수행간의 상관관계가 줄어들 것이다"는 자료의 속성에 따라 그 유의미성이 달리 나타나 가설은 기각되었다. 따라서 보다 많은 덩잇글과 학습자들을 확보하여 그에 대한 검증이 요구될 것으로 판단된다.

이상 두 가지 연구가설을 통해 단락 구분 여부가 읽기에 차별적인 영향을 주지만, 언어 수행 수준이나 연령에 따른 차별성은 통계 절차를 통해 유의미하게 드러나지 않은 것으로 결론지을 수 있다. 하지만 본고가 동일 연령대에서의 학습자들의 언어 수행 수준을 고려하지 못했고, 또한 여러 가지 연구 과정상의 어려움 때문에 다양한 덩잇글을 조사대상으로 삼지 못한 점은 한계로 남는다.

자료 B에 비해 그 내용이 다소 어렵다는 반응을 보였다. 이는 내용상으로 살펴보면, 자료 A의 경우는 다소 추상적인 개념들을 바탕으로 과학적 지식에 대한 전문적인 내용들이 바탕이 되고 있고, 자료 B의 경우는 명시적인 담화 표지를 바탕으로 하여 단어 사용에 대한 일상적인 개념들을 대상으로 하고 있다는 점에서 차이가 난다.

단락 구분과 쓰기

1. 들머리

1.1. 연구목적

쓰기 과정에서 단락 구분이 과연 유의미하게 혹은 차별적이게 작용하는가의 문제는 단락이라는 단위가 지니는 근본 효용 가치와 관련된다. 즉 단락 구분을 하며 글을 쓴다는 것이 그렇지 않고 쓰는 것과 어떤 점에서 차이를 보이는지의 문제가 표면적으로 부각되지 않는다면 이는 단락이라는 단위의 효용성에 심각한 문제가 될 수 있다. 단지 단락을 구분하여 쓰는 것이 시각상의 구분에서 오는 편의만을 제공하는 것에만 국한된다면, 굳이 쓰기에서 단락 구분을 해야 할지에 대한 의문까지 제기될 수 있다.

우리는 직관적으로 단락의 사용 가치가 단지 시각적 효과에만 있는 것이 아니라는 것을 기존의 연구들에서 살필 수 있다. 하지만 기존의 대다수 연구들은 규범적 테두리 아래에서 글에 표면적으로 드러나는 단락의 기능이나 구조적 측면에만 초점을 두었지, 정작 단락이 쓰기에서 과연 어떤 사고 단위로서의 기능을 하는 단위인지를 검증하는 데 인색해 온 것이 사실이다.[1] 물론 이는 단락이라는 단위가 지니는 불확정성과 더불어 문장과 같이 여러 이론적 틀 아래에서 접근할 수 있는 과학적 연구결과의 미비에도 있을 것이다.

한 편의 글에서 단락을 구분하여 쓴다는 것은 단락이 지니는 의미나 기능의 가치를 차별화한다는 것이고, 이는 단락의 가장 핵심적 의미인 소주제로부터 구성될 수 있다. 결국 한 편의 글에 내재하는 각각의 단락이 그것의 의미를 지니려면 단락의 중심의미인 소주제가 각 단락에서 부각될 수 있어야 한다. 아울러 전체글에서 각각의 단락이 지니는 기능적인 측면은 동일하지 않다. 특히 분량이 한정된 주장글이나 설명글의 경우, 글에 분포하는 각각의 단락이 글 전체의 전개 과정과 밀접한 관계를 지닐 수 있다.

그렇다면 과연 단락을 구분하지 않고 글을 쓸 경우에는 이런 단락이 지니는 의미와 기능상의 차별성이 표면적으로 드러날 수 있을지에 대해 의문을 제기할 수 있다. 본고에서는 이와 같은 문제의식에서 출발한다. 즉 본고는 단락이 구분되어 쓰이는 것과 그렇지 않은 글 사이에서 단락이 지니는 기본적인 의미나 기능의 가치가 구분되는지의 여부를 확인하고, 이를 통해 단락이라는 단위의 심리적 실재를 확인해 가는 데 그 근본 목적이 있다.

---

1) 기존의 출간된 국내의 많은 쓰기 관련 서적들은 단락의 중요성을 강조하면서도, 실상 문장 중심의 수사학에서 단락을 다루고 있는 경우가 많다. 따라서 이들은 단락 그 자체의 기능이나 의미를 다루기보다는 문장의 일정한 결합에만 초점을 두는 양상으로 단락의 이론과 실제의 측면을 기술해왔다. 아울러 이는 고스란히 학교 현장의 학습자들에게 교수·학습 방법론의 측면으로 그대로 수용되는 경우가 많았다.

1.2. 선행연구

단락은 그 자체로 하나의 자족적인 의미 단위이지만, 아울러 덩잇 글에서는 각 단락이 지니는 기능과 형식이 의미연결(coherence) 문제 와 밀접하게 관련된다. 결국 단락은 덩잇글상의 기능과 의미 차원에 서 그것의 전체와 부분으로서의 속성이 모두 다루어져야 그것의 본 질이 제대로 드러나기 때문에 담화 차원의 접근이 필요하다. 본 절 에서는 기존의 수사학에서 다루어졌던 단락의 지엽적 연구보다는 담화 문법 혹은 담화 교육의 차원에서 제기된 다양한 차원의 문제 및 이론들을 단락과 관련하여 그 의의와 한계를 논의한다.

서정수(1995), 정달영(1997)은 기존의 작문 관련 서적들에서 드러난 단락을 집중적으로 다룬 바 있다. 특히 후자는 초·중·고의 교과서뿐 만 아니라, 일반적인 글쓰기 관련 서적들까지 두루 살펴, 단락의 규 범적인 측면을 논하고 있어 참고가 된다. 하지만 여기에서는 기존의 수사학적 틀에서 단락이 지니는 규범성에 초점을 두었지, 정작 심리 적 측면에서 단락의 이해와 산출의 측면은 거의 다루지 못하고 있어 단락 연구의 한계를 분명하게 드러내고 있다.

서종훈(2008a, 2008b, 2010)은 단락의 심리적 실재에 대한 문제를 담 화 구조와 읽기 교육의 측면에서 다룬 논의들이다. 단락의 심리적 실재에 대한 문제를 담화, 즉 덩잇글의 측면에서 학습자들의 반응을 이끌어 내고, 이를 통계적으로 검증한 논의들이다. 하지만 조사 대 상이 되는 학습자들, 사용된 글감, 실험집단과 통제 집단 간의 엄밀 한 구분 등에서 많은 한계를 노출하고 있어, 차후 연구에 대한 필요 성을 제기하고 있다.

Lawrence T. Frase(1969)와 Koen, F. Becker, A. Young, R.(1969)은 단 락의 심리적 실재 파악에 대한 고전적인 연구들이다. 전자는 쓰기의

관점에서 단락 조직에 관련된 문제를 몇몇 학습자들의 회상과 관련하여 다루고 있으며, 후자는 단락 구분에의 합의 비율, 단락 구성의 유의미한 단서, 연령에 따른 단락 인식의 발달 양상의 문제를 개략적으로 다루고 있다. 위의 두 연구는 기존의 수사학 연구에서 단락의 심리적 실재를 다룬 기초적 논의로서 의의를 지니지만, 연구방법론이나 피험자 분포 층위 등에서 한계를 노출하고 있다.

R. E. Longacre(1979), Heather A. Stark(1988), 그리고 Shin Ja Joo Hwang(1989) 등은 문법 단위로서의 단락의 기능, 단락 표지들의 유의미성, 담화에서의 단락 전개의 반복 등에 대한 문제를 심도 있게 논의하고 있다. 특히 앞선 시대의 수사학에서 드러나는 한 단락 단위의 구성에 대한 논의에서 벗어나 덩잇글에서 단락이 지니는 다양한 기능과 의미 등을 다루고 있어 참고가 된다. 하지만 여전히 단락의 심리적 실재에 대한 피험자들의 다양한 반응과 이를 통한 단락의 심리적 실재 파악에 대한 것과는 거리가 있어, 단락이라는 단위의 정형성의 문제를 다루기에는 한계가 있어 보인다.

Joy M. Reid(1994)는 단락 쓰기에 대한 다양한 실제 예와 쓰기를 통해 단락의 구성이 단순히 소주제문과 뒷받침문으로 구성된다는 규범적인 틀을 넘어서고 있다. 특히 덩잇글에서 단락이 지니는 기능을 다양한 쓰기 전략을 동원해서 점검하고, 이를 바탕으로 다양한 기능의 단락이 구성될 수 있다는 점을 실증적으로 뒷받침하고 있어 참고가 된다. 하지만 몇몇 쓰기 전략들과 사례들이 다분히 규범적인 틀 아래에서 이루어지고 있어 단락의 심리적 실재를 본격적으로 다루었다고 보기에는 한계가 따른다.

2. 연구방법 및 연구가설

2.1. 연구방법

연구방법론에 대한 논의에 앞서, 과연 단락이라는 것이 학습자들에게 심리적으로 의미 있는 단위일까에 대한 근원적인 의문을 던지지 않을 수 없다. 한편 더 근원적으로 과연 단락이라는 단위가 심리적으로 존재하는 단위일까에 대한 물음도 제기하지 않을 수 없다. 직관적으로 이 물음들은 학교 현장의 쓰기·읽기 교육에서 매우 중요한 것임을 부인할 수 없다.

따라서 단락을 읽기와 쓰기에서 심리적으로 유의미한 단위인가를 검증하는 것은 매우 중요한 문제이다. 이는 기존의 규범 중심의 단락 연구의 범위를 넘어 단락이 학습자들의 언어 사용에서 실재적으로 유의미한 가치를 지니는 단위인가를 파악하는 데 가장 핵심적인 일이다. 하지만 단락을 낱말이나 문장처럼 여러 이론 틀에 의해 과학적으로 규명해 낸다는 것은 매우 어려운 일이다. 이는 무엇보다도 단락이라는 단위가 지니는 불확정성의 문제 때문이기도 하다. 즉 그 의미나 기능이 엄격한 규범적 틀의 지배 아래에 놓고 다룰 수 없기 때문이다.

그간 국어과 교육과정에서는 단락과 관련된 다수의 내용을 제시해왔다. 아울러 학교현장에서 단락과 관련하여 그 교수·학습 방법론과 관련한 문제들도 제법 많이 다루어져 왔다. 하지만 교육과정상의 내용은 학습자들의 언어 수행 발달 단계를 엄밀하게 고려하여 구성되지 않은 경우가 많았고, 단락에 대한 지도 방법론은 대다수가 기존의 수사학의 틀에 근거한 규범적 수준에서 단락의 정체성을 다루어져 왔기에, 정작 쓰기와 읽기 교육에서 단락이라는 단위의 효용성을 제대로 살리지 못한 경우가 많았다.

이를 위해 본고에서는 우선 글쓰기에서 단락이라는 단위가 지니는 유의미성의 파악에 초점을 두었다. 이런 단락의 유의미성을 검증하기 위해 본고에서는 단락 구분 여부에 따른 글쓰기에서 소주제문의 생성과 글의 전개와 관련된 단락의 기능적인 측면의 파악에 초점을 두고 단락의 유의미성을 논의하였다. 즉 방법론상으로 단락의 전체와 부분의 속성을 모두 다룬다. 전체는 한 단락 그 자체의 독립된 의미 구성체로서, 부분은 덩잇글상에서 각 단락이 지니는 기능과 형식상의 구성체로 상정되고 접근된다.

통상적으로 실험 조사는 통제집단과 실험집단을 구성하여 이를 비교·분석하는 것이 일반적이다. 본고에서도 통제집단과 실험집단의 표집군을 구분하여 실시하였다. 다만 통제집단 학습자들의 경우, 단락과 관련하여 어떤 식으로 쓰기를 실시해야 할지에 대한 문제가 관건이 된다. 엄격하게 말한다면 아무런 조건 없이 주제만 제시하고 글을 쓰는 집단이 통제집단이 되어야 한다.[2]

그렇지만 본고에서는 글쓰기에 드러나는 단락의 심리적 실재를 명확하게 드러내기 위해 단락을 구분하지 않고 글을 쓰게 한 집단을 통제집단으로 삼았다. 이는 단락을 명확하게 구분하고 쓴 집단과 차별을 두기 위해서이다. 이를 통해 두 집단 간의 단락의 심리적 실재가 어떤 식으로 부각될 수 있는지를 확인하고, 나아가 글쓰기에서 단락이라는 단위를 어떻게 접근해야 할지에 대한 교육적 함의를 이끌어내기 위해서이다.

---

2) 엄격하게 통제집단과 실험집단을 구분하여 그 결과 양상을 도출하려 한다면 다음과 같이 실험이 설계되어야 할 것이다.
- 통제집단: 일정한 주제하에 아무런 조건 없이 글을 쓴 학습자들의 집단
- 실험집단: 1. 일정한 주제하에 단락 개수를 상정하고 글을 쓴 학습자들의 집단
2. 일정한 주제하에 단락을 아예 구분하지 않고 글을 쓴 학습자들의 집단

그렇다면 단락을 의도적으로 구분하지 않고 글을 쓴 경우, 단락이라는 단위가 표면적으로는 드러나지 않지만, 전체글에 흐르는 의미상의 구분이 전혀 이루어지지 않을까 하는 점에 의문을 제기할 수 있다. 직관적으로 4~5개 단락의 분량으로 상정된 글로, 단락 구분 없이 글을 쓰게 할 경우에, 의미상의 구분이 전혀 드러나지 않을까 하는 점이다. 만약 일정한 주제와 분량 하에 단락 구분 없이 쓴 글이 단락 구분이 있게 쓴 글과 의미상의 기능이나 차이가 두드러지게 드러난다면 이는 분명 단락의 심리적 실재가 분명 존재한다고 말할 수 있을 것이다. 하지만 학습자들의 단락 구분 여부에 따른 글쓰기에서 단락과 관련된 소주제문과 전체글 전개의 구성 방식에서 차이가 없다면 이는 단락이라는 단위가 지니는 기능이나 의미 속성에 대해 재차 고민해 볼 필요성이 제기될 것이다.

그렇지만 과연 학교 현장에서 주제만 제시하고 그 외는 아무런 조건 없이 글쓰기를 할 경우에 얼마나 많은 학습자들이 단락을 분명하고 정확하게 구분하여 쓸 수 있을지에 대해서는 의문이 든다. 다만 단락을 일정한 개수로 명확하게 구분하여 글을 쓰게 한 집단이 단락에 대한 명확한 인식 없이 글을 쓴 집단에 비해 단락에 대한 인식의 정도가 높을 수 있기 때문에 이를 조사 과정의 초점으로 삼을 수 있을 것이다.

따라서 본고에서는 단락의 심리적 실재에 대한 확인을 통해 단락이 전체글에서 지니는 의미와 단락 그 자체로서 지니는 단위로서의 가치를 부각시키기 위해서 단락의 개수를 명확하게 제시한 집단과 아예 단락을 구분하지 말고 쓴 집단으로 구분해서 실시하였다. 즉 단락을 구분하지 않고 쓰기를 한 집단을 통제집단으로, 단락 개수를 제시하고 쓰기를 한 집단을 실험집단으로 상정하였다. 이는 연구가설의 구성과 관련된다.

글쓰기의 주제가 아울러 중요한데, 왜냐하면 학습자들의 관심과 동기가 유발되지 않으면 학습자들이 제한된 시간 안에 적절한 내용을 생성할 수 없기 때문이다. 따라서 중·고 학습자들에게 서로 다른 글감을 주제로 제시하였다. 고등학교 학습자들의 경우, 과학고인 점을 감안하여 '성폭력범에 대한 화학적 거세'의 문제를, 중학교 학습자들의 경우, '인터넷을 통한 불법 다운로드'에 대한 것을 글감으로 제시하였다.

글의 갈래는 비문학 글 중에서도 주장글을 선택하였다. 이는 학습자들이 관심이 있는 영역에 대해 자신의 주장을 분명하게 내세울 수 있고, 아울러 주장과 이를 뒷받침하는 내용으로 명확하게 구성되는 글의 형식이 단락 구성에 보다 용이할 것이라는 가정 때문이었다. 아울러 새로운 정보를 찾아서 재구성해야 하는 정보 전달글에 비해 노력이 적게 들 것이기 때문이다.

조사 기간과 대상자 등 연구방법 전반에 대한 사항은 〈표 5-1〉과 같다. 조사 대상자 중 중학교 학습자의 경우 반별로 대상자의 수가 약간의 차이가 있어 단락 구분을 한 경우가 2명이 더 많았으며, 조사 기간은 중간고사 이후의 수업 시간이나 여타 자율학습 시간을 1시간 정도 사용하였다. 중1 학습자들의 경우 지방의 중소도시에 위치한 중학교 학습자들로, 전국 성취도 평가 기준에 따르면 평균 이상을 약간 상회할 정도의 학습력을 지닌 학습자들이며, 고2 학습자들의 경우 특목고에 다니는 매우 우수한 학습자들로 수능 모의시험에서 대략 1~3 등급 이내에 모두 분포하고 있다. 조사 대상 학습자 수는 중학교의 경우 한 반의 인원수가 대략 37~38명 정도인데, 결석자나 읽기나 쓰기에서 장애가 있는 학습자들의 경우는 제외하고 36명씩 균등하게 맞추었다. 고등학교의 경우 기숙사 생활을 하고 학습 장애를 지닌 학습자들이 없기 때문에 한 반 인원이 모두 참여하였다.

<표 10-1> 조사방법 개관

조사 대상자 (명)		단락 구분 여부	조사 기간	글감	조사 시간	글의 갈래
중1 (136)	72	○	2010.5.3 ~2010.5.7	• 인터넷을 통한 불법 다운로드	90분	주장글
	72	×	〃			
고2 (92)	46	○	2010.5.10 ~2010.5.14	• 성폭력범에 대한 화학적 거세	60분	
	46	×	〃			

2.2. 연구가설

본고는 쓰기에서 단락이 지니는 심리적 실재의 확인에 초점을 두었다. 세 가지 연구가설 또한 이런 인식하에 구성되었다. 우선 단락은 부분과 전체의 속성을 두루 지니는 단위이다. 그렇기 때문에 전체글이 지니는 의미 관계 속에서 일정한 역할을 하게 되고, 아울러 단락그 자체가 하나의 완결된 의미체로서의 구실을 하기 때문에 그와 같은 단위의 속성을 부각시키는지의 문제에 대한 고찰이 필요하다.

아울러 연령과 수준에 따른 단락의 인식 양상을 다루었다. 이는 단락이라는 단위가 기본적으로 시각적으로 구분되는 일정한 의미단위로, 읽기나 쓰기에서 주요한 의미 파악의 단위나 글의 전개 단위로 기능한다는 측면에서 읽기와 쓰기의 주요한 단서가 될 수 있는 점과 관련된다. 다만 학습자의 연령이나 언어 사용에 대한 수준이 높을수록 이런 단서에 덜 의존할 것이라는 점이다. 이는 단락에 대한 학습자들의 수준별 교육이 필요하다는 점에서 가설로 제시된다.

[가설 1] 단락 구분이 된 글이 소주제문 생성에서 더 높은 점수를 보일 것이다.

단락을 구분한다는 것은 각 단락이 그 나름의 차별적인 기능과 의미 속성을 지니기 때문이다. 특히 단락은 문장과 달리 본격적인 의미구성단위라는 점에서, 그 단위의 사용 가치를 찾을 수 있다. 그렇다면 그와 같은 의미구성은 결국 한 단락을 구성하는 문장들의 일정한 결합체에서 찾을 수 있다.

문장들의 일정한 결합에서 오는 의미적 완결성이 단락이라면, 그런 단락을 구성하는 문장들은 분명 다른 문장들로 결합된 단락과는 의미적 차별성이 있을 것이고, 그런 의미적 차별성으로 인하여 각 단락은 전체글에서 유의미한 단위로서 기능할 수 있을 것이다. 그렇다면 그와 같은 문장들의 결합은 아무런 관련 없이 이루어지지 않을 것이다. 즉 한 단락내의 문장들을 결합해 주는 의미의 구심점을 상정해 볼 수 있을 것이고, 이로부터 문장들이 일정하게 결합, 확대될 수 있다. 바로 이 구심점 역할을 하는 것이 한 단락 내의 중심의미인 소주제문이다. 이런 소주제문은 하나의 단락을 다른 단락들과 차별적으로 만들어 주며, 아울러 글의 주제를 이루는 하위 주제들이 된다.

그렇다면 일정한 주제하에 단락을 명확하게 나눌 것을 지시받은 학습자들의 글은, 단락을 의도적으로 구분하지 않고 쓴 학습자들에 글에 비하여 소주제문의 생성에서 더 높은 점수를 받을 것으로 예상할 수 있다. 물론 글을 일정한 의미단위의 단락으로 구분하지 않고 글을 쓰는 학습자들이 모든 문장을 하나의 의미로 일관되게 연결시키기는 어려울 것이다. 즉 단락을 구분하지 않고 쓰더라도 글 중간 중간에 의미로 도막 지울 수 있는 문장의 결합체들이 생겨날 수 있을 것으로 생각해 볼 수 있다. 다만 일정한 주제와 내용 분량의 제한 아래에서, 몇 개의 단락으로 구분하여 쓴 학습자들의 글이 보다 명확하게 소주제문과 관련하여 단락의 생성이 더 나은 양상으로 드러날 것이라 예상할 수 있다.

[가설 2] 단락이 구분된 글과 그렇지 않은 글은 전개 양식상에 차이를 보일 것이다.

단락은 한 편의 글에서 일정한 의미상의 차이를 지닐 뿐만 아니라, 기능상의 차별적인 역할을 담당하기도 한다. 특히 서론이나 결론 단락은 그 기능상의 차이가 유의미하게 드러나는 경우가 많다. 하지만 글의 길이가 매우 긴 것에서는 단락의 기능상 유의미성을 붙들어 드러내기가 어렵다.

따라서 본고는 일정하게 도식화된 단락의 전개 과정을 한 편의 글에서 드러나도록 고려하였다. 이는 주장이라는 글 갈래를 바탕으로 하여, 전체글이 잠정적으로 서론, 본론, 결론으로 구성된 단락들로 구성되도록 하였다. 4~5개 단락으로 구성된 주장글들은 각 단락들이 서론, 본론, 결론의 기능을 담당하는 단락으로 구분될 수 있으리라 상정할 수 있다.

즉 의도적으로 단락 구분 없이 쓰인 글보다는, 명확하게 단락 개수와 일정한 분량으로 쓰인 글은 각 단락이 일정한 글의 전개 기능을 담당하는 단락으로 형성될 수 있으리라 예상할 수 있다. 특히 전체글의 분량이 일정하게 한정되어 있고, 대략 학습자들이 주장하는 글의 전개 과정을 세 단계의 과정으로 인식하여 읽거나 쓴 경우가 많기 때문에 이와 같은 가설이 상정될 수 있다. 이는 단락의 명확한 구분과 보다 밀접한 관련을 맺을 것이다.

[가설 3] 학습자의 수준과 연령이 높을수록 단락 구분과 쓰기 수행 간의 상관관계가 줄어들 것이다.

본고의 실험에 참여한 학습자들은 중1과 고2 학습자들로 학습자들의 언어 수행 능력에서 상당한 정도로 차이를 보이는 표집군이다. 이는 단락이라는 단위의 사용 여부가 언어 수행 능력의 차이가 나는 학습자들 간에 어떻게 드러나는지를 확인하는 데 유효한 수준별 지표로 사용될 수 있다.

단락은 우선 표면적으로 들여쓰기를 통해 시각적으로 구분되는 표지이다. 이런 표지는 전체글에서의 기능과 의미 실현에 중층적으로 실현된다. 따라서 이런 단락 구분의 표면적, 심층적 틀을 수준이나 연령이 높은 학습자들일수록 보다 분명하게 인식한다고 볼 수 있다.

하지만 단락을 구분하여 쓴다는 것은 글에서 기능이나 의미와 밀접한 관련을 맺는 것이기 때문에, 단순히 표면적으로 드러나는 들여쓰기의 속성 이전에 글의 맥락과 밀접한 관련을 맺는다. 따라서 표면적으로 들여쓰기를 해서 단락을 구분하는 것과 그렇지 않고 글을 쓰는 경우의 차이가 우수한 학습자들일수록 줄어들 것이라고 예상할 수 있다. 즉 언어 수행 능력이나 연령이 높은 학습자들일수록 표면적으로 드러나는 단락 표지에 좌우되기보다는 글에 내재하는 맥락의 흐름에 따라 글을 전개할 가능성이 높기 때문이다.

3. 연구결과 및 교육적 의의

3.1. 연구결과 및 논의

본고는 중·고 학습자들의 단락 쓰기와 관련하여 실시된 사례연구이다. 물론 엄밀한 의미의 소집단 중심의 질적 연구라고는 볼 수 없지만, 단락이라는 단위가 지니는 조사와 해석상의 한계로 인하여 다수의 학습자들을 대상으로 조사결과를 계량적으로 분석하기에는 어려움이 있기에 본격적인 양적 연구로 보기는 어렵다. 하지만 단락 구분 여부에 따른 학습자들의 단락 쓰기의 결과를 일정한 기준 잣대를 통해 해석할 수 있는 토대는 마련되어야 할 것이다. 이를 위해 본고에서는 세 가지 연구가설을 바탕으로 단락 구분 여부에 따른 단락의 심리적 실재의 결과를 일정한 통계 검증 절차를 통해 파악하려고 한다.

우선 [가설 1]은 하나의 일관된 통일체로서의 단락의 속성을 파악하는 것과 관련된다. 즉 하나의 단락은 본질적으로 하나의 일관된 의미를 지녀야 하는데, 이는 하나의 단락을 구성하는 문장들의 결합을 중심으로 추상적으로 형성된 일종의 심적 표상이라 할 수 있다. 따라서 명확하게 표면적으로 부각시키기 어려운 면이 있다. 이를 위해 본고는 단락의 핵심 의미소라 할 수 있는 중심문장, 즉 소주제문 파악에 초점을 둔다.

즉 앞선 연구가설에서 제시한 바와 같이 단락 구분 여부에 따른 글쓰기에서, 몇 개의 단락 구분을 상정하고 쓴 학습자들의 글에서 소주제문이 더 용이하게 드러날 것으로 예상된다. 아울러 연령이 낮은 중학생들일수록 단락 구분과 소주제문의 관련성이 더 밀접하게 드러날 것으로 보이는데, 이는 학령이 낮은 학습자들일수록 단락이 지니는 형식적 구획의 표지에 더 영향을 많이 받을 것으로 보이기 때문이다.

하지만 단락 구분을 하고 쓴 글과, 그렇지 않은 글에서 소주제문을 명확하게 지적해 내는 것은 어려울 뿐만 아니라, 때로는 단락에서 소주제문이 명확하게 드러나지 않을 경우도 있을 것이다. 특히 단락을 구분하지 않고 쓴 학습자들의 글에서는 그 파악이 더 힘들 것으로 예상된다. 하지만 대다수의 학습자들이 단락이 무엇인지, 그리고 단락이 글쓰기에서 어떤 역할과 기능이 있는지를 개략적으로 알고 있기 때문에 소주제문은 직·간접적으로 글에서 구현될 것이

다.3)

따라서 이러한 소주제문 표현 여부의 파악에 어려움이 따르기 때문에, 지나치게 학생들의 세분화하여 평가하는 것은 현실적으로 불가능하다. 이를 위해 본고는 단락 구분을 하고 글을 쓴 학습자들의 글에서 각 단락마다 소주제문이 제대로 부각되었는지, 그 소주제문이 전체 단락을 일관되게 연결시켜 주는지의 여부를 3단계 척도로 점수화하여 평가한다. 이는 단락을 구분하지 않고 쓴 학습자들의 글에도 마찬가지로 적용된다.

전체적으로 두 집단의 학습자들이 단락 구분 여부에 따른 글쓰기를 실시했으므로, '2×2' 방식으로 유형화된다. 즉 〈표 10-2〉와 같이 그 집단과 유형별 점수 척도를 도식화시킬 수 있다. 직관적으로 표에서 ③번에서 가장 높은 점수를, ②번에서 가장 낮은 점수를 보일 것으로 예상할 수 있다.

〈표 10-2〉 표집대상에 따른 유형

집단＼유형	단락 구분 있는 글	단락 구분 없는 글
중1 학습자	①	②
고2 학습자	③	④

두 번째 연구가설의 결과는 첫 번째 연구가설보다 표면적으로 부각시키기가 더 어렵다. 전체글의 전개 과정에서 단락의 기능적인 측면을 고려했기 때문에 다분히 수사학적 도식의 틀에서 그 부합성을

---

3) 교육과학기술부(2007)에서는 초등학교 3학년에 단락의 개념을 내용상에 포함시키고 있다. 즉 이는 단락 개념을 초등학교 3학년에서 다루도록 한 것이다. 즉 본 실험에 참여한 대다수의 학습자들의 단락에 개념을 어느 정도 알고 있다고 보아야 할 것이다. 물론 개념을 아는 것과 이를 실제로 부려 쓸 수 있는 것과는 차이가 있을 수 있다. 즉 본고는 이런 점들을 현장조사의 측면에서 엄밀하게 파악하려고 시도한 것이라 할 수 있다.

찾아야 할 것으로 보인다. 이도 또한 양적 통계 수치로 다루기에 한계가 있으므로 면밀히 학습자들의 글에 드러난 전개 양상을 단락의 기능과 관련하여 살필 필요가 있다.

우선 단락 중심의 전개 과정을 분명하게 드러낼 수 있어야 하는데, 과연 학습자들의 글에서 이런 과정들이 무조건 고려되었다고 보기는 어렵다. 다만 4~5개 단락으로 구성된 주장 글에서 서론, 본론, 결론의 3단계 전개과정으로 전체글이 구성될 것이라고 상정할 수 있으며, 혹은 기, 승, 전, 결의 4단 구성이나 소설의 일반적인 5단계 구성 방식이 사용될 수 있을 것으로도 생각해 볼 수 있다.

본고에서는 3단계 척도로, 역시 앞선 [가설 1]의 검증에서와 같이 상·중·하로 평정한다. 물론 4단계나 5단계 전개 방식이 명확하게 드러나면 이것도 3단계 전개 방식과 동일하게 평정한다. 이는 앞선 지적에서와 같이 글의 전개 방식을, 가령 주장글이라도 서론, 본론, 결론의 3단계 전개 방식만으로 획일화시킬 수 없기 때문이다. 따라서 학습자들의 글에 드러난 단락의 기능과 의미를 고려하여 평가할 수 있을 것이다. 다만 앞서 지적한 바와 같이, 단락 구분을 하지 않고 쓴 학습자들의 글은 평가자들이 읽고, 단락으로 구분될 수 있을 정도로 의미 단위가 구획되면 역시 동일하게 평가하게 된다.

[가설 1]과 [가설 2]에 따른 학습자들의 수행 결과를 점수로 드러내기 위해 그 평가 기준을 〈표 10-3〉과 같이 간략하게 정리할 수 있다. 기준이 양적 평가를 위해 몇 단계로 세분화하여 명확하게 구분될 수 없음을 앞서도 지적하였는데, 여기서는 이 점을 감안하여 두 가설 모두 3점 척도로 그 기준 내역을 마련하였다.4) 또한 단락 구분

---

4) 연구방법론에서는 가운데 쏠림 현상으로 발생하는 평가의 객관성 저하로 3점 척도 대신 4점 혹은 5점 척도를 많이 사용한다. 하지만 본고에서는 이런 점을 감안하여, 두 명의 전문 국어 교사와 필자가 교차 평가하였고, 아울러 교사들에게 상·중·하에 학습자들이 골고

<표 10-3> 평가 점수 및 기준

점수 \ 기준	평가 기준	
	소주제문 생성	글 전개 양상
3(점)	• 단락마다 소주제문이 명확하게 생성됨 • 단락이 구분되지 않은 글에서는, 3~5개의 소주제문이 일정하게 분포함	• 단락마다 글 전개의 기능적 측면이 드러남 • 전체글에 단락 중심의 글 전개의 도식 양상이 내재함
2(점)	• 단락마다 소주제문의 생성이 명확하지는 못하지만 직·간접적으로 드러남 • 단락이 구분되지 않은 글에서는 1~2개 정도의 소주제문이 분포함	• 글 전개의 기능적 측면이 일정한 단락 간에만 드러남 • 글의 일정 부분에서만 단락의 기능적 측면이 내재함
1(점)	• 단락과 소주제문의 관계에 대한 인식의 정도가 드러나지 못함 • 전체 주제만 상정되고, 그에 부합하는 소주제문은 거의 발견되지 못함	• 단락과 글 전개의 기능적 측면이 전혀 관련성을 지니지 못함 • 글 전체의 전개 양상이라고 할 수 있는 부분이 드러나지 않음

여부에 따른 글쓰기의 결과를 동일한 점수하에 평가 기준을 두었다.

이상과 같이 마련된 평가 기준은 중학교와 고등학교 교사 각각 1인과 필자가 교차 평가하여 합의한 바를 토대로 연구결과의 해석에 사용하게 된다.[5] 중학교의 경우는 방과 후 수업의 일환으로, 고등학교의 경우는 대학교 면접 대비 관련 준비 과정으로 글쓰기를 실시하였다. 따라서 학습자들에게 엄밀한 평가 기준이나 잣대를 제시하기보다는 자유스럽게 자신의 생각을 내세우되 이를 단락을 중심으로 자각하도록 하였다.

[가설 3]의 결과는 [가설 1]과 [가설 2]에서 나온 결과를 중심으로, <표 10-2>의 ①과 ②의 차이보다 ③과 ④의 차이에서 얻을 수 있다. 즉 전자보다 후자의 차이가 더 적을 것이라고 예상할 수 있다. 이는

루 분포하도록 점수 분포를 요구하였다.

5) 이들은 각각 경남 진주의 B중학교와 K고등학교에 근무하는 경력 10년 이상의 국어교사들로, 문제 설정에서부터 평가에 이르기까지 세심하게 학습자들의 단락 쓰기를 살펴주셨다. 감사의 말씀을 전한다.

수준이나 연령이 높은 학습자들일 경우가 쓰기에서 형식적인 단락 구분이 끼치는 영향이 더 적을 것이라는 점과 관련된다. 즉 수준이나 연령이 높은 학습자들일수록 단락의 형식보다는 내용에 더 초점을 둘 수 있다는 것이다.

먼저 중학교 학습자들 단락 쓰기 결과이다. 4개 반 총 144명 학생을 대상으로 하였다. 단락을 구분하고 글을 쓴 경우와 그렇지 않은 경우 공히 72명으로 나누고 그 결과를 도출하였다. [가설 1]과 [가설 2]에 따라 드러난 점수의 결과를 지면상 간략하게 재구성하였다. 각 반의 명칭은 학습자들의 정보 공개의 우려를 감안하여 1-a, 1-b, 1-c, 1-d 반으로 하였다. 결과는 〈표 10-4〉와 같다.

<표 10-4> 중학교 1학년 학습자들의 단락 쓰기 결과

점수		단락 구분 됨(72명)				단락 구분 안 됨(72명)			
		1-a(36명)		1-b(36명)		1-c(36명)		1-d(36명)	
	내용	소주제문	글의 전개	소주제문	글의 전개	소주제문	글의 전개	소주제문	글의 전개
점수별 인원	3	10	15	8	17	5	7	4	8
	2	18	13	15	12	10	10	8	11
	1	8	8	13	7	21	19	24	17
평균		2.06	2.19	1.86	2.28	1.56	1.67	1.44	1.75

조사 과정상 단락을 구분하지 않고 글을 쓴 경우도, 단락 구분의 조건 이외에는 모든 조건이 단락을 구분하고 글을 쓴 경우와 같다. 가령 단락을 구분하지 않고 글을 쓴 경우에도, 단락을 구분하고 글을 쓴 경우와 마찬가지로 학습자들은 일정한 분량인 A4 용지 한 면 정도를 채워야 했다. 즉 학습자들이 단락을 구분하지 않고 글을 쓰더라도 일정하게 문장이 연속되면 기억력의 한계나 내용의 반복 등으로 인하여 어려움을 겪을 것이고, 그에 따라 내용상의 전환을 꾀

하게 될 것이다.6) 이로 인하여 단락이 구분되지 않더라도, 내용상의 전환은 전체글에 내재할 것이라고 상정할 수 있다. 다만 이런 전체 글에 내재하는 내용상의 전환이 단락이라는 표지에 의해 명확하게 구분될수록 그에 부합하게 내용상의 전환도 보다 분명해질 것이다. 이는 언어 수행 수준이나 연령이 어린 학습자들일수록 더 크게 영향 받을 것으로 예상할 수 있다.

〈표 10-4〉에서 보는 바와 같이 단락을 3~5개 정도로 구분하고 쓴 학습자들의 경우에, 소주제문의 생성은 점수대별 인원이 큰 차이를 보이지 않았다. 그에 비해 글의 전개에서 단락이 차지하는 기능적인 측면은 조금 높은 점수를 받은 것으로 드러나고 있다. 대다수 학습 자들은 3개 정도의 단락으로 서론, 본론, 결론을 구성하였고, 결론 단락에서는 대다수가 찬성과 반대에 대한 자신의 견해를 단적으로 제시하면서 마무리하는 경우가 많았다.

소주제문의 생성의 경우는 단락이 생성되었음도 불구하고, 그 단 락을 소주제문과 뒷받침문으로 명확하게 구성하는 경우가 드물었다. 즉 단락이라는 형식 단위를 구분하기에 급급하지 정작 내용상으로 독립될 수 있는 단락 생성에는 실패하는 경우가 많았다. 이는 제한 된 시간 안에 글을 써야 하는 중압감도 있었지만, 정작 단락이라는 독립된 의미단위를 구성하는 데 많은 학습자들이 어려움을 드러내 는 것이라고 볼 수 있다.

다만 한 편의 완결된 글에서 각각의 단락이 드러내고 있는 기능상

---

6) 이 문제는 결국 덩잇글은 그 내적 맥락에 계층(hierarchy)과 연속성(sequentiality)의 구조 를 지닌다는 점과도 관련된다. 이런 계층과 연속성의 측면에서 일정한 의미덩이가 나누어 지고, 합쳐짐으로써 덩잇글을 구성하게 된다. 이런 기점의 하나로 본고에서는 단락을 상 정한 것이다. 물론 이런 계층과 연속성의 문제는 비단 단락에만 적용되는 것이 아니라, 낱 말에서부터 글 전체의 전개에까지 두루 관여하게 된다. 이와 관련된 상세한 내용은 M. A. Gernsbacher and T. Givon(1995: 64~65)을 참고하기 바람.

의 역할은 비교적 분명하게 드러나고 있다. 즉 글의 전개에서 서론, 본론, 결론으로 상정할 수 있는 형식을 갖추고 있는 경우가 많았다. 특히 결론이라고 상정된 부분에서 요약성 표지가 많이 사용되고 있는 것이 특징이다.

단락을 구분하지 않고 글을 쓴 학습자들의 경우에는 단락 구분에 비해 소주제문의 생성이나 글의 전개 차원에서 상당히 낮은 점수를 받은 것으로 드러났다. 특히 단락을 구분하고 글을 쓴 경우와는 달리 하나의 단락 정도로 글을 완결 짓는 경우가 다수 발견되었다. 교사가 글을 쓸 때, 일정한 분량을 제시했음에도 불구하고, 다수의 학습자들이 내용 분량 자체도 짧게 마무리한 경우가 대다수였다. 특히 짧은 한 단락 내에 내용을 전개시키려다 보니 주장만 있고 그에 부합하는 논거는 아주 빈약하거나 없는 경우가 많았다.

가령 〈그림 10-1〉은 단락을 구분하지 않고 글을 쓴 학습자들에게서 드러나는 전형적인 글의 유형이다. 글의 전체 길이가 대다수 매우 짧으며, 주장에 대한 단편적인 내용으로 일관된 경우가 많았다. 아울러 소주제문과 글의 전개에서 모두 1점을 받은 경우이다. 물론 〈그림 10-1〉의 학습자의 경우 글에서도 드러난 바와 같이, 글쓰기에 있어 기본적인 역량이 매주 부족한 학생임을 알 수 있다. 하지만 기본적인 역량이 되는 학습자들 중에서도 〈그림 10-1〉과 같이 단락 구분이 되지 않은 상태에서 글을 쓸 경우, 그 내용이나 형식에서 〈그림 10-1〉과 같은 형태를 드러내는 경우가 다수였다.

이는 단락을 구분하고 글을 쓴 〈그림 10-2〉의 학습자와 비교했을 때, 현격한 차이로 부각되는 부분이다. 아울러 학습자 개개인의 글쓰기 역량을 떠나 단락 구분 여부에 따른 글쓰기 결과의 전반적인 차별성이 심각하게 드러난다고 할 수 있다. 이는 단락이라는 단위가 글의 전개와 내용의 다양하고 적절한 분포에 상당한 영향을 끼친다

반 : 1, 번호 : 1 - 이름 : 경

요즘 인터넷 불법 다운로드를 하는 것을 주변에서 자주 볼 수 있다. 나는 이런 것을 볼 때마다 마음이 아프다. 영화나 음악을 만들 때 돈이 많이 들어가지만 불법 다운로드로 받으면 거의 돈이 들어가지 않기 때문에 영화 제작자나 음악작곡가 들이 돈을 벌지 못한 귀퍼물에 다고 그래서 나는 불법 다운로드를 반대한다.

<그림 10-1> 단락을 구분하지 않고 쓴 경우(중)

반 : 4, 번호 : 16, 이름 : 신

정보화시대, 지구촌시대 모두 시대가를 나타내는 단어이다. 요즘에는 인터넷 등 각종 통신매체에 의해 다양한 정보를 신속히 주고받을 수 있다. 그러나 통신의 발달에 의한 혜택이 존재하는 반면, 많은 문제점이 존재한다. 내가 오늘 주장하는 것은 바로 그 문제점들 중 하나인 불법다운로드에 관한 것이다.

일단, 나는 불법다운로드 반대의 입장이다. 나도 불법다운로드를 하기는 하는 모순적인 상황이지만 그래도 나는 불법다운로드에 반대입장이다. 불법다운로드는 인터넷에서 음악, 동영상, 프로그램 등을 가격을 지불하지 않고 무료로 다운받거나, 정규 프로그램을 카피한 복제품들을 불법으로 다운받는 것이다. 그런데 이렇게 음악, 동영상, 프로그램 등을 불법다운로드 하게 되면 많은 문제가 생긴다. 먼저 저작권문제에 걸릴 뿐만 아니라 심한 경우 경찰서에 가게된다.

그러나 이것 뿐만이 아니다. 많은 프로그램, 음악 등을 불법다운로드 하게 되면 경쟁력이 줄어든다. 예를 들어, 어느 가수가 새로 앨범을 냈는데, 자신의 노래가 인터넷상에서 불법으로 돌아다닌다고 가정해보자. 그 가수는 돈을 얼마 받지 못하고, 자신감을 잃지 않을까? 그리고 계속 이런 상황이 반복되면 결국 더 이상은 좋은 곡을 내지 못하고, 경쟁력이 떨어질 것이다. 그저 조금더 이익을 챙기려고 하는 불법다운로드가 오히려 불이익이 되어 돌아올지도 모른다. 차라리 조금 더 불편한 것을 감수하며 불법다운로드를 그만두는 것이 더 낫지 않을까? 하고 생각해본다.

위에서 말했던 것처럼, 불법다운로드는 엄연한 '불법행위'이며, 남의 인권을 무시하는 행위라고 생각한다. 만약 자기자신이 위의 가수와 같은 상황에 놓이면 어떻게 될까? 만약 아니도 불법다운로드를 계속 한다면 어떻게 될까? 그때도 계속 불법다운로드를 하고 있을까?

<그림 10-2> 단락을 구분하고 쓴 경우(중)

고 할 수 있는 것과 관련된다. 〈그림 10-2〉는 단락을 구분하고 쓴, 소주제문과 글의 전개에서 모두 3점을 받은 학습자의 경우이다.

결론적으로 〈표 10-2〉에 드러난 [가설 1]과 [가설 2]에 제시된 소주제문 생성과 글 전개 과정에서 단락이 구분된 글과 그렇지 않은 글은 〈표 10-4〉에 드러난 수치상의 결과를 통해 검증하면 통계적으로 유의미한 결과가 드러난다.[7] 즉 [가설 1]에 제시되었던 단락 구분 여부에 따른 소제문의 생성은 차이가 분명한 것으로, 아울러 [가

---

7) 이상의 결과를 통계적으로 검증하기 위해서 편의상 중학생 학습자들의 결과를 소제문과 글의 전개 측면으로 재구성하면 〈표 10-5〉와 같다.

<표 10-5> 중학교 1학년 학습자들의 단락 쓰기 결과

점수 \ 결과		소주제문		글의 전개	
		단락 구분 됨	단락 구분 안 됨	단락 구분 됨	단락 구분 안 됨
인원	3	18	9	32	15
	2	33	18	25	21
	1	21	45	15	36
평균		1.96	1.50	2.24	1.71
표준편차		0.53	0.59	0.55	0.62

중학교 1학년 학습자의 단락 구분 여부에 따른 소주제문 점수와 글의 전개 점수 간의 차이 검증하기 위해 소주제문과 글의 전개별 2-sample z-test를 실시한다. 검증 통계량은

$$Z = \frac{\overline{X_1} - \overline{X_2}}{\sqrt{\dfrac{\sigma_1^2}{n_1} + \dfrac{\sigma_2^2}{n_2}}}$$

이다. 여기서 아래 첨자 1은 단락구분 된 집단에서 나온 결과($\overline{X}$ 는 평균, σ^2 은 분산)를 의미하며, 첨자 2는 단락 구분이 안 된 집단에서 나온 값이다. 여기에서 통계 검증을 위한 귀무가설은 "단락 구분 여부에 따른 소주제문의 점수 차가 없을 것이다"로 대립가설은 "단락 구분 여부에 따른 소주제문의 점수 차가 있을 것이다"로 잡고 검증을 하게 된다. 이는 필자가 본문에서 제시한 연구가설 1을 기본적인 통계 검증을 위한 절차에 맞게 재구성한 것이다. 소주제문에 따른 단락 구분 여부별 차이를 검정하기 위한 검증 통계량 값은

$$z = \frac{1.96 - 1.50}{\sqrt{\dfrac{0.53^2}{36} + \dfrac{0.59^2}{36}}} = 3.46$$

이며, 이는 유의수준 5%로 기각치인 1.96보다 크므로 가설을 기각한다. 즉 중학교 1학년 학습자는 단락 구분 여부에 따라 소주제문의 획득 점수에 차이가 있다고 할 수 있다. 마찬가지로 글의 전개에 대해서도 검증 통계량 값을 구해 보면 z=3.84로 소주제문과 동일한 결론을 얻을 수 있다.

설 2]의 글의 전개 과정도 단락의 구분 여부에 따라 통계적으로 유의미할 정도의 차이를 보였다. 따라서 본고의 조사에 참여한 중학교 1학년 학습자들은 글쓰기에서 단락의 구분 여부가 중요한 글쓰기의 질적 변인으로 작용한다고 볼 수 있다.

고등학교 학습자들의 결과는 〈표 10-6〉과 같다.

<표 10-6> 고등학교 2학년 학습자들의 단락 쓰기 결과

점수	내용	단락 구분 됨(46명)				단락 구분 안 됨(46명)			
		1-a(23명)		1-b(23명)		1-c(23명)		1-d(23명)	
		소주제문	글의 전개	소주제문	글의 전개	소주제문	글의 전개	소주제문	글의 전개
점수별 인원	3	16	20	18	21	14	13	15	15
	2	5	3	4	2	8	7	6	5
	1	2	0	1	0	1	3	2	3
평균		2.61	2.87	2.74	2.91	2.57	2.43	2.57	2.52

중학교 학습자들과는 점수의 차에서 상당한 격차를 보이고 있지만, 단락 구분 여부에 따른 차이는 오히려 약간 줄어든 양상을 보이고 있다. 애초에 본고의 실험을 기획할 때, 단락 구분과 관련하여 학습자들의 언어 수행 양상의 차이가 현격하게 있을 것으로 상정된 학습자들을 표집 대상으로 선정하려고 했고, 이는 단락 구분 여부가 글쓰기에 어떤 유의미한 영향을 줄 수 있는지를 표면적으로 이끌어내기 위한 시도와 밀접하게 관련되었다. 결과에서 드러난 바와 같이, 본고에서 표집 대상으로 삼은 고등학교 학습자들의 단락 구분 여부에 따른 쓰기의 결과는 중학교 학습자들과는 상당한 차이를 보이고 있다.

고등학교 학습자들의 경우에는 단락 구분을 하지 않고 글을 쓴 경우에는 소주제문 생성에는 큰 차이를 보이지는 않지만, 글의 전개와 관련해서는 단락 구분 여부에 따라 차이를 보이는 것으로 드러난다.[8] 특히 단락이 구분된 글에 비해 맥락과 밀접하게 관련될 수 있는 글 전개의 과정에서 일관된 흐름을 유지하거나, 의미연결(coherence)을 형성하는 데 있어 그 질적 측면이 다소 떨어지는 것으로 드러난다. 물론 이는 중학교 학습자들에 비해서는 그 정도가 덜하지만, 단락 구분 여부가 글쓰기에 미치는 영향을 직·간접적으로 생각해 볼 수 있는 부분이다. 〈그림 10-3〉은 단락을 구분하지 않고 쓴 학습자의 결과물이다. 서론, 본론, 결론의 형식을 갖추지 못하고 있고, 일정한 의미덩이로 구분되어 전체글을 구성하지 못한 양상을 보여주고 있다. 하지만 〈그림 10-4〉 역시 단락을 구분하지 않고 글을 쓴 학습자이지만, 글의 맥락상 의미덩이의 구획과 일정한 기능상의 전개도 분명하게 이루어지고 있다.

아울러 단락 구분이 된 글에서 중학교 학습자들과 차이가 있는 부

---

8) 고등학교 학습자들의 결과를 통계상으로 검증하기 위해 본문의 〈표 5-6〉을 재구성하면 〈표 10-7〉과 같다.

<표 10-7> 고등학교 2학년 학습자들의 단락 쓰기 결과

점수 \ 결과		소주제문		글의 전개	
		단락 구분 됨	단락 구분 안 됨	단락 구분 됨	단락 구분 안 됨
점수별 인원	3	34	29	41	28
	2	9	14	5	12
	1	3	3	0	6
평균		2.67	2.57	2.89	2.48
표준편차		0.48	0.52	0.42	0.52

소주제문에 따른 단락 구분 여부별 차이를 검정하기 위한 검증 통계량 값은

$$z = \frac{2.67 - 2.57}{\sqrt{\dfrac{0.48^2}{23} + \dfrac{0.52^2}{23}}} = 0.74$$

이며, 이는 유의수준 5%로 기각치인 1.96보다 작으므로 가설을 채택한다. 즉 고등학교 2학년 학습자는 단락구분 여부에 따라 소주제문의 획득 점수에 차이가 없다고 할 수 있다. 그러나 글의 전개 측면에서는 검증 통계량 값이 z=2.96으로 기각치 1.96보다 크므로 글의 전개는 단락구분 여부에 따라 차이가 있다는 결론을 얻을 수 있다.

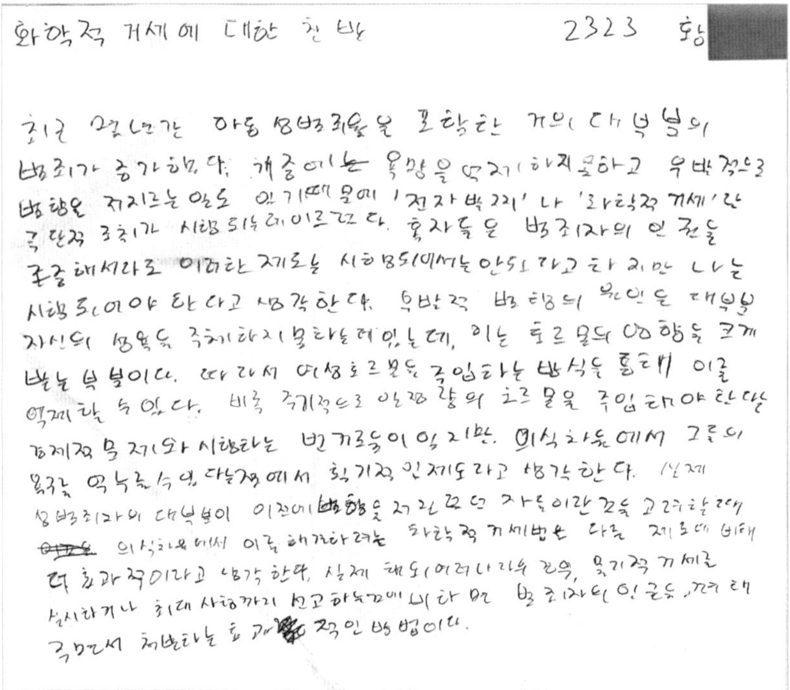

최근 201년간 아동 성범죄율을 포함한 거의 대부분의
범죄가 증가하였다. 개중에는 욕망을 억제하지 못하고 우발적으로
범행을 저지르는 않은 일기때문에 '전자발찌'나 '화학적 거세'라는
극단적 조치가 시행되려고 이르렀다. 혹자들은 범죄자의 인권을
존중해서라도 이러한 제도를 시행되어서는 안된다고 하지만 나는
시행되어야 한다고 생각한다. 우발적 범행의 원인은 대부분
자신의 성욕을 주체하지 못하는데 있는데, 이는 호르몬의 영향을 크게
받는 부분이다. 따라서 여성호르몬을 주입하는 방식을 통해 이를
억제할 수 있다. 비록 주기적으로 일정 량의 호르몬을 주입해야 한다는
강제적 문제와 시간이라는 부가적 비용이 있지만, 의식화등에서 그들의
욕구 억제수술 다른점에서 획기적 인제도라고 생각한다. 실제
성범죄자의 대부분이 이전에 범행을 저지르고 또 자주이란 것을 고려할때
의식화에서 이를 해결하려는 화학적 거세법은 다른 제도에 비해
더 효과적이라고 생각한다. 실제 해도(여러나라의 경우, 우기적 거세를
실시하거나 최대 사형까지 보고 하는데에 니다)과 먼 범죄자의 인권을 고려해
그러면서 처벌하는 효과적인 방법이다.

<그림 10-3> 단락을 구분하지 않고 쓴 경우 1(고)

분은, 결론이라고 상정된 부분에서 요약성 표지가 덜 사용되고 있다는 점이다. 요약성 표지라는 것은 그 표지가 포함된 단락이 결론의 속성을 지니고 있음을 명확하게 드러내는 것인데, 가령 '요약하자면', '마무리하자면', '결론적으로' 등과 같은 것들이 될 수 있다. 중학교 학습자들의 경우는 이런 표지들이 상당수 결론 단락에 사용되고 있는 반면에, 고등학교 학습자들의 경우는 그 출현 횟수가 상당히 줄었음을 발견할 수 있었다.9)

---

9) 이를 달리 생각한다면 언어 수행 능력이 떨어지거나 연령이 낮은 학습자들일수록 글의 전개 과정에 있어, 표면적인 낱말이나 구 등이 글의 의미를 구획하는 데 주요한 역할을 한다고 볼 수 있다. 이는 교육적인 의미 측면에서 매우 중요한 부분이라 할 수 있다. 즉 글의 전개 과정에서 일정한 의미연결을 구성하는 데 있어, 담화표지의 사용이 언어 사용

2학년 3반 7번 김

요즘 번거라들 끼리 거리를 돌아다니기 두서운 정도로 성범죄라 들의 수가 증가하고 있다. 그래서 성범죄라들을 막을수 있을 만한 특단의 대책을 실시해야 할 정도의 상황에 이르렀다. 정부에서는 전자 탈께, 화학적 거세 등의 대책을 세워 예방하려하는데, 나는 이 화학적 거세 와 같은 방법에 찬성한다. 왜냐하면 첫 째로, 성범죄라들의 재범죄율을 크게 줄일수 있을 것이기 때문이다. 많은 통계 자료를 보면 확인 할수 있듯이 성 범죄라들은 징역이 끝난 뒤 또 성범죄를 저지르는 경우가 많음을 알수있다. 그런데 이 화학적 거세 형벌을 내린다 면 몇년간 성욕이 없어 범죄를 저지르지 않을 테고, 그럼 재범죄 율이 줄어들어서 범죄가 줄어나 는 것을 크게 줄일수 있을 것이다. 그리고 형벌이 끝난 뒤에도 몇년간 했던 사회생활에 익숙해져서 충분히 잘 적응하고 생활해 나갈수 있을것이다. 두번째로, 다른 벌 들에 비해서 좋고 더 인권이 존중이 된다. 전자 탈께의 경우 자신의 살아가는데에 사사건건 지켜봐두 워기 때문에 자유로운 생활이 불가능하고, 사회생활또한 잘 하지 못할것이다. 또한 물리적거세의 경우에는 다시 받는것이 불가능 하여 평생 성불구자로 솔도게 살아가야 할 것이다. 하지만 화학적 거세의 경우 벌의 기간이 끝나면 다시 정상적인 성생활과 자회 생활을 할 수 있게 되고, 범의 기간중에도 어디가든 감시받거나 하나 편의이 자유이기 때문에 다른 벌에비해 인권이 더 보장 된다고 할수 있다. 세 번째로, 범죄 자체로 예방할수 있는 것 이다. 화학적 거세가 형벌이 끝나 면 다시 정상인이 될수 있다고 해도 몇년간 성불구자가 된다는 것은 크나큰 고통이다. 이러한 고통이 두려워서 라도 사람들은 범죄를 저지르려 하지 않을 것이다. 이렇게 화학적거세에 대한 내 입장을 정리해보았다. 화학적 거세를 시행 하는 것에 대해서 찬성하기는 하지만 그래도 범죄 예방이 저녁 중요한것 같다. 범죄 후 처벌보다는 예방할 수 있는 교육이 시급하게 이루어져야 할 것이다.

<그림 10-4> 단락을 구분하지 않고 쓴 경우 2(고)

중학교 학습자들과 전체적으로 비교할 때, 고등학교 학습자들의 경우에는 단락 구분 여부에 따른 글쓰기의 결과 점수 차이가 비교적

의 수준이나 연령에 따라 다르게 다루어져야 할 것이고, 이는 곧 국어과 수준별 수업과 밀접한 관련을 맺는 내용이라 할 수 있다. 물론 본고의 조사 대상 학습자들만으로는 이 결과는 단정 지을 수 없다. 차후 보다 많은 표집군의 학습자들의 대상으로 하여 그 결과를 재차 검토해야 할 것으로 판단된다.

적게 난다는 점이 두드러진다. 이는 단락이라는 단위가 지니는 내용과 형식적인 차이에 대한 본 조사의 대상자들인 중·고 학습자들의 뚜렷한 인식 차이와 관련된다. 즉 중학교 학습자들의 경우는 단락 구분 여부에 따른 글쓰기에서 그 내용적인 측면까지 상당한 영향을 받고 있으며, 그에 비해 고등학교 학습자들의 경우는 비교적 적게 영향을 받고 있다고 볼 수 있다.[10]

"학습자의 수준과 연령이 높을수록 단락 구분과 쓰기 수행 간의 상관관계가 줄어들 것이다"라는 [가설 3]은 중·고 학습자들의 단락 인식에 대한 양상을 비교를 상정한 것이다. 즉 중학생 학습자들이 쓰기에서 단락 구분에 더 영향을 많이 받을 것이라고 가정하였다. 아울러 언어 수행 수준과 연령이 높은 학습자들일수록 글의 내용이나 그 흐름을 일정한 도식적 양상에 의존하기보다는 글의 내재된 흐름에 더 영향을 많이 받을 것이라고 예측할 수 있다. 이는 단락 구분을 하지 않고 글을 전개하더라도 비교적 일관된 흐름과 의미구획을 글에 내재시킬 수 있을 가능성이 높다는 점과 관련된다. 편의상 반별 학습자들의 구분을 없애고, 단락 구분 여부에 따라 그 결과를 함께 묶었다. 중·고 학습자들의 단락 구분 여부에 따른 결과는 〈표 10-8〉과 같다.

앞선 [가설 1]과 [가설 2]의 통계 검증 결과 및 〈표 10-8〉에 제시된 결과를 바탕으로, [가설 3]은 중학생과 고등학생 학습자들을 구분해서, 아울러 소주제문과 글의 전개 측면을 구분해서 그 유의미성

---

10) 본고에서는 단락 인식에 대한 차이를 표면적으로 확대하려는 시도에서 이루어졌기 때문에 비교적 수준 차이가 분명하게 날 수 있는 학습자들을 대상으로 하였다. 그래서 고등학교 학습자들의 경우에도 그 수준 여부에 따라 본 조사의 중학교 학습자들과 마찬가지의 결과를 드러낼 수 있는 표집군이 분명히 있을 것이다. 다만 본고는 단락 구분 여부에 따른 글쓰기의 인식 양상 자체를 분명하게 보여주기 위한 시론적 성격의 논의라는 점을 감안한다면, 차후 연구에서 그 조사 표집군을 보다 확대해서 접근할 필요성이 제기된다.

<表 10-8> 중·고등학습자들의 글쓰기에서의 단락 인식 차이

점수	내용	중1				고2			
		단락 구분됨 (72명)		단락 구분 안 됨 (72명)		단락 구분됨 (46명)		단락 구분 안 됨 (46명)	
		소주제문	글의 전개	소주제문	글의 전개	소주제문	글의 전개	소주제문	글의 전개
인원	3	18	32	9	15	34	41	29	28
	2	33	25	18	21	9	5	14	12
	1	21	15	45	36	3	0	3	6
표준편차		0.53	0.55	0.59	0.62	0.48	0.42	0.52	0.52
평균1		1.96	2.24	1.50	1.71	2.67	2.89	2.57	2.48
평균2		2.10		1.60		2.78		2.53	

여부에 접근해야 한다. 즉 중학생 학습자들은 단락 구분 여부에 따라 글쓰기의 품질 측면이 상당한 영향을 받은 것으로 해석할 수 있다. 이는 소주제문 구성과 글의 전개 측면에서 모두 유의미한 결과를 보여주고 있다. 고등학생 학습자들의 경우 글의 전개 측면에서 단락 구분 여부에 따른 결과가 통계적으로 유의미하지만, 소주제문의 경우는 단락 구분 여부가 주는 차별성이 통계 검증상 유의미하지 않은 것으로 해석된다.

이상의 점들을 요약하면 [가설 3]에서, 소주제문의 측면은 연령과 수준이 높은 학습자들일수록 단락 구분 여부가 주는 영향이 줄어드는 것으로, 반면에 글의 전개 측면은 연령과 수준에 관계없이 단락 구분 여부가 주는 영향이 있는 것으로 해석가능하다. 이는 물론 한정된 분량의 글쓰기와 특정 글의 갈래라는 측면에서 한계가 따르지만, 일정한 단락 개수로 완성된 글을 작성할 시에는 분명 각 단락이 지니는 기능상의 의미가 분명하게 드러나는 것과 관련이 있는 것이다.

아울러 <표 10-8>에서 '평균2'는 소제문과 글의 전개를 구분하지 않고 한 편의 완성된 글에서 단락 구분 여부에 따른 학습자들의 평가 결과를 평균한 것이다. 앞서 〈표 10-2〉에서 고등학교 학습자들의 단락 구분 된 글이 가장 높은 점수를, 그에 반해 중학교 학습자들의 단락 구분 되지 않은 글이 가장 낮은 점수를 받을 것이라고 예측했는데, 점수 결과는 전체적으로 유의미한 것으로 드러났다.

3.2. 교육적 의의

본고는 단락 구분 여부에 따른 글쓰기에서 소주제문 생성과 글 전체의 기능적인 측면과 관련하여 단락의 심리적 실재를 조사하고 이를 일정한 통계 절차를 통해 검증하였다. 연령과 수준을 달리한 학습자들을 대상으로 글쓰기에 드러난 단락의 심리적 실재는 전체적으로 유의미한 수준으로 드러난 것으로 파악되었다. 이를 통해 두 가지 정도의 교육적 의의를 이끌어 낼 수 있다.

첫째, 단락은 의미상으로 분명 분절적인 구획의 속성을 드러내는 단위다. 이는 분명 다양한 의미 기제들로 구성될 수 있다. 규범적인 측면에서 단락은 하나의 소주제문과 이를 뒷받침하는 문장들로 구성된다고 알려져 있다. 하지만 정작 학교 현장에서 학습자들이 이를 분명하게 구현하고 있는지는 분명하지 않았다.

본고에서는 이를 확인하기 위해 단락 구분 여부에 따른 글쓰기에서 소주제문이 단락의 구분과 직접적인 연관성을 지니는지를 확인하였다. 연령과 수준이 높은 학습자들은 단락 구분 여부에 상관없이 소주제문을 일정하게 생성해 나가는 것으로 드러났고, 연령과 수준이 낮은 학습자들은 단락 구분에 따라 소주제문 생성 여부가 통계상으로 유의미할 정도로 차이가 드러났다.

이는 수준과 연령에 따라 단락 교육의 방법이 달라야 함을 함의하는 것이다. 특히 수준과 연령이 낮은 학습자들일수록 단락의 표면적

구획이 주는 의미가 크다고 할 수 있다. 따라서 수준과 연령이 낮은 학습자들일수록 토막글로서 하나의 단락이 지니는 형식적 속성과 의미적 구성에 대한 세심한 지도의 필요성이 제기되었다고 할 수 있다.

둘째, 단락은 일정 분량에 국한되기는 하지만, 단락이 글의 전개에서 기능상 분명한 유의미성을 드러낸다는 것을 연령과 수준을 달리한 모든 학습자들에게서 두루 확인할 수 있었다. 이는 단락이라는 단위가 단순히 소주제문과 이를 뒷받침하는 문장으로 구성되는 것을 넘어 전체글에서 일정한 유의미성을 드러내는 단위로 작용할 수 있음을 보여준 것이라 할 수 있다.

특히 수준과 연령에 상관없이 단락 구분 여부에 따라 글의 전개와 관련된 단락 기능의 측면이 뚜렷하게 관련되었다. 그만큼 단락의 표면적 구분이 단락을 글의 기능적인 측면과 일정하게 관련시키는 수단이 되었다고 할 수 있다. 따라서 본고의 조사는 글에서 일정하게 기능하는 단락을 표면적으로 구분하거나 인식할 수 있는 교수·학습 방법상의 전략이 필요함을 제기하였다고 볼 수 있다.

학교 현장에서는 단락을 다룰 시에, 대다수 단락이 지니는 전체의 속성만을 다루는 경향이 있었다. 이는 곧 소주제문과 뒷받침문장만으로 단락의 사용 가치를 제한시키는 결과를 초래하였고, 나아가 학교 현장 글쓰기에서 단락의 기능과 의미의 폭을 좁혀 놓고 말았다. 단락은 글의 기능적인 측면에서 일정하게 그 역할을 드러내었음을 본고의 조사결과는 일정 부분 보여주었다.

4. 마무리

본고는 실제 글쓰기에서 단락 구분의 여부가 유의미한지를 수준과 연령을 다른 중·고 학습자들을 대상으로 실시하였다. 학교별로 일정한 글감을 제시하였고, 단락 구분 여부에 따른 학습자들의 글쓰기 결과를 세 가지 연구가설을 바탕으로 그 유의미성을 확인하였다. 이는 일정한 통계 절차를 바탕으로 객관적으로 검증되었다.

첫 번째 연구가설인 "단락 구분이 된 글이 소주제문 생성에서 더 높은 점수를 보일 것이다"는 중·고 학습자들 간에 약간의 차이를 보여주었다. 중학생 학습자들의 경우에는 유의미한 결과를 보여준 반면에, 고등학생 학습자들의 경우 단락 구분 여부에 따른 소주제문 생성이 유의미한 정도의 수준으로 드러나지 않았다.

두 번째 연구가설인 "단락이 구분된 글과 그렇지 않은 글은 전개 양식상에 차이를 보일 것이다"는 중·고 학습자들 공히 유의미한 결과를 보여주었다. 즉 단락을 구분하느냐의 여부에 따라 단락이 지니는 일정한 글 전개에서의 기능적인 측면이 부각되었다고 볼 수 있으며, 이는 단락이 글 전개에서 주요한 단서가 되었다고 볼 수 있다.

세 번째 연구가설인 "학습자의 수준과 연령이 높을수록 단락 구분과 쓰기 수행 간의 상관관계가 줄어들 것이다"는 수준과 연령이 다른 중·고 학습자들 간에 단락 구분의 여부가 글쓰기 과정과 결과에 유의미한 것으로 드러났다. 이는 글쓰기에서 단락 구분 여부가 수준이나 연령이 낮은 학습자들일수록 더 유의미한 요인으로 작용함을 말해 주는 것이다.

이상의 결과를 통해 단락 구분 여부가 쓰기에서 주요한 글 전개의 기능적인 요소이며, 이는 특히 수준과 연령이 낮을수록 더 유의미하게 작용한다는 것을 알 수 있었다. 하지만 본고는 조사 대상 학습자들이 일부 중·고 학습자들에 국한되었고, 보다 다양한 갈래의 글을 통해 단락 구분 여부의 유의미성을 확인하지 못했다는 점이 한계로 남는다.

단락 중심 고쳐쓰기

1. 들머리

단락은 글쓰기에서 형식과 내용 모두에 걸쳐 있는 단위이다. 형식 상으로는 줄바꾸기나 들여쓰기 등으로 구분되는 문장들의 결합체이고, 내용상로는 중심 문장과 이를 뒷받침하는 문장들로 구성된 의미상의 독립체이다. 하지만 전체글의 맥락 측면에서는 부분적인 의미로 간주되어, 의미적 완결성에서 결핍을 드러낸다. 이처럼 단락은 글의 내용과 형식적인 두 측면에 모두 글쓰기에 관련되는 주요한 글의 전개 단위이다.

이런 형식과 내용상의 속성, 전체글에서 지니는 부분적인 의미와 그것 자체로 지니는 의미적 완결성 등으로 인해 문장에 비하여 단락은 매우 복잡한 속성을 쓰기 과정에서 드러낸다. 따라서 단락을 단순히 문장들의 일정한 결합체로만 본다면, 단락이 지니는 다양한 속성들을 제대로 밝힐 수 없다.

그간 학교 현장에서는 단락의 이와 같은 복잡한 속성들을 교수·

학습 방법상으로 제대로 다루지 못했다. 이는 무엇보다 단락의 이런 복잡한 속성들에 대한 연구방법론 측면에서의 여러 한계와 관련이 있다. 즉 단락이 소주제문과 뒷받침문으로 구성되는 일종의 완결된 의미체라는 수사학적 규범성의 토대가 단락 연구에 대한 지배적인 연구방법으로 이루어져 왔기 때문이다.

본고에서는 단락이 지니는 이런 속성들을 밝히기 위해 단락이라는 단위 자체를 학습자들이 글을 전개해 나가면서 일정한 의미구획으로 상정하고 있는지를 우선 파악하고자 한다. 단락이라는 단위 자체를 표면적으로 구획해 나가면서 글을 쓴다는 것은 분명 글을 전개하면서 일정한 의미구획의 필요성을 상정하고 있는 것이다. 하지만 단락이라는 단위를 전제하지 않고 글을 전개해 나가는 경우에는 단락으로 대치될 수 있는 의미구획이 일어날 수 있을지에 의문을 제기할 수 있다. 범박하게 인간은 기억상의 한계로 인해 글을 전개해 나가면서 일정한 의미구획을 상정할 것이고, 이는 어떤 식으로든 글의 표면에 드러날 것이다.

그렇다면 단락이 일정한 의미구획 단위로 글의 전개 과정에서 어떻게 드러날 수 있는지를 밝히는 것이 중요하다. 그렇지 않다면 단락이라는 단위는 글에 내재된 의미덩이 구획의 처리와는 별개로 시각적으로 일정하게 구분되는 형식 단위로만 간주될 가능성이 높다.

즉 본고는 학습자들이 글을 전개해 나갈 때, 일정한 의미구획을 상정하는지의 여부와 그것이 단락이라는 단위와 매우 밀접하게 결부될 수 있는지를 밝히는 데 그 목적이 있다. 이는 학습자들이 글의 전개 과정에서 단락이라는 단위를 일정한 의미구획의 사고 단위로 인식하면서 드러낼 수 있는지의 여부와 관련된다. 만약 그 관련성이 없거나 낮아 단락이 쓰기 과정의 적절한 산출 단위가 될 수 없다면 글의 전개에서 단락이라는 단위로 글을 구분할 이유가 없기 때문이다.

ㄹ. 연구방법 및 연구가설

2.1. 연구방법

본고는 일정한 의미구획의 표면적 구분 없이 글쓰기를 한 경우와 이를 단락 중심으로 고쳐쓰기를 한 경우를 비교해서, 단락이 글쓰기에서 심리적 실재의 사고 단위로 유효한지를 밝힌다. 나아가 이를 바탕으로 글쓰기에서 단락에 대한 적절한 교수·학습 방법의 측면까지 다룬다. 하지만 단락에 대한 계량적 기반에 토대를 둔 양적 연구로는 불확정성의 속성을 지니는 단락의 속성을 제대로 밝힐 수 없다. 따라서 본고는 단락의 질적 속성 규명을 위해 조사자의 직관적 판단 및 평가자 간의 상호 교차 점검을 통한 질적 연구 기반에도 토대를 둔다. 이른바 본고는 일종의 혼합연구라 할 수 있다.[1]

이를 위해서 글쓰기에서 단락이 어떤 식으로 전개되고, 구분될 수 있는지를 일차적으로 검토한다. 하지만 글쓰기에서 단락 구분이 사고 전개 과정에서 반드시 필요하다는 점을 검증하기 위해서는, 일정한 의미구획 혹은 사고 단위로서 단락이 적절한 단위인지를 검증하는 과정이 필요하다. 이런 검증의 과정을 통해 일정한 의미구획이나 사고 단위로서 단락이 글쓰기에서 지니는 유효성을 밝혀야 할 것이다.

우선 본고는 학습자들에게 일정한 의미구획의 표면적 구분 없이 써보게 하고, 이후에 고쳐쓰기 과정을 통해 단락 구분을 해 보게 함으로써 학습자들의 글쓰기에서의 단락 구분에 대한 인식의 양상을

---

1) 국어교육에서 연구방법론에 대한 논의는 본격적으로 이루어지지 못했다. 하지만 간헐적으로 몇몇 연구자들에 의해 이루어져왔는데, 그만큼 국어교육의 연구 토대가 부실했다는 점과 관련될 수 있을 것이다. 본고에서는 천경록(2001)과 옥현진(2010)이 국어교육과 관련된 양적 연구 및 질적 연구에 대한 연구방법론으로 참고가 된다.

살핀다. 하지만 단순히 단락 중심으로 고쳐 써 보게 하는 것은 검사의 신뢰도가 떨어지기 때문에 실험집단을 구분해서 실시한다. 가령 단순히 단락을 구분한 집단, 3개의 단락으로 구분한 집단, 중심문장과 핵심어 등을 바탕으로 하여 일정한 단락으로 구분한 집단 등으로 나뉘어 실시한다. 이렇게 함으로써 한정된 분량의 글에서 드러나는 단락의 양상을 보다 면밀하게 검토할 수 있을 것이다.

글쓰기에는 여러 가지 변수들이 존재한다. 글의 갈래, 글감, 글쓰기 시간, 글쓰는 상황, 글쓰는 분량 등 여러 가지 상황들이 고려되어야 한다. 본고는 글의 갈래를 주장하는 글에 국한시켰다. 정보 전달 글은 여러 가지 뒷받침 자료들을 찾아야 하고, 이를 바탕으로 글을 구성해야 하기 때문에 글쓰기 시간이 많이 걸리고, 특히 조사 대상 학습자들이 관심이 없는 주제라면 글의 내용을 전개하는 데도 어려움이 있기 때문이다.

글감도 역시 두 가지로 국한했다. 우선 학습자들이 관심이 있을 법하거나 혹은 사회적인 문제가 되었던 것을 선택했는데, '인터넷에서 자료를 불법으로 내려 받는 것'에 대한 것과 '성범죄자에 대한 화학적 거세 문제'를 제시하였다. 글쓰기 시간과 상황은 의미구획 없이 쓴 경우와 단락 중심으로 의미구획하여 쓴 경우를 구분하였다. 전자는 1시간 30분 정도로 통제된 상황에서 직접 손으로 작성하게 하였다. 후자는 과제로 제시하여 시간에 구애받지 않고 한글 편집기로 재작성해서 내게 하였다. 분량은 A4 용지 한 면을 넘기지 않되, 한 면을 다 채우는 것으로 하였다.

조사 대상자들은 대구 C대학교 1~2학년 학습자 225명을 대상으로 하였다. 교양 과목을 수강하는 3학급의 학습자들이 대상이 되었는데, 조사 당시 각 학급의 대상자가 대략 75~80명가량 되었는데, 결석 혹은 과제 미제출자를 제외하고 각 학급당 75명으로 확정하였

〈표 11-1〉 조사 개관

과정 구분		과정 1 (표면적 의미구획의 구분이 없는 글쓰기)		과정 2 (단락 중심의 고쳐쓰기)		
조사 대상자	집단1	75명	단락 구분 없음	집단1	75명	조건 없는 단락 구분
	집단2	〃		집단2	〃	3~5개의 단락 구분
	집단3	〃		집단3	〃	중심문장과 핵심어 및 3~5개의 단락 구분
글감	집단1	불법 다운로드 문제				
	집단2	성범죄자의 화학적 거세에 대한 견해				
	집단3	불법 다운로드 또는 성범죄자의 화학적 거세				
갈래		주장하는 글				
기간		2010.10~2010.11		2010.11~2010.12		
시간		1시간 30분		제한 없음		
매체		손으로 작성		워드로 작성		
분량		A4 용지 한 면				

다.[2] 이는 글쓰기 과제로 제출되었고, 제출된 일정한 평가 기준에 의해 평가되었다. 이상의 내용들은 〈표 11-1〉과 같다.

아울러 〈표 11-1〉의 쓰기 매체와 관련해서는 두 과정 모두 필자가 작성한 일정한 원고의 틀을 제시해 주었다. 이는 학습자들의 글쓰기 결과에 대한 반응들이 일정하게 나올 수 있도록 제공된 것이다. 아울러 분량이 매우 적어지거나 혹은 글의 여백을 지나치게 고려하지 않는 점 등을 고려하여 간략하지만 일정한 틀이 제시되었다. 가령 집단 2에게 제시된 글쓰기 양식은 〈그림 11-1〉과 같다.

---

2) 본고에서 계획한 글쓰기에서의 단락의 의미구획, 혹은 사고 단위로서의 유의미성을 검증하기 위해 보다 많은 조사 대상자들이 요구되었다. 하지만 본고는 글쓰기 시간, 학습자들의 역량, 평가 시간 등을 고려하여 필자가 재직하고 있는 대학교 1~2학년 학습자들에 국한하여 일단 실시하였다. 차후 초·중·고 학습자들에 대한 실제적인 단락 중심 글쓰기 과정에 대한 검토도 본고의 조사 과정을 참조하여 이루어져야 단락의 사고 단위로서의 심리적 실재에 대한 보다 높은 신뢰성을 확보할 수 있을 것이다.

- 글쓰기 주제: 성범죄자에 대한 화학적 거세, 합당한 처벌인가?
- 글의 종류: 주장글(자신의 주장과 그것을 뒷받침하는 내용을 구체적으로 제시할 것)
- 글쓰기 조건: ① 제시된 표 안에서만 작성할 것, ② 의미구획의 표면적 구분 없이 쓸 것

- 학과: 학번: 이름:

<그림 11-1> 글쓰기 제시 양식

2.2. 연구가설

 본 절에서는 글쓰기에서 학습자들의 단락에 대한 심리적 실재와 관련된 두 가지 연구가설을 제시한다. 이들 가설은 단락이 글쓰기에서 의미단위 혹은 사고 단위로 유의미한지의 문제와 직접적으로 관련되며 아울러 어떤 단서를 제시할 경우, 단락에 대한 학습자들의 인식 정도가 높아질 수 있는지의 여부를 밝히는 것과 관련된다.

 [가설 1] 학습자들은 의미구획을 가정하면서 글을 전개해 나갈 것이다.

 [가설 1]은 단락 구분을 하지 않고 글을 전개하더라도 학습자들이 글의 처음부터 끝까지 문장들을 의미상으로 나누지 않고 연속적으로 이어 나가는 것이 힘들기 때문에, 글 전개 과정에서 몇몇 문장들을 일정한 의미덩이로 뭉쳐 구분할 것이라는 점과 관련된다. 아울러 이렇게 잠정적으로 의미구획 된 결과는 단락이라는 단위로 적절하게 구분되어 표현될 수 있을 것이다.
 이는 인간 기억의 한계와 밀접하게 관련된다. 일반적으로 기억은 단기기억과 장기기억, 그리고 단기기억을 장기기억으로 이어주는 장기 작업기억 등으로 심리학에서 주요한 분류로 다루어지고 있다.[3] 단락은 이런 장기 작업기억에서 주요한 사고 단위로 작용할 수

---

 3) 단기기억은 일정한 숫자나 항목 등이 7±2로 제시되듯이, 매우 제한적이고 제약되어 있는 기억이다. 이에 반하여 장기기억은 배경지식을 바탕으로 영구히 내재되어, 수시로 인출해서 사용할 수 있는 기억 영역이라 할 수 있다. 다만 이는 장기 작업 기억이 단기기억과 장기기억을 잘 연결해 줄 수 있는 역할을 제대로 했을 경우이다. 이 점에서 장기 작업 기억의 역할은 매우 중요한데, 장기 작업기억은 장기기억의 폭을 넓혀주는 매우 중요한 역할을 하는 기억이다. 이는 단기기억의 제한된, 혹은 매우 빨리 잊어버리게 되는 정보들을 전략적으로 장기기억으로 넘겨주는 데 매우 중요한 역할을 한다. 김지홍·문선모 뒤침 (2010: 320)에서는 덩잇글 이해와 관련하여 기억의 문제를 구체적으로 관련시키고 있어 참고가 된다.

있는 단위라 할 수 있다. 수많은 문장들을 연결하면서 앞선 문장들에 대한 기억의 한계를 일정한 의미구획으로 한정지어 나감으로써, 기억의 제약을 극복해 나가는 데 단락이 주요한 역할을 한다는 것이다. 아울러 단락은 글의 전개 과정에서 앞에 제시되었던 내용들을 지속적으로 이어나가는 데 일정한 거점 역할을 한다. 이는 단락이 전체글의 거시구조 역할을 하면서 문장 중심의 단일 명제들을 일정한 의미 준거하에 더 큰 의미 테두리 속으로 자리 잡게 하는 점과 관련된다.

본고의 대다수 조사 대상 학습자들은 그런 전략들을 이미 중·고 시절에 일정한 글쓰기 경험을 통해 일부 터득해 왔으리라고 상정할 수 있다. 따라서 단락을 표면적으로 구획해 가면서 글을 전개하지 않더라도, 글을 전개해 가는 데 있어, 문장들의 연결에 있어 일정한 구획 지점을 두면서 글을 전개할 것이라고 상성한다.

[가설 2] 읽기의 단서 제시는 단락 구분을 더 적절하게 유도할 것이다.

[가설 2]는 단락으로 구분되지 않았지만 내용상으로 온전한 한 편의 글을 단락으로 구분할 경우에 읽기 단서를 제시했을 경우에 단락 구분이 보다 적절하게 이루어질 수 있을 것이라는 점과 관련된다. 앞선 [가설 1]이 글쓰기에서 의미구획 혹은 사고의 일정한 단위로 상정될 수 있는 단락의 속성을 밝히려는 점에 초점을 둔 것이라면, [가설 2]는 이보다 더 나아가 표출된 단락이라는 단위의 적절성에 대한 탐구와 관련된다.

즉 이 가설은 단순히 단락으로 구분하라고 제시할 때보다, 일정한 단락 개수를 제시했을 때나 단락의 핵심 요소와 관련된 중심문장이나 핵심어를 관련시킬 때 단락의 구분이 더 분명하고 정확하게 드러날 것이라는 점과 관련된다. 이는 단락을 구분할 때 이에 대한 인식력을 향상시킬 수 있는 단서를 제시하는 것이 더 효과적일 수 있다는 점에서 읽기의 단서 제시와도 관련된다.

아무런 조건 없이 단락을 구분하는 것이 상향식 읽기 과정이라면, 단락 구분과 관련된 읽기의 단서의 제시는 하향식 읽기 과정과 가깝다고 할 수 있다. 하지만 기본적으로 단락을 재구성하는 과정은 일정한 의미구획에 대한 전략이 수반되기 때문에, 상호 작용식 과정이라 할 수 있다.

3. 연구결과 및 교육상 의의

3.1. 연구결과 및 논의

본고는 단락과 관련하여 두 가지 연구가설을 놓고, 대학교 1·2학년 학습자들을 대상으로 글쓰기에서의 단락 인식에 대한 심리적 실재를 연구 조사하였다. 단락은 기존 수사학에서 다루어지듯이 중심문장과 이를 뒷받침하는 문장들로 이루어지는 하나의 완결된 의미 단위이기도 하다. 하지만 단락이라는 단위의 사고 단위로서의 정체성을 밝히기 위해서는 우선적으로 글쓰기에서 학습자들이 단락을 일정한 의미구획의 단위로 상정하고 있는지의 여부를 확인하는 것이 중요하다.

이를 위해 본고는 단락을 글쓰기에서 일정한 의미구획의 단위로 상정하였다. 이런 의미구획의 단위는 글의 전개와 관련하여 맥락의 주요한 기점들로 고려해 볼 수 있다. 학습자들은 단락이라는 단위를 통해 글 전체의 흐름을 보다 적절하게 일정한 의미구획의 단위로 나눌 것이다.

아울러 이상의 문제는 학습자들의 실제 글쓰기 과정을 통해 검정된다. 즉 단락 중심의 글쓰기와 관련된 연구가설이 설정되고, 일정한 통계 검증 절차를 통해 그 유의미성이 고찰된다. 다만 본고의 연구에서 진행된 학습자들의 글쓰기 결과물들이 단순한 양적 통계로만 접근하기 어려운 부분들이 있기 때문에 질적 통계의 과정도 아울러 고려된다.

우선 본고는 크게 세 가지 결과물을 통해, 두 가지 연구가설을 검증하게 된다. 세 가지 결과는 세 집단과 관련하여 구분된다. 첫째 집단은 아무런 조건 없이 단순하게 원본글을 단락으로 나누었고, 둘째 집단은 일정한 단락 개수하에 단락을 구분했고, 셋째 집단은 중심문장과 핵심어를 드러내면서 일정한 단락 개수 가정하에 단락을 구분했다.

아울러 의미구획 없이 전개된 원본글을 단락 중심으로 고쳐 쓴 세 집단의 글은 일정한 평가 기준을 통해 단락 구분의 적절성을 평가받게 된다.[4] 이는 단순히 양적으로만 평가하기에 힘든 영역이기 때문에 필자와 본 연구 조사에 함께 참여한 교양 수업 담당 강사가 평가에 참여하게 되었다. 단락 구분 여부를 전체글의 맥락과 관련지어 올바른지, 그리고 중심문장과 핵심어 등이 적절하게 지적되었는지의 여부를 평가하게 된다. 이는 상·중·하의 3단계 척도로 그 수준을 평가하게 된다. 상은 3점, 중은 2점, 하는 1점으로 평가 점수를 부여하여 평균과 표준편차를 계산하게 된다. 이에 부합하는 평가 기준 내역은 〈표 11-2〉와 같다.[5]

---

4) 일반적인 의미의 고쳐쓰기는 글의 내용과 형식적인 측면을 모두 아우른다. 하지만 본고에서는 내용 수정 없는 단락 구분에만 초점을 두고 있기 때문에, 전형적인 의미의 고쳐쓰기와는 약간의 거리가 있다. 다만 단락 구분의 여부에 따른 내용 이해의 차이가 있다면 이는 단락 구분이 글의 내용과 밀접한 관련을 맺는다고 할 수 있다. 본고에서는 이 점은 상세하게 검토하지 못했다. 추후 연구과제에서 남겨두기로 한다. 다만 본고에서는 단락 구분이 내용 이해에 영향을 끼친다고 간주하고 고쳐쓰기로 상정하였다.

5) 단락의 적절성에 대한 평가는 한 단락의 구성과 전체글에서의 단락의 구성이 모두 관련된다. 그런 점에서 〈표 11-2〉의 평가표는 소략하게 제시되었다는 점에서 일정한 한계를 드러낸다. 이는 차후 연구 과제로 남겨두고자 한다.

<표 11-2> 평가 기준 내역

기준 점수	집단별 평가 기준 내역		
	집단1	집단2	집단3
상(3점)	• 전체글의 의미구획에 맞게 단락이 구분된 경우	• 전체글의 의미구획이 제시된 단락 개수에 맞게 단락이 구분된 경우	• 중심문장과 핵심어의 선정이 단락 구분과 적합한 경우
중(2점)	• 의미구획이 단락 구분과 관련이 있지만, 일관성이 떨어지는 경우	• 단락 개수가 의미구획과 일관되게 관련되지 않는 경우	• 중심문장과 핵심어의 선정이 단락 구분과 약간 어긋나는 경우
하(1점)	• 의미구획과 단락 간에 관련성이 없는 경우	• 단락 개수가 의미구획과 관련성이 없는 경우	• 중심문장과 핵심어의 선정이 단락 구분과 관련성이 없는 경우

첫 번째 연구가설인 "학습자들은 의미구획을 가정하면서 글을 전개해 나갈 것이다"는 세 집단에 공히 적용된다. 즉 학습자들이 일정한 의미구획 없이 전개한 원본글을 단락을 중심으로 고쳐 쓴 글과 비교함으로써 단락이라는 단위의 유의미성을 일정한 통계 절차를 통해 검증하게 된다. 전체적인 결과는 〈표 11-3〉과 같다.

<표 11-3> [가설 1]과 관련된 조사결과

구분 집단	수준	인원(명)	비율(%)	평균
집단1	상(3)	41	54.67	2.41
	중(2)	24	32.00	
	하(1)	10	13.33	
집단2	상(3)	49	65.33	2.57
	중(2)	20	26.67	
	하(1)	6	8.00	
집단3	상(3)	43	57.33	2.43
	중(2)	21	28.00	
	하(1)	11	14.67	

각 집단별 75명의 조사 대상 인원이 〈표 11-3〉과 같이 상·중·하의 수준으로 평가되었다. 우선 표면적으로 눈에 띄는 현상은 '상' 수준에 각 집단의 조사 대상 학습자들이 절반 이상(50%) 분포한다는 점이다. 이는 직관적으로 본 조사의 대상 학습자들이 일정한 의미구획 없이 쓴 글을 단락 중심으로 적절하게 고쳐 썼다는 점과 어느 정도 관련될 수 있다. 물론 단순한 양적 통계 수치만으로 그 유의미성을 엄밀하게 논의하기는 어렵지만, 단락이라는 단위를 일정한 사고의 매개체로 활용하고 있다는 점은 어느 정도 분명하다.

　[가설 1]이 유의미한지를 검증하기 위한 통계적 검증 절차는, 집단별 '상' 수준 학습자들을 고려하여 검증된다. 총 조사 인원은 225명이며, 이 중 의미구획을 정확하게 시행한 인원은 집단별로 '상'에 속한 인원으로, 이들의 합은 141명이다. 의미구획을 수행하는지의 여부가 글 전개에 특별한 영향을 미치지 않는다면 의미구획을 수행하는 인원과 수행하지 않는 인원은 대략 반반이 될 것이다. 이를 기초로 수립한 가설은 다음과 같다.

$$H_0 : p = 0.5 \quad \text{vs} \quad H_1 : p \neq 0.5$$

　여기서 p 는 의미구획을 하는 비율을 의미한다. 이를 검증하기 위한 검증 통계량은

$$Z = \frac{\hat{p} - p}{\sigma_{\hat{p}}} = \frac{\hat{p} - p}{\sqrt{p(1-p)/n}}$$
$$= \frac{0.63 - 0.5}{\sqrt{0.5(1-0.5)/225}} = 3.9$$

이다. 여기서 $\hat{p}$ 는 표본의 의미구획 비율(133/225=0.63), n은 표본의 수

를 의미한다. 유의수준 5%에서 기각치인 $z_{0.025}=1.96$보다 크므로 가설을 기각한다. 즉 학습자는 의미구획을 하면서 글을 전개한다고 결론내릴 수 있다.

집단 간 차이에서는 집단 2, 즉 일정한 개수(3~5)의 단락으로 한정하여 고쳐쓰기를 한 집단이 '상'의 비율이나 평균에서 다소 높은 비율과 점수를 보이고 있다. 이는 제한된 분량(A4 용지 한 면)과 이에 걸맞은 단락 개수의 제시가 어느 정도 관련성을 지님을 보여주는 결과라 볼 수 있다. 물론 이는 차후 연구 조사에서 단락의 개수가 특정 분량의 글에서 어느 정도 나와야 적절한지를 재차 검토해야 할 필요성을 제기한다.

아울러 의미구획을 하기 전의 원본글과 단락 중심으로 고쳐 쓴 몇몇 학습자들의 글들을 중심으로 세부적인 사항들을 살피고자 한다. 이는 '상'의 평가를 받은 학생들보다는 '하'를 받은 학습자들의 예문을 통해 단락 중심으로 일정한 의미구획을 하면서 드러나는 문제점과 일정한 문장 결합을 통해 드러난 단락이 전체글의 맥락에서 비추어 봤을 때 적절한지를 검토한다.

보다 상세하게 학습자들의 단락 구분 양상에서 드러나는 문제점을 몇몇 부류로 나누어 본다면, 단락에 대한 기본 개념이 없는 경우, 단락이 지나치게 많이 구분된 경우, 단락 내에서 중심문장과 핵심어가 달리 지적되는 경우, 한 단락에 중심문장이 다수 지적되는 경우 등이 제시될 수 있다. 이하 〈그림〉들에서는 학습자들의 단락 구분에 대한 유형별 문제점들이 제시된다.

〈그림 11-2〉 학습자의 경우 단락 구분에 대한 인식의 토대가 전혀 형성되지 않았다고 볼 수 있다. 대부분 한 문장이 한 단락으로 구성되어, 단락이 일정한 의미구획의 사고 단위로 작용하는 것과는 거리가 있어 보인다. 아울러 시각적으로도 글이 한 눈에 들어오지 않

인터넷을 통한 불법다운로드에 대하여 나는 반대하는 입장이다.

음악을 예로 들자면 곡 한곡이 만들어지기까지의 작곡가와 가수의 노력 그리고 그 노래에 대한 저작권 등이 불법 다운로드에 의해 허무해질 수도 있기 때문이다.

과거에는 가수의 앨범을 사야만 노래를 들을 수 있었지만 인터넷이 발달한 지금은 돈을 주지 않더라도 노래나 영상 등을 쉽게 다운 받을 수 있다. 그 결과 가수들의 앨범 판매량은 과거에 비해 현저히 떨어지고 많은 가수들은 저작권 보호를 요청하고 있지만 아직까지도 잘 지켜지지 않고 있다.

예전에 작곡이라는 것을 해본 적이 있었는데 곡을 쓴다는 것이 굉장히 머리 아프고 복잡한 일이다.

곡 한곡을 쓰기 위해서는 많은 생각이 필요하고 계속되는 시행착오를 겪어야 한다. 그러한 노력으로 곡이 만들어지는데 우리는 불법 다운로드를 통해 손쉽게 작곡가의 노력과 지식을 훔쳐가는 것이나 마찬가지라고 생각한다.

영화 역시 불법 다운로드의 흔한 사례이다.

영화가 개봉 한지 얼마 되지 않았으나 인터넷상에서는 벌써 그 영화가 올라와 많은 사람들이 불법 다운로드를 함으로써 영화사가 적지 않은 피해를 보고 있다.

장기간동안 힘들게 촬영한 영화가 불법 다운로드에 의해 손해를 본다는 것은 잘못되었다고 생각한다.

물건을 훔치는 것만이 도둑질이 아니다. 남의 노력과 남의 지식을 훔쳐가는 것 역시 나는 도둑질이라고 생각한다.

앞으로는 이런 것에 대한 규제가 더욱 강화되고 많은 사람들의 저작권, 지적 재산이 보호되었으면 하는 생각이다. 이렇기에 나는 불법 다운로드에 대하여 반대하는 입장이다.

<그림 11-2> 단락에 대한 기본적인 개념이 없는 경우

으며 매우 산만한 인상을 주고 있다.

〈그림 11-3〉과 같은 결과는 본 조사에서도 매우 드물게 발견되고 있는 예인데, 〈그림 11-3〉과 〈그림 11-3-1〉은 단락이 지나치게 많이 구분된 글과 그에 상응하는 원본글이다.

〈그림 11-3〉은 단락이 지나치게 많이 구분된 경우의 수정글이다. 총 6개의 단락으로 제시되었는데, 1과 2단락, 4와 5단락으로 하나의 단락으로 재구성될 필요가 있다. 1단락과 2단락의 인접 문장 간에는 소송과 관련하여 문장 간 의미의 결속이 이루어져 있기 때문에 한 단락 속에 포함되어야 한다. 역시 4와 5단락 간의 인접 문장도 '저작물'과 관련된 중심소가 완만하게 이동하고 있기 때문에 하나의 단락

인터넷 불법 다운로드에 대해 요즘 저작권과 관련해서 많은 문제들이 일어나고 있다. 그래서 저작자들이 불법으로 파일을 받은 사람들을 추적해서 소송을 걸기도 하고, 그로 인해서 아무생각 없이 파일을 받았단 사람들은 자신도 모르는 사이에 소송에 휘말리기도 했다.

그리고 소송의 결과로 배상금을 지불해야 되는 판정을 받기도 했는데 이 중 미성년자들도 포함되어 있어서 혼자서 고민하다가 자살을 하는 등의 사고도 일어나기도 했다.그래서 요즘에는 이런 일들을 막고 옳바른 파일을 올바르게 다운받아 사용하자는 굿다운로더 운동과 같은 캠페인도 벌이고 있다.

이처럼 불법 다운로드에 대해 근절 운동을 하는 이유는 무엇일까? 그 이유는 간단하다 왜냐하면 불법 다운로드는 말 그대로 불법이기 때문이다.

그래서 나는 불법 다운로드를 받는 것을 막아야 한다고 생각한다. 왜냐하면 우리들이 불법으로 파일을 주고 받고 한다면 순간적으로 자신이 원하는 것을 얻을 수 있어서 좋지만 나중을 생각한다면 큰 문제가 될 수 있기 때문이다. 여기서 큰 문제란 저작물을 생산해내는 저작자들이 자신들의 저작물에 대해 정당한 보상을 받지 못하고 그리고 이 때문에 창작의욕이 사라져서 좋은 창작물을 만들 수 없기 때문이다.

이렇게 되면 결과적으로 불법 다운로드를 받을 파일조차 없어지게 될 것이기 때문이다. 좋은 영화, 음악, 사진, 글, 만화 등등 모든 영역에 걸쳐서 이를 더 이상 볼 수 없게 되는 상태에 이를 수도 있다

그러므로 우리들은 합법적인 경로를 통해 일정한 금액을 지불하고 다운을 받아야 한다. 그렇게 해야지만 경제는 물론 문화적인 부분도 강국이 될 것이다. 그리고 전 세계적으로 인정 받는 훌륭한 작품들이 많이 만들어지게 될 것이다.

<그림 11-3> 지나치게 단락이 많이 구분된 경우

으로 결속되는 것이 바람직하다.[6]

〈그림 11-3-1〉은 〈그림 11-3〉의 원본글이다. 학습자가 손으로 써 나가면서 중간중간 의미구획을 한 흔적들이 보인다.

---

[6] 중심화 이론에서는 문장 간 의미의 이동을 각 문장의 중심소를 통해 다룬다. 지속, 사슬로 이어가기, 매끄러운 전환, 급격한 전환 등으로 나누어 담화 마디들의 추이에 대해 논의하고 있다. 본 예의 경우는 지속의 경우로 볼 수 있기 때문에 한 단락으로 결속될 가능성이 제기되는 것이다. 중심화 이론에 대한 자세한 논의는 워커·조쉬·프륀스(Walker, Joshi, and Prince, 1998)를 참고하기 바란다.

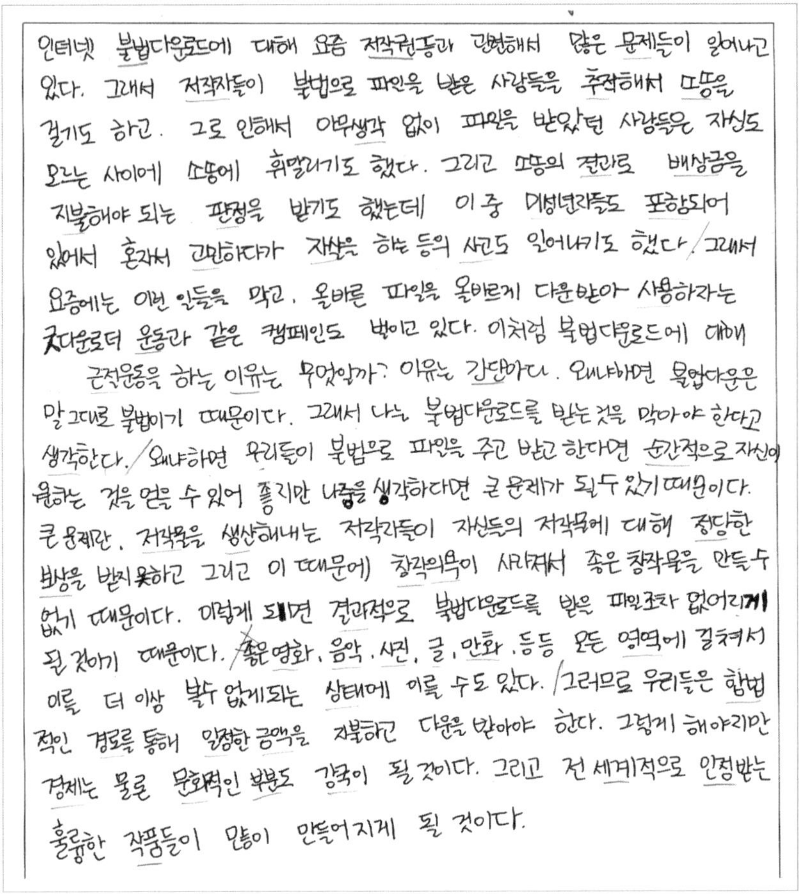

<그림 11-3-1> 지나치게 단락이 많이 구분된 원본글

<그림 11-4>는 한 단락에 내재하는 중심문장과 그에 수반하는 핵심어가 달리 설정된 경우이다.

대체적으로 단락 구분은 일정한 담화표지를 중심으로 이루어지고 있지만, 첫 번째 단락은 둘째 단락에 합쳐서 하나의 단락으로 구성되는 것이 바람직해 보인다. 아울러 마지막 단락에는 중심문장과 핵심어가 드러나고 있지 못하다. 하나의 단락은 기본적으로 하나의 중

나는 최근 사회적 이슈로 떠오르고 있는 성범죄자에 대한 화학적 거세에 대해 **반대**한다.

　그 이유로는 첫째, 각 개인은 신체의 자유를 가지고 있기 때문이다. *신체의 자유*는 전 세계 어디서든 인정받는 자유의 권리 중 하나이다. 그러나 화학적 거세로 성범죄자의 신체의 자유를 빼앗는 것은 인간의 자유를 빼앗는 것이고, 넓은 의미에서는 **인간의 존엄성을 빼앗는 일**이라고 생각할 수 있다. 이러한 이유로 나는 성범죄자에 대한 화학적 거세를 반대한다.

　다음으로 둘째, 성범죄를 우발적으로 저지른 경우가 있을 수 있기 때문이다. 물론 성범죄라는 범죄는 저지르지 않아야 하는 범죄이지만 *순간의 판단실수나 우발적인 행동*으로 인해 벌어질 수 있는 범죄이다. 그러므로 성범죄를 저지른 범죄자들에게 화학적 거세라는 극단의 조치를 취하기보다는 다시는 이런 일을 저지르지 않도록 교육이나 훈련을 통한 대책이 마련되어야 한다고 생각하기 때문에 성범죄자에 대한 화학적 거세를 반대한다.

　다음으로 셋째, 성범죄자들은 여러 프로그램을 통해 다시는 성범죄를 저지르지 않도록 교육할 수 있기 때문이다. 실제로 성범죄자들이 수감하는 곳에서는 *심리·정신치료 프로그램*을 통해 그들의 잘못을 뉘우칠 수 있도록 하고 또, 그들은 뉘우침으로써 출소 후 성범죄를 저지르지 않는다. 이러한 이유로 화학적 거세를 하기 보다는 프로그램을 통해 성범죄자들이 바뀔 수 있기 때문에 성범죄자에 대한 화학적 거세를 반대한다.

　다음으로 넷째, 성범죄자에 대한 화학적 거세로 국가의 재정이 많이 소비되기 때문이다. 물론 성범죄율을 줄일 수 있다면 재정이 많이 소비된다고 해도 시도해볼 수 있지만 더 큰 문제는 화학적 거세에 사용되는 약물을 투입하더라도 효과가 나타나지 않는 사람이 더러 있기 때문에 **비용대비 효과가 떨어지게 되고 재정을 낭비**하게 된다. 이런 이유로 나는 성범죄자에 대한 화학적 거세를 반대하고, 또 앞서 제시한 주장대로 성범죄자들의 범죄를 줄이기 위한 프로그램에 국가 재정이 투입된다면 더욱 효과적일 것이라고 생각하기 때문에 반대 입장을 주장한다.

　이렇게 해서 성범죄자에 대한 화학적 거세라는 주제에 대한 나의 주장을 네 가지로 요약해 보았다. 결론적으로 성범죄는 저질러서는 안 될 범죄이지만 그들도 인권, 인간의 존엄성을 가지고 있고, 충분히 개선될 수 있으며, 또 뉘우칠 수 있는 존재이므로 성범죄자에 대한 화학적 거세라는 처벌은 하지 않아야 한다고 생각한다.

〈그림 11-4〉 중심문장과 핵심어가 달리 지적된 경우

심생각을 포함하는 완결된 의미체이다. 따라서 반드시 중심문장과 그에 걸맞은 핵심어가 포함되기 마련이다. 아울러 핵심어는 중심문장에 동반되어 한 단락의 의미적 완결성을 드러낸다.

　〈그림 11-4〉에서 핵심어는 둘째 단락에서 넷째 단락까지 '신체의

자유 → 우발적 → 교육 → 재정'으로 어휘 결속 된다고 볼 수 있다. 여기에서의 어휘 결속은 전체글의 주제와 매우 밀접한 관련성을 지니며 하나의 맥락을 이루게 된다. '화학적 거세라는 처벌은 불가하다'는 저자의 생각이 각 단락의 핵심 단어에 부가되면서 각 단락을 구성하기 때문에, 각 단락의 중심문장에 핵심어가 의미가 포함되어 있다고 볼 수 있다. 만약에 〈그림 11-4〉의 학습자처럼 각 단락의 중심문장과 핵심어가 다르게 지적되는 경우, 전체글의 주제와 관련된 중심 토대를 어디에 두어야 할지에 대한 의미 혹은 사고의 혼란이 올 수 있다. 따라서 중심문장과 핵심어는 묶어서 드러내는 것이 바람직하다.

〈그림 11-5〉는 약간 복합적인 경우인데, 단락 구분과 다수의 중심문장 지적에서 문제가 발생하고 있다.

둘째 단락을 두 개의 단락으로 구분하는 것이 바람직하며, 아울러 둘째 단락의 "화학적 거세는 ~ 많이 있다"의 문장들은 첫 번째 단락에 이어 주어야 할 것으로 판단된다. 둘째 단락이 저자의 주관적 의견을 내세우는 것에 비해, 첫 번째 단락은 일반적인 화제를 소개하는 것으로 함께 묶어 놓으면 의미가 일관되지 못하게 된다. 아울러 하나의 단락에 다수의 중심문장이 드러나고 있어, 단락이 일정한 의미구획으로 구분되고 있지 못함을 간접적으로 보여주고 있다고 볼 수 있다.

두 번째 연구가설인 "읽기의 단서 제시는 단락 구분을 더 적절하게 유도할 것이다"는 아무런 조건 없이 단락을 구분한 첫 번째 집단을 일정한 조건하에 단락을 구분한 두 번째와 세 번째 집단과 비교하여 그 유의미성을 검증하게 된다. 즉 단락과 관련된 일정한 단서 제시가 단락을 구분하는 데 더 적절하게 작용할 수 있음을 고려한 것이다.

성범죄자에 대한 화학적 거세, 합당한 처벌인가?

최근 성범죄자에 대한 <u>화학적 거세를 해야 한다, 해서는 안된다</u> 하는 것에 대해 사회적으로 큰 *이슈*가 되고 있다.

*화학적 거세*는 물리적 거세와는 달리, 약물을 투여함으로써 거세를 하는 것으로, 범죄를 *예방*한다는 것에 의미를 두고 있다. 화학적 거세를 두고 *인권유린*이라는 문제로 *반대*하는 사람들이 많이 있다. 하지만 <u>나는 화학적 거세에 대해 *찬성*</u>한다. '바늘도둑이 소도둑 된다'라는 속담에서 알 수 있듯이 모든 일들이 처음이 어렵지, 두 번, 세 번은 쉽게 할 수 있다고 생각한다. TV, 인터넷 등의 대중매체에서 꼭 성범죄가 아니더라도 절도, 살인, 사기 등의 사건들이 많이 기사화된다. 거기에서 소개된 내용들을 읽어보면 소수를 제외하고는 대부분의 사람들이 전과가 있는 사람들이다. 이러한 점들을 살펴보았을 때, <u>*재범의 방지*를 위해서는 화학적 거세가 필요하다</u>고 본다. 일부사람들이 화학적 거세의 *단점*인 *비싼 비용* 때문에 반대를 한다. 하지만 비싼 비용을 문제로 들어서 범죄를 예방하지 않고 간과한다는 것은 나로서는 이해 할 수도 찬성 할 수도 없는 일다.

이미 다른 선진국들은 성범죄자에 대한 화학적 거세라는 법안을 통과시켜 시행하고 있다. 이 <u>선진국들의 시행 결과를 보면 재범의 확률이 떨어졌다는 *긍정적인 결과*</u>가 발표되고 있다. 화학적 거세에 대해 *인권유린, 인간존엄성*의 위해라는 명목들로 *반대*하는 사람들이 많이 있지만, 나는 그래도 <u>범죄의 *예방차원*에서 화학적 거세가 꼭 이루어져야 한다</u>고 생각한다.

<그림 11-5> 단락구분과 중심문장 처리에서 문제가 발생한 경우

<표 11-4> [가설 2]와 관련된 조사결과

구분 집단	수준	인원(명)	비율(%)	평균
집단1	상(3)	41	54.67	2.41
	중(2)	24	32.00	
	하(1)	10	13.33	
집단2·3	상(3)	92	61.33	2.50
	중(2)	41	27.33	
	하(1)	17	11.33	

〈표 11-4〉는 [가설 2]와 관련된 조사결과를 재구성한 것이다. 〈표 11-4〉에서는 집단2와 집단3의 결과를 합쳐 놓았다. 수준에서 '상'의 비율만으로 연구가설의 유의미성을 검증했을 때, 직관적으로 드러나는 수치만으로도 '중'이나 '하'의 학습자들에 비해 훨씬 그 인원이나 비율이 높다. 즉 일정한 단서를 제시했을 때가 그렇지 못할 때보다 단락 중심 읽기에서 유의미한 결과가 드러날 가능성이 높다고 할 수 있다. 물론 이는 일정한 통계적 검증 절차를 통해 보다 분명하게 그 유의미성이 드러난다.

읽기의 단서 제시가 단락 구분을 적절하게 유도하지 않는다면 집단 1이나 집단 2와 3 간의 단락 구분 정확성의 비율에 차이가 없을 것이다. 이를 기반으로 가설을 수립하면 다음과 같다.

$$H_0 : p_1 = p_2 \quad vs \quad H_1 : p_1 \neq p_2$$

여기서 p_1, p_2는 집단 1의 단락 구분 정확성 비율과 집단 2·3의 단락 구분 정확성 비율을 나타낸 것이다. 이를 검증하기 위한 검증 통계량은

$$Z = \frac{(\hat{p_1} - \hat{p_2}) - (p_1 - p_2)}{\sqrt{\hat{p}(1-\hat{p})\left(\dfrac{1}{n_1} + \dfrac{1}{n_2}\right)}} = \frac{0.53 - 0.67}{\sqrt{0.63(1-0.63)\left(\dfrac{1}{75} + \dfrac{1}{150}\right)}} = -2.05$$

이다. 여기서 $\hat{p_1}$, $\hat{p_2}$ 는 집단 1과 집단 2·3의 단락 구분 정확성의 비율을 각각 의미하며 $\hat{p}$ 는 가중 평균된 표본 비율이며 이는 다음과 같은 식으로 구해질 수 있다.

$$\hat{p} = \frac{n_1\hat{p_1} + n_2\hat{p_2}}{n_1 + n_2} = \frac{75 \times 0.53 + 150 \times 0.67}{75 + 150} = 0.63$$

또한 n_1은 집단 1의 표본 수를, n_2는 집단 2·3의 표본수를 의미한다. 유의수준 5%에서 기각치인 $-z_{0.025} = -1.96$보다 작으므로 가설을 기각한다. 즉 단서 제시는 단락 구분을 더 적절하게 유도한다고 결론내릴 수 있다.

본 가설은 원래 읽기 전략의 차원에서 고려된 것인데, 어떻게 하면 학습자들에게 단락에 대한 인식력을 높일 수 있을까에 초점을 둔 것이었다. 하지만 글쓰기 분량이나 시간 등에 제한이 있었기 때문에 읽기 전략으로서 효과가 있을지에 의문을 남겨두고 조사가 실시되었다. 특히 단락 개수를 미리 제시함으로써 학습자 본인이 상정한 의미구획들이 오히려 단락과 밀접한 관련을 맺지 않을 수도 있다. 가령 단락 개수가 너무 많이 혹은 적게 제시됨으로써 학습자 본인의 원본글을 고쳐 쓰는 데 제약을 받을 수도 있다. 또한 중심문장과 핵심어의 제시가 단락 구분과 상관없이 이루어짐으로써 오히려 단락을 구분하는 데 장애가 될 수 있다. 이는 앞서 몇몇 학습자들의 글에서 드러나는 현상이기도 하다.

하지만 〈표 11-4〉나 검증 절차에서 드러나듯이, '상'이라고 상정된 집단 간에는 유의미한 차이가 있는 것으로 조사결과는 드러났다. 일단 본고에서 제시한 단락 구분의 전략이 일정 부분 유효하게 작용했고, 학습자들은 기존의 글쓰기에서 단락 구분에 대한 인식의 폭을 본 연구가설에서 제시한 읽기 전략들과 결부시켜 과제를 수행했다고 볼 수 있다.

3.2. 교육상 의의

단락은 글쓰기에서 주요한 글의 전개 단위이다. 교육 현장에서는 중심문장과 뒷받침문장으로 구성된 일련의 완결된 의미체로다루고 있다. 하지만 단락이라는 단위를 단순한 글의 전개 단위로 혹은 일련의 문장들로 결합된 완결된 의미체로서만 접근한다면, 이는 단락이 지니는 다양한 접근의 측면을 도외시하는 것이다.

본고는 그런 관점에서 단락의 속성을 밝히기 위한 일련의 과정으로, 우선 글쓰기에서 단락의 속성을 어떤 식으로 드러낼 것인지에 초점을 두었다. 단락은 일정한 사고 단위임에 분명하다. 하지만 이는 전체로서의 완결된 의미체로서, 아울러 부분으로서 지니는 의미체로서의 기능을 동시에 드러낸다는 점에서 이중적인 속성을 지닌다. 이런 측면을 제대로 부각시키지 못하면 단락에 대한 학습자들의 인식의 폭을 확대하기 어렵다. 본고는 학습자들의 단락에 대한 이와 같은 인식 폭을 넓히기 위한 의도로 두 가지 연구가설을 바탕으로 글쓰기에서의 단락에 대한 인식의 측면을 연구 조사하였는데, 이를 바탕으로 크게 두 가지 교육상 의의를 도출할 수 있다.

첫째, 본 연구 조사에는 단락이라는 단위는 불확정성에 토대하고 있지만, 일정한 분량의 글쓰기에서 글의 전개 단위로서의 명확한 의미를 지닌다는 측면을 부각시켰다. 이는 일정한 의미구획의 단위로서 단락이라는 단위가 지니는 질적 적절성의 측면과 관련된다. 아울러 단락이라는 단위가 지니는 정체성의 중요한 측면이라 할 수 있다.

수사학에 바탕을 둔 규범적인 측면에서는 단락을 생성하는 기본적인 원칙이 중심문장과 이를 뒷받침하는 일련의 문장 집합으로 다룬다. 하지만 글쓰기에서는 단락이 중심문장과 뒷받침문장으로만 구성되어 하나의 단락으로 드러나지 않는 경우도 많다. 따라서 단락이라는 단위를 고정 불변의 일정한 잣대로만 접근해서는 그 속성을 제대로 규명하기 힘들다.

그런 점을 감안하여 본고는 일정한 의미구획의 측면과 단락을 관련시켰다. 글에 드러난 표면적 의미구획이 없다고 해서 그것이 연속적인 의미의 흐름으로 지속되는 것은 아니다. 이는 분명 사고 혹은 기억의 한계와도 밀접한 관련을 맺는 부분인데, 본고에서는 이런 점들을 단락이라는 단위를 통해 일정한 의미구획의 표면적인 구분을 드러냈다는 점에서 의의를 지닌다. 아울러 이는 교육 현장에서 단락이라는 단위를 일정한 사고 단위, 혹은 의미 단위로 교수·학습할 수 있는 가능성을 충분하게 보여주었다고 할 수 있다.

둘째, 본고는 두 번째 연구가설을 통해 단락이라는 단위는 일정한 읽기 전략을 통해 그것의 속성이 보다 명확하고 적절하게 드러났음을 밝혔다. 이는 단락이라는 단위의 속성을 제대로 부각시키거나 혹은 인식시키기 위해서는 일정 부분 읽기의 전략이 필요하다는 점과 관련된다.

단락은 본격적인 의미에서 언어 단위는 아니다. 하지만 글을 이해하고 표현하는 데 있어 중요한 사고 단위이자 의미 단위이다. 이처럼 언어 사용과 매우 밀접한 관련을 맺고 있지만, 정작 낱말이나 문장과 같이 본격적인 과학적 연구의 대상으로 다루어지지 못했다. 하지만 국어교육에서는 오히려 낱말이나 문장보다 그 쓰임새가 더 크다고 할 수 있다. 읽기나 쓰기 교육에서 학습자들의 언어 사용과 직결되기 때문이다.

본고는 이런 학습자들의 언어 사용, 특히 쓰기에서 단락이라는 단위가 지니는 유의미성이 일정한 의미구획과 매우 결부되고, 나아가 일정한 읽기 전략을 제시했을 경우, 그 유의미성이 더 높아진다는 사실을 발견하였다. 이는 기존의 단락에 대한 연구가 규범적인 틀을 벗어나지 못한 점을 감안한다면, 일정 부분 단락 연구에 대한 심리적 인식 틀의 기반을 마련했다는 점에서 의의를 지닌다.

4. 마무리

본고는 단락 중심의 고쳐쓰기를 통해 학습자들의 글쓰기에서 드러나는 단락의 심리적 실재에 대한 인식의 문제를 두 가지 연구가설의 제시를 통해 살펴보았다. 일정한 의미구획으로 상정된 단락은 학습자들의 고쳐쓰기 과정을 통해 적절한 사고 혹은 의미 단위로 산출될 수 있음을 조사결과는 보여주었다.

첫째, "학습자들은 의미구획을 가정하면서 글을 전개해 나갈 것이다"라는 [가설 1]은 학습자들이 표면적 의미구획 없이 쓴 원본글을 단락 중심으로 나눈 뒤, 일정한 통계 검증 절차를 통해 단락의 적절성을 규명하고자 한 것이다. 영가설을 "학습자들은 의미구획을 가정하지 않을 것이다"로 두고 검증한 결과, 가설이 기각되었음을 통계 검증 결과는 보여주었다. 따라서 학습자들은 일정한 의미구획을 상정하면서 글을 잠정적으로 전개해 나가며, 이를 단락이라는 단위와 직·간접적으로 관련시켰다고 볼 수 있다.

둘째, "읽기의 단서 제시는 단락 구분을 더 적절하게 유도할 것이다"라는 [가설 2]는 적절한 읽기의 단서 제시가 단락 구분에 적절한 전략으로 이용될 수 있는지의 문제와 관련된다. 영가설을 "단서 제시는 단락 구분의 유도와 상관이 없을 것이다"로 두고 검증한 결과, 가설이 기각되었음을 통계 검증 결과는 보여주었다. 즉 일정한 단락의 이해와 관련된 읽기 전략상의 단서 제시는 단락 속성을 보다 적절하게 부각시켜 이끌어 낼 수 있었다.

하지만 본고는 조사 대상자가 대학교 저학년 학습자들에 국한되어, 글쓰기에서 단락 인식에 대한 종단적 측면에서의 연구에 한계를 드러냈다. 아울러 조사가 보다 엄밀하게 타당성 있게 구성되기 위해서는, 예비조사, 본 조사, 확인조사의 과정을 거쳐야 할 것이고, 또한 동일 연령대의 언어 수행 수준이 다른 학습자들을 통해 단락 인식에 대한 차이를 파악하지 못한 점 등이 한계로 남는다.

단락 재구성하기

1. 들머리

단락은 전체글과 문장을 이어주는 매개체이다. 한 문장 혹은 여러 개의 문장들이 모여 단락이 되고, 단락들이 일정한 의미 단위로 구성되어 한 편의 글이 된다. 곧 단락은 문장과 글의 중간 지점에서 일정하게 문장들을 엮어 전체글로 나아가게 하는 구실을 한다. 이른바 단락은 응집성(cohesion)과 통일성(coherence)을 갖춘 하나의 의미 덩이로, 하나의 단락은 하나의 주제를 가지며, 전체글에서 다른 단락과 밀접하게 연결되어 전체글을 구성한다.[1]

---

1) 김지홍 뒤침(2003: 234)에서는 "문장들 사이의 결합은 cohesion(통사 결속)이라고 한다. '통사 결속'(cohesion) 기제는 접속사·대명사·어휘 반복·생략 등이 사용된다. 그리고 문장들이 이어져서 하나의 문단을 만들게 되면, 문단과 문단도 이어주어야 한다. 이런 연결 기제를 coherence라고 부른다. 이 연결은 의미를 중심으로 이루어지므로 이를 '의미 연결'이라 부른다. 의미연결에서는 언어 형식이 1차적인 요인이 되지 못한다. 그렇다면 '의미연결'의 방식은 무엇일까? 이 연결 방식은 사뭇 다양하고, 사회·문화적으로 달라질 가능성 있다"와 같이 문장들의 결속관계는 다양한 형식적인 기제들을 바탕으로 이루어지고 있지만, 실제 단락의 연결은 사회·문화적인 다양한 담화 현상이 포함되기 때문에 '정형화된 형식적 기제를 찾기 어렵다'는 점을 제시하고 있다. 용어상에 혼란이 있는데, 여기에서는 학

이처럼 중요한 역할이 있음에도 불구하고, 국내에서 진행된 기존의 읽기 교육에서 단락을 일정한 단위로 보고 본격적으로 다룬 경우는 드문 실정이다. 아마도 단락은 음운·어휘·문장처럼 정형화된 문법의 틀이 없거나, 혹은 일정한 문법적인 형식으로 산출하기에는 어려운 점들이 있기 때문이다.

물론 최근의 텍스트 언어학이나 담화론 등에서는 점차 어휘나 문장 중심의 문법에서 벗어나 글 전체에서 맥락을 잡아내는 작업들이 이루어지고 있다. 맥락은 글 전체의 주제를 만들어 내는 주요 흐름이라 할 수 있다. 곧 위의 작업들은 글 전체에서 중요하다고 여겨지는 것들의 흐름을 포착하고, 그것을 규칙으로 만들고자 하는 것과 관련된다.[2]

읽기 교육은 어휘나 문장 등의 표면적이거나 관용적인 의미를 파악해 내는 것도 중요하게 여기나, 더 중요한 것은 글 전체의 기저에 흐르는 주제를 파악하고 구성해 내는 데 있다. 여기에 '단락 읽기'의 중요성이 있다. 단락은 통사결속(응집성, cohesion)을 넘어 의미연결(통일성, coherence)로 나아가는 디딤판 역할을 한다는 점에서, 주제를 파악하고 글의 중요한 부분을 요약해 내는 데 있어 필수적으로 해결하고 넘어가야 하는 단위이다.

문장·단락·전체글이라는 언어 단위의 차이에 따라서, 글의 구조도 미시구조·거시구조·상위구조[3]로 구별될 수 있다. 여기에서 단락

교교육 과정상의 용어에 따라 응집성(cohesion)은 통사결속으로 통일성(coherence)은 의미연결로 간주한다(교육과학기술부, 『국어과 고등학교 교육과정 해설서』, 교육과학기술부, 2007, 338~339쪽).

2) Teun A. van Dijk 지음, 정시호 옮김(2000)에서는 미시 구조, 거시 구조, 초구조 등으로 나누어 전체글의 흐름을 파악하는 것의 구조로 전개하고 있다.

3) Teun A. van Dijk & Kintsch(1983)은 이 분야의 최초의 본격적인 모형 연구서이다. 미시명제는 전체글의 표면적인 면에서는 드러나는 명제로 통사적 구조에 기초해서 개별 문장, 개별 개념들 사이의 관계로 나타나는 표면적 통사구조 층위에서의 명제라 할 수 있고, 거시명제는 개개 문장이나 개념들 간의 관계를 통해서 이루어진 통일성 있는 명제라 할 수

은 문장 중심의 미시명제를 기초로 형성된 거시구조의 명제라 할 수 있다. 하지만 문장처럼 어떤 정형화된 문법적 틀 속에서 다루기 힘든 면을 지니고 있기 때문에 내용상이나 형식상으로 다루기에 상당한 언어적 한계가 따르게 된다.

한 편의 글은 글을 쓴 사람의 의식 구조를 반영하기 때문에 그만큼 다양한 글들이 나오며, 일일이 글의 구조를 따지기는 불가능하다. 따라서 먼저 밝혀져야 할 것은, 글의 구조가 늘 자의적인지의 여부이다. 만일 그렇다고 대답하면, 이는 글 이해의 무질서한 상태를 뜻하며, 글 읽기를 가르치는 지침이 전혀 필요 없음을 의미한다. 우리는 직관적으로 그렇지 않음을 알고 있다. 따라서 이를 읽기 수업 현장에서 살핀다면, 첫째 학습자들이 기존의 글들에서 어떻게 단락을 인식하고, 그리고 둘째 능동적으로 어떻게 글에서 단락을 만들어 내는지부터 살펴보는 것이 우선되어야 할 것이다.

언어 교육이 암기위주의 주입식이 아니라 학습자들의 실제적인 언어 능력을 향상시키는 것이 목적이라면, 선행되어야 하는 작업은 학습자들이 언어를 어떻게 받아들이고 처리하는지에 대한 탐구일 것이다. 본고는 이런 전제와 아울러 단락의 중요성에 기초하여, 단락이라는 단위를 읽기의 한 단위로 보고, 한 편의 글에서 학습자들이 능동적으로 단락을 재구성하는 모습을 살펴봄으로써, 그 글 내용 파악의 실체를 조사하고 연구해 보고자 하는 것이다.

있다. 그리고 상위명제는 거시명제들이 의미적으로 밀접하게 연결되어 구성된 전체글의 주제에 해당되는 명제라 할 수 있겠다. 거시명제들이 좀 더 일반화되고 종합화된 명제할 수 있다.

ㄹ. 연구방법 및 연구가설

2.1. 연구방법

2.1.1. 조사개관

본고는 단락의 단위 여부에 대한 인식 여부를 확인하고 그 결과를 해석하기 위하여 고등학교 1학년 학생들을 대상으로 하여 조사하였다. 표집대상은 고등학교 1학년을 대상으로 하되, 조사 대상 학습자들은 예비조사4) 및 본 조사에서는 하동 J고 학생들을 대상으로 하고, 확인조사에서는 진주와 창원의 인문계 고등학교 학생들을 대상으로 했다.

표집대상은 일반성을 추출하기 위해서 광범위하게 층위를 나누어 구성되어야 하는 것이 바람직하다. 본고는 이에 착안하여 학습자들의 수준이 다른 농촌과 도시 지역의 인문계 학생들로 나누어 조사를 했다. 그러나 연령별로는 시간과 연구 여건의 미비 등의 이유로 조사하지 못했다.

조사 자료의 특성상 자율학습이나 여분의 시간을 내서 하기는 어려운 내용이라, 주로 수업 시간을 내어 조사하였다. 학습자들이 자료를 읽고 이해하는 데 상당한 시간이 걸리며, 내용상 학습자들 읽고 이해하는 데 상당한 주의와 집중이 필요하므로 교사의 분위기 조성이 상당히 요구되었다.

구체적인 조사 방법으로는 단순히 글의 형태면을 달리한 '문장 →

---

4) 예비조사는 본 조사가 결정되기까지 다양한 형식으로 단락에 대한 실험 조사가 이루어졌다. 이와 같은 예비조사의 실험을 통하여 본 조사의 조사 모형이 결정되었고, 본고의 실제 실험결과 및 해석은 본 조사를 바탕으로 이루어졌다.

단락'과 '전체글 → 단락'의 과정과 읽기 단서나 조건을 제시한 '일정한 수의 단락' 구성하기 과정을 제시하였다. 형태면을 달리한 경우, 전자는 문장 중심으로 전체글을 완전히 해체하고, 후자는 단락을 구분하지 않은 채로 학습자들에게 제시한 것이다.

2.1.2. 조사 자료의 선택 및 유의점

본 조사에서는 무엇보다 학습자들이 전체글을 읽으면서 전체글의 단락 양상이 어떻게 구성되는가에 초점을 맞추었다. 단락의 양상이 어느 정도 드러나기 위해서는 전체글이 의미적으로 구분될 수 있어야 할 것이다. 물론 학습자들의 읽기 능력이나 환경 등에 따라 읽기 양상이 달라질 가능성도 있겠지만, 무엇보다 본 조사에서 논의하려고 하는 학습자들의 단락 인식 양상이 드러나기 위해서는, 명시적이든 암시적이든 전체글의 주제가 구현되어야 한다. 또한 전체글의 다양한 위치에 일정한 의미 단위의 소주제들이 구현되어 있어야 학습자들의 단락 읽기 양상을 고루 살필 수 있다.

이상의 점들을 고려하여, 글의 종류는 문학 영역의 글 1편(플루트 연주자), 비문학 영역의 글 2편(한국 향토 음식의 특징, 한국 농업의 장래)을 각각 선택하였다. 문학 영역의 글은 수필에 한정했고, 비문학 영역의 글들은 정보 전달과 설득의 글을 각각 1편씩 선택했다. 문학 영역의 글에서 시나 소설은 형식적인 측면들, 특히 시는 글의 형식적인 측면들이 전체적인 내용에 결정적인 구실을 하기 때문에 본고에서 다루려고 하는 내용과 차이가 있다고 판단된다.

세 편의 글에 대해서 선택과 그 유의점에 개관하면 다음과 같다. 우선 「한국 향토 음식의 특징」 원문은 다음과 같다.

한국 향토 음식의 특징(한복진)

 음식의 맛은 그 지방의 풍토와 사람들의 품성을 잘 반영한다고 할 수 있다.

 한반도는 남북으로 길고 동서로 좁은 지형이어서, 북부 지방과 남부 지방은 기후에 큰 차이가 있으며, 북쪽은 산간 지대, 남쪽은 평야 지대여서 산물도 서로 다르다. 따라서 각 지방마다 특색 있는 향토 음식이 생겨나게 되었다.

 지금은 남북이 분단되어 있는 실정이지만, 조선 시대의 행정 구분을 보면 전국을 팔도로 나누어 북부 지방은 함경도·평안도·황해도로, 중부 지방은 경기도·충청도·강원도로, 남부 지방은 경상도와 전라도로 나누었다. 당시는 교통이 발달하지 않아서 각 지방 산물의 유통 변화가 좁았다. 그래서 지방마다 소박하면서도 독특한 음식이 생겨날 수 있었다. 그러다가 점차 산업과 교통이 발달하여 다른 지방과의 왕래와 교역이 많아지고 물적 교류와 인적 교류가 늘어나게 되었다. 이로 인해 한 지방의 산물이나 식품이 전국 곳곳으로 퍼지게 되고, 음식을 만드는 솜씨도 널리 알려지게 되었다.

 지형적으로 북부 지방은 산이 많아 밭농사를 주로 하여 잡곡의 생산이 많고, 서해안에 면해 있는 중부와 남부 지방은 벼농사 등을 통하여 쌀과 보리의 생산이 많다. 그러므로 북쪽 지방은 주식으로 잡곡밥을, 남쪽 지방은 쌀밥과 보리밥을 먹게 되었다.

 전국 어디에서나 좋은 반찬이라 하면 고기 반찬을 꼽으나 평상시의 반찬은 대부분 채소류가 중심이고, 저장하여 두고 먹을 수 있는 김치류, 장아찌류, 젓갈류, 장류가 있다.

 산간 지방에서는 육류와 신선한 생선류를 구하기 어려우므로 소금에 절이거나 말린 생선, 해초 그리고 산나물을 재료로 한 음식이 많고, 해안이나 도서 지방은 바다에서 얻은 생선이나 조개류, 해초가 주된 반찬거리다.

 지방마다 음식의 맛이 다른 것은 그 지방의 기후와도 밀접한 관계가 있다. 북부 지방은 여름이 짧고 겨울이 길어서 음식의 간이 남쪽에 비해 싱거운 편이고 매운맛도 덜하다. 음식의 크기도 큼직하고 양도 푸짐하게 마련하여 그 지방 사람들의 품성을 나타내 준다. 반면에 남부 지방으로 갈수록 음식이 짜고 매운맛도 강해지며, 조미료와 젓갈을 많이 쓰는 경향이 나타난다.

　오늘날에 이르러서는 생활 준이 향상되어 서구적인 음식의 맛도 즐기게 되었지만, 우리의 고유한 음식도 별미로 찾게 되었다. 큰 도시에는 지방의 향토 음식을 전문으로 하는 음식점도 많이 생기고, 가정에서도 다른 지방의 음식들을 만들어 즐기게 되었다.

　「한국 향토 음식의 특징」은 전체적으로 평이한 내용으로 구성된 정보 전달의 글이다. 첫째 문장을 하나의 단락으로 구성하여 제시하고 있는 것이 특징이다. 전체를 대표하는 하나의 상위명제가 먼저 제시되고 있다. 전체글의 구성 방식으로 볼 때, 중요 의미 덩이가 앞에 놓이는 두괄식 구성 방식을 취하고 있다. 즉 상위명제가 앞에 놓이고 이를 뒷받침하는 다양한 명제들이 각 의미덩이별로 뒤에 제시되는 양상이다. 학습자들이 단락을 재구성함에 있어서, 주제가 앞에 제시됨으로써 '전체적인 의미덩이의 구별 양상이 글의 앞부분에 몰릴 것이다'는 예측을 해 볼 수 있는 글이다. 글의 주제가 앞에 제시됨으로써, 주제에서 언급된 양상들을 바탕으로 의미덩이별로 단락을 잘 구성할 수 있을 것이다. 다음으로 「플루트 연주자」 원문은 다음과 같다.

플루트 연주자(피천득)

　지휘봉을 든 교향악단의 지휘자는 찬란한 존재다. 토스카니니 같은 지휘자 밑에서 플루트를 분다는 것은 또 얼마나 영광스러운 일인가. 그러나 다 지휘자가 될 수는 없는 것이다. 다 수석(首席) 연주자가 될 수도 없는 것이다. 교향악단과 같이 하모니를 목적으로 하는 조직체에 있어서는 멤버가 된다는 것만도 참으로 행복된 일이다. 그리고 각자의 맡은 바 기능이 전체 효과에 종합적으로 기여된다는 것은 의의 깊은 일이다. 서로 없어서는 안 된다는 신뢰감이 거기에 있고, 칭찬이거나 혹평이거나 '내'가 아니요 '우리'가 받는다는 것은 마음 든든한 일이다.

자기의 악기가 연주하는 부분이 얼마 아니 된다 하더라도, 그리고 독주하는 부분이 없다 하더라도 그리 서운할 것은 없다. 남의 파트가 연주되는 동안 기다리고 있는 것도 무음의 연주를 하고 있는 것이다.

야구팀의 외야수와 같이 무대 뒤에 서 있는 콘트라베이스를 나는 좋아한다. 베토벤 교향곡 제5번 스케르초 Scherzo의 악장 속에 있는 트리오 섹션에도 둔한 콘트라베이스를 쩔쩔매게 하는 빠른 대목이 있다. 나는 이런 유머를 즐길 수 있는 베이스 연주자를 부러워한다.

전원 교향악 제3악장에는 농부의 춤과 아마추어 오케스트라가 나오는 장면이 묘사되어 있다. 서투른 바순이 제때에 나오지를 못하고 뒤늦게야 따라나오는 대목이 몇 번 있다. 이 우스운 음절을 연주할 때는 바순 연주자의 기쁨을 나는 안다.

팀파니스트가 되는 것도 좋다. 하이든 교향곡 94번의 서두가 연주되는 동안은 계산대 뒤에 있는 약방 주인같이 서 있다가 청중이 경악하도록 갑자기 북을 두들기는 순간이 오면 그 얼마나 신이 나겠는가? 자기를 향하여 힘차게 손을 흔드는 지휘자를 쳐다볼 때, 그는 자못 무상의 환희를 느낄 것이다.

어렸을 때 나는 공책에 줄을 치는 작은 자로 교향악단을 지휘한 일이 있었다. 그러나 그 후 지휘자가 되겠다는 생각을 해 본 적은 없다. 토스카니니가 아니라도 어떤 존경받는 지휘자 밑에서 무명(無名)의 플루트 연주자가 되고 싶은 때는 가끔 있었다.

「플루트 연주자」는 전체가 7개의 형식단락으로 구성된 수필이다.

상위명제인 전체 주제는 첫째 단락과 마지막 단락에서 암시적으로 구현되고 있으며, 이런 암시적인 주제를 뒷받침하는 주장과 이유, 그리고 사례들을 중간에 배치하고 있는 글의 유형이다. 이 글은 글쓴이 자신이 되고 싶은 바를 글의 처음과 끝에 제시하고 있으므로, 전체글의 단락 구성상 쌍괄식 유형에 속하는 글이라 할 수 있다. 그러나 그 구현 양상이 다소 암시적이기 때문에, 학습자들이 어떻게 반응할지 궁금해진다. 주제가 명시적이지만 전체적인 내용상의 애매성이 존재하는 부분, 즉 주제가 명확하게 드러나는 부분에 학습자들이 단락을 구획하는지, 아니면 전체적인 내용을 구성하는 데 있어, 그 중요도가 어떠하든지, 의미덩이의 구별에 초점을 두는지에 대해서 예의 살펴봐야 하는 점이 유의점이라 할 수 있다. 마지막으로 「한국 농업의 장래」 원문은 다음과 같다.

한국 농업의 장래

  우루과이 라운드 협정 이후, 우리나라 농업의 존립 가능성에 대해 회의적인 견해를 표하고 있는 사람들이 많다. 우리나라의 농업은 대외적으로는 농산물이 수입 개방에 대응하고, 대내적으로는 취약한 생산 기반을 확충해야 한다는 두 가지 난제를 안고 있다. 이러한 어려운 여건 속에서, 우리나라의 농업이 새로운 경제 질서에 적극적으로 대응하지 못하면, 전체 산업 분야에서 농업은 더욱 그 규모가 위축될 수밖에 없을 것이다.

  어느 나라든지 그 나라의 국민이 필요로 하는 식량의 안정적인 공급을 이루기 위해서는 적정 수준의 농업을 유지하고 있다. 국토 자원의 효율적인 이용과 환경의 보전이라는 차원에서도 농업은 필수적인 산업이다. 우리나라의 경우도 마찬가지다. 물론, 우리나라의 농업에서 그 경쟁력이 다른 부문과 비교할 때, 크게 떨어지고 있는 점이 문제가 된다. 하지만, 그것은 농업 기술의 고도화, 자본의 집중화 등을 통해 어느 정도 극복할 수 있으리라 생각한다.

우리나라의 농업을 발전시키기 위해서는 우선 쌀 중심의 곡물류 생산에 주력해 온 영농 패턴을 바꾸지 않으면 안 된다. 평야를 중심으로 대단위 전업 농이나 위탁 영농 회사를 설립하여 주곡인 쌀 생산을 전담하게 하고, 소규모의 쌀 생산 농가의 생계를 위해 수익성이 높은 특용 작물 등을 재배할 수 있도록 지원해야 한다. 농산물의 수입 자유화에 직접적인 영향을 덜 받는 부문을 특성화하여 경쟁력이 있게 육성하는 것도 필요하다.

새로운 경제 질서와 산업 체제에 맞추어 농업의 전문화가 이루어져야 한다. 한 농가에서 여러 작물을 복합적으로 경작하는 것이 아니라, 경쟁력이 있는 하나의 작물에 집중하는 전문적인 영농이 이루어져야 한다. 농업의 기계화도 시급한 과제이다. 생명공학 등의 첨단 과학 기술이 농업에 도입되고, 고도화된 생산 기술을 이용한 과학 영농이 이루어져야 한다.

농업의 발전을 위해서는 농민들이 농촌에서 아무런 불편 없이 살아갈 수 있도록 농촌의 환경을 개선하는 일도 중요하다. 유휴 농업 인력을 활용할 수 있는 농공 단지를 확대하여, 농민들에게 취업 기회를 제공해 주어야 한다. 농민들의 생활 환경이 도시와 마찬가지로 개선되고 경제적인 여유가 생기게 된다면, 농민들의 이농 현상은 더 이상 나타나지 않을 것이다.

어느 나라의 경우든지 농업은 그 나라의 생존 기반이 되고 있다. 우리 농업의 경쟁력을 강화하기 위해서는 정부의 과감한 농업 분야에 대한 투자가 있어야 하며, 국민 모두가 농업의 중요성을 인식하고, 우리의 농산물을 애용해야 한다.

「한국 농업의 장래」는 전체적으로 6개의 형식단락으로 구성된 주장하는 글이다. 글쓴이가 제시한 첫째 단락과 둘째 단락에서 상위명제를 주제와 관련하여 반대 가정을 제시하고, 그에 대한 반대명제의 당위성을 제시함으로써 명확하게 입증되어야 할 상위명제가 구성되고 있다. 그리고 셋째·넷째·다섯째 단락은 그에 대한 해결 방안을 구체적으로 제시하고 먼저 제시된 가정을 논증하고 있으며, 마지막 단락에서 전체적인 상위 명제인 주제를 명확하게 제시하고 있다. 이런 점에서 글의 전체 구성상 미괄식 유형에 속하는 글이라 할 수 있다. 주장하는 바가 명확하고, 그에 대한 해결방안 또한 명확하게 내용상 구분되어 제시되었기 때문에, 학습자들이 실제 단락을 재구성할 때도 글쓴이가 제시한 형식단락의 양상과 비슷한 양상을 보일 것이라 예측해 볼 수 있다. 다시 말하여 글쓴이가 제시한 형식단락과 학습자가 '능동적으로 재구성한' 단락이 일치할 것이라는 기대를 해볼 수 있는 글이다.

2.1.3. 용어정리

2.1.3.1. 의미단락5)

전체글에서 의미상으로 나누어지는 일정한 단위이다. 의미적으로 나누어진다는 것은, 학습자들에게 일정한 단위로 인식될 수 있다는 것이다. 일정한 단위는 사고의 단위 혹은 생각의 단위라 할 수 있다. 사고 혹은 생각의 단위는 분명하게 심적으로 처리되는 바가 있다는 것인데, 질문하고 답할 수 있는 일정한 분량의 양으로 구성될 수 있는 특징을 지닌다. 이것은 전체글에서 의미상으로 관계를 맺는 소주제들이 포함된다. 소주제는 거시명제로서 전체글의 주제인 상위명

---

5) 본고에서는 단락과 관련되는 또 다른 용어로 '형식단락'이라는 용어를 사용했다. 이것은 글쓴이가 제시한 인쇄상의 단락으로, 본고에서 파악하고자 하는 '의미단락'과 대치되거나 대립되는 개념은 아니다. 단지 원문의 글들에서 글쓴이가 제시한 단락에 적절한 이름을 붙이고자 '형식단락'이라는 용어를 사용했다. 따라서 '의미단락'의 대립개념이나 단락의 한 종류로서 본격적으로 다루어지는 단락 개념은 아님을 미리 밝혀둔다.

제를 구성하는 부분으로서의 의미를 지닌다.

문장들은 전체글에서 접속과 내포를 통해, 즉 내용상으로 두 가지 형식을 통해 연결되어 전체글에 의미를 구성한다.6) 일정한 의미단 위가 되기 위해서는 일정한 문장들이 뭉쳐야 한다. 동일 소재이든, 혹은 동일 장면이든 간에 상관없이, 서술된 문장들 간의 관계파악을 통해 학습자들에게 동일한 의미의 문장들로 파악된다면 하나의 단 락이 되는 것이다. 이 때 뭉쳐진 일련의 문장들의 집합이 '의미단락' 이다.

2.1.3.2. 능동적 학습자

한 편의 글을 읽어 나갈 때, 독자는 나름의 글에 대한 구조적인 지 식과 배경지식을 바탕으로 의미를 파악해 나갈 것이다. 의미를 파악 할 때 독자는 모든 글의 내용을 기억할 수는 없을 것이다. 자신의 개 념틀을 이용해 전체글의 내용을 생략하고 덧붙이고 해서 글의 의미 를 구성해 나간다. 이와 같은 일련의 글을 과제 지향적·목적 지향 적·기능 중심적으로 자신의 개념틀을 이용해 생략하고 덧붙여 가면 서 읽어 나가는 독자를 '능동적 학습자'라 할 수 있다.

---

6) 김지홍(1992, 1998)에서는 프레게의 '사고 문자'에서 다루어진 '회귀함수'를 언급하면서 이 함수의 구현 방식은 오직 접속과 내포 밖에 없다고 지적하였다.

2.2. 연구가설

[가설 1] 능동적 학습자는 원본글을 하나의 의미덩이인 단락으로 각각
구성할 것이고, 그 단락의 경계선은 학습자들 사이에서 일치를
보이는 부분이 있을 것이다.
[가설 2] 제시된 글의 종류에 따라 단락 구분 의식이 다르게 나타날 수
있다.
[가설 3] 글의 형식적인 측면이나, 읽기 모형을 달리 해도 학습자들에게
파악된 단락의 양상은 일치할 것이다.

이상의 연구가설을 놓고서 그 진위 여부를 판별하기 위해 단락의
단위 설정 여부가 먼저 조사되어야 한다. 기존의 연구에서는 원문의
글을 통하여 단락의 소주제를 찾거나 '중요도 평정'을 통해 요약과
더불어 전체글의 주제를 구성하는 과정을 실험하는 논의들도 있다.[7]
그러나 이보다 이전에 조사되어야 할 것은, 과연 기존의 원문에 드러
나는 실제 단락의 양상이 학습자들에게 하나의 의미 덩이 혹은 하나
의 '의미단락'으로 인식되는지, 학습자들이 재구성한 단락과 원문의
단락과의 일치 여부 혹은 학습자들이 재구성한 단락과 원문의 형식
단락 나눔을 비교 조사해야 할 것이다.

굳이 독자 반응 이론을 들지 않더라도, 이미 만들어진 글은 읽는
사람의 능동적 참여에 의해 재현될 운명에 있다. 뿐만 아니라 글쓴
이가 선호하는 가변적 취향에 따라 단락이 다양하게 형성될 수도 있
다. 결국 모든 글에 등장하는 단락을 그대로 변형 없이 고려할 수는
없을 것이다. 기본적인 글의 갈래를 뽑고, 거기에 등장하는 단락을

---

7) 대표적인 예로 서혁(1991)을 들 수 있다.

통해 어느 정도 단락을 정형화시킬 수 있는 근거를 찾고자, 세 가지 연구가설을 상정한 것이다.

[가설 1] 능동적 학습자는 원본글을 하나의 의미덩이인 단락으로 각각 구성할 것이고, 그 단락의 경계선은 학습자들 사이에서 일치를 보이는 부분이 있을 것이다.

[가설 1]은 세 가지 하위 딸림 가설인 '①-가), ①-나), ①-다)'로 구분되어 다루어진다.

①-가) 능동적인 학습자는 원본글을 대상으로 단락을 재구성할 수 있다.

우선 원본의 글들은 글쓴이 중심의 단락 구성이다. 즉 쓰기에 적용되는 단락 구성방식이라 할 수 있다. 본고는 글쓴이가 구성한 원본 형식단락의 구성양상을 능동적인 학습자는 재구성할 것이라고 본다. 이런 측면은 독자 반응이론에서는 '능동적 독자'의 모습으로 기술된다. 즉 글의 양식과 글쓴이의 인지 구조 등에 따라 단락이 구현되는 양상은 다양하게 나타날 수 있으며, '능동적 독자'는 글쓴이가 구성한 단락을 새롭게 의미 덩이로 재구성한다는 것이다.

문제는 여기에서 발생한다. 기존의 국내 연구들이 단락의 표현이나 이해 양상의 연구에서, 학습자들의 인지 속에서 어떻게 이해되고 표현되는지에 대해 깊이 있게 연구가 진행되어 있지 않다. 단락에 대한 근본적인 문제를 제기함이 없이 어떤 틀이나 형식 속에서 단락을 이렇다는 식으로 주장하는 것은 오직 유일하게 원래 글쓴이가 구성한 단락만이 있다고 주장하는 바와 다르지 않다. 이는 현실의 실제 모습을 반영하지 못한다. 본고는 단락의 인지 양상을 학습자들로부터 조사해 보고, 글쓴이가 구성한 원본글의 형식단락 양상과 비교함으로써 이해양상으로서의 단락의 구체적인 실체를 탐구해 보는 데 있다. 즉 단락의 근원적인 이해 양상을 통해 단락이 어떻게 이해되고 전체글에 기여하는지를 파악할 수 있을 것이다.

①-나) 학습자들이 단락을 통일된 하나의 의미 단위로 인식할 수 있다.

학습자들에게 재구성되는 단락은 어떤 모습으로 드러날까? 원본의 글과 똑같은 모습일까? 아니면 전혀 다른 단락 구성으로 파악될까? 전혀 다른 구성으로 재구성된다면 읽기(이해/처리)와 쓰기(표현/산출)는 분명 완전히 다른 인지 양식으로 볼 수 있을 것이다. 언어 심리학의 연구에서 산출과 처리의 과정이 서로 다른 경로를 밟는다는 사실은 처음 명시적으로 Levelt(1998)에서 다루어졌다. 그 이전에는 산출 과정을 거꾸로 살피면 이해과정이 되며, 그 역관계도 성립한다고 믿었지만, 두뇌 활동에 대한 연구가 축적됨으로써, 80년대 말에서부터 그런 가정이 잘못되었음을 깨닫기 시작했다.

여하튼 기존의 재구성된 단락의 모습은 어떻게 학습자들에게 인식되어 나온 것일까? 본고는 학습자들이 하나의 '의미단락', 즉 내용이 동일한 일련의 통일된 단위로 단락을 묶어 낼 것이라는 연구가설을 상정한다. '의미단락', 의미 덩이라는 것이 상당히 그 한계가 불분명하지만, 단락이라는 단위 양식이 그만큼 다양하고 포괄적인 이상 그 한계는 인정되어야 할 것이다. 그러나 무조건 그 모습이 다양하고 포괄적이기 때문에, 그대로 두어서도 문제가 될 것이다. 기존의 어휘나 문장은 문법이라는 테두리 안에서 어느 정도 정형화된 연구가 많이 진행되고 있다. 그러나 단락은 언어 양식에 있어 상당히 중요한 단위임에도 아직 그 연구나 이론적 진척이 미비한 실정이다. 문제는 있지만 어려워서 손대지 않고 있는 실정이라고 짐작된다.

읽기 교육에 있어 가장 중요시되어야 할 것은, 전체글에서의 의미 파악, 혹은 주제 파악이라고 할 수 있다. 의미 혹은 주제를 파악한다는 것은 전체글을 처음부터 끝까지 다 기억한다는 것이 아니다. 중요한 부분은 기억하고 중요하지 않은 부분은 머릿속에서 지울 수 있어야 한다. 이와 같은 중요 부분을 인식하고 그 중요 부분들을 머릿속에 어느 정도 정형화되게 기억할 수 있는 단위가 바로 단락이라는 것이다. "문장으로서 표현하고 단락으로써 생각한다"[8]는 Read Herbert의 말처럼, 단락은 하나의 형식 단위가 아닌 문장들의 표면적인 연결 관계를 통해 형성된 하나의 의미 단위 혹은 의미 덩이라는 것이다. 즉 형식적으로 파악되지 않고 통일성 있게 내용적으로 일관된 하나의 의미 덩이이다.[9]

①-다) 학습자들이 잠정적인 일치를 보이는 단락의 경계선이 있을 수 있다.

학습자들은 글쓴이가 구성한 '형식단락'을 문장 중심에서 혹은 전체글 중심에서 단락을 구성함에 있어 잠정적으로 일치를 보여 주는 경계선이 있을 것이라고 상정해 볼 수 있다. 즉 학습자들에게 통일

---

8) 정달영(1997: 13)에서 재인용.
9) 털빙(Tulving)은 우리 장기 기억 창고를 일차 기억과 의미 기억으로 대분하고(이정모 외 17인, 1998: 49), 일화기억은 전두엽에 의미 기억은 후두엽에 위치하고 있음을 밝혔다. 이 구분을 받아들여 단락 구성하기와 관련짓는다면, 문장 개별 단위는 일화 기억으로 저장되지만 너무 다양하고 수적 증가가 수반되므로 이들을 묶어서 명제화된 주제문을 구성하여 의미 기억 창고로 보내어 놓는다고 상정해 볼 수 있다.

성 있는 내용 단위로 묶을 수 있는 부분이 분명히 글에 존재하고 또한 학습자들에게 인식된다는 것이다. 물론 완벽하게 100%의 동의를 이끌어 낼 수 있는 경계선 혹은 단락이 존재할지는 의문이지만, 대다수의 학생들이 동의하는 경계선이나 단락은 존재할 것이다. 누구나 혹은 대다수의 학습자들이 단락의 경계선이라고 파악된 부분은, 분명히 전체글에서 단락으로서의 분명한 의미를 지닐 것이다.

학습자들은 글을 읽어가면서 그 나름대로 의미를 나누고 합칠 것이다. 즉 모든 부분을 기억할 수 없는 두뇌 기억의 한계 때문에, 스스로 중요하다고 혹은 주의해야 된다고 생각되는 부분은 기억 속에 남을 것이다. 가령 우리가 먼 곳까지 걸어서 가야 한다면 분명히 중간 중간 쉬면서 힘을 축적할 것이다.10) 단락의 경계선은 이 휴지 부분으로 비유될 수 있을 것이다. 한 편의 글을 읽으면서 학습자들은 인지와 기억의 한계 때문에 중간 중간 매듭을, 의미상의 매듭을 지어야 할 것이다. 이 매듭을 짓는 부분은 자의적이지 않고, 의미 단위에 따라 어느 정도 일치되는 부분이 있을 것이라고 추측해 볼 수 있다.

단락 간의 경계 부분에 모든 학습자들이 동의를 표하는 곳도 있을 것이다. 그러나 전체글에서 이와 같이 되는 곳이 발견되기란 어려울 것이다. 다만 분명히 대다수의 동의를 받는 부분이 존재할 것이고, 이 부분은 단락으로서의 그 존재 여부가 드러나는 곳이라 할 수 있다.

[가설 2] 제시된 글의 종류에 따라 단락 구분 의식이 다르게 나타날 수 있다.

---

10) Rosalind Horowitz and S. Jay Samuels(1987)에서는 억양 단위 또는 절과 같은 단위를 우리 사고의 최소 단위라고 제안한 바 있다. 본고에서 다루고 있는 단위는 그런 최소 단위들이 통일한 하나의 명제(작은 명제나 소주제)를 만들어 놓은 것을 대상으로 하고 있다.

제시된 세 편의 글들은 단락의 인식 양상에서 차이가 있을 것이다. 단락이 정확하게 구획되는 글이 있는 반면에, 구획되지 않는 글도 있을 것이다. 또한 단락이 많이 나오는 글도 있을 것이고, 적게 나오는 글도 있을 것이다. 즉 글의 종류에 따라 단락의 양상이 달라진다는 것인데, 이것은 글의 갈래별로 단락의 모습을 정형화해야 한다는 말과 통한다. 즉 한 편의 글을 이해하고 파악하는 과정에 있어 단락은 글의 종류나 혹은 종류에 따른 특정한 양식에 따라 달리 보일 수 있게 되고, 글의 종류에 따라 내용이 같더라도 단락이 구현되는 모습이 달라질 수 있다는 것이다. 자칫 글의 갈래에 따라 다양한 단락 구현 양상이 단락은 정형될 수 없고 혹은 읽기 교육에서 하나의 단위로서 의미 없는 것으로 간주되어서는 안 될 것이다.

[가설 3] 글의 형태 면이나, 읽기 조사 모형을 달리 해도 학습자들에게 파악된 단락의 양상은 일치할 것이다.

③-가) 학습자들이 문장 중심에서 단락을 구성하는 양상과 전체 글에서 단락을 구성하는 양상은 일치할 수 있다.

단락은 전체글에서 응집성과 통일성을 갖춘 하나의 의미 단위이다. 즉 단락 그 자체로서 의미가 있지만, 전체글에서 주제를 구성하는 데 기여해야만 그 단위로서의 뜻이 더욱 분명해진다. 따라서 본고는 응집성에 중점을 두고자 형식적으로 단락을 해체하여 문장으로 제시하였고, 통일성에 중점을 두고자 형식적으로 단락을 합쳐서 제시하였다. 물론 형식적인 한계는 있지만 학습자들은 글의 외형적인 모습에도 영향을 받는다는 판단하에 이 실험을 하였다.

중요한 점은 이 두 가지 실험에서 단락이라는 하나의 단위가 분명한 존재 가치를 가지려면 문장 중심에서 파악되든, 전체글에서 파악되든 그 경계선, 즉 단락의 단위가 일치해야 한다는 것이다. 그래야만 응집성과 통일성을 고루 갖춘 진정한 의미단위, 내용단위로서의 단락이 될 것이다. 즉 본 가설은 원문이 어떤 형태로 제시되어도 전체글을 파악하는 데 있어 내용상의 차이점은 발생하지 않을 것이라는 점이다.

③-나) 일정한 단락의 수로 제시된 글에서 재구성된 단락은 ③-가)의 통계치에서 유의한 수준으로 재구성된 단락과 일치할 것이다.

③-가)의 조사가 글의 형태적인 측면에 학습자들이 영향을 받는지에 대한 것이라면, ③-나)는 글의 내용적인 측면에 영향을 받는지에 대한 조사이다. 즉 ③-나)는 글의 의미 파악이 글보다는 학습자의 가정이나 추측에서부터 시작된다는 것이다. 즉 학습자의 능동적인 역할이 중시되는 모형이다. ③-가)는 학습자들이 보다 글에 집중해서 단락을 구성한다면, ③-나)에서는 학습자들이 주어진 단락의 개수에 의해 전체글을 먼저 부분으로 나누려고 할 것이다. 즉 조사에서 제시된 일정한 단락수가 읽기의 단서가 되는 것이다. 이 과정에서 학습자들은 나누려는 기준을 정해서 단락을 구성하려 할 것이다. 실제 조사 과정에서 학습자들은 ③-가)보다 ③-나)의 조사에서 어려움을 겪는 것을 관찰했다.[11] 어려움을 겪는다는 것은 무엇보다 자신의 글에 대

---

11) 조사 시간에서도 일정한 수의 단락을 제사한 모형이 시간이 훨씬 더 많이 걸렸다. 학습자들의 읽기를 세밀하게 관찰한 결과, '문장→단락'이나 '전체글→단락'의 조사에서는 단순히 어휘, 문장 순으로 읽어 나가면서 일정한 의미의 덩이가 구성되어지면 단락으로 바로 매듭짓는 반면에, 일정한 개수를 제시한 모형에서는 읽어 나가면서 바로 단락을 매듭짓는 경우는 거의 없고 대부분이 전체글을 읽고 나서 단락으로 매듭지어 나가는 경우가

한 배경지식이나 전체글의 구조나 내용 등을 종합적으로 고려한다고 볼 수 있다. ③-가)의 조사는 단락에 대한 일정한 개수가 정해져 있지 않기 때문에, 단락을 재구성할 때 좀 더 글에 대해 편안하고 자유스러운 상태에서 임할 것이고, ③-나)의 경우에는 일정한 개수가 정해져 있기 때문에 학습자들이 분명한 단락 재구성의 기준과 글에 대한 전체적인 분석력이 좀 더 필요할 것으로 판단된다.

이에 조사자가 ③-가)에서 조사한 결과를 통해 유의한 통계치가 나온 단락을 조사자의 예상 단락과 절충해, 학습자들에게 일정한 단락의 수로 제시한다. 조사의 결과는 ③-가)에서 제시된 단락과 거의 일치할 것으로 예측한다.

즉 형태를 달리한 모형에 근거하든, 일정한 읽기 단서를 주어 독자의 능동적인 면을 고려하는 모형에 근거하든 전체글에서의 단락의 구성 양상이 일정하게 드러날 때, 보다 정형화되고 객관화된 단락의 모습으로 간주할 수 있을 것이다.

3. 조사결과 및 교육에의 함의

3.1. 조사결과 및 논의

3.1.1. 기대되는 예상치

학습자들의 일정한 통계치 이상의 합의를 구하는 '의미단락'이 있는가를 조사하는 것이 본고의 연구 초점이다. 그러나 단락의 길이를

대부분이었다.

객관적으로 규정하기가 불가능하기 때문에, 무엇보다 먼저 학습자들의 단락 재구성 양상을 알아보는 것이 목적이 될 수 있다. 흔히 읽기 '전략'이란 용어를 쓰는 이유도 이러한 역동적이고 가변적인 글의 이해 양상을 고려하기 때문이다. 대다수의 학생들이 인식하는 단락 경계선을 중심으로 형성된 단락이 자의적으로 아무렇게나 흩어져 있는 게 아니라, 어떤 일치점을 보인다면 분명히 단락으로서의 존재 가치를 지니는 것이다.

본격적인 논의에 앞서 이번 조사결과가 유의한 통계치를 이용해서 결론을 도출하기에는, 선택의 범위가 너무 넓고 다양하기 때문에, 애초부터 양적 모집단에 기초한 유의한 통계치의 계산법(quantitative statistics)을 이용한다는 것은 불가능하다는 점이 있었다. 선택의 범위가 전체글의 단락에 대한 것이었기에, 전체글이 모두 선택의 범위가 될 수 있었고, 또한 학습자들이 단락에 대한 기초적이며 확고한 의식이 있는지에 대한 기본 조사가 없었기에 조사를 위한 질적 통계(qualitative statistic) 기반을 마련하려고 한다.

모든 조사결과가 꼭 양적 모집단의 표본 추측에 바탕을 둔 유의한 통계치에 의존해야만 의미가 있는 것은 아니며, 또한 성격에 따라 꼭 양적 통계치의 계산법에 의존해야 한다는 필연성도 없기에, 본 논의는 표본 추론 통계의 전 단계가 되는 성격을 지닐 수밖에 없다.

이런 한계에도 불구하고, 조사결과의 논의가 의미 있기 위해서는 조사치를 어느 정도 기준을 내세워 수치화할 수밖에 없다. 따라서 본고에서는 문장에서 단락으로 구성할 때의 학습자 수와 전체글에서 단락으로 구성할 때, 학습자를 합쳐 반수 이상이 넘는, 즉 50%이상의 학습자가 될 때 의미 있게 단락이 구성되었다고 보고자 한다. 일정한 수로 제시한 글의 단락 재구성도 마찬가지의 수치로 가늠한다.

어느 한쪽 편이 일방적으로 높게 나오는 경우도 의미 있을 것으로 간주하여, 좀 더 학습자들의 읽기 양상을 객관적으로 수치화하기 위해 두 가지 조사의 결과를 합쳐서 결과를 내었다. 한편 가장 높은 수치만을 가지고 단락을 구성 양상을 따져보려고 했지만, 그러면 그 이외의 단락은 조사결과의 논의에서 누락될 수 있다는 점이 있기에 논외로 하기로 했다.

크게 보아 두 가지 연구결과를 통해, 연구자가 개인적으로 나누어 놓은 잠정적 단락을 놓고서, 학습자들의 단락 구성 양상 결과를 대비하여 추론하는 논의를 바탕으로, '의미단락'의 단위 여부가 의미가 있는지도 살펴보고자 한다. 표에서 단락이라고 된 부분은 학습자들이 능동적으로 구성한 단락의 구분 단위를 위의 수치에 맞추어 나누어 놓은 것이다.

3.1.2. 본 조사

3.1.2.1. '한국 향토 음식의 특징' 단락 재구성

'한국 향토 음식의 특징'의 형태를 달리한 글에서의 단락 재구성 양상의 결과는 〈표 12-1〉과 같다. 표는 크게 왼편의 '문장에서의 단락 구성하기'와 오른편의 '전체글에서 단락 구성하기'로 구분된다.

원문에 제시된 형식단락은 문장(연번)상에서 실선으로 그어진 부분과 동그라미(①, ②, ③…)에 드러나듯이 8개이다. 즉 이 글은 8개의 형식단락으로 구성되어 있다. 학습자들이 본고의 통계치에 의해 유의미하다고 판단된 '의미단락'은 6개이다. "단락"의 열에서 제시된 칸 나눔에서, 한 칸이 하나의 '의미단락'이다.

이 글은 원래 8개의 형식단락으로 구성되어 있지만, 형태만 달리했다고 상정한 모형에서 학습자들이 재구성한 단락은 본고의 통계

<표 12-1> 형태를 달리한 단락 재구성

문장에서 단락 구성하기				전체글에서 단락 구성하기			
문장(연번)	학생수(28)	비율(%)	단락	문장(연번)	학생수(23)	비율(%)	단락
1	5	17.9	① ②	1	4	17.4	① ②
2	1	3.6		2	1	4.3	
3	18	64.3		3	17	73.9	
4	11	39.3	③	4	7	30.4	③
5	0	0		5	0	0	
6	5	17.9		6	8	34.8	
7	1	3.6		7	4	17.4	
8	25	89.3		8	16	69.6	
9	0	0	④	9	0	0	④
10	19	67.9		10	13	56.5	
11	6	21.4	⑤ ⑥	11	1	4.3	⑤ ⑥
12	26	92.9		12	17	73.9	
13	1	3.6	⑦	13	4	17.4	⑦
14	0	0		14	0	0	
15	2	7.1		15	1	4.3	
16	25	89.3		16	20	87	
17	2	7.1	⑧	17	2	8.7	⑧
18				18			

치에 의해 6개로 나왔다. 몇 가지 특징적인 현상을 살펴본다면, 글쓴이가 제시한 ①과 ⑤단락을 학습자들은 무시해도 좋을 정도의 수치로 거의 인식하지 않는 결과가 나왔다. 아울러 '일정한 수의 단락 재구성하기' 양상의 결과는 <표 12-2>와 같다.

　조사자는 형태를 달리한 모형들에서 나온 조사결과와 조사자가 전체글의 내용을 고려하여 제시한 단락은 6개이며 위치는 "조사자 예상 단락"열의 칸 나눔과 같다. 학습자들이 제시된 단락의 수에 따라 구성한 단락의 결과도 "학습자들의 과반수 이상 단락"열에서 보듯이 6개로 나왔으며, 위치도 조사자가 예상한 것과 일치한다.

<표 12-2> 일정한 수의 단락 재구성

일정한 수의 단락 구성하기				
문장(연번)	학생수(24)	비율(%)	조사자 예상 단락	학습자들의 과반수 이상 단락
1	0	0		
2	2	8.3	①	①
3	18	75	②	②
4	9	37.5		
5	0	0		
6	4	16.7	③	③
7	2	8.3		
8	20	83.3		
9	1	4.2	④	④
10	18	75		
11	0	0	⑤	⑤
12	23	95.8	⑥	⑥
13	1	4.2		
14	0	0	⑦	⑦
15	0	0		
16	24	100		
17	0	0	⑧	⑧
18				

조사결과를 대상으로 몇 가지 점을 해석해 본다면 다음과 같다. ①단락은 조사자가 조사 자료의 선택 및 유의점에서 주제를 다루고 있는 단락이라고 했다. 즉 전체글에서 주제가 명시적으로 먼저 제시된 두괄식 형태의 글 구조이다. 그러나 학습자들은 ①단락을 하나의 분명히 구분되는 단락으로 조사대상의 학습자들은 구성하지 않았다. 글쓴이가 제시한 ②단락의 내용과도 구별되는 내용임에도 불구하고, 학습자들은 하나의 의미 단위 단락으로 구성하지 않았다. 하나의 문장이 하나의 단락으로 구성되기에는 수적으로 부족하다는 인식도 있을 것이고, 주제문으로서 전체를 이끌기에는 내용상의 빈약함도

있기 때문에 그렇게 판단된 것으로 보인다. 그리고 학습자들은 ⑤와 ⑥단락을 구분하지 않았다. 조사자가 보기에도 ⑤와 ⑥단락은 하나의 소재를 다루기에 묶어도 된다고 판단된다. 학습자들의 적극적으로 단락으로 재구성한 부분으로 여겨진다.

'일정한 수의 단락 재구성하기'에서 학습자들은 조사자가 예상한 바와 같이 단락을 구성하였다. 여기에서는 학습자들 모두가 일치하는 단락이 나오기도 하였다. 가령 원문 글의 단락인 ①단락을 학습자들은 한 명도 재구성하지 않았으며, 원문 글에서 ⑦단락을 모든 학습자들이 단락이라고 재구성하였다. 그리고 단락이라고 재구성한 양상들을 보면 수치가 상당히 높은 것으로 보인다. 이상의 결과를 통해 볼 때, 이 글은 어떠한 방식으로 접근하든지, 학습자들의 단락 재구성 양상이 비교적 분명한 글이라 할 수 있다. 즉 학습자들이 '의미단락'으로 잘 나누어 읽는다고 볼 수 있다.

3.1.2.2. '플루트 연주자' 재구성

'플루트 연주자'의 형태를 달리한 글에서의 단락 재구성 양상의 결과는 〈표 12-3〉과 같다.

원문에서 제시된 형식단락은 문장 연번상에서 실선으로 그어진 부분과 동그라미 숫자(①, ②, ③…)에 드러나듯이 7개이다. 학습자들이 본고의 통계치에 의해 유의미하다고 판단되어 구성된 '의미단락'은 6개이며, 단락의 경계 위치는 "단락"의 열에서 제시된 칸 나눔과 같다.

위의 글은 7개로 형식단락으로 구성되어 있다. 형태만을 달리한 모형이라고 상정한 모형에서 학습자들이 능동적으로 구성한 단락은 본고의 통계치에 의해 6개로 구성되었다. 글쓴이가 구성한 ②단락과

<表 12-3> 형태를 달리한 단락 재구성

문장에서 단락 구성하기				전체글에서 단락 구성하기			
문장(연번)	학생수(24)	비율(%)	단락	문장(연번)	학생수(25)	비율(%)	단락
1	0	0	①	1	1	4	①
2	5	20.8		2	5	20	
3	1	4.2		3	0	0	
4	13	54.2		4	13	52	
5	2	8.3	②③	5	1	4	②③
6	8	33.3		6	10	40	
7	6	25		7	13	52	
8	0	0		8	0	0	
9	19	79.2		9	22	88	
10	4	16.7	④	10	3	12	④
11	0	0		11	0	0	
12	18	75		12	16	64	
13	1	4.2	⑤	13	0	0	⑤
14	1	4.2		14	0	0	
15	19	79.2		15	11	44	
16	2	8.3	⑥	16	6	24	⑥
17	1	4.2		17	2	8	
18	23	95.8		18	24	96	
19	1	4.2	⑦	19	0	0	⑦
20	6	25		20	0	0	
21				21			

③단락이 유의미하게 구별되지 않았다. 전체적인 글의 구성 방식을 보면, ①단락은 주제를 암시적으로 전달하고 있으며, 마지막 ⑦단락은 자신의 어렸을 때 일을 회상하며, ①단락과 연관시켜 주제 의식을 다시 한 번 뒷받침하고 있다. 즉 전체적인 단락의 배열 방식으로 본 글의 구조 방식은 쌍괄식 형태를 띠고 있다고 볼 수 있다. ②와 ③단락은 자신의 주장과 그 주장에 대한 이유를 제시하고 있는 단락이다. "작은 역할이라도 충실하게 해 내는 삶"이라는 주제의식에 비

추어 보았을 때, 다소 이질적인 성격을 지닌 단락으로 파악된다. 전체적인 주제의식에 직접적으로 관여하기보다는, 어떤 일에 조화를 이루기 위해서는 작은 역할이라도 즐겁게 생각하며 충실하게 임하자는 것으로, 다소 간접적인 방식으로 주제의식에 기여하고 있다. 글쓴이가 제시한 ④,⑤,⑥단락은 사례로서 각각 주제를 뒷받침하는 소재들로 구성되어 있다.

학습자들은 주장과 이유를 제시하는 ②와 ③단락을 본고의 통계치에 유의할 만큼 구분하지 못하고 있다. 이 두 단락은 "교향악단에서 작은 부문을 맡더라도 전체적인 조화를 이루려고 노력하면 된다"로서 소주제문이 구성될 수 있다. 학습자들은 주장과 증거의 제시 단락을 구별되는 단락으로 재구성하지 않았다. 하나의 통일된 '의미단락'으로 재구성하고 있다. 학습자들은 논리적이거나 수사적인 부분에 집중하기보다는 단락을 구성함에 내용상의 일치에 더 집중하는 경향이 있다고 볼 수 있다.

③과 ④단락 사이, ⑥과 ⑦단락 사이는 학습자들의 수가 다른 단락의 재구성보다는 훨씬 많이 몰리는 경향을 보이고 있다. 앞의 단락 재구성양상에서도 언급했듯이, 이들 단락 사이는 학습자들의 관심에 익숙한 소재로의 전환이거나, 학습자들에게 내용상 쉽게 인식되는 소재로의 전환이기 때문에 각각 단락으로서 재구성한다고 볼 수 있다. 특히 마지막 단락은 앞의 단락과 완전히 구별되는 내용으로 시작되고 있다. 다양한 사례들은 들면서 이야기를 전개해 나가다가, 갑자기 내용이 나의 이야기로 바뀌면서 화제가 전환되고 전체적인 이야기의 주제를 다시 암시적으로 제시하면서 끝을 맺고 있다. 아울러 '일정한 수의 단락 재구성하기' 양상의 결과는 〈표 12-4〉와 같다.

원문에서 제시된 형식단락은 7개이나 조사자가 예상한 '의미단락'

<표 12-4> 일정한 수의 단락 재구성

일정한 수의 단락 구성하기				
문장(연번)	학생수(26)	비율(%)	조사자 예상 단락	학습자들의 과반수 이상 단락
1	0	0		
2	4	15.9	①	①
3	0	0		
4	14	53.8		
5	3	11.5		②
6	3	11.5	②	
7	20	76.9	③	
8	0	0		③
9	21	80.8		
10	2	7.7		④
11	0	0	④	
12	14	53.8		
13	0	0		
14	0	0	⑤	⑤
15	15	57.7		
16	2	7.7		
17	1	3.8	⑥	⑥
18	22	84.6		
19	0	0		
20	1	3.8	⑦	⑦
21				

은 6개이다. ②와 ③단락을 하나로 합쳐 놓았다. 학습자들에게 제시할 때도 6개의 단락으로 제시하였다. 그러나 본고의 통계치에 의하여 유의미하다고 판단된 조사결과는 글쓴이가 구성한 형식단락과 같은 개수와 위치로 나왔다. "학습자들이 과반수 이상 단락"의 열에서 제시된 바와 같다.

일정한 개수를 제시한 모형에서는 유의한 통계치로 기준해 볼 때,

실제 글쓴이가 구성한 형식단락과 일치하는 양상을 보이고 있다. 조사자가 가정한 단락은 글쓴이가 구성한 ②와 ③단락을 합쳐서 하나의 '의미단락'으로 볼 것이라 예측했는데, 학습자들은 각각 하나의 '의미단락'으로 인식하고 있음을 알 수 있다. 형태만을 달리한 모형이라고 상정한 모형의 통계치에서도 ②와 ③단락을 다수의 학습자들이 나누고 있음을 볼 수 있다. 학습자들에게는 의미상 전환이 이루어지고 있는 단락이라고 볼 수밖에 없다. 그 이외에는 조사자가 예상한 '의미단락'과 일치하는 양상을 보여주고 있다. 형태만을 달리한 모형이라고 상정한 단락의 구성과 비교해 볼 때, 역시 ②와 ③단락의 구분 양상을 제외하고는 비슷한 양상을 보여주고 있다.

3.1.2.3. '한국 농업의 장래' 단락 구성하기

'한국 농업의 장래'의 형태를 달리한 글에서의 단락 재구성 양상의 결과는 〈표 12-5〉과 같다.

원문에서 제시된 형식단락의 개수는 6개이며(①, ②, ③…), 위치는 실선으로 처리된 부분이다. 본고의 통계치에 의해 유의미하다고 판단된 단락의 개수는 학습자들이 5개의 단락으로 구성하였으며, 위치는 "단락"의 열에서 제시된 칸 나눔과 같다.

원문에서 제시된 형식단락은 6개이며, 조사자가 예상하고 제시한 '의미단락'도 6개이다. "조사자 예상 단락"에서 보여주듯이, 단락의 위치 또한 글쓴이가 구성한 형식단락과 일치한다. 그러나 "학습자들의 과반수 이상 단락"의 열에서 보듯이 학습자들이 구성한 '의미단락'은 5개로 나왔으며, 위치 또한 원문의 ③과 ④단락을 합쳐 하나의 단락으로 구성하였다.

위의 글은 6개의 형식단락으로 구성된 주장하는 글이다. 형태만을

<table 12-5> 형태를 달리한 단락 재구성

문장에서 단락 구성하기				전체글에서 단락 구성하기			
문장(연번)	학생수(28)	비율(%)	단락	문장(연번)	학생수(26)	비율(%)	단락
1	5	17.6		1	4	15.9	
2	2	7.1	①	2	6	23.1	①
3	21	75		3	17	65.4	
4	6	21.4		4	3	11.5	
5	1	3.6		5	6	23.1	
6	4	14.3	②	6	1	3.8	②
7	0	0		7	1	3.8	
8	26	92.9		8	24	92.3	
9	0	0		9	1	3.8	
10	6	21.4		10	8	30.8	
11	12	42.9		11	7	26.9	
12	3	10.7	③	12	4	15.4	③
13	2	7.1	④	13	2	7.7	④
14	4	14.3		14	3	11.5	
15	20	71.4		15	15	57.7	
16	1	3.6		16	5	19.2	
17	3	10.7	⑤	17	3	11.5	⑤
18	21	75		18	16	61.5	
19	2	7.1		19	5	19.2	
20			⑥	20			⑥

달리한 모형이라 상정한 모형에서 학습자들이 재구성한 단락은 본고의 통계치에 의해 5개의 단락으로 구성된다. 글쓴이가 구성한 형식단락과 비교해 볼 때, ③과 ④단락의 구별을 제외하고는 전체적으로 비슷한 양상을 보이고 있다. 조사자가 처음에 이 글을 선택할 때, '글쓴이가 구성한 형식단락과 학습자들이 재구성한 단락의 양상이 가장 비슷할 것이다'는 추측을 했던 글이다. 즉 쓰기와 읽기의 관점에서 본 단락의 구성양상이 가장 유사할 것이라고 상정된 글이다.

이는 읽기와 쓰기의 통합 교육적 관점에서 글말 교육의 좋은 교육

자료가 될 수 있다.

　학습자들이 재구성한 단락의 양상을 살펴보면 다음과 같다. 대부분의 단락은 학습자들이 글쓴이가 구성한 대로, 각각의 의미덩이별로 잘 구성하고 있으나, ③과 ④단락을 잘 구성해 내지 못하고 있다. 내용상 주제를 뒷받침하는 해결방안으로 제시한 단락인데, 명확하게 학습자들이 구성해 내지 못하고 있다. 아울러 '일정한 수의 단락 재구성하기' 양상의 결과는 〈표 12-6〉과 같다.

〈표 12-6〉 일정한 수의 단락 재구성

일정한 수의 단락 구성하기				
문장(연번)	학생수(26)	비율(%)	조사자 예상 단락	학습자들의 과반수 이상 단락
1	1	3.8		
2	4	15.9	①	①
3	20	76.9		
4	3	11.5		
5	3	11.5		
6	1	3.8	②	②
7	1	3.8		
8	20	76.9		
9	4	15.9		
10	9	34.6	③	
11	10	38.5		
12	2	7.7		③ ④
13	8	30.8	④	
14	3	11.5		
15	15	57.7		
16	1	3.8		
17	1	3.8	⑤	⑤
18	14	53.8		
19	8	30.8	⑥	⑥
20				

일정한 개수를 제시한 모형이라고 상정한 모형에서도 형태만을 달리한 모형이라고 상정한 모형과 비슷한 단락 양상이 나왔다. 조사자가 가정한 '의미단락'의 양상과는 약간의 차이가 역시 ③과 ④단락 사이에서 있었다. 명확하게 학습자들이 하나의 의미단락으로 구성하지 못한다는 것으로 보인다.

단락을 명확하게 재구성한 부분들을 살펴보면, 앞의 단락의 내용과 뒤따르는 단락의 내용이 분명하게 구분되는 지점이라는 것이다. 즉 본고의 조사 대상 학습자들은 단락을 하나의 의미 단위로 구성하고 있지만, 분명하게 앞과 뒤따르는 단락의 내용이 좀 더 명확하게 의미상 구별되어야 하나의 '의미단락'으로 구성한다는 것이다.

연구가설과 관련시켜 전체글들의 단락을 재구성한 학습자들의 구분 의식을 요약하면 다음과 같다.

첫째, 대부분의 학습자들은 단락이라는 용어에 대한 이론적이고 실제적인 설명 없이도, 그들 나름대로 단락을 재구성하였다. 물론 본고의 학습자들의 읽기 수준이나 취향에 따라 다소 조사자가 생각했던 결과와는 다르게 구성된 단락도 보이지만, 대체적으로 일치되는 단락이 구성되는 것으로 보아서 학습자들이 능동적으로 의미를 재구성했다고 볼 수 있다. 그러나 앞서 언급했듯이, 학습자들은 단락을 하나의 의미덩이로 묶어 나가는 데 있어, 내용상 명확하게 구분되는 소재나, 그들에게 익숙한 소재들이 나왔을 때에 보다 능동적으로 단락을 재구성하고 있음을 조사결과는 보여주고 있다.

둘째, 제시된 글의 종류에 따라 단락의 재구성 양상이 달라질 것이라고 했는데, 실제 조사에서는 글의 종류보다는 의미상 일정 단위로 쉽게 구분할 수 있느냐의 여부에 따라 단락을 재구성해 나가는 것으로 판단된다. 이는 곧 단락이라는 단위는 특정한 글의 종류에 국한된 단위라기보다는 지엽적 의미연결을 매듭지어 가는 디딤돌 역할을 하는 사고 단위라고 할 수 있다.

셋째, '문장 중심에서 단락'을 구성하든, '전체글에서 단락'을 구성하든 글의 형태적인 측면에서는 조사 대상의 학습자들이 차별적으로 인식하지 않는 것으로 보인다. 두 가지 조사양상에서 구별될 정도로 차이가 나는 통계치가 거의 나오지 않았다. 즉 학습자들은 글의 형태적 측면보다는 내용에 의지해서 글의 단락을 구성해 나간다고 볼 수 있다.

'일정한 개수의 단락'으로 제시했을 때 학습자들이 구성하는 단락의 양상은, 글의 형태적인 측면을 달리하여 제시한 모형과 거의 비슷한 양상의 결과를 보였다. 즉 본고에서 크게 두 가지로 제시한 읽기 모형에서 단락의 재구성은 뚜렷한 구별 양상을 보여주지 않았다. 따라서 동등한 능력을 가지고 있다고 볼 수 있는 학습자들은 각각의 결과에서 비슷한 양상으로 의미단락을 구성해 내었다고 볼 수 있다.

3.1.3. 확인조사

3.1.3.1. '한국 향토 음식의 특징' 단락 재구성

확인조사의 경우에는 형태면을 달리해서 학습자들에게 제시하지 않았다. 이는 본 조사에서 형태면을 달리하는 것이 유의미한 차이를 보이지 않았기 때문이다. 따라서 확인조사에서는 '문장 → 단락'의 형태면만을 제시한다. 아울러 첫째 행의 괄호 안 숫자는 조사 대상 학습자 수를 가리킨다. '한국 향토 음식의 특징'에 대한 학습자들의 단락 재구성 양상은 〈표 12-7〉과 같다.

위의 확인 조사결과, '문장 → 단락' 모형에서 학습자들은 원문에 제시된 형식단락인 ①을 상당수의 학습자들(60%)이 하나의 '의미단

문장 (연번)	조사자 예상 단락	문장→단락 (30)	비율(%)	의미 단락1	일정한 수의 단락(35)	비율(%)	의미 단락2
1	① ②	18	60	①	8	22.9	① ②
2		2	6.7	②	2	5.7	
3		21	70		24	68.6	
4	③	8	26.7	③	8	22.9	③
5		0	0		1	2.9	
6		6	20		9	25.7	
7		0	0		1	2.9	
8		29	96.7		30	85.7	
9	④	0	0	④	1	2.9	④
10		19	63.3		22	62.9	
11	⑤ ⑥	2	6.7	⑤ ⑥	6	17.1	⑤ ⑥
12		30	100		27	77.1	
13	⑦	3	10	⑦	5	14.3	⑦
14		3	10		1	2.9	
15		1	3.3		2	5.7	
16		27	90		31	88.6	
17	⑧	5	16.7	⑧	1	2.9	⑧
18							

락'으로 구성하였음을 보여주고 있다. 본 조사에서 학습자들은 17.9%의 비율의 대체적으로 낮은 수치로 학습자들이 단락을 구성하였는데, 확인조사에서는 다수의 학습자들이 하나의 '의미단락'으로 인식하고 있는 결과로 드러나고 있다.

그 이외에는 본 조사와 비슷한 양상을 보이고 있다. '일정한 수'를 제시한 모형이라고 상정한 학습자들이 구성한 의미단락의 양상이 "의미단락2"의 칸 나눔에 드러나는 것과 같은데, 본 조사의 결과와 비슷한 양상을 보이고 있다. 그리고 조사자가 예상한 단락과 "의미단락2"의 단락 양상 역시 일치함을 보이고 있다. "의미단락1"역시

①단락을 제외하고는 비슷한 양상을 보여주고 있다.

3.1.3.2. '플루트 연주자' 단락 재구성

'플푸트 연주자'에 대한 학습자들의 단락 재구성 양상은 〈표 12-8〉과 같다. 위의 조사에서 조사자가 예상한 단락 구성 양상이나 본 조사의 양상과 차이를 보이는 부분은 "일정한 수의 단락"으로 구

〈표 12-8〉 두 가지 읽기 모형에서의 단락의 재구성

문장 (연번)	조사자 예상 단락	문장 → 단락 (30)	비율(%)	의미 단락1	일정한 수의 단락 (35)	비율(%)	의미 단락2
1		12	40		4	11.4	
2		9	30		4	11.4	
3	①	4	13.3	①	1	2.9	
4		16	53.3		1	2.9	①
5		6	20		4	11.4	②
6		2	6.7		6	17.1	③
7	② ③	10	33.3	② ③	15	42.9	
8		3	10		0	0	
9		17	56.7		32	91.4	
10		4	13.3		2	5.7	
11	④	9	30	④	5	14.3	④
12		15	50		22	62.9	
13		5	16.7		1	2.9	
14	⑤	1	3.3	⑤	0	0	⑤
15		18	60		28	80	
16		4	13.3		1	2.9	
17	⑥	1	3.3	⑥	1	2.9	⑥
18		19	63.3		34	97.1	
19		2	6.7		0	0	
20	⑦	9	30	⑦	1	2.9	⑦
21							

성하기에서 원문의 형식단락인 ① 단락을 학습자들이 거의 인식하지 않는 것에 있다. 본 조사에서는 52% 정도의 비율로 학습자들이 '의미단락'이라고 인식했는 데 반해, 확인조사에서는 2.9%라는 아주 소수의 학습자만이 '의미단락'으로 구성했음을 결과는 보여주고 있다.

조사자가 처음에 본교의 학습자들의 대상으로 약 석 달 동안의 예비조사 기간 중에 단락이라는 단위에 대하여 여러 가지로 조사한 것이 영향을 전혀 미치지 않았다고는 할 수 없을 것이다. 그리고 글쓴이가 원래 구성한 형식단락이자 조사자 또한 하나의 '의미단락'이라고 가정하였음에도 불구하고, 확인조사의 학습자들은 거의 '의미단락'으로 인식하지 않고 있다. 조사상에 문제가 있는 것인지, 그렇지 않으면 실제로 '의미단락'으로 의미가 없는 것인지는 본고의 조사결과로는 판단할 길이 없다.

그 외에 "문장 → 단락"으로 조사결과에서는 전체적으로 단락 구성 양상의 비율이 본 조사보다는 떨어짐을 조사결과는 보여주고 있다. 현재의 판단으로서는 본교의 학습자들을 대상으로 예비조사 기간 중에 단락에 대한 인식의 교육이 어느 정도 된 결과라고 예상된다.

3.1.3.3. '한국 농업의 장래' 단락 재구성

'한국 농업의 장래'에 대한 학습자들의 단락 재구성 양상은 〈표 12-9〉과 같다. 〈표 12-9〉의 조사결과에서, "문장 → 단락"에서 학습자들의 단락 구성 양상이 본 조사와는 약간은 차이가 남을 보여주고 있다. 전체적으로 단락의 구성 양상의 비율이 낮으며, 원문에서의 형식단락인 ④가 '의미단락'으로 구성되지 않았다. 본교의 학습자들이 전체적으로 확인조사 대상의 학습자들보다 수능 언어 영역 모의고사 성적 분포도와 같은 것에 근거하여 언어 능력이 낮다고 판단해 볼

<표 12-9> 두 가지 읽기 모형에서의 단락의 재구성

문장 (연번)	조사자 예상 단락	문장 → 단락 (30)	비율(%)	의미 단락1	일정한 수의 단락(35)	비율(%)	의미 단락2
1		12	40		3	8.6	
2	①	6	20	①	8	22.9	①
3		17	56.7		25	71.4	
4		6	20		0	0	
5		5	14.3		4	11.4	
6	②	7	23.3	②	1	2.9	②
7		1	3.3		1	2.9	
8		18	60		32	91.4	
9		4	13.3		2	5.7	
10	③	8	26.7		10	28.6	③
11		13	43.3		18	51.4	
12		1	3.3		1	2.9	
13	④	13	43.3	③ ④ ⑤	16	45.7	④
14		5	16.7		3	8.6	
15		12	40		19	54.3	
16		8	26.7		3	8.6	
17	⑤	3	10		3	8.6	⑤
18		19	63.3		29	82.9	
19	⑥	9	30	⑥	0	0	⑥
20							

때, 위와 같은 조사결과는 상당히 애매함의 여지를 던져준다. '의미단락'을 구성하는 비율이 전체적으로 낮으며, 단락으로 구성되기에는 어렵다고 판단되는 문장들도 하나의 '의미단락'으로 구성된 것으로 보아, 단락에 대한 전체적인 인식 양상이 낮은 것으로 판단된다.

"일정한 수의 단락"으로 구성하기 조사결과는 조사자가 예상한 '의미단락'과 일치하는 것으로 나왔다. 본 조사에서는 원문의 형식단락인 ③이 '의미단락'으로 구성되지 않았는데, 위의 확인 조사에서는 학습자들이 '의미단락'으로 구성하였음을 보여준다.

3.2. 교육상 의의

한 편의 글은 원래 글쓴이만의 것이 아니라 읽는 이와의 공유를 통해 하나의 새로운 의미를 창조하는 데에 의미가 있다고 할 수 있다. 여기에서 단락은 다소 유동적인 성격을 띠게 된다. 글쓴이 중심에서 본 단락, 글의 갈래에 따른 단락, 읽는 이 중심에서 본 단락 등 다양하게 그 성격을 살펴볼 수 있다는 점이다. 이는 곧 단락이 어느 정형화된 틀 속에서 고정된 형식적인 단위가 아니라는 것이다.

즉 읽기 교육에서 단락은 위의 지적에서처럼 다양한 관점으로 다루어질 수 있다. 이처럼 다양성을 가진다 함은 그만큼 형식적·내용적 혼란상이 내재한다는 것이다. 조사자는 이와 같은 다양성 혹은 혼란성을 축소시키려고 학습자들이 재구성할 단락을 하나의 내용 단위 혹은 의미 단위로 가정하고, 원문의 형식단락을 대상으로 실험조사를 하였다. 위의 실험조사를 통해 단락은 형식적인 단위가 아니라 전체글을 구성하는 데 있어 의미상 부분성을 지니는 단위임이 어느 정도 드러났다.

그렇다면 단락을 읽기 교육에 있어 어떻게 다루는 것이 효과가 있는지의 여부가 고찰의 대상이 될 수 있다. 단락은 조사에서와 같이 학습자들에게 분명히 하나의 단위로 파악되고 있다. 물론 다양한 글들을 통해 실험을 하지 못한 점은 한계가 있지만, 위의 몇 가지 글들을 통해 본 단락은 그 단위가 어느 정도 드러남을 알 수 있었다. 학생들의 수준이나 읽기 환경 여부에 따라 달리 파악되는 점도 한계가 될 수 있지만, 대부분의 학습자들에게 공통적으로 인식된 단락들이 존재하며, 원문과는 다른 양상으로 학습자들에게 인식되는 단락도 있음을 알 수 있었다.

다양하게 파악된 단락의 존재 여부를 통해 단락의 단위 여부와 그리고 교육적 적용의 문제를 논의할 수 있을 것이다. 구체적으로 교육적 적용 부분에 있어 '단락'이라는 단위가 지니는 의의를 몇 가지 제시하면 다음과 같다.

첫째, 전체글에 있어 단락이라는 단위의 인식 문제이다. 즉 단락을 단순히 하나의 형식적인 부분으로 들여 쓰는 단위나 줄 바꾸어서 사용되는 단위에 그치는 것이 아니라, 응집되고 통일된 하나의 단위라는 것을 국어교육 현장에서 학습자들에게 인식시킬 필요가 있다. 곧 단락은 전체와 부분의 속성을 동시에 지니는 사고 단위라는 점이 교육상으로 부각되어야 한다.

둘째, 교사는 이상의 인식을 바탕으로 원문의 형식단락을 문장 중심으로 단락 구분 없이 합쳐 놓고 또는 문장 단위로 분리해 놓고, 학습자에게 단락을 재구성해 보게 한다. 이 부분은 읽기뿐만 아니라 쓰기 활동에도 도움을 줄 수 있다. 즉 학습자들에게 전체글의 의미를 고려해 부분적으로 응집되는 단락으로 구분해 보게 하거나, 또는 문장들의 세밀한 연결 관계 파악을 통해 하나의 단위인 단락을 만들게 할 수 있다.12) 이는 학습자 중심의 읽기·쓰기 교육과 밀접하게 관련될 수 있는 부분이라 할 수 있다.

셋째, 위의 조사에서 드러난 바와 같이 단락은 응집되어 있는 하나의 통일된 내용 단위라고 볼 수 있다. 따라서 단락은 단순히 전체글의 구조나 피상적으로 드러나는 내용만으로 나누어지는 것은 아니다. 학습자들은 그들의 배경지식을 바탕으로 글의 앞뒤 내용을 나누고, 구성하면서 읽어 나간다.13) 곧 단락은 단순히 글의 형식적인

---

12) 『*Discourse*』(Guy Cook, 김지홍 뒤침, 2003, 162쪽 이하) 제9장에서는 위도슨(Widdowson)이 제안한 방식을 소개하고 있는데, '다시 조합하기'로 불린다. 이는 '차츰 다가가기'와 '옮겨 나타내기' 활동과 관련되어 있는데, 학습자들에게 의미단락의 연결 관계를 명시적으로 훈련시키는 방안이다.

13) 이정모·이재호 편(1998) 제12장에서는 능동적으로 글을 읽어나갈 경우 짐작 또는 예상

혹은 구조적인 측면으로 볼 것이 아니라, 학습자의 추론 영역이 간여하는 영역이라고 볼 수 있다. 이는 단락을 하나의 의미덩이로 잘 처리하는 사람과 그렇지 못한 사람은 이해의 폭[14]이 그만큼 차이가 날 수밖에 없는 이유이다. 아울러 이는 단락이 학습자들의 중요한 심리적 단위로서 작용함을 보여주는 것이다. 따라서 교재 구성이나 수준별 학습에서 심리적 단위임이 드러난 단락의 수정이나 적용 여부가 중요한 관건이 될 수 있다.

ﾘ. 마무리

본고는 학습자들이 원문에 제시된 형식단락을 하나의 의미덩이로 인식하고 그들의 머릿속에서 그대로 처리하지는 않을 것이라는 가설하에 몇 가지의 연구가설을 제시하고 조사를 했다. 조사결과 학습자들은 원문의 형식단락과는 다른 새로운 양상으로 단락으로 구성하였으며, 조사자는 이를 '의미단락'이라는 용어로 불렀다. 연구가설을 바탕으로 드러난 조사결과는 다음과 같이 요약될 수 있다.

첫째, 학습자들은 원본의 글에서 드러난 단락의 양상을 새롭게 구성하였으며, 새롭게 구성된 단락은 하나의 의미덩이로 인식된 것이었으며, 그리고 학습자들의 잠정적인 일치를 보이는 단락의 경계선

과 다르게 비부합이 생겨날 경우에, 이해가 **빠른** 독자는 '억제 기제'를 발동시켜(억제기제 가설) 빨리 새롭게 부합되는 표상을 대치시켜 놓지만, 이해가 더딘 독자는 그러하지 않음을 언급하고 있다. 결국 능동적 독자는 배경지식을 동원하여 예측을 해나가면서, 동시에 부합되지 않는 내용은 재빨리 지워 버리고 새로운 예측을 대체한다고 요약할 수 있다.

14) 이정모·이재호 편(1998 : 113)에서는 이해를 잘하는 사람은 "다양한 지식구조가 체계적으로 잘 조직화되어 있고, 각종의 새로운 지식구조를 추구하고 생성하고 절차지식과, 절차지식의 관리절차지식, 새로운 그리고 더 효율적인 절차지식 등 절차지식이 잘 발달해 있다"라고 했다. 여기에서 단락을 하나의 의미덩이로 처리하는 것도 절차지식에 포함된다고 할 수 있다.

이 있음을 조사결과는 보여주었다.

둘째, 제시된 글의 종류에 따라 단락의 특별한 구분 의식은 조사 결과상으로는 없었던 것으로 판단된다. 글의 종류보다는 학습자들이 전체글을 의미상으로 명확하게 구분할 수 있느냐의 여부에 달려 있다고 볼 수 있다.

셋째, 글의 형태적인 측면을 달리 해도 단락 구분 양상은 거의 차이가 없었다. 아울러 읽기 모형을 달리한 조사에서도 단락 구분 양상은 비슷한 조사결과를 보여 주었다. 단락의 재구성 양상은 조작된 조사 모형에 따라 큰 영향을 받지 않는 것으로 판단된다. 즉 학습자들은 형식상이나 내용상의 조작에 관계없이 어느 정도 일정한 단위로 그들의 머릿속에서 단락을 구성하고 있음을 조사결과를 통해 추론해 볼 수 있다.

단락은 분명한 인식단위이다. 종래의 단락에 관련된 수많은 연구들이 작문 중심에서 다분히 인위적으로 만들어진 것이라면, 본고의 조사는 단락에 대한 학습자들의 인식 능력을 실제로 조사해 보고, 학습자들이 단락이라는 단위를 어떻게 구성해 가는지를 조사, 해석해 보았다는 점에서 기존의 연구와는 차별적인 의의를 지닌다.

고영근, 「국어문법교육의 방향 탐색」, 『우리말연구』 15, 우리말학회, 2004, 23~51쪽.

교육과학기술부, 『2007 개정 국어과 교육과정 해설』, 교육과학기술부, 2007.

교육부, 『고등학교 교육과정 해설』, 대한교과서, 2000.

_____, 『문법』, 대한교과서, 1998.

권영민, 『작문』, 교학사, 1998.

김명순, 「텍스트 구조와 사전 지식이 내용 이해와 중요도 판정에 미치는 영향」, 교원대학교 석사논문, 1998.

김미경, 「중심화이론에서 본 한국어 논항의 생략현상」, 『언어』 28.1, 한국언어학회, 2003, 29~49쪽.

김미선, 「접속부사의 텍스트언어학적 연구」, 중앙대학교 박사논문, 2001.

김미영, 「한국어 담화의 중심화」, 서울대학교 석사논문, 1994.

김봉순, 『국어교육과 텍스트 구조』, 서울대학교 출판부, 2002.

_____, 「텍스트 의미 구조의 표지 연구」, 서울대학교 박사논문, 1996.

김수업, 『국어 교육의 바탕과 속살』, 나라말, 2006.

_____, 『국어교육의 길』, 나라말, 1998.

김은희, 「단락 중심의 독해 지도 방법 연구」, 제주대학교 석사논문, 1993.

김정호, 「사전문장과 문단나누기가 설명글의 기억에 미치는 효과」, 『실험 및 인지』 Vol 5, 한국심리학회, 1993, 205~211쪽.

김재봉, 「텍스트 요약 전략에 대한 국어교육학적 연구」, 조선대 박사논문, 1997.

_____, 『텍스트 요약 전략에 대한 국어교육학적 연구』, 집문당, 1999, 23~30쪽.

김정자, 「텍스트언어학과 작문교육」, 『텍스트 언어학』 17, 텍스트 언어학회, 2004, 123~150쪽.

김정호, 「사전문장과 문단나누기가 설명글의 기억에 미치는 효과」, 『실험 및 인지』 vol 5, 한국심리학회, 1993, 205~211쪽.

김정호·김선주, 「글의 삽입표제와 구획나누기가 글의 회상에 미치는 효과」, 『실험 및 인지』 vol 2, 한국심리학회, 1990, 45~56쪽.

김지영, 「Centering Theory and Pronouns in Discourse」, 서강대학교 박사논문,

2003.

김지홍, 『문법론』(미발간).

＿＿＿, 「언어 사용에 대한 자각」, 『국어문학』 42호, 전북대학교, 2007.

＿＿＿, 「언어 산출과 처리의 심리학적 과정」, 한글학회 진주지회 발표문, 2008.

＿＿＿, 『언어의 심층과 언어교육』, 도서출판 경진, 2010.

김태자, 「맥락 분석과 의미 탐색」, 『한글』 219호, 배달말학회, 1993.

김혜정, 「읽기 연구에서 텍스트 이론의 영향과 그 교육적 전개」, 『텍스트 언어학』 17, 텍스트언어학회, 2004, 95~122쪽.

＿＿＿, 「Text 이해의 과정과 전략에 관한 연구」, 서울대학교 박사논문, 2002.

남가영, 「국어 인식활동의 경험적 속성」, 『국어교육학연구』 제27집, 국어교육학회, 2006.

류병률, 「한국어 담화상의 중심화와 영형 조응 현상」, 서울대학교 석사논문, 2001.

류상민, 「요약하기 전략이 논설문 이해과정에 미치는 효과」, 홍익대학교 석사논문, 2004, 16~24쪽.

문선모, 「교재구조의 거시방략훈련과 교재조직이 교재처리에 미치는 효과」, 『교육학연구』 26, 한국교육학회, 1988, 15~25쪽.

＿＿＿, 『교재학습연구: 교재구조의 접근』, 학지사, 1997.

민현주, 「국어 담화의 주제 구조 연구」, 서울대학교 석사논문, 1993.

박수자, 「글처리 능력 향상을 위한 글의 구조 지도에 관한 실험 연구」, 서울대학교 석사논문, 1990.

＿＿＿, 『읽기 지도의 이해』, 서울대학교 출판부, 2001.

박진용, 「텍스트 의미 구조의 읽기 교수·학습 연구」, 한국교원대학교 박사논문, 2006.

박철우, 「국어 서사문 담화에서의 중심 전이 과정과 응집성에 관한 고찰」, 『어학연구』 38권 3호, 서울대학교 언어교육원, 2002, 851~877쪽.

배한권, 「요약하기 전략이 설명적 교재 처리에 미치는 효과」, 경상대학교 박사논문, 2004, 11~37쪽.

서정수, 『문장력 향상의 길잡이』, 사닥다리, 1995.

서종훈, 「담화연결표지 사용을 통한 문단 인식 양상」, 『국어교육』 123, 한국어교육학회, 2007a.

＿＿＿, 「독자와 필자의 의미연결 인식 양상 연구」, 『국어교육학연구』 36집, 서울대학교 국어교육연구소, 2009.

_____, 「문단 구분과 읽기의 상관관계 연구」, 『국어교육연구』 제25집, 서울대학교 국어교육연구소, 2010, 87~118쪽.

_____, 「문단 연구양상 및 지도방법 연구」, 『한말연구』 22, 한말연구학회, 2008b.

_____, 「수형도를 활용한 문단 관계 인식 양상」, 『국어교육』 125, 한국어교육학회, 2008a.

_____, 「요약자료를 통해 드러난 고1 학습자들의 의미문단 파악 양상」, 『우리말연구』 21, 우리말학회, 2007b.

_____, 「줄글 단락 재구성하기 양상」, 『배달말』 36, 배달말, 2005.

서 혁, 「단락·문장의 중요도 파악과 단락의 주제문 작성 능력이 요약에 미치는 효과」, 서울대학교 석사논문, 1991.

_____, 「담화의 구조와 주제 구성에 관한 연구」, 서울대학교 박사논문, 1996.

_____, 「요약능력과 요약규칙」, 『국어교육학연구』 4호, 국어교육학회, 1994, 111~140쪽.

성시형, 「대학 작문 교과서의 실태 분석과 개선 방안에 대한 연구」, 한양대학교 박사논문, 1995.

손중동, 「英·韓 文段展開 認知構造의 比較分析」, 한양대학교 영어영문학과 박사논문, 1993.

신지연, 「접속부사 '그러나'의 주제 전개 기능」, 2004년도 한국텍스트 언어학회 춘계 학술대회, 2004, 63~74쪽.

신현정, 『개념과 범주화』, 아카넷, 2000.

안상미, 「단락의 구조분석을 통한 요약지도 연구」, 제주대학교 석사논문, 1996, 35~40쪽.

안주호, 「한국어 담화표지 분석」, 『말』 17, 연세대학교 한국어학당, 1992.

양재형, 「중심화 이론과 한국어의 분석」, 『산학기술연구소논문집』 제3호, 강남대학교, 1997, 107~119쪽.

옥현진, 「국어교육 질적 연구 동향에 대한 일고찰」, 『국어교육』 132, 한국어교육학회, 2010, 249~268쪽.

원진숙, 『논술교육론』, 박이정, 1995.

윤준채, 「요약하기 전략 지도가 독해에 미치는 영향: 메타 분석적 접근」, 『새국어교육』 제81호, 한국국어교육학회, 2009, 213~229쪽.

_____, 「읽기 전략의 효과에 대한 검토」, 『독서연구』 제25호, 한국독서학회, 2011, 85~106쪽.

윤희원 외, 『중학교 국어』 2-1, 금성출판사, 2011.

이삼형, 「설명적 텍스트의 내용 구조 분석 방법과 교육적 적용 연구」, 서울대학교 박사논문, 1994.

이상태, 『작문』, 형설출판사, 1996.

이성영, 「작문교육을 위한 텍스트 분석 방법」, 『텍스트 언어학』 11, 텍스트언어학회, 2002, 171~199쪽.

이윤형 외, 「인저정보처리의 개인차과 단락의 이해」, 『인지과학』 23호, 4집, 2012.

이은희, 「접속 구성과 언어 이해 교육」, 『텍스트 언어학』 7, 텍스트언어학회, 1999, 365~390쪽.

_____, 「접속관계의 텍스트 언어학적 연구」, 서울대학교 국어교육과 박사논문, 1993.

_____, 『텍스트언어학과 국어교육』, 서울대학교 출판부, 2000.

이재기, 「맥락중심 문식성 교육 방법론 고찰」, 『청람어문교육』 제34집, 청람어문교육학회, 2006, 99~128쪽.

이정모·이재호 편, 『인지심리학의 제문제』 II, 학지사, 1998.

정달영, 「단락 논의와 관련된 개념의 정립 문제」, 『대진논총』 제1집, 대진대학교, 1993, 109~128쪽.

_____, 『국어단락 이론과 작문교육』, 집문당, 1997.

정제한, 「국어 문단의 구조와 유형에 대한 연구」, 전주대학교 박사논문, 2002.

조명한, 『언어 심리학』, 민음사, 1985.

조태성, 「'고쳐 쓰게 하기'를 통한 글쓰기 수업 모형」, 『겨레어문학』 38, 겨레어문학회, 2007, 353~372쪽.

주세형, 「국어지식 영역의 규범성 패러다임」, 『국어교육』 119, 한국어교육학회, 2006, 397~431쪽.

차윤정, 「이음말 연구」, 부산대학교 박사논문, 2000.

천경록, 「국어교육 연구에서 양적 연구분석」, 『국어교육학연구』 12, 국어교육학회, 2001, 17~49쪽.

_____, 「덩이글의 주제 구성 방법 연구」, 교원대학교 석사논문, 1992.

_____, 「읽기 교재의 수정 방안에 관한 연구」, 교원대학교 박사논문, 1997.

_____, 「읽기의 의미와 읽기 과정에 대한 고찰」, 『청람어문교육』 제38집, 청람어문교육학회, 2008, 239~271쪽.

천경록·이재승, 『읽기 교육의 이해』, 우리교육, 1997.

최명환, 「담문의 진단 전략」, 『국어국문학』 148, 국어국문학회, 2008, 290~292쪽.

최미숙 외, 『국어교육의 이해』, 사회평론, 2010.

최시한, 『수필로 배우는 글읽기』, 문학과지성사, 2002.

한철우 외, 「표현·이해 교육 연구의 방향과 과제」, 『국어교육학연구』 제22집, 국어교육학회, 2005.

허선익, 「논설문의 요약글 산출 과정에 관련된 변인 분석」, 경상대학교 박사논문, 2010.

_____, 「담화에서 지엽적 의미연결 인식 연구」, 『국어교육학연구』 40집, 서울대학교 국어교육연구소, 2011.

황미향, 「'그-'계 접속어에 대한 텍스트언어학적 고찰」, 『국어교육연구』 제30집, 1998, 271~288쪽.

_____, 「국어과 교수·학습 개선 방안」, 『청람어문교육』 제39집, 청람어문교육학회, 2009, 343~372쪽.

Catherine Wallace, 김지홍 뒤침, 『Reading』, 범문사, 2003.

Danhua Wang, "Factors affecting the comprehension of global and local main idea", *Journal of College Reading and Learning* 39, pp. 34~52, 2009.

David Nunan, *Research Methods in Language Learning*, Cambridge, 1992.

Eileen Kintsch, "Macroprocesses and Microprocesses in the Development of Summarizaation Skill", *Cogition and Instruction* 7, pp. 161~195, 1990.

Gert Rickheit and Christopher Habel, *Focus and Coherence in Discourse Processing*, de Gruyer, 1995.

Guy Cook, 김지홍 뒤침, 『Discourse』, 범문사, 2003.

Halliday, M. A. K. & Hasan, R., *Language, Context, and Text*, Oxford University press, 1989.

Heather A. Stark, "What Do Paragraph Markings Do?", *Discourse Processes* 11, 1988, pp. 275~303.

Horwitz & Samuels, *Comprehening Oral and Written Language*, Academic Press, 1987.

Jacobus, L. E., *Writing as Thinking, Macmillan*, New York, 1989.

James F. Baumann, 문선모 뒤침, 『중심내용의 이해와 수업』, 교육과학사, 1995.

Joy M. Reid, *The Process of Paragraph Writing*, Prentice Hall Regents, 1994.

Koen, F., Becker, A., Young, R., "The psychological reality of the paragraph",

Journal of Verbal Learning and Verbal Behavior 8, 1969, pp. 49~53.

Laurence R. Horn and Gregory Ward 편, *The Handbook of Pragmatics*, Blackwell, 2004.

Lawrence T. Frase, "Paragraph organization of written materials", *Journal of Educational Psychology* Vol. 60. No. 5, 1969, pp. 394~401.

M. A. Gernsbacher & T. Givon 편, *Coherence in Spontaneous Text*, John Benjamins, 1995.

M. A. K. Halliay & R. Hasan, *Cohesion in English*, Longman, 1976.

M. A. K. Halliday, *An Introduction to Functional Grammar*, Edward Arnold, 1985.

Michael J. Wallace, 김지홍 뒤침(2009), 『언어교육 현장 조사연구』, 나라말.

R. E. Longacre, "The paragraph as a grammatical unit", *Syntax and semantics* Vol. 12, Discourse and syntax, 1979, pp. 115~134.

R. de Beaugrande·W. Dressler, 김태옥·이현호 뒤침, 『텍스트 언어학 입문』, 한신 문화사, 1995.

Rob Batstone, 김지홍 뒤침, 『Grammar』, 범문사, 2002.

Rosalind Horowitz and S. Jay Samuels 편, *Comprehending Oral and Written Language*, ACADEMIC PRESS INC, 1987.

Shaojun Ji, "What do paragraph divisions indicate in narrative texts?", *Journal of Pragmatics* 40, 2008, pp. 1719~1730.

Shin Ja Joo Hwang, "Recursion in the Paragraph as a unit of Discourse Development", *Discourse Processes* 12, 1989, pp. 461~477.

Teun A. van Dijk, *Macrostructures*, Lawrence Erlbaum Associates Inc, 1980, pp. 6~25.

Teun A. van Dijk & Walter Kintsch, *Strategies of discourse comprehension*, Orlando, FL: Academic Press, 1983.

Van, Dijk, 정시호 뒤침, 『텍스트학』, 아르케, 2000, 259~337쪽.

W. Bublitz, U. Leuk & E. Ventola 편, *Coherence in Spoken & Written Discourse*, John Benjamins, 1999.

Walker, Marilyn A. Joshi, Aravind K. and Prince, Ellen F., *Centering Theory in Discourse*, Calrendon press, 1998.

Walter Kintsch, 김지홍·문선모 뒤침, 『이해』, 나남, 2010.

_____, "Information Accretion and Reduction in Text Processing",

Discourse Processes 16, 1993, pp. 193~202.

_____, "The Representation of Meaning in Memory", Lawrence Eribaum Associates, 1974.

Willem J. M. Levelt, 김지홍 뒤침, 『말하기』, 나남, 2008.

Wolfgang Dressler, 이재원 뒤침, 『텍스트 언어학 개론』, 한국문화사, 2004.

Wolfgang Heineman·Dieter Vieheweger, 백설자 뒤침, 『텍스트 언어학 입문』, 역락, 2001.